主办：
四川大学法学院刑法学科
四川大学刑事政策研究中心

Criminal Law
Interpretation Review VOL.9

刑法解释

魏东主编

2023

总第9卷

法律出版社
LAW PRESS · CHINA
北京

图书在版编目(CIP)数据

刑法解释. 总第9卷 / 魏东主编. -- 北京 : 法律出版社, 2023

ISBN 978-7-5197-7276-5

Ⅰ. ①刑… Ⅱ. ①魏… Ⅲ. ①刑法-法律解释-中国-文集 Ⅳ. ①D924.05-53

中国版本图书馆CIP数据核字(2022)第202696号

刑法解释(总第9卷)
XINGFA JIESHI (ZONG DI-9 JUAN)

魏 东 主编

责任编辑 韩梦超
装帧设计 贾丹丹

出版发行 法律出版社
编辑统筹 司法实务出版分社
责任校对 王 丰
责任印制 胡晓雅
经 销 新华书店

开本 787毫米×1092毫米 1/16
印张 22.75 **字数** 443千
版本 2023年5月第1版
印次 2023年5月第1次印刷
印刷 唐山玺诚印务有限公司

地址:北京市丰台区莲花池西里7号(100073)
网址:www.lawpress.com.cn
投稿邮箱:info@lawpress.com.cn
举报盗版邮箱:jbwq@lawpress.com.cn
销售电话:010-83938349
客服电话:010-83938350
咨询电话:010-63939796

书号:ISBN 978-7-5197-7276-5
定价:85.00元

凡购买本社图书,如有印装错误,我社负责退换。电话:010-83938349

目　录　　刑法解释（总第9卷）

卷 首 语

魏 东

《刑法解释》(总第9卷)共设5个栏目,载文18篇。

本卷"特稿""刑法解释学"栏目共刊载9篇文章,主要研究刑法解释过程论、刑法解释限度论、刑法的同类解释等内容。田杜国博士的《刑法解释过程论的重要命题诠释》一文指出,刑法解释不仅是刑法解释主体对刑法解释对象所作出的一种阐释和说明的行为活动,同时更是刑法解释主体所开启的一种社会认知实践过程,刑法解释这一认知实践过程是由刑法解释主体、解释立场、解释角度、解释对象、解释目的、解释规则、解释行为以及解释方法八种要素所组成;主客间表现形式与主体间表现形式是刑法解释过程的外化形式,在刑法解释过程内在的运作机理以及各种构成要素的综合影响下,刑法解释过程表现出客观性、主观性、时间性、空间性、规范性、开放性、承继性和建构性八种基本特征。魏东教授的《刑法解释限度论的重要命题诠释》一文指出,刑法解释限度,是指刑法文义解释所不能超越的、法律文本(刑法文本)所限定的文义界限和程度,以确保刑法解释对象和解释结论的合法性(限度);刑法解释限度所欲解决的主要问题是刑法解释合法性问题,而不解决合理性与合目的性的问题;刑法解释限度的判断标准,应当以法律规范用语的语用学所可能确定的、符合国民预测可能性的语言意义为标准,可以简称为"语用意义的国民预测可能性说";刑法解释限度的诠释学功能,是指刑法解释限度在诠释学上所具有的限定刑法解释合法性的功能,其特点是有限性和层级性。田馨睿博士在《刑法解释的限度之法理》一文中认为,刑法解释的限度是刑法解释结论应当具有的合理性与合规范性的程度或范围,具有严格性、保守性、合规范性、质与量的统一性、目的性、结果导向性等特质。程荣老师的《刑法文义解释限度的法理阐释》一文提出,"解释限度"既有解释行为本身的限度也有解释结论的限度,同时还有解释对象的限度;刑法既是刑法解释的对象也是刑法解释的语境,将解释限定为释义更有利于明确解释行为本身的限度,进而可以明确法律解释与法律续造的边界;区分解释与阐释、诠释的界限以及解释与论证等概念的界限很重要,刑法文义解释之特殊本质在于强调以文义为刑法解释的起点,从"可能文义"到"否定类型"的意义转向更容易明确解释结论的限度;"语法—语义—语境"的阶层性语言学分析更有利于实现刑法解释之合法性、合理性与合目的性的系统论证成。刘英楠同学的

《刑法解释的合法限度与综合性标准》一文认为,刑法解释限度的本质是对刑法文本进行刑法解释得出结论的控制,刑法解释限度的理论应秉持合法限度论,应强调刑法解释以形式解释为出发点并兼顾实质解释的原则;刑法解释限度的综合性标准原则上应考虑犯罪定型说和法益侵害性说,特殊场合还要考虑语用意义说和国民预测可能性。张安妮同学的《网络时代罪刑法定原则与刑法解释限度的新诠释》认为,互联网时代的新兴犯罪模式对传统的罪刑法定原则进行冲击,罪刑法定原则的含义在坚持保障人权的基础上,更加注重法益保护与犯罪预防,对公权力的限制存在一定程度的放松,刑法解释基于新的罪刑法定原则立场也确立了新的限度标准,因此应根据网络犯罪的类型以及网络犯罪与传统犯罪的等价性确立刑法解释的限度基础。张龙游同学在《刑法类推解释缘何禁而不止?》一文中提出,刑法禁止类推解释是理论界的主流观点,是对刑法基本原则的坚守、对人权的保障、对法治尊严的维护,但是近年来我国刑法理论界支持类推解释的声音仍然时有所闻,值得反思;类推解释、类推适用和类比推理是三个不同的概念,类推解释在我国刑法理论界的"反弹"主要是因为学者们对考夫曼所言"类推"的误解、扩张解释与类推解释的界限不明、实质解释论的提倡,为了切实避免实践中的类推解释,应当进行罪刑法定原则的理论厘清,坚持文义解释优先、"刑法解释的保守性",坚持刑法解释符合常识、常理、常情。刘雨琪同学的《我国刑法中的同类解释规则》一文认为,同类解释规则,是对例式立法进行解释的重要规则,目的在于对刑法兜底条款的适用范围进行限制以保证法律内容的内在一致性;但同类解释规则的适用存在缺乏统一类比标准、难以概括兜底条款的全部适用范围和易导致任意解释的误区,误区源于其"同类"标准不清、规则发挥功能有限,因此应当反思现有的"同类"标准,把同类解释规则与传统的文义解释、体系解释等解释方法融会贯通,同时根据文本融贯规则、法益同一规则、侵犯法益同质规则、排他规则、比例规则具体判断"同类"标准。刘畅同学的《刑法兜底条款的同类解释》一文认为,同类解释规则在方法论上当属对兜底条款的解释原则,其能够在解释理由与解释技巧上自足,故其并非体系解释的下属规则,而是与各解释理由既相关又相异的解释方法论,并在解释技巧上也异于扩大解释、限制解释与当然解释,是独特的解释技巧;同类解释的核心问题"同类"的判断应当从形式与实质的角度共同入手,于此才能发掘出兜底条款的真实含义。

本卷"判例刑法学"栏目共刊载3篇文章,主要讨论贪贿犯罪中"财物"、违法发放贷款罪等金融犯罪的解释适用问题。莫晓宇副教授的《贪贿犯罪视域内"财物"之解释》一文提出,现行刑法对贪污罪、受贿罪的犯罪对象均采"财物"一词,且其体例布局、同刑罚配置,司法解释亦渐进地将受贿"财物"扩张解释至"财产性利益"以应治理之需;但因二罪法益异质,无差别化同构的立法体例造成了概念逻辑的不自洽、法益彰显的不契合、量刑适用的不均衡等问题;解决路径上,近期方案可考虑对贪污罪"财物”恪守实体化理解,对受贿罪“财物”坚持实质化阐释,将财物数额分别作为贪污罪的决定性情节和受贿罪的变量性情节,界分退赃情节在二罪量刑中的不同权重;远期方案则是二罪回归分列体例,并将贪污罪、受贿罪对象予以不同定义。黄小飞博士的《违法放贷案:借款人的刑事责任分析》一文指出,在借款人与贷款人员内外勾结违法取得贷款的案件中,借款人是否构成违法放贷罪的共犯,要根据违法放贷罪的法益和贷款管理规定设定之危险基准,去判断借款人的行为是否逾越允许的危险;在共犯的一般框架下,只有借款人实施了“贷款欺诈手段”(非诈骗罪的实行行为)的才可能构成共犯,单纯的贷款申请、接受贷款以及劝说、请求行为应被排除在外;为周延保护金融机构的信贷资产安全以及不过分干预借款人的贷款活动自由,应尽量将借款人的参与行为认定为帮助犯,但在借款人的欺诈手段对贷款人员实现违法放贷罪没有太大作用的场合尽量不予以处罚,在能够肯定借款人与贷款人员具有共犯人一体性的情形下才能有限地构成共同正犯。魏东教授的《金融犯罪案:对向犯与目的犯的法理诠释》一文指出,违法发放贷款罪同贷款诈骗罪、骗取贷款罪是较为典型的对向犯,金融犯罪中目的犯的“目的”要素主要包括非法占有目的、骗取并占有使用目的、流通或者诈骗目的、高利转贷牟利目的等,司法实践中应当结合对向犯、目的犯、刑法分则封闭条款等刑法教义学原理和具体个案进行融贯解释以获得刑法解释结论的整体有效性;小额贷款公司作为行为主体时,不构成违法发放贷款罪;小额贷款公司作为行为对象时,不构成金融犯罪。

本卷“刑法教义学”栏目共载文 5 篇,主要讨论轻罪的法理、洗钱罪的理解适用、不作为犯罪中的作为义务层级关系、针对不作为的正当防卫、共同犯罪理论中的片面帮助犯、犯意联络等问题。梅传强教授、陈伟教授等 17 位刑法学者齐聚一堂进行学术研讨共同形成了《“轻罪与新罪的法理检讨”学术研讨综述》一文,主要围绕两个主旨报告展开学术研讨,一是围绕梅传强教授所作主旨报告《犯罪分层与轻罪制度的系统构建》展开学术研讨,指出犯罪分层与轻罪制度建构的必要性、可行性以及中国特色轻罪制度建构,尤其是刑法实体法部分对犯罪概念的修正、对轻罪范围的界定,以及对轻罪性质的明确、对轻罪的附随后果作相应的调整、对轻罪刑罚的执行进行修正等重要问题,均需要进行理论回应;二是围绕陈伟教授所作主旨报告《自洗钱入罪的立法根据及其教义适用》进行理论探讨指出,自洗钱的具体适用相关问题主要集中于自洗钱入罪之后的一罪与数罪问题,将“明知是”删掉之后所带来理论纷争,自洗钱入罪之后事后不可罚的行为变成可罚行为是不是要泛化或者照搬到普通赃物犯罪,在自洗钱入罪情形之下《刑法》第 191 条第 5 项兜底性条文是否会带来刑法泛化适用等问题,均需要进行理论回应,这些刑法问题的研讨综述对于相关刑法理论和实践均具有启发意义。魏东教授和谢铠同学合著的《不作为犯中作为义务的层级关系与理论建构》一文指出,在不纯正不作为犯中,数个保证人共存会导致“保证人抉择困境”,确立作为义务的层级关系是解决此困境的一条有效路径,可在作为义务的概念中引入“即时性”限制条件,确定保证人地位与保证人义务区别说是构建作为义务层级关系论的体系定位;基于实质义务论,贯彻法益保护、功利主义、风险社会与集体安全观的基本立场,抽象出作为义务层级关系实质判断标准,即支配力标准、风险标准、自然与社会联系标准,在整合、循环、融贯的视域融合中运用实质标准,可以确证“保证人抉择困境”中数作为义务优先性顺序的合法性、合理性、可行性、可接受性的“四性统一体”。张龙游同学的《对不作为的正当防卫》一文提出,无论是不真正不作为还是真正不作为,都可以成为正当防卫意义上的不法侵害,但对于单纯不履行民事债务的不作为原则上不能进行正当防卫;考虑到不作为与作为的构造不同,认定不作为的不法侵害的开始与结束时间应与作为的不法侵害有所差别,成立对不作为的正当防卫,应当在我国正当防卫的成立要件的基础上结合不作为犯理论加以把握。何强博士的《片面帮助犯的法教义学省思》一文指出,片面帮助犯与我国刑法的共同犯罪制度存在体系不协调的困境,从而有必要针对我国刑法的特殊语境,系统性地解读片面帮助犯,明确其在我国刑法中的法律地位;按照传统刑法理论,从构成要件层面厘清片面帮助犯整体的教义学形象,遵循德日刑法共犯教义学的研究范式,在片面帮助犯的处罚根据上,肯定无论是一般的片面帮助犯,还是正犯化的帮助犯的片面帮助情形,其处罚根据都应当是其行为本身的不法和来自正犯的不法;在片面帮助犯的处罚路径上,通过转换德日刑法话语体系以区分制解读我国刑法的共同犯罪制度,突破我国刑法处罚片面帮助犯的理论和制度障碍,从而完成片面帮助犯处罚路径的建构。汤磊硕士的《共同犯罪中的犯意联络研究》一文认为,犯意联络的内涵与外延必须置于犯罪故意和片面共同犯罪的对照中予以确定,犯意联络通过对共同犯罪本质理论的修正,使各共犯人的行为被视为一个整体,并且在“共犯关系”的主导下实现构成要件的符合与结果归属;通过对域外共犯理论与体系的考察不难发现,单一制实际上将共同犯罪转化为了数个平行不法的评价与处罚问题,区分制则在维持犯意联络的基础上例外地承认了片面共同犯罪的可罚性;在我国,现行的刑法规范尚不足以为共同犯罪体系倒向任意一方提供完全依据,我国刑法更倾向于采取了“整体认定犯罪,个别分配责任”的独立模式;认识性的联络内容无法说明共同过失犯罪的可罚性,犯意联络理论限制共犯成立范围的特性决定了片面共同犯罪只能援引例外性的规定实现处罚。

本卷“比较刑法学”栏目刊载了韩国刑法学者金泰明教授的《论财物与财产性利益的区分对财产犯罪的影响》一文(赵跃博士译),指出,韩国立法者将财产罪的对象分为财物和财产性利益,根据犯罪的特质,存在将两者全部规定为对象(如抢劫罪、诈骗罪、恐吓罪),或者只规定两者中的一个为对象(如使用计算机等诈骗罪、贪污罪、渎职罪、赃物罪)的二元方式,立法者的这种意图看似很明显,但在司法实践中却引发了很多混乱,特别是在金钱方面,立法者把财产罪的对象分为财物和财产利益两部分的立法与现实存在很大的分歧；解决该问题的方案，一是不要将使用计算机等诈骗罪、贪污罪、赃物罪的取得对象限定在财产上的利益，而是将其扩大到财物；二是重新调整将各财物和财产上的利益规定为对象的贪污罪和渎职罪的关系。

【特稿】

刑法解释过程论的重要命题诠释*

田杜国**

【内容摘要】刑法解释不仅是刑法解释主体对刑法解释对象所作出的一种阐释和说明的行为活动，同时更是刑法解释主体所开启的一种社会认知实践过程。刑法解释这一认知实践过程是由刑法解释主体、解释立场、解释角度、解释对象、解释目的、解释规则、解释行为以及解释方法八种要素所组成。主客间表现形式与主体间表现形式是刑法解释过程的外化形式。在刑法解释过程内在的运作机理以及各种构成要素的综合影响下，刑法解释过程表现出客观性、主观性、时间性、空间性、规范性、开放性、承继性和建构性八种基本特征。

【关键词】刑法解释过程　构成要素　表现形式　基本特征

引　言

黑格尔曾言："人类的认识活动如同自然界和人类社会那般，同样是一种过程的体现。"①恩格斯曾言："世界不是既成事物的集合体，而是过程的集合体。"②齐佩利乌斯指出："眼光的往返流转是一个多阶段的、逐步深入的选择过程；通过这一过程，不相关的规范、解释可能和事实被一步步地排除出去。"③拉宾指出："法学研究之所以杂乱无序，多数在于作为统一话语的法律过程的崩溃，以及对法律过程的崩溃负主要责

---

* 项目基金：西北民族大学教育教学改革研究一般项目"法学教育中法律逻辑思维能力的培养与形成研究"（项目编号：2020YBJG－08）的阶段性成果。

** 田杜国，法学博士，西北民族大学法学院讲师。

① 霍桂恒：《黑格尔、马克思和怀特海——从"过程"所体现的西方哲学思维方式的转变看科学与人文之间的冲突》，载《江苏行政学院学报》2006 年第 5 期。

② ［德］恩格斯：《路德维希·费尔巴哈和德国古典哲学的终结》，中共中央马克思恩格斯列宁斯大林著作编译局译，人民出版社 1997 年版，第 36 页。

③ 牟治伟：《法官如何通过方法实现正义——读齐佩利乌斯〈法学方法论〉有感》，载中国普法网，http://www.legalinfo.gov.cn/index/content/2018－01/05/content。

任的学术运动之间的分歧。”[①]此外,张明楷教授指出:“刑法解释就是在心中充满正义的前提下,目光不断地往返于刑法规范与生活事实之间的过程。”[②]李希慧教授指出:“从动态方面而言,刑法解释是指一定的主体阐明刑法规定的含义的活动或过程;就静态方面而言,刑法解释则是上述活动或过程一定表现形式的结论。”[③]陈金钊教授指出:“司法过程中关于法律适用的争论,绝大多数都起因于一些法律概念意义的模糊,或者由于司法过程中对法律概念的意义期待与立法者对该概念的意义设定发生冲突。因而,法律适用的过程就是法律解释的过程,对法律概念的解释就成为法律适用的核心工作。”[④]显而易见,以上的论断皆为我们揭示,在对刑法解释论域中的相关问题进行分析和讨论时,过程逻辑思维理论必然存在于研究者的大脑中并对研究者的研究活动产生着制约和影响。换句话说,刑法解释不仅是一种行为同时其更是一种过程的认知,这在学界范围内已经达成了共识。然而,令人遗憾的是,从已有和现有的研究来看,将刑法解释过程论作为一个研究命题加以明确提出并展开系统和全面的讨论的研究则甚是少见。据此,本文在对中外刑法解释研究的发展状况进行历时性的梳理和考察的基础上明确地提出了刑法解释过程论这一命题并展开讨论。

一、刑法解释过程论命题的提出与证成

(一)刑法解释过程论命题的提出

1. 大陆法系国家的法律解释发展概况

公元前454年,随着《十二铜表法》的颁布与实施,西方世界的法学研究开始进入了成文法的研究时期,法律解释学也应势而生。当时,有权对《十二铜表法》作出解释的主体仅限于元老院的贵族和代表贵族意志的职业法学家。而此时,以文义解释为其内核的严格解释原则的特点十分明显。公元3世纪至公元5世纪初,职业法学家们对罗马法的研究达到了鼎盛时期,在法律解释过程中,灵活解释原则完全取代了严格解释原则的主导地位。[⑤] 公元529年至533年,东罗马帝国为了解决“法令滋章、运用为难”的法律适用问题,在东罗马帝国皇帝查士丁尼的授命下,以大臣特里波尼安为首的法典编纂委员会在对历代罗马皇帝颁布的敕令和历代罗马著名法学家学说和法律解答进行整理、审订和汇编的基础上制定并颁布了世界上第一部完备的奴隶制成文法典——《查士丁尼法典》。[⑥] 自此,在法律解释过程中,严格解释原则的主导性地位再

---

① [美]爱德华·L.拉宾、王保民、刘言:《新法律过程、话语综合和制度微观分析》,载《地方立法研究》2018年第2期。

② 张明楷:《刑法学研究中的十关系论》,载《政法论坛》2006年第2期。

③ 李希慧:《刑法解释论》,中国人民公安大学出版社1995年版,第41页。

④ 陈金钊、熊明辉主编:《法律逻辑学》(第2版),中国人民大学出版社2015年版,第79页。

⑤ 参见[意]彼德罗·彭梵得:《罗马法教科书》,黄风译,中国政法大学出版社2005年版,第19页。

⑥ 参见何勤华主编:《外国法制史》(第6版),法律出版社2016年版,第75-79页。

一次被确立起来。公元13世纪至17世纪,以巴托罗为代表的评注法学派和以阿尔恰托为代表的博古法学派先后对波伦亚注释法学派所主张的严格解释原则提出了质疑,并指出了波伦亚注释法学派在对法律进行解释时过于机械化、缺乏逻辑论证合理性的缺陷。[①] 自此,在刑法解释过程中转而开始采用灵活解释原则。18世纪末19世纪初,脱胎于历史法学派的概念法学派开始在欧洲大陆国家范围内大行其道,正是在以温德海为代表的概念法学派的影响下,严格解释原则在当时的大陆法系国家的刑法解释过程中得以再次确立。[②] 19世纪末,在以贡普洛维奇为代表的法律社会学派和以耶林为代表的目的法学派的共同影响下,在刑法解释过程中,灵活解释原则再一次取代了严格解释原则的主导地位。[③]

20世纪以来,大陆法系国家的刑法解释学在刑法学和解释学的迅猛发展的影响下迎来了前所未有的发展际遇。随着麦耶尔对贝林格的犯罪构成要件理论不断地进行完善和补充,基于犯罪构成要件理论而形成的形式解释论与实质解释论展开了激烈的争论。[④] 最初,形式解释论与实质解释论之间的争论点主要集中在构成要件符合性的认定中是否需要加入价值判断这一问题。随后,形式解释论与实质解释论之间开始呈现出融合的态势。在承认构成要件符合性认定需要加入价值判断的基础上,二者的争论焦点则转变为在对构成要件进行评价时如何运用价值判断这一问题上来,并且此种争论一直延续至今。20世纪六七十年代,以海德格尔和加达默尔为代表的哲学解释学与普遍解释学展开了激烈的争论。受此影响,刑法解释学范围内相应地形成了主观解释论与客观解释论之争的局面。以哲学解释学为理论基础的客观解释论认为,在解释的过程中,解释主体自身所固有的偏见是无法予以否认的,其应该是解释得以存在的前提和基础,而非一种解释障碍。所以,以普遍解释学为理论基础的主观解释论所追求的立法者的立法原意这一客观性根本就不可能存在,其也不可能真正地得以实现。[⑤] 刑法解释所追求的客观性,从其真正意义方面来说应该是探求刑法条文客观上所表达出来的内在旨意,也即刑法解释所追求的是刑法规范在当下社会中应有的客观含义。[⑥] 随着争论的不断深入,20世纪末,法律经济学派的代表人波斯纳和法兰克福学派的代表人哈贝马斯分别提出了“交流意义上的合理性理论”和“交往行动理论”。

---

① 参见侯健、林燕梅:《人文主义法学思潮》,法律出版社2007年版,第25-37页。

② 参见[美]E. 博登海默:《法理学——法哲学及其方法》,邓正来、姬敬武译,华夏出版社1987年版,第104页。

③ 参见[奥]尤根·埃利希:《法律社会学基本原理》,叶名怡、袁震译,九州出版社2007年版,第1063-1103页。

④ 参见[日]小野清一郎:《犯罪构成要件理论》,王泰译,中国人民公安大学出版社2004年版,第7页。

⑤ 参见魏东:《西方国家刑法解释(学)的学术考察》,载魏东主编:《刑法解释》(总第3卷),法律出版社2018年版,第56页。

⑥ 参见[德]汉斯-格奥尔格·伽达默尔:《真理与方法》,洪汉鼎译,上海译文出版社1999年版,第228-235页。

受此影响,在刑法的主观解释论与客观解释论之争的范围内逐渐形成了“视域融合”的解释理论。[①] 尽管波斯纳的“交流意义上的合理性理论”同哈贝马斯的“交往行动理论”之间存有一定的差异。但是,二者都承认刑法解释所追求的客观性并不是自然科学所指称的那种绝对意义上的客观性,而是一种相对意义上的客观性。刑法解释主体都是带着自己的前见并从自己当时所处的情景去解释刑法规范文本所能体现出的含义。在这一过程中,解释主体的视域、当时情景的视域和文本的视域三者发生融合。很显然,刑法的主观解释论与客观解释论也经历了由针锋相对、非此即彼走向相互承认、对立共存的发展历程。

2. 英美法系国家的法律解释发展概况

公元1215年,《自由大宪章》的颁布标志着真正意义上的法律解释在英美法系国家范围内开始出现。尽管当时已经出现了对成文法进行解释的活动,但是通过先前的典型案例对待决案件进行解释的活动在英国依旧占据着主导性的地位。[②] 随着社会不断的发展,先前业已形成的判例法早已不能满足当时司法实践活动的需求。为此,在法律解释过程中,英国开始大量地借鉴大陆法系国家的相关理论和经验,受此影响,13世纪至17世纪上半叶的英国在法律解释过程中采用的是灵活解释原则。公元1640年,英国所遵守的灵活解释原则随着资产阶级革命的胜利、三权分立治理模式的确立而宣告终结,严格解释原则被确立起来。18世纪以来,由于当时的成文法的数量十分匮乏,并且已有的判例法已经无法适应当时的司法实践需要。据此,17世纪中叶以来所奉行的严格解释原则受到了冲击,灵活解释原则死灰复燃。然而,与英国相比,1776年《独立宣言》的发表,标志着美国正式成立。为了尽快巩固资产阶级所取得的政权,建国伊始,美国在法律解释的过程中采用了严格解释原则,这与同一时期采用灵活解释原则的英国之间存在明显的差异。[③]

19世纪以来,以奥斯丁为代表的分析法学派在英美法系国家范围内盛行开来。在分析法学派看来,“法律解释的主要任务就是对成文法律进行客观分析。法律是一个封闭的体系,这个体系不利用其他学科的任何东西作为它的前提假设。法律自身即是存在一个合乎逻辑的内部一致的乌托邦,在这个乌托邦中,实在法应该被制定出来并得到服从。在解释成文法的时候,对法律的应然状态的考虑完全没有必要。司法判决可以从事先存在的前提中逻辑地演绎出来。确定性才是法律最为主要的目的。法

① 参见姜福东:《法律解释的范式批判》,山东人民出版社2010年版,第49页。

② 参见[美]小奥利弗·温德尔·霍姆斯:《普通法》,冉昊、姚中秋译,中国政法大学出版社2006年版,第2－11页。

③ 参见[美]E.博登海默:《法理学——法哲学及其方法》,邓正来、姬敬武译,华夏出版社1987年版,第511页。

官的目标乃是以法规所运用的语词中搜觅立法机关的意图”①。很显然，严格解释原则在此一时期内的英美法系国家的法律解释活动中占据着主导性地位。

20 世纪以来，在以庞德为代表的社会法学派的影响下，主张严格解释原则的分析法学派遭受到了严厉地抨击。在社会法学派看来，尽管分析法学派从某种程度上可以促使法律更加严谨和精致，但其只是一味地机械化和被动的适用法律而不主动对法律的功能、目的和实施效果进行分析，这本身就与社会的发展和法律自身的发展相违背。法律并不是规则的简单罗列，其内部理应包含有法律原理和政策取向。并且法律所追求的合法性这一价值目标的内涵是随着社会的发展变化而变化的，与其注重条文含义和逻辑体系还不如注重法律的灵活适用性。因为只有这样，法律才会在保有生命力的前提下推进社会的不断发展。为此，法官在法律解释的过程中就不应该墨守成规，相反，其要作出创造性的解释活动。② 显而易见，在刑法解释过程中，灵活解释原则再次占据了主导性地位。

3. 我国刑法解释发展概况

根据 1975 年湖北省云梦山挖掘出土的《秦简》所记载的内容来看，《秦简 · 法律答问》应该是我们目前可以参考的有关中国古代法律解释发展状况的最早文献。③ 据此，先秦时期的刑法解释状况便成了我们研究我国古代刑法解释发展状况的逻辑起点。

先秦时期，在法家思想作为刑法解释的指导思想之下，“以法为教，以吏为师”的刑法解释原则被确立起来。在这种为了维护皇权统治的刑法解释原则制约下，学理解释被禁锢，刑法解释权专属于皇帝所指定的国家官吏，或者说专属于皇帝个人。在对《秦律》中的法律概念、条文以及案件事实进行解释时，解释主体采取了文理解释和论理解释并用的方式，其中论理解释中的扩大解释、限缩解释、类比解释具体方法被普遍采用。此外，面对司法实践所遇到的疑惑以及当时社会发展的需要，刑法解释又以指导型和修正型的姿态出现在当时的法律的适用过程中。④

两汉时期，刑法解释的指导思想经历了由黄老之学向儒家思想转变的过程。在西汉之初黄老之学和汉武帝时期的儒家思想的共同作用下，“经学”作为一种借助于经派要义来解释法律的学说应运而生。自汉武帝以后，以儒家思想为唯一旨归的“经学”得到了快速发展，“应合经义”的刑法解释原则最终被确立起来。同时，学理解释也迎来了巨大的发展空间，其逐步取代了官家释律的主导地位。在继承秦代刑法解释方法经验的同时，包含有“声训”“形训”“义训”“互训”四种解释技巧的“经学训诂”解

① R. S. Summers, *The New Analytical Jurists*, New York Univ. Law Review(861), p. 889 – 890.

② 参见[美]庞德：《法律史解释》，曹玉堂、杨知译，华夏出版社 1989 年版，第 12 – 15 页。

③ 参见周密：《中国刑法史》，群众出版社 1985 年版，第 186 页。

④ 参见陈锐：《两汉经学与汉代的法律解释》，载《西南政法大学学报》2011 年第 6 期。

释方法在两汉时期被创造出来。其后又逐渐演化出"下定义"和"连事比附"两种解释方法。①

两晋时期,儒家学者在进行解释的过程中,将儒家思想同玄学进行了融合,并且同当时的法家思想形成了针锋相对的局面。在儒家思想、玄学和法家思想的共同影响下,两晋时期的刑法解释原则出现了"应合经义""慎其变,审其理""奉法为理"并存的局面。但是,由于法家思想所主张的"奉法为理"的刑法解释原则并不利于当时的社会发展需要,故其并未被当时的统治者所采纳。相反,以寻求外在自然和社会的客观规律以及事物内部的逻辑特性为旨归的"慎其变,审其理"的刑法解释原则却占据了主导性地位。当然,我们还要看到,这与两汉时期为了在社会统治中实现儒家经要以及事物外在联系的"应合经义"刑法解释原则也形成了鲜明的对比。更为重要的是,"辩名析理"的刑法解释方法在两晋时期开始受到重视,并逐渐成为当时刑法解释中的主要解释方法。②

唐代以来,为了防止"言数益繁,览者益难"现象的出现,在法律解释过程中,"官方释律为主,私家释律为辅"的法律解释权限配置得以确立。同时,儒家思想作为唐代法律解释的指导思想,其正统地位更是牢不可摧。在儒家思想的指导下,源于"应合经义"而又与之有所区别的"一准乎礼"的刑法解释原则被确立起来。诸如扩大解释、限缩解释、当然解释、历史解释、类推解释、目的解释、举例解释、训诂程式语解释、定义解释、辨析释义解释、问答解释等解释方法在唐代更是体现出种类繁多、体系完备、技术成熟的特点。可以说,唐代的刑法解释方法是集科学性、逻辑性、开放性、多样性、稳定性为一体的解释方法体系。③

清代以来,以"存天理,灭人欲"为其核心内容的程朱理学作为新派儒家思想在当时的刑法解释过程中发挥着主导性的作用。在此基础上,一种不同于现代法治观的严格解释原则被确立起来。尽管如此,学理解释依旧得到了巨大的发展,并逐步走向我国古代的鼎盛时期。作为学理解释的表现形式,辑注型解释、司法应用型解释、考证型解释、歌诀型解释、图表型解释在清代被创制出来。在对法律概念、律文和司法实践中所遇到的案件进行解释和说明时,以往朝代就存在并被广泛使用的文理解释、经义训诂解释、扩大解释、限缩解释、比较解释、当然解释、类比解释、体系解释等具体解释方法在清代依旧被广泛地采用,并且运用技术更为娴熟。④

清末鸦片战争以来,随着"清末变法"运动的兴起,"礼法之争"应势而生并以沈家本为代表的"法理派"取得胜利而宣告终结。在"法理派"倡导者的极力推动下,作为

① 参见蒙文通:《经学抉原》,上海人民出版社2006年版,第209页。
② 参见陈锐:《〈晋书·刑法志〉中的法哲学》,载《政法论丛》2014年第2期。
③ 参见杨廷福:《唐律初探》,天津人民出版社1982年版,第144页。
④ 参见何敏:《清代注释律学研究》,中国政法大学1994年博士学位论文,第152－156页。

当时的立法指导思想并以正统自居的儒家思想逐渐走下了神坛，“参考古今，博稽中外”的刑法解释指导思想正式被确立起来。在此影响下，大陆法系国家的刑法学理论开始被大量地引入我国。[①] 随之而来，在我国最早出现的具有现代法治意义的罪刑法定原则也开始逐渐渗透到刑法解释过程中。不过可惜的是，清王朝的统治者为了维护自身的统治地位，对于这种带有现代法治理念特性的大陆法系国家的刑法学理论以及在此基础上产生的罪刑法定原则进行了严厉的封杀。为此，这些先进的刑法理念和刑法解释原则在还没有真正得以实施前便已夭折了。

中华人民共和国成立至1997年《刑法》颁布以前，马克思主义原理、合法解释原则、以政策为指导的解释原则在我国的刑法解释过程中发挥着不可替代的作用。立法解释主体和司法解释主体经历了“法无明文规定”到“法有明文规定”的发展过程。司法解释的数量要远远地多于立法解释的数量，并且司法解释所涉及的内容也要比立法解释更加广泛。此外，学理解释由最初的贫乏走向逐渐繁荣。文义解释、扩大解释、限缩解释、类推解释、目的解释、补充解释、逻辑解释、体系解释等具体刑法解释方法不仅在司法实践中被广泛使用，而且对于这些具体的刑法解释方法的研究也逐渐呈现体系化的研究范式。[②]

20世纪90年代，由于受到德日刑法理论的影响，我国刑法学界范围内展开了形式解释论与实质解释论之间的讨论。尤其是进入21世纪以来，以张明楷、苏彩霞、刘艳红等教授为代表的实质解释论阵营同以陈兴良、邓子滨等教授为代表的形式解释论阵营更是形成了针锋相对的局面。两大阵营分别在刑法解释的目的、解释的立场、解释限度、解释的原则以及解释方法的位阶等多个方面展开了激烈的讨论。除此之外，以陈忠林教授为代表的“三常”法治观解释论、以魏东教授为代表的保守的实质解释论以及以李龙教授为代表的人本主义解释论在学界内也引起了广泛的关注。显而易见，在借鉴了国外已有的相关理论和成果的基础之上，我国在形式解释论和实质解释论的研究方面体现出了极为鲜明的创新性。[③]

基于上文的梳理和考察，我们不难发现，无论是从横向的维度还是从纵向的维度进行比较，中外刑法解释之间的发展状况以及各自内部的发展状况都存在明显的差异。对于这些差异而言，在笔者看来，其无外乎都是一些外在表象层面上所体现出来的不同。当我们对这些外在表象的差异进行反思或进一步地探究时就会发现，一方面，中外的刑法解释都是一种人类的理性认知实践活动，而就该种理性认知实践活动的本质而言，其无非就是理性的人对刑法规范和案件事实所作出的阐释和说明的过

---

① 参见彭凤莲：《罪刑法定原则引入中国历程考》，载《法学杂志》2007年第4期。

② 参见高铭暄等：《新中国刑法科学简史》，中国人民公安大学出版社1993年版，第31－35页。

③ 参见劳东燕：《刑法解释中的形式论与实质论之争》，载《法学研究》2013年第3期。

程。另一方面,单从我国当代的刑法解释发展状况而言,其在很大的程度上借鉴了国外的发展经验和相关理论成果。而就这一现象背后的本质而言,其无非就是不同国家之间在刑法解释的某些方面上所体现出来的一种包含有参考、借鉴、改良或延续等行为的过程。据此,笔者认为,无论是国外的刑法解释还是我国的刑法解释无不以人类的认知实践过程的形式加以体现。换句话说,中外的刑法解释不仅都是一种带有各自鲜明特点的解释行为活动,同时它们又都更是一种带有共性的人类认知过程。也正因如此,笔者在对中外刑法解释的发展概况进行梳理和考察的基础上才提出了刑法解释过程论这一命题。

(二)刑法解释过程论命题的证成

某一理论命题被提出之后其必然要被加以证成,否则该命题即便被提出,其也是一个伪命题,也不会具有研究的价值。而所谓的命题的证成无非就是从理论意义与实践意义两个方面对某一新提出来的命题的必要性和合理进行阐释和说明。据此,对于刑法解释过程这一命题的证成,本文将从以下四个方面来对其合理性和必要性展开详细的论述。

首先,从学界对刑法解释过程的认知状况来看,在已收集的文献资料基础上,笔者发现,有关刑法解释过程的专门性论述并不多见,其也并没有形成较为明显的研究发展态势。但不可否认,学者们在对刑法解释范畴内的其他相关问题进行研究和讨论时却又都已经认识到了刑法解释不仅是一种行为活动同时更是一种认知过程。换句话说,学者们在论述刑法解释范畴内的其他相关问题时都有意或无意地提出了刑法解释过程这一命题,并以这一命题的成立为前提而展开了相关内容的研究和讨论。比如,伽达默尔指出:"理解和解释甚至根本不能被认为是一种主体性的行为,而要被认为是一种置身于传统过程中的行为,在这过程中过去和现在经常地得以中介。"①海德格尔指出:"解释按其任务就是要让事物得以理解。为了把握解释过程的统一,我们必然把理解是通过语言的中介而得到实现的视为理解和解释的基本现象。"②德沃金指出:"建设性解释的目的是构建一套过程理论,一套能为现有的政治、法律制度和实践的整体以及它的过去和未来提供最佳的说明、证成和依据的理论。"③陈金钊教授指出:"在研究法律解释的过程中,要站在坚持认识问题多元视角的立场上,承认相对主义的合理性,较为'全面'地揭示法律解释的过程。"④周光权教授指出:"在刑法解释的

---

① [德]汉斯-格奥尔格·伽达默尔:《真理与方法》(上卷),洪汉鼎译,上海译文出版社1992年版,第372页。

② 洪汉鼎主编:《理解与解释——诠释学经典文选》,东方出版社2001年版,第128页。

③ 梁治平:《法律解释问题》,法律出版社1998年版,第16页。

④ 陈金钊:《法律解释(学)的基本问题》,载《政法论丛》2004年第3期。

商谈、试错过程中,方法的采用有‘各取所需’的特点。”①齐文远教授和周详教授指出:“在刑法解释过程中,适度的强调合法性基础上的合理性,强调法的客观、确定性基础上的灵活性也是法治的应有之义。”②马荣春教授指出:“刑法解释理性,是指刑法解释过程及其结论在体现对社会生活的规律性和刑法本身的规律性的充分尊重之中谋求刑法的目的性。”③董邦俊教授指出:“从认知规律看,立法者的立法过程和解释者的解释过程都离不开理性的认识。”④可见,上述不同角度的论断都充分地证明了刑法解释过程论这一命题具有其存在的必要性和合理性。

其次,从法理学的角度来看,基于前文的介绍我们了解到,无论是国外还是我国,不同时期内所形成的相关法学理论都存在产生和发展的过程。并且这些不同时期内的法学理论之间也并非毫无关联性而各自存在的。后一法学理论的出现或是对先前法学理论的继承,又或是对先前法学理论所进行的批判,而这些继承或批判本身就是一种过程的体现。作为法学理论中的重要研究范畴,法律解释和刑法解释必然也会以一种过程的形式加以体现。此外,根据前文的介绍,我们还会发现,就中外刑法学理论之间的关系而言,二者往往会体现出了相互借鉴、相互吸收的过程形式。而在这一过程中,中外的刑法解释之间的相互借鉴、相互吸收的关系同样也会以过程的形式加以体现。再者,当我们对法理学范畴内所讨论的法律运行这一理论问题进行分析时就会发现,中外任何时期内所适用的法律规范(包括刑法规范)都必然经历了产生、适用、修改、废除这一系列的过程。张文显教授对此就曾言:“法律的产生和运行是一个从法律创制、实施到实现的过程。”⑤而法律解释和刑法解释作为法律规范运行中的一个必不可少的环节,其本身理应就是一种过程的体现。据此,我们不难发现,从法理学的角度对法律解释和刑法解释展开认知同样也能为刑法解释过程论这一命题成立的合理性和必要性寻找到充分的证明依据。

再次,从刑法解释的内涵角度来看,学界通说认为,“所谓的刑法解释就是解释主体对刑法规范的含义所作出的阐明”⑥。而这种阐明具体是指一种阐释的行为还是一种阐释的过程却值得我们思考。第一,前述通说的观点为我们揭示出刑法解释中必然存在着解释主体和解释对象这两个要素,并且解释主体在作用于解释对象时必然也要通过阐释的行为加以完成。从这一点来看,如果将刑法解释只看作是一种主体作用于对象的行为的话,那么刑法解释中的主体要素和对象要素便被排除在刑法解释定义之

① 周光权:《刑法解释方法位阶性的质疑》,载《法学研究》2014 年第 5 期。

② 齐文远、周详:《论刑法解释的基本原则》,载《中国法学》2004 年第 2 期。

③ 马荣春:《形式理性还是实质理性:刑法解释论争的一次深入研究》,载《东方法学》2015 年第 2 期。

④ 董邦俊:《刑法解释基本立场之检视》,载《现代法学》2015 年第 1 期。

⑤ 张文显主编:《法理学》(第 5 版),北京大学出版社、高等教育出版社 2018 年版,第 219 页。

⑥ 高铭暄、马克昌主编:《刑法学》,北京大学出版社、高等教育出版社 2017 年版,第 22 页。

外,而缺失了主体要素和对象要素的刑法解释又岂能形成?第二,尽管通说的观点中只是明确地提及了解释主体、解释行为、解释对象这三个要素。但就刑法解释中的解释目的、解释原则、解释规则、解释方法这四个方面而言,通说的观点却无法予以否认。从这一点来看,如果将刑法解释只看作是一种解释行为的话,那么解释目的、解释原则、解释规则、解释方法这四个方面岂不也被排除在刑法解释之外?第三,虽然通说的观点中都没有对刑法解释的运作机理进行详细的阐述,但是我们任何人却又不得不承认刑法解释运作机理的存在。就刑法解释的运作机理来看,其具体表现为:主体基于一定的目的,在一定的原则和规则的限制和影响下采用某些方法对刑法规范作出认知和说明的行为。从这一角度来看,刑法解释应该是一种由主体、行为、对象、目的、原则、规则、方法这七个要素所组成的动态认知系统,而绝非只是一种外在的行为表象。据此,笔者认为,刑法解释本身不应该只是一种认知行为的体现,其更应该是一种由解释主体、解释对象、解释行为、解释目的、解释原则、解释规则和解释方法所组成的动态认知过程的体现。对此,李希慧教授就曾言:“从动态方面而言,刑法解释是指一定的主体阐明刑法规定的含义的活动或过程。”[①]此外,张明楷教授也曾指出:“刑法的解释就是在心中充满正义的前提下,目光不断地往返于刑法规范与生活事实的过程。”[②]可见,对刑法解释的含义、构成要素以及运作机理等方面所展开的分析和讨论依旧可以为我们揭示出刑法解释过程论这一命题成立的合理性和必要性。

最后,从当下刑法解释理论的研究现状来看,无论是我国还是国外,就当下的刑法解释研究现状而言都体现出了理论观点繁多、争论不休且异常激烈的局面。对此我们不仅会问,是什么原因导致了这种局面的产生呢?不得不承认,由于研究者们所关注的问题以及所采用的分析角度和方法都各有所异,所以对于这个问题的回答也是千差万别。其中,以哈特和拉宾为代表的法律过程学派所主张的观点却值得我们去进行深入的思考。面对法学范畴内所出现的现实主义与形式主义之争以及为了实现现代法治而展开的理性与非理性之争,以构建一种富有理性并能化解法学范畴内理论之争的过程体系为己任的法律过程学派指出:“法学研究之所以杂乱无序多数在于作为统一话语的法律过程的崩溃,以及对法律过程的崩溃负主要责任的学术运动之间的分歧。”[③]很显然,在法律过程学派看来,法学研究范畴内之所以会出现观点林立、纷争不断的局面,其最主要的原因就在于研究者们在对法律展开认知和运用中缺失了一种客观存在、普遍认同却又被忽视掉的法律统一话语模型和分析模型,该种法律统一话语

① 李希慧:《刑法解释论》,中国人民公安大学出版社 1995 年版,第 41 页。

② 张明楷:《刑法分则的解释原理》,中国人民大学出版社 2003 年版,第 9 页。

③ [美]爱德华·L. 拉宾、王保民、刘言:《新法律过程、话语综合和制度微观分析》,载《地方立法研究》2018 年第 2 期。

模型和分析模型就其本质而言就是一种人类对法律规范所展开的认知过程。① “作为法律认知和运用中的重要组成部分,法律解释本身就是一种认知活动,其必然要具有认知活动的特性。”②而对于认知活动而言,心理学家 J. 皮亚杰曾言:“认知起因于主客体之间的相互作用,这种作用发生在主体和客体之间的过程中。”③根据以上的阐述,我们可以得出如下结论:其一,从法律过程学派的理论出发,就当下刑法解释中所出现的理论纷争局面而言,其在很大程度上是由于过程意识思维在刑法解释中缺失所导致的。这也就表明,过程意识思维在刑法解释中具有不可或缺和不可替代的地位。进而在对刑法解释进行研究和讨论时,过程意识思维必然要被加以明确和使用。其二,既然刑法解释中必然存在过程意识思维并发挥着积极功效,那么作为人类的一种认知活动的刑法解释其必然也会受到过程意识思维的影响和制约。所以,刑法解释作为一种认知活动的同时,其更应该被看作一种认知过程的体现。以上的论述不仅为刑法解释过程这一命题的提出指明了理论依据,同时更加充分地证明了刑法解释过程这一命题具有其存在的合理性和必要性。其三,以法律过程学派理论为基础并具有充分的合理性和必要性的刑法解释过程命题的提出不仅为我们客观地了解和评析当下刑法解释中所出现的理论问题提供了一种全新的研究范式,同时其也在很大的程度上填补了刑法解释理论层面上的空白,进而对刑法解释理论的完善和发展起到了巨大的推动作用。这也充分地体现出刑法解释过程论这一命题的提出具有非常重要的现实意义。

二、刑法解释过程的内涵与本质

关于过程的含义,马克思指出:“过程是指一个事物发生、发展和灭亡所经历的程序或阶段。”④怀特海指出:“过程是有机体各个因子之间的内在联系的、持续的创造活动。它就是实在,实在就是过程。”⑤国内学者闫顺利教授认为:“所谓的过程就是指,物质由于其内部矛盾所推动和外部条件所制约而呈现的运动、变化、发展的次序,是事物发展阶段性和连续性相统一的存在状态,表明发展的动力、状态和趋势。”⑥张远新教授认为:“所谓过程是事物发展在时间上的持续和空间上的延伸,表明事物有产生、

---

① 参见刘翀:《美国法律过程学派对现实主义法学挑战的回应》,载《西安电子科技大学学报(社会科学版)》2014 年第 2 期。

② 李宏勃:《成文法解释的客观性:标准及其途径》,载《法律方法》2004 年第 0 期。

③ [瑞士]J. 皮亚杰:《发生认识论原理》,王宪钿译,商务印书馆 1981 年版,第 21 页。

④ 《马克思恩格斯选集》(第 4 卷),人民出版社 1972 年版,第 240 页。

⑤ [英]阿尔弗雷德·诺思·怀特海:《过程与实在——宇宙论研究》,杨富斌译,中国城市出版社 2003 年版,第 21 页。

⑥ 闫顺利:《哲学过程论》,载《北方论丛》1996 年第 3 期。

发展和灭亡的历史。”①还有一部分学者认为,过程是指人类在对客观事物进行信息加工而得出来的一种由表及里、由现象到本质的反映客观事物特征与内在联系的心理活动。显而易见,从哲学意义层面上来看,上述有关过程含义的阐述其实并无太大的差异。概括而言,所谓的过程就是指在特定的时间和空间范畴内,作为主体的人在对物化或非物化的客观存在展开认识实践活动时所经历的产生、发展和灭亡的程序或阶段。过程的本质就是一种认知实践活动所经历的程序或阶段。

基于前述有关过程的认知,我们不难看出,刑法解释过程必然是哲学意义层面上过程的一种具体体现。换句话说,哲学意义上的过程与刑法解释过程之间应该是一种一般与特殊的逻辑关系。从刑法解释过程的运作机理角度来看,任何一种刑法解释过程的开启和展开都必须是基于一定的目的进行的,而这种特殊的目的在通常情况下表现为对刑法规范含义的真实表述。在罪刑法定原则的严格制约下,刑法解释主体为了实现解释目的必然要采用一定的方法,而对于刑法解释过程中所采用的方法而言其却又与人类认知过程中其他种类的过程中所采用的方法存在明显的差异,如扩大解释、限缩解释、反面解释、体系解释、当然解释、目的解释等。其中类推解释在法律解释范围内更是彰显出刑法解释过程同其他部门法解释过程之间的明显差异。据此,笔者认为,所谓的刑法解释过程是指,在特定的时间域和空间域范围内,刑法解释主体为了实现某种特定的刑法解释目的,在遵循特定的解释原则和规则的前提下,通过采用特定的刑法解释方法对刑法解释对象进行阐释和说明时所经历的一种认知实践程序或阶段。

从上述刑法解释过程的内涵出发,我们可得知,刑法解释过程的本质依旧是一种程序或阶段。但是,刑法解释过程毕竟是一种特殊的过程,其本质必然具有自身的特殊性。

首先,由刑法解释过程所反映出来的程序或阶段同社会发展需要之间具有紧密的关联性,这种关联性体现为一种既充分又必要的逻辑特性。从中外的法律解释或刑法解释的发展历程来看,每一时期或每一阶段内的法律解释或刑法解释都是在特定的社会背景下而被启动和展开的。由于受到当时社会中存在的价值观变化的影响,为了迎合社会的发展需要,作为人类社会规范中的一种,包含刑法规范在内的法律规范必然要为此作出必要的回应。而对于这种回应而言,其中必然会关涉法律解释过程或刑法解释过程的开启和展开。与此同时,面对一些需要法律规范所要调整的社会问题时,如果当时的法律规范对其进行规制出现了乏力的现象,从节省立法成本的角度出发,能够通过法律解释的途径加以解决的便不会动用立法手段。② 从这一层面来说,法律

① 张远新:《马克思主义哲学过程论初探》,载《东岳论丛》1994年第4期。

② 参见张文显主编:《法理学》(第5版),北京大学出版社、高等教育出版社2018年版,第279-284页。

解释或刑法解释对于社会发展需要而言又是一种充分条件的体现。所以，由刑法解释过程所反映出来的程序或阶段具有满足社会发展需要的客观现实性。

其次，刑法解释过程所反映出来的程序或阶段同法学、刑法学和解释学的发展之间具有紧密的关联性，这种关联性具体表现为一种相互影响、相互促进的特点。从中外的法律解释或刑法解释的发展状况来看，每当法学领域、刑法学领域或解释学领域中理论观点发生变化时，在司法实践的领域中都会引起极大的反响。在这其中就包括对法律解释或刑法解释的影响。与此同时，在发生改变的相关理论的指引之下，司法实务界通过法律解释或刑法解释的手段对现有的法律规范或刑法规范进行阐释和说明，以此来解决现实的社会问题。其中，人们所开启的法律解释过程或刑法解释过程便又反过来对法学、刑法学和解释学领域中所发生变化的相关理论进行检验。① 不得不承认，由刑法解释过程所反映出来的程序或阶段同法学、刑法学和解释学之间的确存在相互影响、相互促进的关联性。这也充分地证明了刑法解释过程这一特定的程序或阶段具有特定学科属性的特点。

最后，刑法解释过程所反映出来的程序或阶段体现出了严格性。作为社会规范中的一种，刑法规范具有极强的强制性。这种强制性不仅反映在立法和修改的层面上，同时其还反映在刑法规范的实施层面上。在刑法规范的实施过程中，刑法解释是一个必要的环节。在对刑法规范进行解释的过程中，并非任何人或组织都具有法律赋予的权力对其进行解释，即使社会大众私自对刑法规范进行解释，其解释的结论也未必会具有法律效力。此外，在有权解释的过程中，解释主体也必须按照法律所规定的程序来加以进行，一切违反法定程序所作出的刑法解释都是无效的。再者，作为刑法的基本原则，罪刑法定原则在整个刑法解释的过程中发挥着绝对性的影响和制约作用。这些都促使了刑法解释过程所反映出来的程序或阶段必然会体现出严格性的特点。②

综合以上阐述，笔者认为，从宏观的层面上来看，刑法解释过程的本质同一般意义上过程的本质一样都表现为一种程序或阶段，但是从微观层面上来看，刑法解释过程所反映出来的这种程序或阶段又具有客观现实性、学科归属性和严格性的特征。概而言之，刑法解释过程的本质是一种带有客观现实性、学科归属性和严格性的法律解释行为所经历的程序或阶段。

三、刑法解释过程的构成要素

从马克思的“实践过程论”和怀特海的“机体过程论”来看，任何一种单一过程的启动和展开都会体现为一套完整的体系流程，该体系流程具体表现为：人们基于所处

① 参见陈金钊等：《法律解释学》，中国政法大学出版社2006年版，第54－56页。

② 参见张明楷：《罪刑法定与刑法解释》，北京大学出版社2009年版，第74页。

的客观环境产生了某种特定的需要,在这种特定需要的支配之下针对所选定的认知实践对象从主观层面上就会形成一种特定的预设目的。为了实现此种特定的预设目的,过程的启动主体必然要在行为作出之前确立起明确的指导性原则,并通过对该指导性原则的具体化形式来形成某些特定的行为规则。进而在原则与规则的共同制约之下,主体采用了多种具体方法和技巧来充分、合理地实现预设的目的。① 显而易见,任何一种单一过程都应该是由认知实践主体、认知实践角度、认知实践立场、认知实践对象、认知实践行为、认知实践目的、认知实践规则、认知实践方法这八种要素构成。当然,我们还要认识到,单一过程的形态在我们人类社会中毕竟为数不多,通常情况下,某一单一过程的终结必然会引起另一单一过程的开启,进而过程包含过程、过程套用过程的复合型过程将比比皆是。而对于这些复合型过程而言,其依旧是由认知实践主体、认知实践角度、认知实践立场、认知实践对象、认知实践行为、认知实践目的、认知实践规则、认知实践方法这八种要素所构成。换句话说,认知实践主体将他人的认知实践过程及所形成的认知实践结果当作自己的认知实践客体加以认知所形成的复合型过程必然也是由前述八种要素所构成。毫无疑问,作为一种认知实践过程,刑法解释过程则必然是要由解释主体、解释角度、解释立场、解释对象、解释行为、解释目的、解释规则以及解释方法这八种要素所构成。

(一)刑法解释过程的主体要素

作为刑法解释过程的构成要素,刑法解释主体则是指刑法解释过程的启动者和展开者。换句话说,刑法解释过程是由谁开启并展开的。对于这一构成要素的理解,我们首先需要明确的是,刑法解释过程的主体是谁和谁有权进行刑法解释是既有联系又有区别的两个不同问题。对于前一个问题而言,其实质上是在追问在对刑法解释对象进行解释时,哪些主体可以开启并展开刑法解释过程。对于后一个问题而言,其实质上则是在追问哪些主体被法律赋予了开启和展开刑法解释过程的权力,以及这些被赋予法律权力的主体在刑法解释过程中所形成的解释结论是否具有法律约束力。从学界现有的划分来看,刑法解释按照解释的效力可以分为有权解释和学理解释两种。有权解释是指立法机关和司法机关依据宪法和法律所赋予的权力对刑法解释对象所作出的解释,其解释的结论具有当然的法律效力。而学理解释则是指专家、学者、社会大众以及社会组织对刑法解释对象所作的解释,其解释结论不具有当然的法律效力。从有权解释与学理解释的定义来看,包含了立法解释和司法解释的有权解释与学理解释,在回答了“刑法解释过程的结论效力如何”这一问题的同时,又都给出了“刑法解释过程的主体是谁”这一问题的答案。这也就是说,刑法解释过程的主体不仅包括了立法机关和司法机关,同时还包括了专家、学者、社会大众、社会组织。有权解释中的

① 参见叶敦平主编:《马克思主义哲学原理》,高等教育出版社2003年版,第88-90页。

解释主体与学理解释中的解释主体都可以开启并推动刑法解释过程，只不过他们所作出的解释结论在法律效力层面上存在明显的差异。

（二）刑法解释过程的立场要素与角度要素

立场问题来自人们认识事物时的价值评价，其总是站在一部分人的利害层面进行评价的。因此，所谓的立场就是特定的人群，也就是我们看问题、想事情、做事情时的利益目标人群。据此，我们便可以推知，所谓的刑法解释立场就是指刑法解释主体在对刑法解释对象进行解释时所处的利益目标人群，也即刑法解释主体应该站在哪一种利益目标人群中对刑法解释对象进行解释。很显然，刑法解释立场并不等同于刑法解释主体。然而，从目前学界中研究者们所使用的刑法解释立场的含义来看，“立法者的解释立场”和“司法者的解释立场”这两个概念频繁被使用。对于这两个概念而言，笔者认为，无论是“立法者的解释立场”还是“司法者的解释立场”，它们的含义要么是在指称立法解释主体和司法解释主体，要么就是在指称立法者和司法者的解释角度。无论是哪一种指向，它们都已经脱离了“立场”这一语词原本的含义，“立法者的解释立场”和“司法者的解释立场”这两个概念在语词表达和使用的层面上有待商榷。

既然刑法解释立场是刑法解释主体对刑法解释对象进行解释时所处的利益目标人群，那么在刑法解释过程论视域下，刑法解释立场究竟又会指向何处呢？换言之，什么才是刑法解释过程中的解释立场呢？对此，笔者认为，刑法解释立场在整个刑法解释过程中并不是一成不变的，它是随着认知主体的主观因素和认知主体以外的客观因素的变化而变化的。可以说，这是刑法解释活动作为一种过程所具有的特性使然。从中外刑法解释过程的发展状况来看，封建社会中的刑法解释主体所处的立场往往指向的是对社会具有控制权的统治阶级或贵族。也即在封建社会中，刑法解释立场所指称的利益目标群体是具有社会统治权的统治阶级或贵族这一类群体。而随着法治文明的不断推进和发展，刑法解释立场在法治文明社会中发生了变化，有权解释主体和学理解释主体在内的刑法解释主体在对刑法解释对象进行解释时其所处的立场无不是以社会民众这一群体为其利益目标人群。这样看来，在当下的法治文明社会中，刑法解释立场必定指向了社会民众这一利益目标群体。① 换句话说，无论是有权解释主体，还是学理解释主体，他们在对刑法解释对象进行解释时所体现出来的解释立场应该是具有同质性的。也即立法者、司法者、专家、学者、社会大众以及其他社会组织的解释立场都是以社会大众这一利益目标群体为指向。②

“角度”一词在《辞海》中被解释为认知主体在观察认知事物或事情时的出发点或切入点。通常情况下，由于受到认知主体各自的知识背景、认知能力、所处的位置和社

① 参见袁林：《以人为本与刑法解释范式的创新研究》，法律出版社 2010 年版，第 1－5 页。

② 参见陈忠林：《“常识、常理、常情”：一种法治观与法学教育观》，载《太平洋学报》2007 年第 6 期。

会文化环境以及不同主观目的的影响,针对同一事物或事情,不同认知主体的认知角度也会不尽相同。据此,我们便可以推知,所谓的刑法解释角度就是指刑法解释主体在自身所具备的知识背景、认知能力、所处的职业角色和社会文化环境以及所要实现的解释目的的影响下对刑法解释对象进行解释时所选取的出发点或切入点。显而易见,刑法解释角度与刑法解释立场是两个完全不同的概念。尽管二者都同刑法解释主体具有紧密的联系,但是,刑法解释角度指称的是一种认知的出发点或切入点,而刑法解释立场则是在指某一利益目标人群。

(三)刑法解释过程的对象要素

所谓刑法解释过程的对象,就是指在刑法解释过程中,刑法解释过程的启动者的解释行为所针对的对象,也即刑法解释过程的启动者对谁进行解释。对于这一要素的讨论,当下学界范围内形成了刑法规范说、刑事法律说、刑法规定说、刑法文本说、刑法文本与事实说五种学说。以高铭暄和马克昌先生为代表的刑法规范说认为:"刑法解释的对象应该包括刑法规范的含义、所使用的概念、适用的原则等方面的内容。"①以陈兴良和杨春洗先生为代表的刑事法律说认为:"刑法解释的对象不仅仅包括刑法规范的相关内容,除此之外还应包括刑事诉讼法和刑事执行法两方面的内容。"②以李希慧教授为代表的刑法规定说认为:"刑法解释的对象应该是规范性规定和包含了刑法的任务、立法根据、立法目的的非规范性规定。"③以梁根林先生为代表的刑法文本说认为:"刑法解释的对象应该是立法者为了实现立法目的在特定的法律程序中按照一定的体例运用法律术语和逻辑思维而创制出来的文本。"④以陈金钊先生为代表的刑法文本与事实说认为:"刑法解释的对象应该包括静态的刑法文本与动态的案件事实两个部分。"⑤基于上述五种学说,笔者认为,在刑法解释过程中,刑法解释对象应该是刑法文本与案件事实。

从法律规范适用的过程角度来看,其内部存在一定的逻辑关系,而这一逻辑关系具体表现为:案件事实的发生—对案件事实进行的认知过程—法律条文的寻找和发现过程—法律条文与案件事实结合过程。其中,在对案件事实展开的认知过程中必然包含了对案件事实的解释行为,而在对法律条文的寻找和发现过程中也必然包含了对法律条文的解释行为。⑥ 换言之,当现实社会中发生了一定的案件事实后,人们便会对其展开认知。在对案件事实进行整体的认知过程中,人们发现其对社会法益造成了一

① 高铭暄、马克昌:《刑法学》(第8版),北京大学出版社、高等教育出版社2011年版,第21页。
② 陈兴良:《形式解释论与实质解释论:事实与理念之展开》,载《法制与社会发展》2011年第2期。
③ 李希慧:《刑法解释论》,中国人民公安大学出版社1995年版,第44页。
④ 梁根林:《罪刑法定视域中的刑法适用解释》,载《中国法学》2004年第3期。
⑤ 陈金钊:《法律解释(学)的基本问题》,载《政法论丛》2004年第3期。
⑥ 参见张文显主编:《法理学》(第5版),北京大学出版社、高等教育出版社2018年版,第272-287页。

定的危害时,人们便会从法律层面对其进行评析,此时就需要开启法律寻找的过程。在寻找到相适应的法律条文之后通过人们的解释行为将其同案件事实进行比对最终在法律层面得出对该案件事实的认定结果。可见,“法律与事实是密不可分的,在法律适用的过程中解释主体对事实的识别过程其实就是对案件事实进行解释的过程,是根据法律对案件中所发生的一切事实进行判断和取舍,并阐发其中法律意义的过程”①。这也正如德国法学家卡尔拉伦茨所言:“在解释规范时,同时也必须考虑其与此法律规范有关的社会事实。这已是自明之理。”②同理,刑法条文的适用过程依旧如此。当现实社会中发生了一起严重危害社会法益的案件时,人们首先会依据刑法对该案件中的行为进行罪与非罪的追问。在确定了该案件中的行为为犯罪的基础上,人们会继续对此罪和彼罪这一问题进行追问,从而最终确定罪名、刑事责任、刑罚。毫无疑问,在这两个追问的过程中,既存在对刑事案件事实的解释也存在对刑法文本的解释。

(四)刑法解释过程的目的要素

“目的”一词具体是指主体基于自身的需要,借助于意识和观念的作用,通过行为将主观设想予以实现的目标和结果。目的反映了主体对客观对象的实践关系。目的是人实践活动的依据,并且贯穿于实践过程的始终。从这一含义出发,所谓的刑法解释目的就是指在刑法解释过程中刑法解释主体通过刑法解释行为作用于刑法解释对象所要达到的一种主观预设的结果。

就刑法解释目的的具体内容而言,学界范围内所形成的争论主要体现在主观解释论与客观解释论之争层面上。从刑法主观解释论与客观解释论所主张的观点来看,刑法解释目的的内容分别指向了立法原意的还原和刑法规范文本客观含义的体现两个方面。③ 不过,在笔者看来,刑法解释目的的具体内容应该结合刑法解释主体、刑法解释角度以及刑法解释对象来进行综合认定,而不能简单地就认定为是立法原意的还原或刑法规范文本客观含义的体现。根据前文的论述,我们了解到,在刑法解释过程论视域下,刑法解释的主体包括有权解释主体和学理解释主体。刑法解释对象包括刑法条文和案件事实。由于不同的刑法解释主体在启动刑法解释的过程中其所选取的解释角度会出现差异,因此,作为刑法解释过程启动的主观因素,刑法解释目的也就自然会呈现出不同的内容。一方面,无论是有权解释主体还是学理解释主体,在面对现实社会中实际发生的案件事实时都会在自己的认知能力和所具有的经验基础上选取一定的认知角度对该案件事实进行分析。然而,正如前文所论述的那样,不同的认知主体由于自身的认知能力、所具有的经验和认知角度并不是完全一致的,所以,在对案件

---

① 魏胜强:《论事实作为法律解释权的对象》,载《铁道警官高等专科学校学报》2008 年第 1 期。

② [德]卡尔·拉伦茨:《法学方法论》,陈爱娥译,商务印书馆 2003 年版,第 13 页。

③ 参见赵秉志主编:《刑法论丛》(第 23 卷),法律出版社 2010 年版,第 165 - 191 页。

事实的认知上必然会有所不同。另一方面,无论是有权解释主体还是学理解释主体,在对现实发生的案件事实进行分析之后,其都必然会去寻找能够妥善解决该案件事实的相关刑法规范。然而,任何法律规范都是由法律概念和法律命题加以表述的。其中,法律概念在表达某一法律事实时往往会产生概念边缘模糊性的缺陷,进而促使该法律命题在不同的解释主体所启动的解释过程中会产生不同的含义。[①] 为此,不同的刑法解释主体都会基于自己所具有的认知能力去选择各自的解释角度,使各自的解释目光往返于案件事实和刑法规范之间,在利益的权衡之下最终形成一定的认定结果。可见,在刑法解释过程论视域下,刑法解释目的的内容不应该仅仅体现在对刑法规范的概念和命题的解释,还应该包括对案件事实的解读和分析。据此,笔者认为,在刑法解释过程论视域下,刑法解释目的的内容应该具体体现为"将案件事实一般化,将规范具体化",也即,通过刑法解释的行为不仅要说清楚刑法规范文本的含义,同时还要赋予案件事实以法律意义。

(五)刑法解释过程的规则要素

所谓刑法解释过程的规则,是指刑法解释主体在刑法解释过程中对刑法解释对象进行阐释和说明时刑法解释行为所要遵守的准则和要求,也即存在于刑法解释过程中的刑法解释规则。而就刑法解释规则的具体内容而言,唐稷尧教授认为,"在罪刑法定原则作为刑法解释基本原则的前提下,司法解释主体所要遵守的解释规则具体包括依附性解释规则、非穷竭性解释规则和例外不适用解释规则"[②]。梁根林教授则认为,"在罪刑法定原则的要求以及其所制约的刑法文本所具有的特殊性前提下,刑法解释主体在进行刑法解释活动时应该遵守同一律解释规则、排他律解释规则、只含同类解释规则、严格解释规则、正确解释规则和生活逻辑解释规则"[③]。如蒋太珂研究员认为,"在罪刑法定原则的要求和制约下,为了防止解释恣意行为的出现,解释主体在运用各种刑法解释方法时应当遵循资料性解释规则、控制性解释规则和目的性解释规则"[④]。

尽管在刑法解释规则的具体内容上,学界并未形成统一的认知,但不可否认的是,存在于刑法解释过程中的刑法解释规则必然要受制于罪刑法定原则的影响与制约,并且在这一前提下,刑法解释规则还需要在最大限度上保证刑法解释方法使用的正当性和合理性。据此,笔者认为,在不违反罪刑法定原则的前提下,刑法解释规则应具体包括经验符合性解释规则、逻辑严谨性解释规则和客观调控性解释规则三种。

---

① 参见雍琦:《法律逻辑学》,法律出版社 2016 年版,第 48 – 53 页。

② 唐稷尧:《论当前司法活动中适用刑法解释的基本规则》,载《四川师范大学学报(社会科学版)》2019 年第 2 期。

③ 梁根林:《刑法适用解释规则论》,载《法学》2003 年第 12 期。

④ 蒋太珂:《刑法解释论的第三条道路——刑法解释规则的建构》,载《法律方法》2016 年第 2 期。

首先,经验符合性解释规则,是指在刑法解释过程中,刑法解释主体对刑法解释对象进行阐释和说明时必须要符合社会生活经验的具体要求。每一个社会个体成员在社会实践的过程中都必然会根据自己习得的经验对认知实践对象展开认知,换言之,每一个社会个体的实践活动都必然要受到经验法则的约束和影响。同理,在刑法解释实践过程中,每一个刑法解释主体在对刑法解释对象作出解释时也必然要受到经验法则的制约。实际的情况告诉我们,每一个刑法解释主体在刑法规范的寻找过程中和对案件事实的认定过程中无不是基于自身的经验而展开的,并受到已有经验的制约和影响。也就是说,任何一个刑法解释主体在展开刑法解释活动过程中都必然要作出符合经验法则要求的解释行为。可见,经验符合性解释规则在整个刑法解释过程中扮演着不可替代的作用。

其次,逻辑严谨性解释规则,是指在刑法解释过程中,刑法解释主体对刑法解释对象进行阐释和说明时必须要遵守特定的逻辑思维规律。尽管霍姆斯曾言:"法律的生命从来也不在于逻辑,而在于经验。"但同时他也曾说:"律师受到的训练就是在逻辑上的训练。司法判决所使用的语言主要是逻辑语言。"[①]可见,霍姆斯只是在法律的内容和发展的动力来源两个层面上肯定了经验的重要性,而在法律的具体适用层面上又肯定了逻辑的重要性。就整个刑法解释过程来看,任何一个刑法解释主体在刑法解释规则的指导下将刑法规范同案件事实进行匹配的过程其实际上就是三段论的具体体现。而且在刑法解释过程中除了形式逻辑思维发挥作用之外,辩证逻辑思维也发挥着重要的作用,刑法解释中的实质解释论便是一个最有利的证明依据。可以说,在一个刑法解释过程中,解释主体的解释行为如果违背了逻辑思维的要求,其所得出的结论必然不会得到认可。所以,在刑法解释过程中,解释主体的解释行为必须要符合逻辑的严谨性,也即逻辑严谨性解释规则必然具有其存在的必要性。

最后,客观调控性解释规则,是指当刑法解释主体采用不同的刑法解释方法从而得出了相互矛盾的解释结论时,解释主体应该依据客观现实的情况对两个相互矛盾的结论进行权衡并做出最终的抉择。从现实的刑法解释过程来看,在经验符合性解释规则和逻辑严谨性解释规则的指导下,相互矛盾的解释结论现象的出现在所难免。然而,刑法解释过程最终必然要得出一个恰当、妥善的结论,这就势必需要对经验符合性解释规则和逻辑严谨性解释规则进行调控。那么,刑法解释主体又该对二者进行怎样的调控呢?笔者认为,无论是以形式化为要求的逻辑严谨性解释规则还是以实质内容的实现为追求目标的经验符合性解释规则,二者都将最终所追求的目标指向了客观实际问题得以妥善解决这一层面上。倘若抛开客观实际问题而一味地追求形式上的完整性或经验本身的合理性或正确性,那么任何规则的设置都是徒劳无益的。从这一角

---

① [美]霍姆斯:《法律,我们的情人》,1885 年 2 月 5 日在萨福克律师协会上的演讲稿。

度来看,在经验符合性解释规则和逻辑严谨性解释规则之外,以矛盾的化解为己任,采用客观视角进行评析和权衡的客观调控性解释规则必然也就具有其存在的必要性。

(六)刑法解释过程的行为要素

行为学指出,行为也被指称为人的举止行动,其是人日常生活中所表现出来的一切活动,其是人的主观层面上的意志外化的表现形式。行为带有目的性、预见性、能动性、多样性、可度性(可检测性)、程序性六大特点的活动。行为根据外化的形式可以分为外显行为和内隐行为两种。外显行为是指能够直接观察到的身体活动。而内隐行为则是指不能被外界直接观察的隐蔽的心理活动。[①] 基于前述有关行为的认知,笔者认为,作为刑法解释过程的必备构成要素,刑法解释行为则是一种刑法解释主体为了实现特定的解释目的在主观层面上所作出的带有主观能动性、自觉性、承继性和建构性的内隐行为。

从刑法解释过程的运作机理角度来看,刑法解释行为可以被认定为是刑法解释主体在面对客观实际发生的案件事实时在其主观层面上所作出的一系列的反应活动。面对业已发生的案件事实,具有主观能动性的解释主体会自觉地在特定目的的支配之下对该案件事实进行分析,随后便会去寻找可以适用于该案件事实的刑法规范并对其进行解释。而对于刑法解释主体的这种解释行为而言,其往往体现出从案件事实到规范再由规范到案件事实这样循环反复的特性,并直到解释结论得以形成之后,刑法解释主体的解释行为方可停止。不可否认,在解释结论形成之前的一系列反应活动都是一种内隐行为的具体体现,它们都发生在解释主体的主观层面上,并带有着鲜明的主观能动性和自觉性的特征。此外,在面对现实社会中所发生的案件事实和业已存在的刑法规范时,任何一个刑法解释主体都必然会基于自己已有的经验对二者进行分析和阐释,而经验本身就是一种知识积累的成果,其天然带有着承继性的特点。据此,作为一种内隐性行为的刑法解释行为必然具有着承继性的特征。再者,由于受到主客观因素的影响,每一位刑法解释主体的经验必然会大不相同。在面对新的案件事实以及新的法律规范时,再加之刑法解释主体自身的经验不足,据此,开启刑法解释过程的刑法解释主体便会在建构的逻辑思维指引性展开创新性的认识和解读,而这一过程恰恰就是刑法解释行为建构性的具体体现。[②]

(七)刑法解释过程的方法要素

刑法解释主体运用特定的刑法解释方法对刑法解释对象进行阐释和说明的活动其实就是刑法解释过程的呈现。换言之,没有刑法解释主体运用刑法解释方法的活动

---

① 参见 John B. Watson, *Psychology as the Behaviorist Views It*, Psychological Review, Vol. 101, 1994, p. 248 – 253。

② 参见童德华:《从刑法解释到刑法论证》,载《暨南学报(哲学社会科学版)》2012 年第 1 期。

就不会有刑法解释过程的产生。显而易见,刑法解释方法必然是刑法解释过程得以产生的必要条件。① 从当下司法实践过程中刑法解释主体所运用的刑法解释方法来看,扩大解释、限缩解释、当然解释、体系解释、目的解释、比较解释、历史解释、补正解释、类推解释、文义解释等多种刑法解释方法可以被划分为刑法解释结论的产生方法和刑法解释结论的论成方法两大类别。

刑法解释结论的产生方法,是指直接促使刑法解释结论得以产生的各种刑法解释方法的总称。平义解释、扩大解释、缩小解释、反对解释、补正解释、类推解释属于此种类别。就该种类别刑法解释方法的本质而言,刑法解释结论的产生方法是一种解释结论得以产生的解释技巧,其扮演着解释结论制造者的角色。并且在这一总体的范畴内,各种刑法解释方法之间呈现一种相互排斥的特性。也即,在众多的刑法解释方法中,一旦刑法解释主体选择了其中一种刑法解释方法,其他的刑法解释方法便不得被使用。

刑法解释结论的论成方法,是指当刑法解释结论的产生方法无法对解释对象进行解释时,或者对刑法解释结论的产生方法形成的解释结论的合理性进行论证时,刑法解释主体所采用的带有论证性质的刑法解释方法的总称。文理解释、体系解释、当然解释、历史解释、目的解释应该属于此种类别。就本质而言,刑法解释结论的论成方法是一种蕴含在刑法解释过程中的论证。就功能而言,刑法解释结论的论成方法不仅发挥着刑法解释结论的产生方法失效后的补充功能,同时其还具有着对刑法解释结论产生方法的评论功能。在适用的层面上,各种刑法解释结论的论成方法之间的关系明显地不同于各种刑法解释结论的产生方法之间的关系,同属于刑法解释结论的论成方法中的各种具体解释方法针对同一个解释对象时是可以同时加以使用的,而各种刑法解释结论的产生方法则是相互排斥的。

刑法解释结论的产生方法同刑法解释结论的论成方法之间并不是对立排斥的关系,二者之间应该是相辅相成的关系。也即每一种刑法解释结论的产生方法都可以用一种或多种刑法解释结论的论成方法来加以论证,并且刑法解释结论的论成方法被运用的越多越能证明在该种刑法解释结论的产生方法之下所产生的解释结论越具有合理有效性。

四、刑法解释过程的表现形式

马克思认为,无论是自然界还是人类所生活的社会都是一种实践活动的过程。在这一实践过程中,自然界和人类社会中的某一特定之物的存在必定会导致该特定物以外的对象得以产生。所谓的存在一定是一种对象性的存在。如果对象性关系被予以

① 参见杨仁寿:《法学方法论》(第2版),中国政法大学出版社2012年版,第138-160页。

否认的话,那么存在之物就是虚构出来,其应该被称为非存在之物。在对自然和社会进行认知的过程中,作为一种认知活动的对象,无论是自然还是社会都只能是在某一特定的认知过程中才能被称其为对象。① 怀特海指出,世界就是由一些事件流构成的过程,而过程就是实在,实在就是过程。这里存在从状态到状态的生长,存在整合与再整合的过程。任何东西只要在主体身上能够唤起某种特定的活动,它就构成认识的客体。也就是说,客体是在认识的过程中生成的,是与主体现实地发生关系的客观对象。主体与客体是在实际存在物的相互作用过程中逐渐生成的,主体与客体的关系以及主体对客体的认知也是一个渐进生成的过程。② 显而易见,过程的表现形式必然摆脱不开认知实践主体与认知实践客体之间的关系影响。可以说,主体通过认知实践行为作用于客体所呈现出来的形式必然是一种主客间的表现形式。然而,由于认知实践客体具有物化和非物化的形态,并且他人的认知实践过程作为一种非物化的客体同时也可以成为自己的认知实践客体。继而,过程在体现出了主客间这一表现形式之余又体现出了主体间的表现形式。据此,作为一种特殊的认知实践过程,刑法解释过程亦必然具有这两种外在表现形式。

(一)刑法解释过程的主客间表现形式

关于过程的主客间表现形式的讨论,学界先后经历了古希腊时期以普罗泰格拉为代表的"唯心主义的主客二分模式"、17世纪以费尔巴哈为代表的"旧唯物主义的主客二分模式"和"马克思主义的主客二分模式"三个发展阶段,并形成了三种不同的认知观点。首先,"唯心主义的主客二分模式"主张把作为主体的意识同作为客体的意识活动相分离,作为客体的意识活动对于作为主体的意识本身而言其并不是先在和既有的存在,其是由作为主体意识的创造性活动产生的。③ 很显然,"唯心主义的主客二分模式"下的主客间表现形式是以唯心主义的视角对主体与客体展开讨论所形成的结论,其将客体完全看作主体主观意识的活动,把客体的产生和存在完全当作主体的附属之物。这样一来,客体的独立性或相对独立性便丧失殆尽,主体在整个过程中起到了主宰一切的作用。毫无疑问,这不仅否认了客体在过程中构成要素的地位,同时更与我们当下所主张的科学认识论相违背。其次,"旧唯物主义的主客二分模式"主张把作为主体的人同作为客体的人以外的存在相对立,作为客体的人以外的存在是先在和既有的真实存在。作为主体的人在对作为客体的人以外的存在进行认知时仅仅是一种单向的支配或控制作用。很显然,"旧唯物主义的主客二分模式"下的主客间表

① 参见闫顺利:《论马克思社会实践过程辩证法的确立》,载《哈尔滨工业大学学报(社会科学版)》2009年第5期。

② 参见[英]阿尔弗雷德·诺思·怀特海:《过程与实在——宇宙论研究》,杨富斌译,中国城市出版社2003年版,第21-89页。

③ 参见北京大学哲学系外国哲学史教研室编译:《西方哲学原著选读》,商务印书馆1983年版,第54页。

现形式虽然是以唯物主义的视角对主体与客体之间的关系展开讨论,而且也克服了“唯心主义的主客二分模式”所产生的缺陷,但是,其又主张只有当主体对客体进行认知,客体才会有存在的价值和意义。不得不承认,此种主客间表现形式在很大的程度上体现出了机械唯物主义的绝对静态性、僵硬性和单向性的缺陷。最后,“马克思主义的主客二分模式”则主张作为主体的人是通过实践来作用和认知作为客体的人以外的存在,这一作用和认知的形式是一种过程的体现。在认知实践过程中,一方面,主体能动地反映客体并受到客体的限定与制约。另一方面,主体通过不断提升自身的能力来打破客体对其所产生的限定,进而促使主体与客体共同得到改造和发展。在马克思主义的主客二分模式下所形成的过程的主客间表现形式概括起来就是主体与客体都是相互独立存在的,但二者之间却体现为一种相互作用、相互影响的关系。[①] 显而易见,“马克思主义的主客二分模式”下的主客间表现形式在承认主体与客体彼此都相对独立存在的前提下,将二者之间的相互作用与相互影响当作二者共同发展的动力,最终以实践为中介将主体与客体辩证统一地融合到同一过程中。可以说,此种主客间的表现形式完全规避了上述两种有关主客间表现形式所体现出来的局限性,其所体现出来的科学性和合理性毋庸置疑。[②]

由于受到上述有关过程主客间性表现形式研究发展的影响,诠释学范围内也就主客间性展开了讨论。从诠释学的发展历程来看,早期的诠释学则是发端于西方的解经学。当时的解经者在对圣经进行解释时除了能够采用语义学中的相关解释技巧之外便无其他任何可以利用的解释理论。然而,一方面,《圣经》中的篇章内容源于不同的作者,如果严格按照语义学中的解释技巧对其进行解读时便会在《圣经》的不同篇章之间产生相互矛盾的现象。另一方面,在对某一特定的篇章内容进行解释时,如果严格按照语义学的解释技巧对其进行解读时同样也会在现有的教义与传统的教义信仰之间产生相互矛盾的现象。[③] 为了解决这些困境,诠释学的创始人施莱尔马赫提出了“作者中心论”这一解释理论。在施莱尔马赫看来,只有找寻到作者的原意才能够解决掉文本之间以及文本与教义之间的相互矛盾问题,而作者的原意就是文本的意义,它是独立存在于读者意识之外的客观存在,解释者的任务就是运用一系列的解释方法将其还原。[④] 不可否认,施莱尔马赫所提出来的“作者中心论”这一解释范式就是诠释学中有关主客间表现形式的最初原型。随着诠释学对法学的不断影响和渗透,主客间性的解释范式开始在法律解释学领域中引起了高度重视,进而在传统的刑法解释中解

---

① 参见陈枢卉:《马克思的新唯物主义与“主客二分”的思维方式》,载《福建论坛》2008 年第 11 期。

② 参见杨军:《马克思的主客二分模式及其理论变革意义》,载《河北科技师范学院学报》2009 年第 2 期。

③ 参见[德]狄尔泰:《诠释学的起源》,洪汉鼎译,载洪汉鼎主编:《理解与解释》,东方出版社 2001 年版,第 90 页。

④ 参见[德]弗里德里希·施莱尔马赫:《诠释学讲演》,洪汉鼎译,东方出版社 2001 年版,第 55 – 57 页。

释主体往往会以主客间的解释范式对刑法规范进行解释。正如前文所述,刑法解释中的"主客间性"的解释范式并不完全等同于刑法解释过程的"主客间表现形式"。前者是指解释主体在对刑法规范进行解读时所采用的一种公认的解释模型或模式,其往往是从刑法解释行为的角度来加以界定。① 而后者则是指刑法解释过程本身所体现出来的外在表现形式,其是从刑法解释过程本身的角度来加以界定。尽管刑法的"主客间性"解释范式与刑法解释过程的"主客间表现形式"之间存在如此明显的差异,但不可否认,二者之间依旧存在密切的关联性。这种关联性具体表现为:刑法的"主客间性"研究范式正是在刑法解释过程的主客间表现形式的基础之上被明确地提出。换句话说,解释主体正是注意到了刑法解释过程本身具有主客间这一表现形式,进而在对刑法规范进行解释时才采用了"主客间性"这一解释范式。② 可见,研究者们早已注意到了刑法解释过程本身具有主客间这一表现形式,只不过该表现形式并没有在学界内引起高度的重视。相反,研究者们却将他们的目光集中地投射到了基于主客间表现形式所引发的主客间性解释范式这一问题层面上来。

此外,就刑法解释过程的主客间表现形式而言,我们还可以从以下三个方面进行认知:首先,解释主体通过解释行为作用于解释对象便是刑法解释过程最为直观的体现形式。而就这一直观的形式的本质而言,其就是主客间形式的具体体现。其次,刑法解释主体中既有立法解释主体又有司法解释主体,两种解释主体所面对的解释对象是存有差异的。立法解释主体所面对的解释对象通常是自己先前所制定的刑法规范,而先前所制定的刑法规范本身所具有的含义必定是立法者在制定该刑法规范时所形成的主观意志的体现,尽管这种主观意志的体现并不是一种物化的存在,但其所具有的含义却在立法者内心中是真实客观存在的,这便是立法解释主体的解释客体。相对于立法解释主体而言,司法解释主体所面对的解释对象除了业已形成的刑法规范之外,其还要对客观的案件事实进行解释。一方面,司法解释主体在对刑法规范进行解释时必须极力地还原立法者的原意,同时还不得超出刑法用语的射程范围。从这一角度来说,司法解释主体的解释过程中必然也存在固定的解释客体。另一方面,司法解释主体在对案件事实进行解释时,其不仅要对物化的客观存在进行解释,同时还要对法律关系这一类非物化的客观存在进行解释。从这一角度来说,由司法解释主体所启动的解释过程中也必然存在解释客体。可见,从刑法解释主体与解释对象的关系层面来看,刑法解释过程本身依旧会体现出主客间的表现形式。最后,罪刑法定原则不仅是刑法中的基本原则,同时其也是刑法解释过程中刑法解释主体必然遵守的基本原则。在罪刑法定原则的要求下,解释主体必须要严格按照刑法规范的含义对案件事实

① 参见[美]托马斯·库恩:《科学革命的结构》,费超译,京华出版社2000年版,第158页。

② 参见聂立泽、庄劲:《从"主客间性"到"主体间性"的刑法解释观》,载《法学》2011年第9期。

作出解释。而所谓的“严格按照刑法规范的含义作出解释”，其在很大程度上就已经为我们揭示出了刑法解释过程必然具有主客间这一表现形式。也即，严格按照刑法规范对解释客体进行解释，并且“严格按照刑法规范”这一用语表明了对刑法规范本身进行解释，其同样也说明了刑法解释过程中必然存在解释客体这一问题。可见，无论从刑法解释过程最直观的形式来看，还是从刑法解释过程中的解释主体和解释对象来看，抑或是从刑法解释过程中所要遵守的罪刑法定原则来看，刑法解释过程本身必然会体现出主客间这一表现形式。

（二）刑法解释过程的主体间表现形式

20 世纪 30 年代，胡塞尔从现象学的角度出发对主体与客体之间的关系展开分析时指出，“主体的意识总是关于某物的意识，或者说主体的意识总是在构成着他的对象（客体）。这样看来，主体客观地认识客体就不现实了”①。换言之，在认知主体对认知对象进行认知和研究的过程中，认知主体的主观性必然渗透到认知对象中，这必然会导致有关认知对象的认知结论在很大的程度上蕴含了认知主体个人的主观意识，所谓的对象客观性在此过程中消失殆尽。所以，在主客间性认知研究范式下研究者根本无法对认知对象形成客观、正确的认知结论。据此，胡塞尔提出了主体间性认知研究范式。在胡塞尔看来：“主体间性就是指纯粹的自我意识如何在自身的意识经验中构造出他人，从而解决认识的客观性问题。”②随着哈贝马斯的“交往行动理论”和波斯纳的“交流意义上的合理性理论”的提出，主体间性认知研究范式得到了创新性发展。在哈贝马斯和波斯纳看来，认知过程中的客体的客观性是一种相对意义上的客观性而非绝对意义上的客观性。这种相对意义上的客观性则是人与人之间在相互交往过程中所逐渐形成的一种约定或共识。或者说，认知过程中的客体的客观性是多种视域进行融合所形成的一种相对意义上的客观性。③

在胡塞尔的影响下，海德格尔将主体间性认知研究范式引入了诠释学范畴中，进而导致人们在对解释活动进行认知时放弃了先前的主客间性范式转而采用了主体间性范式。受此影响，在刑法解释范畴内，研究者们所采用的研究范式也随之由主客间性解释范式转为主体间性解释范式。在主体间性解释范式下，研究者们认为，刑法规范本身并不具有客观真实的含义，其所具有的含义无非就是立法者自己主观意识的体现，包括司法解释主体在内的其他解释主体在对刑法规范进行解读时其本质上就是对立法者本人主观意识的解读。而这一过程完全就是从主体到主体的体现。20 世纪末，随着哈贝马斯的“交往行动理论”和波斯纳的“交流意义上的合理性理论”的提出，

---

① 倪梁康：《现象学及其效应——胡塞尔与当代德国哲学》，三联书店 2005 年版，第 146 页。

② ［德］埃德蒙德·胡塞尔：《生活世界现象学》，倪梁康、张廷国译，上海译文出版社 2002 年版，第 153 页。

③ 参见李隽、乔瑞金：《主体与实践的逻辑关系探析——兼论西方马克思主义对马克思主义哲学的重建路径》，载《理论探索》2019 年第 5 期。

主体间性认知研究范式得到了创新性发展,一种源于主体间性认知研究范式却又与之不同的视域融合认知研究范式得以形成。视域融合认知研究范式指出,人类的认知研究行为的展开是认知研究主体的视域、当时情景的视域和认知对象的视域三者进行融合的过程。[①] 在其影响下,刑法解释范畴内的主体间性认知研究范式也随之转变为视域融合的认知研究范式。在这种认知研究范式下,刑法解释被界定为是读者与刑法规范文本制定者之间的商谈过程,刑法规范的意义就是在商谈中达成的共识。显而易见,在刑法解释中主客间性解释范式逐渐被主体间性解释范式所取代。那么,这是否就意味着刑法解释过程的表现形式就只有主体间这一种形式呢?或者说,刑法解释过程的主客间表现形式从此就被主体间表现形式所取代了呢?如同前文所言,答案并非如此。一方面,刑法解释范式的形成是基于刑法解释过程本身所具有的表现形式而被提出。所以,当刑法主体间性解释范式被明确提出时,我们便可以得知,主体间表现形式必然是刑法解释过程的表现形式之一。另一方面,解释范式不同于解释过程的表现形式,前者是一种带有极强主观意志性的公认模型或模式,而后者则是一种客观存在的外化形式,尽管前者来源于后者,但前者的消失和改变并不能代表后者就一定会消失和改变。所以,刑法解释过程在具有了主客间表现形式的同时又具有着主体间表现形式这一论断自然也就有其存在的合理依据。

此外,就刑法解释过程的主体间表现形式而言,我们依旧可以从以下三个方面进行认知:首先,作为刑法解释过程中的客体要素之一,刑法规范必定是通过语言的形式来加以体现。而刑法规范在司法实践过程中通常又会表现出两种不同的境遇,其中一种境遇便是,用来表述刑法规范的法律用语清楚明确,并不会导致司法主体在适用刑法规范时产生模棱两可的情形,此时的司法主体所作出的行为其本质上是一种法律发现的活动。另外一种境遇就是,当刑法规范用语表述并不是十分明确时,司法实践主体便会结合自己对刑法规范的解释以及自己当时所处的境况对刑法规范作出创造性的解读,此时的司法主体所作出的行为其实际上是一种刑法规范意义的重构活动。而正是这一境遇下的重构活动从一定的程度上就体现出了刑法规范适用主体与立法主体之间就刑法规范意义的视域融合表现形式。[②] 其次,作为刑法解释过程中的一种客体要素,案件事实的确定也必然需要解释主体对其进行解读。而在对案件事实进行解读的过程中,解释主体必然要根据罪刑法定原则从犯罪构成要件的角度对案件事实加以认定,从而对案件事实中所涉及的行为作出罪与非罪、此罪与彼罪的确认。根据刑法学理论来看,对某一行为作出罪与非罪、此罪与彼罪所基于的犯罪构成要件的本质而言,其无非就是一种社会价值观念的综合体现,这种社会价值观念的综合体现是通

---

① 参见姜福东:《法律解释的范式批判》,山东人民出版社2010年版,第49页。

② 参见张文显主编:《法理学》(第5版),高等教育出版社2018年版,第271-275页。

过立法者的立法行为来加以实现的。[1] 这样看来，在对案件事实进行认定时，只有当司法解释主体视域中的社会价值观念与立法主体视域中的价值观念完全吻合时，该案件事实方可被纳入犯罪领域中加以考量。而这一过程恰恰就是刑法解释过程的主体间表现形式的具体体现。最后，从刑法解释过程的宏观角度来看，任何一个解释主体所开启的解释过程必然会成为其他解释主体所开启的解释过程的解释客体，而就每一个刑法解释过程又都是针对具有非物化特性的刑法规范和案件事实所作出的解释活动，其在一定的程度上都是解释主体主观层面上的认知。这样看来，在复合型的刑法解释过程中，被包含的刑法解释过程的启动主体与包含的刑法解释过程的启动主体之间便形成了必要的视域融合。[2] 这无疑就是刑法解释过程的主体间表现形式的具体体现。

五、刑法解释过程的基本特征

通过对刑法解释过程的内涵、本质、构成要素以及表现形式进行全面的了解之后，我们不难发现，刑法解释过程本身具有主观性、客观性、时间性、空间性、规范性、开放性、承继性、建构性这 8 种基本的特征，并且在这 8 种基本特征的内部，主观性与客观性、时间性与空间性、规范性与开放性、承继性与建构性两两之间又存在辩证统一的逻辑关系。[3]

(一)刑法解释过程的主观性与客观性

1. 刑法解释过程的主观性

主观性是指认知实践主体在对认知实践客体展开认知实践行为时所体现出来的主观意识性、主观能动性、主观目的性和主观动机性的总称。其本质就是一种动态的主观意识思维所体现出来的属性。[4] 据此，所谓的刑法解释过程的主观性就是指刑法解释主体在对刑法解释客体展开解释行为时所体现出来的主观意识性、主观能动性、主观目的性和主观动机性的总称。刑法解释过程主观性的本质依旧是一种动态的主观意识思维所体现出来的属性。对于刑法解释过程的主观性这一定义而言，我们可以从以下 4 个方面来加以把握。

首先，从主观意识能动性的角度来看，刑法解释过程的主观性可以表现为主观意识性和自觉能动性。正如德国哲学家赫尔曼 · 柯亨所言："主观意识性是指人的大脑对客观存在作出反映时所体现出来的认知本能属性。"[5]在刑法解释过程被启动之前，

① 参见[日]小野清一郎：《犯罪构成要件理论》，王泰译，中国人民公安大学出版社 2004 年版，第 5 - 7 页。

② 参见聂立泽、庄劲：《从"主客间性"到"主体间性"的刑法解释观》，载《法学》2011 年第 9 期。

③ 参见雷璟忠：《论过程的基本属性》，载《毛泽东邓小平理论研究》1986 年第 2 期。

④ 参见王玉樑：《实践性、客观性、主观性与主体性》，载《人文杂志》1993 年第 1 期。

⑤ [德]赫尔曼 · 柯亨：《康德的法律哲学》，林作舟译，载《朝阳法律评论》1977 年第 8 期。

刑法解释主体从其主观层面上必然明知其即将作出的解释行为针对何种对象而展开。换句话说,在刑法解释过程启动之前,解释主体在其主观层面上先行开启了一个解释目标确定的过程,而这一过程则是在解释主体的大脑当中得以形成,之后又将该过程转化为现实的刑法解释过程。很显然,这便是主观意识性的具体体现。此外,无论是在刑法解释过程之前解释对象的确定过程中,还是在刑法解释过程的启动和展开中,解释主体的主观能动性都必然发挥着积极功效。

其次,从目的的导向性和动机的诱发性角度来看,基于主观意识性和自觉能动性而产生的主观目的性和主观动机性在刑法解释过程中则具体表现为主观价值观念的趋向性。正如列宁所言:“我们的认识首先要适应有机生活的需要。”①这也就意味着,任何一种认知过程的启动和展开都必然是在特定目的指引下并通过动机的催化作用最终得以形成。刑法解释过程当然也不例外。在刑法解释过程中,解释主体之所以会对解释对象进行解释,其必然也是基于一种需要,而这种需要则体现为刑法解释主体通过对刑法解释对象进行解释从而促使刑法规范得以适用于具体的案件事实,最终实现刑法规范所追求和实现的社会公平和正义这一价值要求。据此,我们可以推知,在刑法解释过程中,解释主体的主观目的和主观动机都指向了公平与正义等这些主观价值观念的实现。所以主观价值观念的趋向性必然是刑法解释过程主观性的表现形式之一。

再次,从刑法解释行为的角度来看,刑法解释过程的主观性还可以具体表现为解释思维的严谨逻辑性。刑法解释行为是一种发生在解释主体主观层面的内隐行为,而当这种带有内隐行为特性的解释行为作出时,其往往又会出现恣意妄为的现象。这些恣意妄为的现象之所以会出现,一是由于解释主体自身所具有的解释能力偏低;二是由于在客观因素的影响下,解释主体的需求发生了不切合实际的改变。为了防止恣意妄为现象发生,我们有必要对解释主体的解释行为加以限制,而最有效的限制方法便是对解释主体的解释行为作出符合逻辑思维解释规律的严格限制。② 很显然,为了防止刑法解释行为出现恣意妄为的现象,在对刑法解释主体的主观意识性、自觉能动性、主观目的性和主观动机性作出严格限制的基础上,符合逻辑思维的解释要求被明确提出。

最后,从认识论的角度来看,刑法解释过程主观性的表现形式还可以具体表现为解释思维的超前性。一方面,辩证唯物主义认识论认为,人类的主观认识能动性除了具有摹写性之外,其还具有超前性的特性。其中,所谓的主观认识能动性的超前性是指,认知主体在对客体信息接受的基础上通过主观分析、选择、整合和虚拟建构的思维

① [俄]列宁:《哲学笔记》,人民出版社1998年版,第511页。

② 参见金岳霖主编:《形式逻辑》,人民出版社1979年版,第264页。

方式所形成的超越客体信息原本状态的一种特性。[①] 另一方面，根据上文的介绍，我们了解到，刑法解释主体的解释行为是一种内隐行为，并且其也是在主观能动性的支配下作出的。所以，刑法解释主体的主观能动性同样除了具有摹写性之外，其也必然具有超前性。比如，在立法解释和司法解释过程中，尽管立法者和司法者在对刑法规范作出解释时都必须要严格按照立法原意进行解释，但是，从现实的解释结果来看，为了弥补刑法规范的漏洞性和空白性等缺陷，立法解释主体与司法解释主体都在各自的解释过程中作出了带有预设性和前瞻性的解释结论。据此，我们不得不承认，解释思维的超前性也必然是刑法解释过程主观性的一种表现形式。

2. 刑法解释过程的客观性

对于客观性而言，学界通常从以下四个方面来加以把握：其一，从本体论层面来看，所谓的客观性就是指人类的认知实践活动所触及的认知对象本身所体现出来的客观存在性、相对稳定性、价值无涉性和可知性；其二，从认识论层面来看，所谓的客观性是指人类认知实践逻辑思维所体现出来的科学性和精准性；其三，从方法论层面来看，所谓的客观性是指人类认知实践方法和手段所体现出来的开放性和建构性；其四，从社会效果层面来看，所谓的客观性，是指人类认知实践主体在借助科学理论的同时，通过特定的认知实践方法和手段作用于认知对象后形成的认知实践结果本身所体现出来的正当性、合理性、有效性和普遍可接受性。[②] 据此，对于刑法解释过程的客观性而言，我们则需要从以下四个方面来加以把握。

首先，从本体论层面来看，刑法解释过程的客观性是指刑法解释过程中刑法解释主体的解释行为所触及的刑法解释对象本身所具有的属性。具体表现为客观存在性、明确性、相对稳定性和真实性四个方面。第一，不可否认，刑法解释过程的客观性必然来源于刑法规范的客观性，后者是前者得以实现的前提和基础，前者则是后者具体体现。刑法解释主体在作出解释行为之前，刑法规范必须要客观真实存在，否则刑法解释主体所启动的刑法解释过程便失去了其存在的意义。第二，刑法规范毕竟是一种规范，而作为规范其必然要具备明确性和一定程度上的稳定性特征。[③] 无论是刑法规范先于解释主体的真实存在性，还是作为规范所必须具有的明确性和稳定性，这些都足以说明刑法规范存在不以人的意志为转移的特性。第三，对于作为刑法解释过程中的解释对象要素之一的案件事实而言，其必然是业已真实发生在现实社会中并不以解释主体主观意志为转移的事实。据此，本体论层面上的刑法解释过程的客观性必然会表现为客观存在性、明确性、相对稳定性和真实性这四个方面。

---

① 参见欧阳康：《马克思主义认识论研究》，北京师范大学出版社 2012 年版，第 13 - 19 页。

② 参见刘永富：《主体性与主观性、客体性与客观性辨析》，载《人文杂志》1991 年第 5 期。

③ 参见张文显主编：《法理学》(第 5 版)，北京大学出版社、高等教育出版社 2018 年版，第 76 - 78 页。

其次,从认识论层面来看,刑法解释过程的客观性是指刑法解释主体在刑法解释过程中对刑法规范与案件事实以及二者之间的关系所作出的认知解释活动在认知思维要求层面上所体现出来的应有属性,其具体表现为价值中立性、精准性和合法性三个方面。作为法律规范的一种,刑法规范必然具有着明确性和稳定性的特征,这也就意味着,在对刑法规范进行解释的过程中,解释主体必须要秉持着价值无涉的姿态。而在对案件事实进行认定和解释的过程中,认知解释主体也不得凭借自己的主观臆断对客观发生的案件事实随意地进行揣测,认知解释主体必须客观真实地认知和解释案件事实的真相。此外,刑法解释主体尽管对案件事实的真相予以揭示,但整个认知解释过程并没有结束,在这之后,刑法解释主体还需要将案件事实和刑法规范进行比对,也即赋予案件事实以法律意义。在这一过程中,刑法解释主体必须做到所认知和解释的案件同所解释的刑法规范之间的一致性,只有这样,才能真正地赋予案件事实以法律层面上的意义,进而做出正确无误的裁判或结论,[①]这无疑是刑法解释过程合法性的具体体现。

再次,从方法论层面来看,刑法解释过程的客观性是指刑法解释主体在刑法解释过程中对刑法规范与案件事实以及二者之间的关系进行解释时所采用的解释方法本身所应有的属性,其具体表现为严格性和有效性。刑法解释主体在对刑法规范和案件事实进行解释的过程中必然会运用到一定的解释方法和手段,而在对解释方法和手段进行选择时,刑法解释主体必然要受到通过刑法条文明确加以规定的罪刑法定原则的限制,对于那些违背罪刑法定原则的解释方法和手段而言,刑法解释主体在展开解释的过程中是禁止被使用的。这无疑充分地体现出了严格性的特征。此外,刑法解释主体在展开刑法规范具体化和案件事实法律化的过程中,必然会运用到三段论这一逻辑推理方法,对于这一逻辑推理方法而言,其本身就是一种逻辑思维的具体体现。换言之,就刑法解释主体所采用的解释方法和手段自身而言,其必须符合一定的逻辑思维规则,即使某种解释方法和手段并没有违反罪刑法定原则,但其自身却与一定的逻辑思维规则相冲突,那么该种解释方法和手段依旧不能被使用。[②] 这样看来,方法论层面上的刑法解释过程的客观性则必然具体地表现为严格性和有效性这两个方面。

最后,从社会效果层面来看,刑法解释过程的客观性是指刑法解释主体在刑法解释过程中以刑法解释目的为指向在遵守刑法解释规则的前提下运用一定的刑法解释方法所得出的刑法解释结论在社会实践层面上所体现出来的应有属性。具体表现为实践性、合理性、普遍可接受性这三个方面。任何一种法律规范都是基于社会发展的

---

① 参见郭晓红:《从刑法的特征看刑法解释的立场》,载《河北法学》2009 年第 2 期。

② 参见王晓:《法律论证客观性的寻求——以真性、正当性和合法性为基点》,载《国家检察官学院学报》2011 年第 1 期。

需要而产生,同时其又是基于社会问题的解决而被使用。换言之,作为社会规范中的一种特殊类型,法律规范源于社会又服务于社会,刑法规范也不例外。刑法规范在面对业已发生的案件事实时必然通过解释主体的解释行为来加以阐释和说明后方可被适用,在这一过程中所形成的解释结论最终体现为一种裁判结果。而对于这一裁判结果而言,其必然要接受社会普遍认同的价值观念的评断,一旦该裁判结果同社会普遍价值观念相吻合,那么其所带来的结果便会体现为一种社会大众眼中的合理性,继而也会被社会大众所接受。反之则是不合理、不被普遍接受。这样看来,为了能够充分实现法治精神理念所追求的公平正义,通过刑法解释活动所产生的裁判结果必然要接受社会普遍价值观念的检验,从而促使合理性和普遍可接受性的实现。而这一检验过程恰恰又是实践性得以实现的真实写照。[①] 据此,社会效果层面上的客观性必然也就体现为实践性、合理性和普遍可接受性这三个方面。

3. 刑法解释过程的主观性与客观性的关系

作为刑法解释过程所具有的两大基本特征,主观性与客观性之间体现为一种辩证统一的逻辑关系特性。具体而言,刑法解释过程的主观性来源于刑法解释过程的客观性,刑法解释主体主观层面上所形成的思想、理念以及价值观念必然需要通过刑法解释主体所开启的刑法解释过程来加以实现并接受其检验。换言之,刑法解释过程的主观性要在刑法解释过程的客观性中加以实现,刑法解释过程的客观性是刑法解释过程的主观性见于实践的最终体现。此外,尽管刑法解释过程同时具有主观性和客观性的基本特征,但不可否认的是,刑法解释过程的客观性必定是刑法解释主体开启刑法解释过程的价值指向。正如杨仁寿先生所言,"法学或法解释学经法学者的长期经营,早已成为一门学问,各家学说或理论难免独立,甚至引起争执,理由针锋相对者有之,结论相异者有之,不一而足。唯法学既称之为学,自应具有某种程度之客观性。然则,学问非一人独能完成,须赖多数学者长期不断之研究,一再累积,始能期其健全发展或有所成就,设彼此所营同一学问,不能维持某程度之客观性,即不能发生累积作用,此一门学问之研究必然停滞不前,甚至萎缩。法学亦复如是,法学者一向以追求客观性为首务,并将法律阐释之客观性,悬为研究的基本课题,实此之故"[②]。显而易见,主观性与客观性同为刑法解释过程的基本特征,二者之间除了体现出指导与被指导、检验与被检验这一系列的相互影响与相互作用的逻辑关系以外,刑法解释过程的主观性还必须要以刑法解释过程的客观性的实现为己任,并为这一价值指向的实现发挥着积极作用。

(二)刑法解释过程的时间性与空间性

从社会时空观的角度来看,时空的凝结便是过程的体现,过程是在特定的时空中

---

① 参见俞小海:《刑法解释的公众认同》,载《现代法学》2010 年第 3 期。

② 杨仁寿:《法学方法论》,中国政法大学出版社 2013 年版,第 47 页。

形成并得以发展。也正因如此,任何一种人类认知实践过程都必然会体现出时间性和空间性的基本特征。毫无疑问,刑法解释过程的时间性和空间性必然是要通过刑法解释过程中的时间和空间来加以体现。换句话说,对刑法解释过程的时间性和空间性展开讨论,其实际上就是对存在于刑法解释过程中的时间和空间展开讨论。

1. 刑法解释过程中的时间性

社会时间就是一种带有不可逆转性、绝对性、永恒性和无限性特点,用来表征人类的存在以及用来标注、衡量和检测人类实践过程长短和间隔时间差的标准和尺度。顺序性、阶段性和延续性就是人类实践过程中时间的具体体现。① 据此,刑法解释过程中的时间就是指一种带有不可逆转性、绝对性、永恒性和无限性特点,用来表征刑法解释过程的存在以及用来标注、衡量和检测刑法解释过程展开的标准和尺度。顺序性、阶段性和延续性便是刑法解释过程中的时间的具体体现。② 对此,我们可以从以下三个方面加以把握:

首先,刑法解释过程的本质是一种刑法解释行为所经历的程序或阶段,而就刑法解释过程这一本质而言,其无疑又是从中外刑法解释发展历程的角度来加以明确的。无论是国外还是我国,在刑法解释的发展层面上都体现出历时性的特征,而这种历时性特征的外化形式必然是中外刑法解释在各自的过去、现在和将来不同时间域间所体现出来的阶段性、顺序性、延续性。换句话说,古代刑法解释必然是近现代刑法解释发展的开端和基础,而近现代刑法解释又必然是古代刑法解释发展的一种延续和将来时的具体体现。这种时间上的逻辑关联性同样也必然存在于当下刑法解释与将来时的刑法解释之间。很显然,这是刑法解释过程中时间的阶段性、顺序性和延续性的具体体现。③

其次,就中外刑法解释原则的发展历程而言,国外的刑法解释原则最早体现为一种严格解释原则,随后发展为灵活解释原则,最后在严格解释原则与灵活解释原则之间进行徘徊取舍。而我国的刑法解释原则,从早期的"以法为教,以吏为师""应合经义""慎其变,审其理""奉法为理""一准乎礼"等解释原则发展为当下法治社会中合法解释原则和合理解释原则并存的局面。在中外刑法解释方法的发展层面上,扩大解释、限缩解释、目的解释、历史解释、体系解释、当然解释等具体解释方法在中外刑法解释的每一个历史发展时期内都被广泛地加以运用,而随着罪刑法定原则在刑法学和刑法解释学中的确立,作为一种早已存在的刑法解释方法,类推解释则被排除在适用的范围之外。显而易见,构成刑法解释过程的各种要素都在不同的程度上体现出了阶段

① 参见韩进水:《社会时间研究刍议》,载《南开大学法政学院学术论丛》1999 年第 00 期。

② 参见王波:《宪法时空观之要旨》,载《黑龙江史志》2013 年第 4 期。

③ 参见汪天文:《社会时空的解析——衡量人类的活动效率与生活质量的尺度》,载《中国人民大学学报》2004 年第 6 期。

性、顺序性和延续性的特征。

最后,刑法解释行为是一种内隐性行为,其发生并存在于刑法解释主体的主观层面上。然而,刑法解释行为同时又需要借助某一载体进行外化并被人们所知悉,而能够完全充当刑法解释行为外化的载体者除了语言外别无他物。换句话说,在刑法解释过程的展开以及对刑法解释过程的描述等方面,语言所起到的功效绝对是不可替代的。然而,人类语言学告知我们,“语言是一种特定时间域内的人类思维的结晶体。语言塑造了人类认知时间的方式,语言差异造成了人类思维时间方式的差异。时间离不开语言,离开时间的语言思维是不可思议的。时间的共时性研究是人类语言的并时存在状态,而时间的历时性研究则是语言的历史过程状态”。① 显而易见,语言在客观的实际情况中必然要受到时间的制约和影响,这种制约和影响如影随形,相辅相成。不同历史时期内所形成相关理论学说正是语言时间性的具体体现。据此,我们不难发现,刑法解释过程是通过语言加以表现的,而语言本身又具有时间性。所以刑法解释过程本身必然具有阶段性、顺序性和延续性的特征。

2. 刑法解释过程中的空间性

社会空间就是一种带有暂时性、相对性和有限性特点,为人类社会实践过程的展开所提供的一种场域或场所。其是一种融合了人类历史、文化、政治、经济、语言、风俗、习惯、道德等多种社会因素而形成的人际关系、历史文化背景、知识背景、语言环境、方法体系、规范制度体系以及法治状况等多种复杂的社会关系和社会结构,并且其在人类实践过程中具体体现为广延性和综合复杂性两种形式。② 据此,刑法解释过程中的空间就是指一种带有暂时性、相对性和有限性特点,为刑法解释过程的展开所提供的一种场域或场所。广延性和综合复杂性是刑法解释过程中的空间的具体体现,对此,我们可以从以下三个方面加以把握:

首先,从社会时空观的角度来看,人类社会发展的过程,在具有永恒的动态发展性和横向持续发展性之余,其同时还在某一特定的时间域内具有暂时的静态性和纵向延展性的发展特征。而社会发展过程本身所体现出来的这种静态性和纵向延展性必然是借助由人类社会中的政治、经济、文化、历史、风俗、习惯、道德、语言以及规范制度等多种社会元素所形成的社会空间来加以综合体现。③ 据此,作为人类社会发展过程中的一种特殊类型,尽管刑法解释过程具有鲜明的发展特性,但在阶段和程序这一过程的本质层面上,刑法解释过程依旧如其他社会发展过程那样可以从动态性和横向发展性与静态性和纵向延展性多种角度来加以考量和检测。换句话说,刑法解释过程本质

① 裴文:《语言时空观的必要性及理论依据》,载《江苏社会科学》2004 年第 6 期。

② 参见俞吾金:《马克思时空观新论》,载《哲学研究》1996 年第 3 期。

③ 参见曾庆发:《略论马克思的社会时空观理论及其意义》,载《黄石教育学院学报》2004 年第 2 期。

所指的阶段和程序从动态性和横向发展性的角度体现出来的是社会时间的顺序性、阶段性和持续性,而从静态性和纵向延展性的角度则体现出来的是社会空间的广延性、综合复杂性和社会实践性。①

其次,对于不同发展阶段内客观存在的刑法解释过程而言,其都可以表述为特定的刑法解释主体基于特定的解释目的在采用特定的解释方法对特定的解释对象作出的解释行为所经历的阶段或程序。之所以对某一特定时间域内的刑法解释过程中的构成要素进行特定化的限制,其原因无非就在于处于该特定时间域内的刑法解释过程的各种构成要素都必然具有其自身的特殊性。而就其特殊性的形成而言,其又必然是源于当时社会的政治、经济、文化、历史、语言、规范制度等多种社会组成元素所具有的特殊性。换句话说,刑法解释过程本身所处的特定社会环境赋予了刑法解释过程内部各种构成要素存在的特殊性,进而使该种刑法解释过程与其他时间域内所存在的刑法解释过程区别开来。显而易见,尽管刑法解释过程本身从时间层面上可以用过去、现在和将来这样的时间用语来加以表述。但不可否认,对于刑法解释过程中的各种要素以及刑法解释过程本身的存在性进行证明时必然要借助社会空间这一存在维度。据此,我们不得不承认,中外的刑法解释过程不仅在整体发展层面上必然体现出社会时间的持续性、顺序性和阶段性特征,同时其在局部存在层面上又必然体现出社会空间的广延性、综合复杂性和实践性特征。

最后,人类的语言必然是一种人类社会时间的凝结,其不仅必然要受到社会时间的影响与制约,同时其也会随着人类社会实践活动的不断深入进而得到快速发展。毫无疑问,这必然是人类语言学对人类语言与社会时间之间的关系所作出的具体阐述。然而,针对人类语言而言,人类语言学不仅对其进行了时间层面上的阐述,同时,也对其展开了空间层面上的讨论。在人类语言学看来,"人类的语言在具有时间性这一特征之外,其必然还具有着空间性的特征。人类语言的空间性就是通过人类的语言与社会空间之间的必然联系来加以体现的。就人类语言与社会空间之间的关系而言,其具体表现为,特定社会空间的存在为特定的人类语言的形成提供了客观的场域,人类对社会空间的认知能力是推衍人类语言得以生成的内在动因,而在形成特定人类语言的基础之上,人类又通过该种特定的人类语言来提升对社会空间的认知能力"②。从这一论断出发,我们便可得知,人类的语言在具有着社会时间性这一特征之外,其必然还具有着社会空间性的特征,而人类语言所具有的社会空间性必然又是源于由多种社会元素所组成的社会空间,这种社会空间具体就是指我们通常所言及的语言环境,也即

① 参见谭俊:《法学研究的空间转向》,载《法制与社会发展》2017 年第 2 期。

② 周详:《语言时空观的互动认知阐释》,载《佳木斯职业学院学报》2015 年第 9 期。

语境。[①] 显而易见,通过带有社会空间性的人类语言来加以外化的刑法解释过程本身也必然有着社会空间性的特征。

3. 刑法解释过程中的时间性与空间性的关系

马克思曾明确地指出:“时间实际上是人的积极存在形式,它不仅是人的生命的尺度,而且其也是人的发展空间。”[②]从这一论断来看,“时间与空间虽然是社会发展的两个维度,但是又整合用于一个过程之中”[③]。时间与空间之间不仅具有内在辩证统一性,同时二者之间还具有“时间空间化”和“空间时间化”这两种相互转化的特性。[④]具体而言,社会时间与社会空间同时存在于人类认知实践过程中并同时对人类认知实践过程起到影响和制约性的作用。社会时间的客观存在要通过社会空间来加以证明,社会空间的客观存在也要借助社会时间来加以佐证。二者互为存在的证明依据,离开了社会时间的社会空间和离开了社会空间的社会时间都无法自证其身。[⑤] 此外,“时间空间化”是指社会时间可以转化为社会空间,社会空间是社会时间的一种凝结或静止的形态,而“空间时间化”则是指社会空间可以转化为社会时间,社会时间是社会空间动态发展形式的具体表现。从宏观层面上来看,人类认知实践过程必然体现为一种绝对、永恒和不可逆转的发展态势,而从某一特定的阶段来看,人类认知实践过程又必然是一种暂时和相对的静止形态。毫无疑问,前者必然是“空间时间化”的具体体现,而后者则必然就是“时间空间化”的具体体现。[⑥] 显而易见,刑法解释过程作为人类认知实践过程中的一种类型,一方面,刑法解释过程中的时间与空间必然是社会时间与社会空间的具体体现。另一方面,社会时间与社会空间之间又存在内在辩证统一、“时间空间化”与“空间时间化”的逻辑关系。据此,我们便可得知,刑法解释过程中的时间与空间之间必然存在内在辩证统一、“时间空间化”和“空间时间化”这样的逻辑关系。如果从时空与时空性之间的关系角度来说,刑法解释过程的时间性和空间性融合为一体最终形成了刑法解释过程的时空性这一综合性的特征。

(三)刑法解释过程的规范性与开放性

1. 刑法解释过程的规范性

刑法解释过程的规范性是指对刑法解释过程所作出的一种带有人为设定性的严格性限制或要求。对于这一概念,我们可以从以下 4 个方面来加以把握:

---

① 参见张德禄:《多模态话语中的情景语境》,载《解放军外国语学院学报》2018 年第 3 期。

② 《马克思恩格斯全集》(第 47 卷),人民出版社 1979 年版,第 532 页。

③ [奥]赫尔嘉·诺沃特尼主编:《时间:现代与后现代经验》,金梦兰、张网成译,北京师范大学出版社 2011 年版,第 3 页。

④ 参见吴绍红:《马克思的社会时空观》,载《科技信息》2008 年第 6 期。

⑤ 参见汪天文:《社会时空的解析——衡量人类的活动效率与生活质量的尺度》,载《中国人民大学学报》2004 年第 6 期。

⑥ 参见高鸿:《近年来马克思社会时空观研究综述》,载《教学与研究》2003 年第 10 期。

首先,按照解释的主体和效力来划分,刑法解释可以被划分为有权解释和学理解释两种类型。其中,立法机关与司法机关被赋予了明确的刑法解释权,并且经由立法机关与司法机关所作出的解释结论当然具有法律效力。除了立法机关与司法机关以外的任何机关和个人都不具有法律明确规定的解释权限,其形成的解释结论也不具有当然的法律效力。毫无疑问,这必然是对刑法解释过程在解释主体这一构成要素层面上所作出的限制和要求。之所以会作出这样的规定,一方面,是由于法律规范自身存在着局限性,所以任何一种法律规范在其适用的过程中都必然要面临着被解释的局面,刑法规范亦不例外。而另一方面,刑法以犯罪、刑事责任和刑罚的认定作为自身的独特调整对象,所以刑法往往被认定为是维护法治的最后一道防线,或者说,刑法在发挥社会保护功能的同时,其也必然发挥着人权保障的功能。所以刑法不仅关涉人的财产与自由的享有与否,同时其更直接关涉人的生命被剥夺与否。据此,在刑法解释主体的解释权限层面上必然要作出如此的限制和要求。

其次,作为刑法解释过程的对象要素,刑法规范只有具备了明确性才会充分地发挥保障功能和保护功能。然而,刑法规范的明确性在很大的程度上却是来源于刑法概念的明确性。从刑法概念的内涵与外延所具有的特性来看,刑法概念可以被划分为"内涵清晰外延明确""内涵清晰外延不明确""内涵不清晰外延明确""内涵不清晰外延不明确"这四种类型。[①] 在面对"内涵清晰外延明确"这一类刑法概念时,刑法解释主体的解释行为只需按照刑法概念的字面含义进行解释即可保证明确性的实现。在面对"内涵不清晰外延明确"和"内涵清晰外延不明确"这两类刑法概念时,尽管刑法概念的内涵或外延存在不清晰或不明确的情形,刑法解释主体依旧可以采用一定的解释方法对其进行解释,进而确保明确性的实现。在面对"内涵不清晰外延不明确"这一类刑法概念时,由于内涵和外延都存在不确定性,再加之不同解释主体的认知解释能力的不同,所以对于该类刑法概念所进行的解释往往会出现恣意解释的现象。或者说,此种情形下所作出的刑法解释已经超出了刑法解释的限度。故此,为了保证刑法规范明确性得以实现,进而实现刑法的保护功能和保障功能,对于刑法解释行为所作出的严格性限制亦是非常必要。

再次,刑法解释主体的解释活动符合刑法的具体要求就是罪刑法定原则在刑法解释过程中的具体体现。从罪刑法定原则的形式侧面来看,所谓的罪刑法定原则概括起来就是"法无明文规定不为罪,法无明文规定不处罚"。在此基础上,罪刑法定原则又派生出了禁止习惯法、禁止绝对不定期刑、禁止有罪类推和禁止重法溯及既往四个原则。这也就意味着,在整个刑法规范实施的过程中,任何违背罪刑法定原则以及所派生的四项原则都是不被允许的。作为刑法规范实施过程中不可或缺的一个环节,刑法

---

① 参见陈嘉映:《语言哲学》,北京大学出版社2003年版,第43-45页。

解释行为当然也不例外。此外,合法性解释原则除了是罪刑法定原则在刑法解释过程中的具体体现之外,其同时也表明刑法解释主体在对刑法规范进行解释时必须注意法律规范的位阶性问题。其中,主要考虑的就是对刑法规范进行解释后所得出的解释结论不得与宪法所规定的内容相抵触。任何与宪法相违背的解释结论也都是不被允许的。可见,无论是从罪刑法定原则的角度来看,还是从解释合宪性的角度来看,刑法解释主体在对刑法规范进行解释的过程中都会受到一定的限制。并且,这种解释活动的限制程度同其他部门法的解释过程相比都更为严格。

最后,刑法解释结论产生的方法包括平义解释、扩大解释、缩小解释、反对解释、补正解释和类推解释六种。对于这六种具体的刑法解释方法而言,每一种具体的刑法解释方法都必然是在一定的条件得以满足的情况下才可以被加以使用。并且由于受到罪刑法定原则的限制,除了类推解释之外,在使用其他五种具体解释方法时,刑法解释主体也必须要按照其内部还存在的位阶顺序来加以使用。此外,文理解释、体系解释、当然解释、历史解释、目的解释同属于刑法解释结论的论证方法,虽然在对刑法解释结论的合理性和合法性进行论证的过程中,这五种解释论证方法并不存在相互排斥的逻辑关系,但从对解释结论论证的有效性程度角度来看,这五种解释论证的方法依旧存在一定的位阶顺序,这种位阶顺序的产生依旧是受到了罪刑法定原则的限制。可见,刑法解释主体对刑法解释对象进行解释的过程中,无论是在刑法解释结论产生方法的选取上,还是在刑法解释结论论成方法的选取上都受到了一定的限制。就客观存在的这些限制而言,其毫无疑问,就是刑法解释过程规范性这一特征的具体体现。

2. 刑法解释过程的开放性

刑法解释过程的开放性就是指刑法解释主体在作出刑法解释行为时通过将刑法解释过程的内部因素与外部因素进行有效融合,进而在一定的程度上突破或者摆脱既有的解释限制或要求时所体现出来的一种必然属性,其具体可以表现为灵活性、包容性、多元性、广泛性、可变性和适时性等多种形式。对于这一概念,我们可以从以下四个方面来加以把握:

首先,刑法解释过程最终必然要以客观性的实现为其价值指向,而刑法解释过程的客观性从本体论、认识论、方法论以及社会效果这四个层面分别又表现为客观存在性、明确性、相对稳定性、真实性、价值中立性、精准性、合法性、严格性、有效性、实践性、合理性和普遍可接受性等多种形式,这些具体表现形式从一定的程度或某种角度来看就是刑法解释过程的灵活性、多元性、广泛性、包容性在开放性这一特征层面上的具体体现。此外,刑法解释过程必然存在于特定的社会时空维度内,特定的社会时空也必定会对刑法解释过程的形成和展开产生制约性的影响。而这种制约性的影响又主要体现为时空的约束性、时空的可调控性和时空的本土转化性三个方面。所以,刑法解释过程在其展开的过程中必然也就具有了可变性和适时性的属性。显而易见,刑法解释过程的开放性应该就是刑法解释过程主客观性和社会时空性的一种衍化属性。

其次,面对复杂多变的社会关系,刑法概念必须要以一种开放性的姿态在内涵和外延两个方面作出调整。此种调整具体表现为立法者或解释者基于概念原有的语义射程范围将可以被吸收和采纳的含义以及类别通过解释和修正的方式将其吸纳到现有的刑法概念中。[①] 毫无疑问,这便是刑法解释过程的开放性特征得以产生的理论依据。换句话说,对刑法概念的内涵和外延所进行的解释和修改无非就是拓展和延伸了该概念的含义,也即赋予了新的含义。从这一角度来看,刑法解释过程本身就已经体现出了开放性的特征。此外,现实社会中所发生的案件事实具有多样性和复杂性的特征,而刑法规范本身又具有稳定性的特征。在将案件事实与刑法规范进行匹配的过程中难免不会出现无法直接对接的现象。然而,该案件事实中的行为却又造成了严重的社会危害性,其已经达到了违法犯罪的程度。为此,刑法规范适用者便会通过解释的方式来将刑法规范和案件事实进行有效的匹配。很显然,刑法解释主体在刑法规范和案件事实的往返比对过程中极大地促进了刑法规范的不断发展。单就这一过程而言,其也非常明显地表现出刑法解释过程具有着开放性的特征。

再次,刑法解释过程中的合法性解释原则是罪刑法定原则在刑法解释过程中的具体体现,而人们在早期确立罪刑法定原则时只关注到了罪刑法定原则的形式侧面而对罪刑法定原则的实质侧面并未谈及。但是随着社会的发展和司法实务中所出现的刑法规范适用问题的出现,罪刑法定原则的实质侧面逐渐被人们所关注并提出。[②] 显而易见,从早期地对单一的罪刑法定原则的形式侧面到现如今的罪刑法定原则的形式侧面和实质侧面并存的局面正是刑法解释过程的开放性特征的具体体现。此外,刑法解释主体在对刑法解释对象进行解释时要符合民众所共同认可的常识、常理和常情。而民众所共同认可的常识、常理和常情是随着社会不断地发展而发生着变化。从这一角度来看,刑法解释过程必然会体现出动态性的特征,[③]而这种动态性的特征就是刑法解释过程开放性的另外一种体现。

最后,在刑法解释结论的产生方法中,扩大解释是对刑法用语作出了大于字面含义但又没有超出该刑法用语可能含义范围的解释。反对解释是将原本刑法用语的正面含义转化为相反含义,而刑法规范本身却并没有直接将相反的含义进行明确的表述。补正解释是在不违反罪刑法定原则的基础上通过补正和修正的方式来扩展刑法用语的含义。尽管类推解释在我国刑法解释过程中被禁止使用,但在有利于被告人的

---

① 参见桑本谦:《法律解释的困境》,载《法学研究》2004年第5期。

② 参见张明楷:《罪刑法定与刑法解释》,北京大学出版社2009年版,第46页。

③ 参见张光君:《“常理、常识、常情”的刑法哲学蕴涵》,载《河南科技大学学报(社会科学版)》2007年第4期。

情况下类推解释还是会存在例外适用的情形。[①] 此外,在刑法解释结论的论成方法中,文理解释是根据语法和语境对待解释对象是否属于刑法用语可能具有的含义所进行的解释,体系解释是将待解释对象放置在刑法用语所处的整个体系中对其是否具有协调合理性所进行的解释,当然解释是根据形式逻辑对待解释对象是否符合当然道理所进行的解释,历史解释是利用历史发展的眼光对待解释对象是否具有合理有效性所进行的解释。[②] 显而易见,无论是刑法解释结论的产生方法还是刑法解释结论的论成方法都在一定的程度上体现出了开放性的特征。这也就意味着,由刑法解释方法所组成的刑法解释过程也必然具有开放性的特征。

3. 刑法解释过程的规范性与开放性的关系

尽管规范性与开放性在科学理论发展的过程中必然会体现出对立的矛盾关系,但我们还要认识到,规范性是科学理论得以存在的基础和前提,开放性则是科学理论水平和质量得以提升的必要途径。规范性与开放性二者之间必然会体现出辩证统一的逻辑关系特性。[③] 这也就意味着,同为刑法解释过程所必然具有的特征,规范性与开放性之间看似呈现出一种相互对立矛盾的关系,但在这种对立矛盾关系的背后,二者之间却又具有相辅相成、统一的逻辑关系特性。具体而言,在刑法解释过程规范性的影响和制约下,刑法解释过程不仅要以刑事法律规范的明确性和稳定性为前提,同时其还要以刑事法律规范的明确性、稳定性以及形式正义的实现为价值目标。在刑法解释过程开放性的影响和制约下,刑法解释主体在启动和展开刑法解释过程时往往是以实质正义的实现为其最终目标,并且对刑事法律规范明确性和稳定性的实现在一定的程度上造成了阻碍。显而易见,刑法解释过程的规范性与开放性之间必然存在矛盾对立的逻辑关系。此外,从刑法功能实现的这一层面来看,刑法解释过程所具有的规范性和开放性无不是以社会的保护机能和人权保障机能的实现为己任。很显然,这为刑法解释过程规范性与开放性之间的统一逻辑关系的形成在目标指向层面上奠定了坚实的基础。从对刑法解释过程所产生的影响角度来看,刑法解释过程所具有的规范性和开放性都存在积极和消极两个方面的影响。刑法解释过程规范性所产生的积极影响恰恰是对刑法解释过程开放性所产生的消极影响进行了完善和弥补。而刑法解释过程开放性所产生的积极影响恰恰又是对刑法解释过程规范性所产生的消极影响所作出的完善和弥补。显而易见,刑法解释过程的规范性和开放性之间又形成了一种相辅相成、辩证统一的逻辑关系。

---

① 参见张晓冰:《重访客观解释说的不确定性——以开放性结构为视角》,载《2015 年国际法经济学研讨会论文集》,2015 年 6 月。

② 参见陈金钊:《法律解释(学)的基本问题》,载《政法论丛》2004 年第 3 期。

③ 参见王志萍:《中国现代文学教学的规范性与开放性》,载《昌吉学院学报》2006 年第 4 期。

(四)刑法解释过程的承继性与建构性

1.刑法解释过程的承继性

刑法解释过程的承继性是指在以经验为其内核的演进理性的作用下,处于前后不同社会时空维度内的刑法解释过程之间以对话解释的方式加以呈现时所体现出来的传承性和吸收性。对于这一概念而言,我们可以从以下四个方面来加以把握:

首先,人类的历史具有着传承性和吸收性的发展特征,这是人类社会在其自身发展过程中所具有的客观规律性的具体体现。[①] 而以过程的形式加以体现并存在于人类社会发展过程中的刑法解释必然也是人类历史的一个组成部分。既然人类的历史在客观的社会发展规律的作用下产生了传承性和吸收性的必然属性,那么作为人类历史文明发展过程的一个组成部分,刑法解释过程必然会在该种客观发展规律的影响和制约下形成自身的发展规律,进而产生了传承性和吸收性的特征。对于这一点而言,前文有关中外刑法解释发展概况的详细介绍就足以对此加以证明。

其次,刑法解释过程是刑法解释主体的解释行为所经历的一种程序和阶段。作为一种为了追求和实现客观性的程序和阶段,刑法解释过程必然是在不同的社会时空维度内才得以形成和体现的。或者可以说,刑法解释过程作为一种以客观性的实现为己任的解释行为所经历的程序和阶段,其必然是不同社会时空在刑法解释过程中的一种凝结。而根据前文有关刑法解释过程时空性的相关介绍,我们了解到,存在于刑法解释过程中并对刑法解释过程产生着决定性影响和作用的社会时空本身天然地具有规范性和开放性的特征,而这种规范性和开放性从某种意义上来说其就是社会时空的传承性和吸收性在刑法解释过程的发展层面上的具体体现。显而易见,刑法解释过程的承继性必然是在刑法解释过程主客观性、时空性、规范性和开放性的综合作用下所衍生出来的一种特性,其必然会以传承性和吸收性来加以体现。

再次,刑法解释主体、刑法解释行为、刑法解释立场、刑法解释角度、刑法解释对象、刑法解释目的、刑法解释规则以及刑法解释方法一同组成了刑法解释过程,而在这些众多的组成要素之中,许多要素在其自身发展的过程中都体现出了传承性和延续性,进而这也就直接地导致了由这些构成要素所组成的刑法解释过程具有了传承性和延续性。比如,某些从古至今一直沿用的合法解释规则、经验解释规则以及逻辑解释规则等多种刑法解释规则在它们发展的过程中就体现出了传承性和延续性。又如,同为刑法解释过程的必备构成要素,刑法解释方法中的扩大解释、限缩解释和目的解释等具体解释方法从刑法解释活动产生的那一刻起也一直伴随着刑法解释活动的发展而被沿用至今。至于刑法解释过程的其他构成要素而言亦是如此。显而易见,由这些要素所组成的刑法解释过程必然具有着传承性和吸收性。或者从某种意义上来说,刑

① 参见《马克思恩格斯选集》(第1卷),人民出版社1995年版,第68－74页。

法解释过程的承继性就应该是指刑法解释过程的构成要素的传承性和延续性的综合体现。

最后，从刑法解释过程的发展动力角度来看，刑法解释过程也理应具有承继性的特征，并且刑法解释过程所具有的承继性依旧具体表现为传承性和吸收性。基于前文对刑法解释过程承继性内涵的介绍，我们了解到，在演进理性的支配下，刑法解释过程产生了承继性的特征，而演进理性又是以经验为其理论内核。据此，经验便成为刑法解释过程得以发展不可或缺的动力来源。对此，霍姆斯就曾言："法律的生命从来也不在于逻辑，而在于经验。"[①]而从一般意义上而言，经验却又是一种由人类实践活动而获得的知识或技能，并且其在人类社会发展的过程中往往呈现出一种继承性和连续性的特点。[②] 所以，在以经验为其内核的演进理性的支配下所开启的刑法解释过程必然也就具有了承继性的特征，并且这种承继性也必然表现为经验的传承性和吸收性。正如哈耶克所言："规则是在他生活于期间的社会中经由一种选择过程而演化出来的，从而它们也是世世代代的经验的产物。"[③]

2. 刑法解释过程的建构性

刑法解释过程的建构性是指在以逻辑为其内核的建构理性的作用下，处于前后不同社会时空维度内的刑法解释过程之间以建构解释的方式加以呈现时所体现出来的批判性和创新性。对于这一概念而言，我们可以从以下四个方面加以把握。

首先，刑法规范作为人类文明的重要组成部分，其必然会随着人类社会的发展而不断向前发展。继而基于对刑法规范所做成的解释行为而被开启的刑法解释过程随即也就必然具有了不断向前发展的态势。而所谓的发展，顾名思义，其就是新事物代替旧事物。既然新事物代替旧事物即为发展，那么新事物又是如何代替旧事物的呢？毫无疑问，在人类主观能动性的作用下，批判与创新必然是不可或缺的因素。这样看来，具有不断发展变化特性的刑法解释过程必然会体现出批判性和创新性的特点。对于这一点而言，前文有关中外刑法解释发展概况的介绍同样也足以证明。

其次，刑法解释过程的本质就是一种刑法解释主体在对刑法解释对象进行阐释和说明时所经历的程序和阶段。而所谓的刑法解释阶段，顾名思义就是指刑法解释这一动态发展的过程本身在特定的社会时空维度内所呈现出来的一种相对静止的状态，该一相对静止的发展状态明显地有别于其在以往任何社会时空维度内所呈现出来的状态。换句话说，处于不同社会时空维度内的刑法解释必然会呈现出不同的发展态势，进而形成刑法解释过程的不同发展阶段。那么，由刑法解释主体所开启的刑法解释过

① ［美］小奥利弗·温德尔·霍姆斯：《普通法》，冉昊、姚中秋译，中国政法大学出版社 2006 年版，第 5 页。

② 参见中国社会科学院语言研究所词典编辑室：《现代汉语词典》，商务印书馆 1996 年版，第 665 页。

③ ［英］弗里德利希·冯·哈耶克：《法律、立法与自由》（第 1 卷），邓正来等译，中国大百科全书出版社 2000 年版，第 7 页。

程又为何会在不同的社会时空维度内形成不同的发展阶段呢？对此,笔者认为,其中最为重要的一个原因就在于,处于不断变化的社会时空维度内的刑法解释主体对于其所开启的刑法解释过程所要追求和实现的客观性的认知必然会产生明显的差异。而这些有关刑法解释客观性的不同认知又必然是刑法解释主体通过对之前的认知进行批判进而创新性地形成一种新的认知。

再次,随着社会不断地发展以及司法实践活动所面对的社会关系日趋复杂,罪刑法定原则的形式侧面已经无法发挥其积极的功效。为此,人们开始对罪刑法定原则进行诟病。很显然,这些诟病无疑就是一些批判的声音。为了能够继续发挥罪刑法定原则在刑法解释过程中的积极功效,同时也为了能够更好地对现实复杂的社会关系进行解读,罪刑法定原则的实质侧面被创制出来。毫无疑问,罪刑法定原则实质侧面的提出以及其在具体的刑法解释活动过程中的运用必然是一种创新行为的体现。比如,在刑法解释方法这一构成要素范畴内,随着法治文明的不断发展,类推解释通常是被禁止使用的(有利于被告人除外)。这无疑是一种批判行为的具体体现。此外,为了更好地发挥各种具体解释方法的功效进而合理有效地解决现实问题,我们将所有的刑法解释方法划分成了结论的产生方法和结论的证成方法两种类型。显而易见,由这些要素所组成的刑法解释过程必然具有着批判性和创新性的特征。

最后,胡克曾指出:“在法律实践中,法律不断地被创制、变通和发展。作为法律具体实践过程的重要环节,法律解释的活动必然是这一创制、变通和发展不可或缺的因素。”①从胡克的这一论断出发,我国学者陈金钊教授明确指出:“像任何理解一样,法律解释的创新性不可避免。创新性也称之为建构性。这不仅是因为法律存在漏洞、矛盾等缺陷,更为重要的是,一般性的法律在与具体案件进行结合时,其必然需要解释者的‘创造性’逻辑思维发挥积极的功效。”②据此,我们不难看出,作为法律实践过程中的一个重要环节,刑法解释过程必然具有着建构性这一基本特征。刑法解释过程之所以会具有建构性,其中最为重要的一个原因就是“创造性”的逻辑思维在发挥着积极功效。

3. 刑法解释过程的承继性与建构性的关系

在以经验为内核的演进理性和以逻辑为内核的建构理性的作用下,刑法解释过程体现了承继性和建构性的基本特征。换言之,经验与逻辑在刑法解释过程中发挥着不可替代的作用。此外,刑法解释过程的承继性和建构性就是继承与创新这两种不同的解释行为方式所表现出来的特性,换言之,继承和创新分别是刑法解释承继性和建构性的具体表现形式。所以,在对刑法解释过程承继性与建构性之间的关系进行认知和

① [比]马克·范·胡克:《法律的沟通之维》,孙国东译,法律出版社2008年版,第237页。

② 陈金钊主编:《法律逻辑学》(第2版),中国人民大学出版社2015年版,第229页。

把握时，其实际上就是在对经验与逻辑、继承与创新这两组关系进行把握。

就刑法解释过程中的经验与逻辑的关系而言，无论是刑法概念还是刑法规范，二者都必然是人们在长期的认知实践过程中所形成的一种相对稳定的理性认知结果。而作为一种相对稳定的理性认知结果，刑法概念和刑法规范的形成又必然脱离不开经验的影响和制约。[①] 然而，为了确保刑法概念和刑法规范的科学性和规范性的实现，刑法解释主体在对刑法规范和刑法概念进行解释时却必须要遵守刑法规范内在的逻辑结构。此外，随着司法实践的发展，罪刑法定原则在最初的形式侧面的基础上逐渐形成了实质侧面。罪刑法定原则的形式侧面是以刑法的形式正义的实现为己任。在其具体要求之下，刑法解释主体在刑法解释过程中必须要严格地按照三段论作出符合逻辑推导规则的案件解释结论。而相对于罪刑法定原则的形式侧面而言，罪刑法定原则的实质侧面则是以刑法的实质正义的实现为己任。在其具体要求之下，刑法解释主体在刑法解释过程中往往会依据自身长期所积累的经验来对现实的司法情况以及现存的并被适用的刑法规范作出相应地评判、认定和解读，进而作出符合经验法则的案件解释结论。[②] 显而易见，经验与逻辑共存于同一刑法解释过程中并发挥各自的积极功效。

就刑法解释过程中的继承与创新的关系而言，刑法解释过程中的继承就是新的刑法解释过程对其之前所存在的刑法解释过程在各种刑法解释过程构成要素层面上所作出的传承和吸收。这些传承和吸收就是新的刑法解释过程在克服了先前刑法解释过程各种构成要素的缺陷同时对适用于当下司法实践的合理成分加以保留。而刑法解释过程中的创新则体现为先前的刑法解释过程向其之后被开启的新的刑法解释过程所进行的转变。这种转变的本质表现为新的刑法解释过程在肯定先前刑法解释过程各种构成要素合理性的同时又对先前刑法解释过程各种构成要素的不合理性作出否定。也正因如此，前后不同的刑法解释过程才形成了明显的差异，进而被区分开来。显而易见，存在于刑法解释过程中的继承与创新之间必然体现出了相互依存、相互影响和相互作用的辩证统一关系。这种辩证统一的关系具体可以表述为，刑法解释过程中的创新必然要以继承为基础，而刑法解释过程中的继承又必然要以创新为发展方向，人们所开启的刑法解释过程就是在“继承—创新—再继承—再创新”这样循环往复的运作中不断向前发展。[③] 这也就意味着，那些一味地忽视创新而完全照搬照抄和一味地忽视继承而完全脱离解释传统自以为是的任意解读的行为都必然是极端主义的刑法解释，其都必然会导致人类法治文明的停滞不前。所以，在刑法解释过程中，我

---

① 参见赵小锁：《论刑法与人性、逻辑、经验、语言的关系》，载《贵州师范大学学报》2014 年第 5 期。

② 参见张明楷：《罪刑法定与刑法解释》，北京大学出版社 2009 年版，第 48 页。

③ 参见王新举：《论后现代主义对法律主体的解构和建构——以过程哲学为视角》，载《求是学刊》2008 年第 5 期。

们必然要杜绝以上两种极端主义的刑法解释方式,正确地认识到继承和创新二者之间的辩证统一关系,并将二者进行有效的融合和协调,进而发挥二者所具有的积极作用。

结　语

在对中外刑法解释发展概况进行梳理和考察的基础上,我们发现,刑法解释不仅是一种行为,同时其更是一种认知实践过程。刑法解释这一认知实践过程是由刑法解释主体在特定的时间域和空间域范围内为了实现某种特定的刑法解释目的,在遵循特定的刑法解释规则的前提下,采用了特定的刑法解释方法对刑法解释对象进行阐释和说明时所经历的一种认知实践程序和阶段。刑法解释主体、解释立场、解释角度、解释对象、解释目的、解释行为、解释规则以及解释方法是刑法解释过程得以形成的必备构成要素。主客间表现形式与主体间表现形式是刑法解释过程的两种外化形式。在刑法解释过程的运作机理以及各种构成要素的综合影响下,刑法解释过程体现出了客观性、主观性、时间性、空间性、规范性、开放性、承继性和建构性这八种基本特征。其中客观性与主观性、时间性与空间性、规范性与开放性、承继性与建构性之间分别都呈现一种辩证统一的逻辑特性。

【刑法解释学】

刑法解释限度论的重要命题诠释*

魏　东**

【内容摘要】刑法解释限度,是指刑法文义解释所不能超越的、法律文本(刑法文本)所限定的文义界限和程度,以确保刑法解释对象和解释结论的合法性(限度)。刑法解释限度所欲解决的主要问题是刑法解释合法性问题,而不解决合理性与合目的性的问题。刑法解释限度的判断标准,应当以法律规范用语的语用学所可能确定的、符合国民预测可能性的语言意义为标准,可以简称为"语用意义的国民预测可能性说"。刑法解释限度的诠释学功能,是指刑法解释限度在诠释学上所具有的限定刑法解释合法性的功能,其特点是有限性和层级性。

【关键词】刑法解释限度　刑法解释合法性语用意义的国民预测可能性说

一、引言:问题意识与基本主张

刑法解释限度范畴所欲解决的"真问题"是什么?对此,目前理论上存在两种不同看法:一种是传统观点,认为刑法解释限度就是解释(扩张解释)与类推之间的界限,所欲解决的问题是刑法解释的合法限度,即合法限度论(狭义说);另一种是新近观点,认为刑法解释的限度既包括解释与类推之间的界限,也包括合理的扩张解释与不合理的扩张解释之间的界分,应在"合法+合理"两个层次上来论述这一问题,所欲解决的问题既有合法限度问题也有合理限度问题,即价值优化论(广义说),并且现在越来越多的学者支持价值优化论这种广义说观点。① 那么,刑法解释限度在法理上到底应该秉持合法限度论还是价值优化论?法理依据是什么?

对此问题,笔者在近期曾撰文明确主张合法限度论,认为刑法解释的限度,即刑法

---

* 项目基金:四川大学研究生教育教学改革项目"案例刑法学方法与法学类卓越人才培养研究"(项目编号:GSSCU2021003)的阶段性成果。

** 魏东,法学博士,四川大学法学院教授。

① 参见田馨睿:《刑法解释限度论》,四川大学2020年博士学位论文,第7-8页。

解释的合法限度,是指刑法解释不能超出法律文本所规定的界限和程度,以确保刑法解释结论合法性。因此,刑法解释限度主要是指文义解释的限度,所欲解决的主要问题是刑法解释结论合法性的问题,即合法底线和空间范围的问题,而不是解决刑法解释结论合理性与合目的性的问题,这是因为,刑法解释结论的合理性、合目的性应当分别通过论理解释与刑事政策解释来实现,合理性和合目的性属于优化价值,是在文义解释合法性限度内进行合理性和合目的性的进一步价值优化,价值优化的目标是越优化越好,而不存在独立于文义解释结论合法性限度之外的解释限度问题。① 应当说,笔者关于刑法解释限度的上列论述还仅停留于简单"表态",仅隐含了某种"从价值优化论回归合法限度论"的倾向性观点,尚缺乏深入系统的法理论证。

为此,本文重点围绕着刑法解释限度的实质内涵、判断标准、诠释学功能三个问题展开法理研讨,力图在真正厘清刑法解释限度"事物的本质"的基础上,构建起更加科学合理的刑法解释限度理论并证立刑法解释学相关命题。

二、刑法解释限度的实质内涵

欲理解刑法解释限度,需要针对目前理论上存在的价值优化论和合法限度论展开分析,还需要检讨强制解释论对于刑法解释限度的诠释学意义。通过具体检讨和比较研究价值优化论、强制解释论、合法限度论针对刑法解释限度的不同诠释,有利于深刻理解和合理界定刑法解释限度应有的实质内涵。

(一)应防止价值优化论对刑法解释限度的价值误导

刑法解释限度的价值优化论在当下中国理论界受到极大追捧。例如,龚振军教授认为,刑法解释限度是刑法解释所能达到的具体、客观的程度和范围,应具有内在规范性、客观性与确定性的品质,应是质的限度与量的限度的统一体,是事实与规范关系性的限度;②强调刑法解释限度是"刑法解释正确性限度",主张"犯罪定型—事物本质说",因为"事物本质的考察,犯罪定型的把握,来源于在法律意旨、意义关系同质性的寻求前提下,演绎与归纳等置模式的推论",表明"刑法解释不仅关注条文的语言学意义,更关注条文的论理意义……说明了法条语义的最宽含义并不是刑法解释的限度"。③ 可以看出,在龚振军教授的论述中,刑法解释限度不但要解决"条文的语言学意义"等问题,还要解决"法律意旨、意义关系同质性""条文的论理、规范意义""正确性限度"等问题,而后者显然属于价值优化范畴。

再如,王充教授认为,刑法的价值体现为确定性(安定性)与公正性(处罚必要

① 参见魏东:《案例刑法学的研究方法》,载《政法论丛》2021年第6期。
② 参见龚振军:《刑法解释限度理论之关系论纲》,载《法制与社会发展》2011年第4期。
③ 参见龚振军:《刑法解释限度新论——以日本刑法学说为主要切入点》,载《当代法学》2010年第2期。

性)，刑法解释的限度就是要在明确性与妥当性之间实现均衡。[①] 刘志远先生认为，应当在刑法解释限度中区分合理的扩张解释与不合理的扩张解释，不合理的扩张解释如同类推一样，都是违反了刑法规范的基本规则与要求，都是超出刑法解释限度的不能接受的解释。[②] 张明楷教授认为，刑法解释不仅要禁止类推，还要禁止一切违反民主主义、违反预测可能性的不合理解释。[③] 在这几位学者的论述中，刑法解释限度同样需要解决"妥当性""合理性"等价值优化问题，甚至"禁止一切违反民主主义"这种更显抽象的优化价值也被纳入刑法解释限度之中。

上列观点比较具有代表性，其特点是主张刑法解释限度的价值优化论立场，没有明确将刑法解释限度问题限定在文义解释合法性范畴之内，给人的感觉是论理解释和刑事政策解释也有各自独立的"解释限度"问题。而实际上，所有的价值优化问题，比如前述论者所提及的"法律意旨""条文的论理、规范意义""正确性""妥当性""合理性""禁止一切违反民主主义"等价值优化问题，正是论理解释和刑事政策解释的价值追求，即论理解释和刑事政策解释都必须在文义解释合法性限度之内进行进一步的价值优化。价值优化的法理是(在合法性限度内)越优化越好，而不需要在合法性限度之外再设立其他新的解释限度。如果非要说刑法的论理解释和刑事政策解释还有"解释限度"的话，那么应当认为这个"解释限度"仍然只能是文义解释的解释限度(合法性限度、合法限度)，而不存在独立于文义解释合法性限度之外的合理性限度或者合目的性限度。如果将价值优化问题纳入刑法解释限度范畴，很容易混淆刑法解释合法性底线价值(合法限度或者合法空间)与优化价值，即合理性和合目的性等优化价值之间的关系，最终结果是很容易模糊刑法解释限度的应有内涵和功能，不利于刑法解释限度的法理阐释。因此，应在基本立场上避免价值优化论在刑法解释限度之内添加合理性和合目的性价值，避免在合法限度的基础上泛化价值判断，干扰合法限度的聚焦。

需要特别说明的是：本文强调刑法解释限度的理论构建需要从价值优化论回归合法限度论，并不是主张在刑法解释中放弃"价值优化"，而仅仅是强调在文义解释中聚焦于解决"合法性"底线价值问题(合法限度问题)，而将"价值优化"问题放置于论理解释和法社会学解释(刑事政策解释)之中，即论理解释聚焦于解决"合理性"价值优化问题，法社会学解释(刑事政策解释)聚焦于解决"合目的性"价值优化问题。所谓刑法解释的合法性，是指刑法解释(结论)所具有的符合宪法和法律的明文规定与基本精神的属性，这是刑法解释的底线价值和合法空间(合法性限度、合法限度)；所谓

① 参见王充：《明确性与妥当性之间——论刑法解释界限的设定标准》，载《社会科学研究》2012 年第 1 期。

② 参见刘志远：《刑法解释的限度——合理的扩大解释与类推解释的区分》，载《国家检察官学院学报》2002 年第 5 期。

③ 参见张明楷：《罪刑法定与刑法解释》，北京大学出版社 2009 年版，第 62 页。

刑法解释的合理性,是指刑法解释(结论)所具有的符合宪法和法律规定的实质法理、刑法教义学原理和常识情理的属性,这是刑法解释的"合理性"优化价值(价值优化范畴);所谓刑法解释的合目的性,是指刑法解释(结论)所具有的符合刑事政策目的价值目标,具体包括防控犯罪价值意义上的"秩序"目的性、保障人权价值意义上的"自由"目的性、社会发展意义上的"效率"目的性与"公正"目的性四项价值目的性及其权衡整合的属性,这是刑法解释的"合目的性"优化价值(价值优化范畴)。由此,应当通过体系性的文义解释、论理解释、法社会学解释(刑事政策解释),依次解决刑法解释的合法性、合理性、合目的性等问题,最终实现刑法解释结论"三性统一体"。①

(二)应将强制解释论引入刑法解释限度论

强制解释论是一个重要的解释学理论,目前仅有少数解释学学者注意到这个理论,刑法解释学迄今为止尚没有引入这个理论,而笔者认为,在刑法解释学中引入强制解释论有利于实现刑法解释学理论创新。笔者曾撰文指出:刑法解释学不但通过文义解释来证立刑法解释结论合法性,还通过解释限度论和强制解释论来证立刑法解释合法性问题。② 笔者此前提出的这一论断,显然是将刑法解释限度论和强制解释论作为证立刑法解释合法性的两种并列理论来看待的。值得思考的问题是:解释限度论是从肯定面(肯定合法性角度)来限定文义解释结论合法性限度,强制解释论是从否定面(否定合法性角度)来反向证立并限定文义解释结论合法性限度,二者的共同点都是限定文义解释结论合法性限度,既然如此,是否可以将强制解释论纳入解释限度论之中进行一体化思考?

所谓强制解释,又称强制阐释,是指背离文本话语,消解文学指征,以潜在立场和模式,对文本和文学作符合论者主观意图和结论的阐释。③ 强制解释论认为,"强制阐释的一个普遍表现是,偷换对象,变换话语,借文本之名,阐本己之意,且将此意强加于文本,宣称文本即为此意。如此阐释,违反阐释逻辑规则和阐释伦理,其合法性当受质疑"。"阐释是有对象的,对象是确定的,背离确定对象,阐释的合法性立即消解。"④可以认为,强制解释论原理是从更基础的阐释学立场,即解释对象的确定性与合法性的立场,从否定面(否定合法性角度)来反向证立刑法解释合法性命题。但是,从"解释对象"的确定性与合法性来证立刑法解释合法性命题的全部内容,是否可以纳入"解释限度"之内来证立刑法解释结论合法性,这是一个值得检讨的法理问题。本文认为,强制解释论在本质上就是解释限度问题,强制解释论所揭示和反对的"借文本之名,阐本己之意"现象,可谓是超出解释限度的极端的现象,这种极端现象在强制解释

① 参见魏东:《刑法解释方法体系化及其确证功能》,载《法制与社会发展》2021年第6期。
② 参见魏东:《案例刑法学的研究方法》,载《政法论丛》2021年第6期。
③ 参见张江:《强制阐释论》,载《文学评论》2014年第6期。
④ 张江:《再论强制阐释》,载《中国社会科学》2021年第2期。

论中可以解读为“解释对象确定性缺失”“解释对象合法性缺失”“解释结论合法性缺失”等。可以认为，将强制解释论引入解释限度论，有利于更加周全、深刻地阐释解释限度的实质内涵。例如，针对那些“借文本之名，阐本己之意”的文义解释现象，不但可以运用“语用意义的国民预测可能性说”来判断其已超出解释限度（详见后文论述），同时，在将强制解释论引入解释限度之后，完全可以借助强制解释论“解释对象合法性缺失”等命题来强化解释限度的判断，从而有利于进一步增强解释限度的理论阐释力。

因此，在引入强制解释论直接以“解释对象”的确定性与合法性等命题来强化诠释解释限度（并证立解释结论的合法性）时，不但不会形成对刑法解释限度范畴的任何程度的忽略与消解，反而更有利于从强制解释论“解释对象合法性缺失”等命题的否定面来更加周全、深刻地阐释解释限度的实质内涵。

依解释学原理，解释对象的确定性与合法性至少包括（但不限于）以下内容：解释对象是否客观存在，解释对象是否确定，解释对象是否合法等。那么，在解释限度中引入强制解释论后，凡是否定解释对象的客观性、确定性、合法性的强制解释均可以被认定为超出解释限度。例如，2007 年 7 月 8 日公布的最高人民法院、最高人民检察院《关于办理受贿刑事案件适用法律若干问题的意见》（以下简称《受贿刑事案件法律意见》）第 9 条规定：“国家工作人员收受请托人财物后及时退还或者上交的，不是受贿。”这一条规定应该如何解释适用？对此问题的回答主要有以下三种看法：第一种看法是“既遂后例外出罪说”，认为“既遂之后不出罪”的刑法教义学原理是存在例外情况的，这一条规定属于“既遂后出罪”的例外规定。[①] 第二种看法是“无故意不归责的注意规定说”，认为这一条规定没有修改并且也无权修改《刑法》关于受贿罪的明文规定，它只是对刑法规定的具体解释，并非刑法的渊源，只能根据刑法规定将那种在客观上收受他人财物但是在主观上没有受贿故意的情形排除在受贿罪之外，将没有受贿故意的“及时退还或者上交”的行为解释为不构成受贿罪，[②]充其量属于一种注意规定（而非创设新的立法规范的拟制规定）。第三种看法是“刑事政策说”，认为这一条规定包含两种情形：一是收受他人财物并不具有受贿故意的情形；二是虽有受贿故意但基于刑事政策的理由而不以受贿罪论处的情形，即“司法解释……是以非犯罪化处置来鼓励那些受贿的人及时改正错误”，[③]“是根据《刑法》第 13 条规定的‘情节显著轻微危害不大的，不认为是犯罪’而认为该行为不是犯罪……正所谓在犯罪的道路上

---

① 参见储槐植、闫雨：《“赎罪”——既遂后不出罪存在例外》，载《检察日报》2014 年 8 月 12 日，第 3 版。

② 参见张明楷：《受贿罪中收受财物后及时退交的问题分析》，载《法学》2012 年第 4 期。

③ 参见李建明：《收受他人财物后退还或者上交对受贿罪构成的影响》，载《人民检察》2007 年第 16 期。

'架设一条后退的黄金桥'"。[1] 那么,从刑法解释限度来看,上列三种观点"合法性"应当如何评判?

笔者认为,上列三种观点中"无故意不归责的注意规定说"坚守了刑法解释限度"合法性"底线,其中涉及强制解释论"解释对象确定性缺失""解释对象合法性缺失"等命题的运用。在法理上,刑法解释活动的解释对象只能是刑法文本(刑法立法规范文本),《受贿刑事案件法律意见》本身就是对刑法文本的解释适用,那么,《受贿刑事案件法律意见》的解释性规定的具体含义就只能作为刑法文本的解释结论来对待,从而,(作为刑法文本的解释结论的)《受贿刑事案件法律意见》的解释性规定的具体含义就必须依据刑法文本来确定:依据刑法文本所得出的解释结论(《受贿刑事案件法律意见》的解释性规定的具体含义)才具有合法性,不依据刑法文本(而是游离于刑法文本之外)所得出的解释结论就不具有合法性。那么,理论上可能面临的追问是:《受贿刑事案件法律意见》也需要解释,在《受贿刑事案件法律意见》的解释活动中,解释对象难道不是《受贿刑事案件法律意见》本身而是刑法文本吗?这个问题正好是强制解释论所欲回答的核心问题、根本问题:只要承认《受贿刑事案件法律意见》是对刑法文本的解释(解释结论),就应当承认《受贿刑事案件法律意见》不是解释对象,即刑法文本才是解释对象,《受贿刑事案件法律意见》只是解释结论;只要承认《受贿刑事案件法律意见》是对刑法文本的解释(解释结论),就应当以刑法文本为依据来确定《受贿刑事案件法律意见》的解释性规定的具体含义(解释结论)的合法性限度,凡是超出刑法文本所可能包含的具体含义的解释结论就不具有合法性。可见,刑法文本与《受贿刑事案件法律意见》的关系属性需要谨慎判断:刑法文本是解释对象,《受贿刑事案件法律意见》是解释结论,即《受贿刑事案件法律意见》的解释性规定的具体含义,二者之间的关系属性是解释对象与解释结论的关系,凡是不以刑法文本作为解释对象所得出的解释结论,即《受贿刑事案件法律意见》的解释性规定的具体含义,就存在强制解释论"解释对象确定性缺失""解释对象合法性缺失""解释结论合法性缺失"等命题所揭示的合法性危机。

刑法解释的解释对象只能是"刑法文本",而"刑法文本"以外的其他法律文本以及全部"软法"[2]文本(如《受贿刑事案件法律意见》)均不属于作为刑法解释对象的刑法文本。刑法解释学尽管承认"软法"对于刑法解释具有极其重要的意义,尤其是承认"软法"对于解释者"前见"的形成和影响等方面均具有刑法解释论价值;但是,"软法"并不能成为、不能等同于作为刑法解释对象的"刑法文本",一旦以"软法"文本取

---

① 何显兵:《论收受财物后退还或者上交的认定》,转引自张明楷:《受贿罪中收受财物后及时退交的问题分析》,载《法学》2012年第4期。

② 参见魏东主编:《中国当下刑法解释论问题研究》,法律出版社2014年版,第33-50页。

代“刑法文本”并将“软法”作为刑法解释对象来对待,就超出了刑法解释限度“合法性”底线,即属于强制解释论“解释对象确定性缺失”“解释对象合法性缺失”“解释结论合法性缺失”等命题所揭示的超出刑法解释限度“合法性”底线的情形。因此,“无故意不归责的注意规定说”在理解上述《受贿刑事案件法律意见》第9条的解释性规定的具体含义时,坚持以刑法文本关于受贿罪的明确规定为依据,而不是将《受贿刑事案件法律意见》第9条的规定直接作为刑法条文予以适用,这一见解堪称精当。[①]由此可见,在审查《受贿刑事案件法律意见》第9条规定的解释结论的合法性(以及合理性)时,实质上是在审查作为解释对象的“刑法文本”的解释限度问题:到底是以《受贿刑事案件法律意见》第9条(属于“软法”)作为刑法解释对象合法,还是以《刑法》第385条(受贿罪)作为刑法解释对象合法?显然,将《受贿刑事案件法律意见》第9条规定的解释结论的合法性审查的核心和关键聚焦于刑法文本的“解释限度”(解释对象合法性限度)问题上,实质上正是运用强制解释论“解释对象确定性缺失”“解释对象合法性缺失”“解释结论合法性缺失”等命题所揭示的刑法解释限度“合法性”底线这一原理,在确认以《刑法》第385条(受贿罪)作为刑法解释对象合法的基础上,应当否定以《受贿刑事案件法律意见》第9条(属于“软法”)作为刑法解释对象的合法性,因为《受贿刑事案件法律意见》第9条本身就只能被看作对“刑法文本”(《刑法》第385条)的解释,凡是否定解释对象“刑法文本”(《刑法》第385条)的客观性、确定性、合法性的强制解释均应被认定为超出解释限度。

综上,由于强制解释论堪称解释对象合法性理论(通过否定强制解释来证立解释对象合法性的理论),强制解释论关于解释对象合法性的论述,对于进一步丰富解释限度论具有重要意义。强制阐释论也承认文本的自在性,认为文本独立于阐释者而存在,其自身蕴含的意义是有限的、确定的;同时也承认文本的开放性,认为理解者对文本的合理阐释与发挥也是客观存在的现象,但是应注意“确定的意义不能代替开放的理解,理解的开放不能超越合理的规约”,[②]必须尊重文本的自在性与阐释对象的确定性。[③] 这些理论知识可以说极大地丰富、深化了解释限度论,它赋予了解释限度更加丰富、深刻的内涵,解释对象的自在性、客观性、确定性与合法性等均应当成为解释限度的内在规定性;不仅如此,对文本——即“自在性、客观性、确定性与合法性”确定之后的文本——进行文义解释,还应当以法律文本的语言意义为标准进一步确定解释解释论合法性限度。

(三)应强化合法限度论对刑法解释限度的有效诠释

有学者指出,纵览我国学者关于刑法解释限度的论述,多集中于解释与类推的界

① 参见魏东:《论在“打虎拍蝇”中的法治理性》,载《法治研究》2014年第10期。

② 参见张江:《再论强制阐释》,载《中国社会科学》2021年第2期。

③ 参见泓峻:《“强制阐释论”的基本立场、理论建树与学术关怀》,载《社会科学辑刊》2021年第3期。

限命题上展开研究,以“解释与类推的区分”(具体是刑法扩张解释与类推解释的区分)的研究取代“刑法解释限度”的研究,形成了隐性的“刑法解释限度”研究这一现象。[①] 这种观察结论尽管并不周全,因为刑法解释限度论是较多学者关注和直接讨论的重要问题(而并非作为一个隐性问题来对待),并且刑法解释限度论并非仅限于解决“解释与类推的区分”,因为不合法的(文义)解释并不一定就是类推解释,还可能是其他类型的强制解释或者随意解释;但是,也应当承认这种观察结论确有一定道理,因为刑法的文义解释限度论中基本涉及“解释与类推的区分”的讨论(但是并非仅限于这一讨论),并且通常是以文义解释限度作为刑法扩张解释与类推解释之间的区分标准,即超出刑法的文义解释限度的“扩张”解释在多数情况下属于类推解释(但是在部分情况下也可能属于其他类型的强制解释或者随意解释),没有超出刑法的文义解释限度的“扩张”解释属于合法的扩张解释。通过前面的讨论可以发现,刑法解释限度在实质上就是文义解释限度,所欲解决的问题是文义解释的法治底线和合法空间问题,即“刑法解释禁止超越文义”,[②]要求“案件必须在法律的名义下被裁决,这是法治最低限度的要求”。[③] 可以认为,这些论述都是基于合法限度论立场对刑法解释限度所作的法理诠释。

合法限度论立场强调必须尽力避免价值优化论的极端倾向,即防止价值优化论在刑法解释限度之内“额外添加”合理性和合目的性价值判断,干扰合法限度的聚焦。同时,应借鉴吸纳强制解释论主要通过审视“解释对象的合法性”限度问题以及强制解释论“解释对象确定性缺失”“解释对象合法性缺失”“解释结论合法性缺失”等命题,直接排除“解释对象的合法性”限度缺失现象以初步保障“解释结论的合法性”限度,进而将“解释对象的合法性”限度作为“解释结论的合法性”限度的基础(前置性条件),并且将“解释对象的合法性”限度作为解释限度的应有内容;也要充分认识到,解释限度的实质内涵并不能简单地等同于、停留于“解释对象的合法性”限度判断,而是在“解释对象的合法性”限度判断基础需要进一步进行“解释结论的合法性”限度的进一步审查,真正将刑法解释限度周全地限定在(刑法文义解释的)解释对象合法性限度和解释结论合法性限度两个维度的判断。由此可以得出结论:刑法解释限度,是指刑法文义解释所不能超越的、法律文本(刑法文本)所限定的文义界限和程度,以确保刑法解释对象和解释结论的合法性(限度)。

因此,刑法解释限度的“真问题”只能是刑法文义解释的合法限度问题,所欲解决的主要问题是刑法文义解释的解释对象合法性限度和解释结论合法性限度的问题,而

① 参见田馨睿:《刑法解释限度论》,四川大学2020年博士学位论文,第7页。

② 参见蒋熙辉:《刑法解释限度论》,载《法学研究》2005年第4期。

③ 孙海波:《“后果考量”与“法条主义”的较量——穿行于法律方法的噩梦与美梦之间》,载《法制与社会发展》2015年第2期。

不解决合理性与合目的性的问题。基于合法限度论立场,刑法解释限度的实质内涵及其关联问题可作如下具体诠释:

其一,刑法解释限度的名称,根据其所涵摄的"真问题"和实质内涵,又可以称为刑法的解释限度、刑法解释的限度、刑法解释的合法限度、刑法解释的文义限度、刑法文义解释的限度。

本文关于刑法解释限度的论述中,尽管在不同语境中分别使用了前述不同称谓,但是在基本含义上表达的内容是一致的。

其二,刑法解释限度的类型,可以区分为(刑法文义解释的)解释对象合法性限度和解释结论合法性限度两类。

关于刑法文义解释的解释对象合法性限度,应当运用强制解释论进行诠释学判断,确保解释对象的自在性、客观性、确定性、合法性等"四性",在法理上可以将解释对象"四性"统称为解释对象合法性限度。同时需要说明的是,按照强制解释论,解释对象"四性"的核心是合法性,而自在性、客观性、确定性都是合法性的内在规定性,[①]因此,尽管可以将"四性"并列,但是它们都归属于解释对象合法性范畴,在通常语境中的解释对象合法性可以包括"四性",在特殊语境中才有必要区分"四性"的具体内涵。因此,通常语境下所言的(刑法文义解释的)解释对象合法性限度,就是指刑法解释的解释对象只能是刑法文本,即刑法的立法文本,即充分体现解释对象"自在性、客观性、确定性、合法性"这"四性"属性的刑法文本,凡是背离、超出刑法文本的刑法文义解释都超越了刑法解释的解释对象合法性限度,都不具有合法性。关于刑法文义解释的解释结论合法性限度,只能是在刑法文义解释的解释对象合法性限度内所确定的、刑法文义解释结论所不能超越的、法律文本(刑法文本)所限定的文义界限和程度。凡是超出刑法文本所限定的文义界限和程度的解释结论都不具有合法性。

因此,解释与类推的区分标准在实质意义上就是刑法解释限度:凡是既符合作为解释对象的刑法文本"自在性、客观性、确定性、合法性"要求、又符合法律文本(刑法文本)所限定的文义界限和程度的文义解释,即同时符合刑法文义解释的解释对象合法性限度和解释结论合法性限度的刑法解释,就具备文义解释合法性,就不属于类推(解释);反之,凡是不能同时符合刑法文义解释的解释对象合法性限度和解释结论合法性限度的,就不具备文义解释合法性,就很可能属于类推(解释)。

其三,作为刑法解释限度的合法限度,主要是指法律语言学意义上的形式合法性限度。

合法限度论内部还存在形式合法性限度论与实质合法性限度论的分歧。本文认为,合法限度主要是指法律语言学意义上的合法限度,因此主要是指形式合法性限度,

---

① 参见张江:《再论强制阐释》,载《中国社会科学》2021 年第 2 期。

而不是实质合法性限度。为什么要将实质合法性限度排除在刑法解释限度之外?本文给出的答案在于:实质合法性在本质上是价值优化问题,它的有效解决应当依赖于论理解释合理性和法社会学解释合目的性(或者刑事政策解释合目的性)来实现,而不能依赖于文义解释合法性限度来解决。因此,在形式合法性与实质合法性的纠结中,应当确认形式合法性限度。

例如,刑法文本的对象合法性限度判断中,将刑法典、单行刑法、附属刑法作为刑法文本,应当说仍然是形式合法性判断,而不是实质合法性判断。司法解释文本、司法文件以及其他刑事政策文件等,均由于不具有刑法文本,即刑法的立法文本的形式合法性,因此尽管其中可能规定了"实质"的刑法规范内容,但是仍然应当认为这些司法解释文本、司法文件以及其他刑事政策文件等不符合解释对象合法性限度。

再如,刑法文义解释结论合法性限度判断中,仍然应当坚持法律语言学意义上的解释结论合法限度,而不能背离、超出法律语言学意义上的解释结论合法限度这一形式判断。例如,按照法律语言学意义上的解释结论合法限度来判断,《刑法》第385条中"财物"的解释结论中就不得包括"性""爱情""友情"等精神财富在内,因为"财物"的法律语言学意义只可能包括财产、财产性利益。如果将法律规范用语"财物"硬性解释为包括"性""爱情""友情"等精神财富,就明显违反了法律语言学意义上的形式合法性限度:一是背离了解释对象"财物"的自在性、客观性、确定性、合法性"四性"要求,应当归属于强制解释,超出了解释对象合法性限度;二是超出了法律文本(刑法文本)中"财物"所限定的文义界限和程度,即超出了解释结论合法性限度。当然,行为人为某官员嫖娼支付嫖资的行为,将"嫖资"解释为"财物",没有超出"财物"所限定的文义界限和程度,并不是直接将"性"解释为"财物"。

三、刑法解释限度的判断标准

关于刑法解释限度的判断标准,既有理论存在以下几种观点:一是犯罪定型说,认为应当以法的犯罪定型为标准来判断解释限度;二是语义说(又称为"文义说""法文语义说""文义射程说""可能的字义说"等),认为应当以法律条文的语义为标准来判断解释限度;三是一般人预测可能性说(又称为"国民预测可能性说"),认为应当以一般人的预测可能性为标准来判断解释限度。[①] 目前理论界对于刑法解释限度的判断

① 参见[日]关哲夫:《论禁止类推解释与刑法解释的界限》,王充译,载陈兴良主编:《刑事法评论》(第20卷),北京大学出版社2007年版,第367页。还有学者指出,哈斯默尔从根本上否认"可能的字义"作为解释的界限,并坚持将类型代替"可能的字义"作为解释的界限;以埃塞尔为代表,并不全面否定"可能的字义"作为解释的界限,只是对此质疑;以拉伦茨为代表,完全站在通说的立场,对"可能的字义"作为解释的界限持肯定态度;按照法治的基本精神,必须保留"可能的字义"理论作为法律解释的界限。参见王祖书:《法诠释学视域内"可能的字义"界限理论之反思》,载《北方法学》2015年第1期。

标准的上列学说并没有达成共识。例如,有的学者认为法文语义说存在“宽泛性与抽象性的缺陷以及自身限度的虚设性”等疑问,一般人预测可能性说在根本上“不符合刑法解释限度的特征标准”,因而主张采用犯罪定型说。① 再如,有的学者认为应当兼采“文义射程说”和“国民预测可能性说”,从而可以在国民可预测范围内的“文义射程”范围内来确定刑法解释限度。② 有的学者主张,应从区分刑法扩张解释与类推解释各自所得出的解释结论“合理限度”的视角来确定刑法解释限度,衡量合理限度的标准是:通过扩大解释所包含进去的事项是否具有被解释概念的核心属性。③ 总之,理论界关于刑法解释限度的判断标准问题还存在较大争议。产生争议的根本原因在于不同学者对刑法解释限度到底应该秉持合法限度论还是价值优化论的问题上持有不同立场,不同学者对刑法解释限度实质内涵存在不同理解。因此,只有在明确学术立场并且厘清刑法解释限度实质内涵的基础上才能有效解决刑法解释限度的判断标准问题。

笔者认为,必须以能够充分反映且契合刑法解释限度“从价值优化论回归合法限度论”的基本立场和实质内涵为准则,才可能在客观公正地评判相关理论学说的基础上,合理确定刑法解释限度的判断标准。由此准则可以确认,关于刑法解释限度判断标准的既有理论学说中,各种可以归属于法律语言学意义上的语义说(如“文义说”“法文语义说”“可能的字义说”“文义射程说”等)能够在一定程度上反映且契合刑法解释限度“从价值优化论回归合法限度论”的基本立场和实质内涵,而犯罪定型说难以契合刑法解释限度“从价值优化论回归合法限度论”的基本立场和实质内涵。既有理论学说中的“语义说”(以及“文义说”“法文语义说”“可能的字义说”“文义射程说”等)还存在机械地进行说文解字的缺陷,有的语义说论者将刑法解释限度过于机械地限制在法律用语的“字面含义”“核心语义”“通常含义”等之内,忽略了语言哲学发展的应然要求,不当地将边缘语义、动态发展的语义、特定语境中的语义等排除在刑法解释限度之外,从而不当地限缩了法律用语的语义范围和合法空间;另有的语义说论者将刑法解释限度过于宽泛地扩张至无限大,完全忽视解释对象的自在性、客观性、确定性、合法性“四性”要求,将刑法解释限度宽泛地理解为“自说自话”的范围,在实质上消解刑法解释限度并堕落到刑法解释无限度的境地。因此,在确认既有理论学说中兼采“文义射程说”(以及“语义说”“文义说”“法文语义说”“可能的字义说”等)和“国民预测可能性说”的判断标准能够在一定程度上反映且契合刑法解释限度“从价值优化论回归合法限度论”的基本立场和实质内涵的同时,必须正视“文义射程说”(以及

① 参见龚振军:《刑法解释限度理论之关系论纲》,载《法制与社会发展》2011年第4期。

② 参见蒋熙辉:《刑法解释限度论》,载《法学研究》2005年第4期。

③ 参见刘志远:《刑法解释的限度——合理的扩大解释与类推解释的区分》,载《国家检察官学院学报》2002年第5期。

"语义说""文义说""法文语义说""可能的字义说"等)可能存在不当地限缩语义范围或者无限制扩大语义范围等两个极端倾向,从语言哲学发展论的立场修正完善既有"文义射程说"(以及"语义说""文义说""法文语义说""可能的字义说"等)的应有内涵。如何修正完善既有的"文义射程说"(以及"语义说""文义说""法文语义说""可能的字义说"等)?对此,新近的法律解释学发现,语言哲学发展中出现的语用学(语用论),是对于传统语言哲学"文义射程说"(以及"语义说""文义说""法文语义说""可能的字义说"等)的具体内涵产生革命性深刻影响的重要理论,"在刑法的理解和解释中,语义分析之后必须进行语用分析,语用解释保证了客观解释的实现"①。语用意义说对于有效确定刑法解释限度的判断标准具有重要意义。

因此,笔者认为,刑法解释限度的判断标准应当采用"语用意义的国民预测可能性说"(也称为"语用意义+国民预测可能性说")②是能够成立的,其法理主要在于:一方面,语用意义说更符合语言哲学的发展论并且具有强大的理论阐释力,有利于确保文义解释合法性空间范围不至于被不当缩小,以区别于传统静态意义上的"语义说""文义射程说";另一方面,国民预测可能性说有利于适当限制语用意义说的意义范围,同时承认在特别专业领域(如生命科学、医学领域和人工智能领域等)中国民预测可能性可以特别地表现为同行专家预测可能性,以确保刑法解释结论合法性(合法底线和合法空间)不至于被无限扩大,两个方面的一张一弛有利于实现刑法解释限度的张弛有度。

(一)语用意义的强大阐释力

语言哲学发展观认为,语言论转向在20世纪前半期表现为语义学的发展,在20世纪后半期表现为语用学的诞生和发展,如果说语义学强调语言的意义是"反映"了现实的、一种静态的、不受语境和语言的使用者影响的意义,那么可以说,语用学强调语言的意义在于使用,这是一种对现实的"反应"(而不是"反映"),是动态的意义,只有在使用中语言才有意义,因而语用学十分重视语言的使用,重视语言使用的环境和语言的使用人。③ 正是由于发现"语言意义产生于使用过程中,同样词汇由于语境不同会产生不同的意义,原本的'意义'是不存在的",④语用学(语用论)的语言分析方法"逐渐渗透和扩展到社会科学和自然科学的各个领域中,日益鲜明地呈现出自身所

---

① 王政勋:《刑法解释的语言论研究》,商务印书馆2016年版,第301页。

② 参见魏东:《案例刑法学的研究方法》,载《政法论丛》2021年第6期。在该文中,笔者表述为"语用意义的同行专家预测可能性说";对此,本文修正为"语用意义的国民预测可能性说"(也称为"语用意义+国民预测可能性说"),特此说明。

③ 参见王政勋:《刑法解释的语言论研究》,商务印书馆2016年版,第33-38页。

④ 王政勋:《刑法解释的语言论研究》,商务印书馆2016年版,第209-210页。

独具的特征和意义”。[①] 按照笔者的理解，语言哲学中关于语义（文义）的静态意义转向动态意义（命题），可以将语义的静态意义概括为“语义学的文义说”（文义说、语义说、静态意义说），相应地可以将语义的动态意义概括为“语用意义说”（语用学的文义说、语用学的语义说、动态意义说），由此逻辑可以将语义（文义）的静态意义转向动态意义这一命题转换为（概括为）：语义说（文义说、文义射程说）转向语用意义说。根据语言哲学发展观，可以认为，语用意义说更符合语言学“事物的本质”，更具有有效“反应”（而不是“反映”）语言世界现实的、动态的意义（而不是仅限于静态意义），更具有强大阐释力。因此，语用意义说对于有效确定刑法解释限度的判断标准具有重要的诠释学意义：语用意义说不是排斥传统的语义说所包含的静态意义，而是在传统的语义说所包含的静态意义的基础上增添了动态意义，因此语用意义说的涵摄范围通常大于传统的语义说（文义说、文义射程说等），由此可以确保文义解释合法性空间范围不至于被不当缩小。

例如，夫妻之间发生的强迫性交行为（俗称“婚内强奸”，通常是指丈夫对妻子实施的强迫性行为），如果采用传统的语义说来分析，由于“奸”的词源学阐释结论是仅限于“婚外性行为”“奸的原始含义是指婚外性行为”“婚内无奸”，[②]就不能将丈夫对妻子实施的强迫性行为解释为“强奸”（因为“婚内无奸”），换言之，传统的语义说认为将丈夫对妻子实施的强迫性行为解释为“强奸”的解释结论不具有合法性（因为这一解释结论超出了刑法文义解释的解释限度的“语义说”标准）。我国司法实践中，人民法院就对一些婚内强奸案作出无罪判决。例如，1997 年辽宁省义县白某某婚内强迫性行为案，法院判决被告人无罪；[③]2000 年四川省南江县吴某某婚内强迫性行为案，法院同样判决被告人无罪。[④] 但是，如果采用语用意义说来分析，由于语用学强调语言的意义（语用意义）是一种对现实的“反应”（而不是“反映”）、动态的意义，就可以确认强奸的语用意义可以将“婚内强奸”行为包含在内，“奸”的语用意义已经扩张了（超出了）“奸”的传统文义，并没有超出我国刑法文本用语的语用意义，同时还可以从我国《刑法》第 236 条关于“强奸妇女”“奸淫幼女”的规定中并没有在犯罪对象上排除“妻子”这一语用立场来分析，进一步确证强奸的语用意义可以包含婚内强奸行为在内，由此，语用意义说可以确证：将丈夫对妻子实施的强迫性行为解释为“强奸”的解释结论具有合法性（因为这一解释结论没有超出刑法文义解释的解释限度的“语用意

① 郭贵春、贺天平主编：《现代西方语用哲学研究》，科学出版社 2006 年版，“序言”第 2 页。转引自王政勋：《刑法解释的语言论研究》，商务印书馆 2016 年版，第 38 页。

② 参见陈兴良：《婚内强奸犯罪化：能与不能——一种法解释学的分析》，载《法学》2006 年第 2 期。

③ 参见《白俊峰强奸案［第 20 号］——丈夫强奸妻子的行为应如何定罪》，载中华人民共和国最高人民法院刑事审判第一庭编：《刑事审判参考》（总第 5 辑），法律出版社 1999 年版，第 23 – 26 页。

④ 参见魏东：《刑法分则解释论要》，北京大学出版社 2020 年版，第 123 页。

义说"标准)。同时,"妇女"在当今时代的语用意义完全可以说包含了作为妻子的女性在内,这种语用意义也符合国民预测可能性。正因如此,我国司法实践中对于一些特殊情形下的婚内强奸行为作出了有罪判决。例如,1989年的河南省信阳县靖某某婚内强迫性行为案,法院以强奸罪判处被告人有期徒刑6年;[①]2000年的上海市青蒲县王某某婚内强迫性行为案,法院也以强奸罪对被告人判处其有期徒刑3年,缓刑3年。[②]

关于婚内强奸行为的刑法解释限度问题,有必要补充说明以下两点:其一,刑法解释限度的判断标准不宜采用传统的"语义学的文义说"(文义说、语义说、文义射程说、法文语义说、静态意义说)以及"可能的字义说",它们均难以证成法律规范用语"强奸"的解释结论合法性,但是刑法解释限度的判断标准采用"语用意义说"则可以解决上列难题。其二,文义解释仅仅具有确证刑法解释结论的合法底线、合法空间限定功能,这一功能是通过刑法解释限度范畴来具体限定,刑法解释限度的判断标准采用"语用意义说"是基本可行的,但是文义解释(以及文义解释的解释限度)并不能解决解释结论的合理性和合目的性等优化价值的功能。因此,在确证文义解释合法性的基础上仍然需要进行论理解释和法社会学解释(刑事政策解释),由此才能在合法性的基础上进一步确证刑法解释结论的合理性和合目的性。例如,针对婚内强奸行为的刑法解释,除了确证解释限度问题(合法性问题),还需要确证合理性和合目的性问题,在法理上不应当将婚内强奸行为同其他情形下的强奸行为等同对待。笔者认为,从婚姻的本质和强奸罪的本质看(均属于论理解释和法社会学解释的范畴,而不属于文义解释范畴),对婚内强奸行为定罪时应当从严掌握,可以限定在婚姻处于非正常状态下(如已经分居或者处于离婚诉讼中等状态下)、情节特别恶劣的"婚内强迫性行为"才认定为强奸罪,而不宜一律定罪。[③] 可见,对夫妻之间发生的强迫性行为定强奸罪时还需要进行进一步的适当限制,这种"进一步的适当限制"是论理解释和刑事政策解释的"任务",以进一步论证解释结论的合理性和合目的性(价值优化范畴),通过论证解释结论的合理性和合目的性可以更进一步限缩处罚范围。

(二)通过国民预测可能性对语用意义进行适当限制

在语用意义说的基础上进一步增添国民预测可能性标准,有利于防止语用意义的主观任性和过度扩张,更加合理地确定刑法解释限度。例如,针对女性进行的强制肛交、强制口交的行为能否解释为"强奸"的问题,如果单纯从刑法解释限度的语用意义说标准来判断,就可能会出现过度解释现象。我国有学者认为,将针对女性进行的强

① 参见李盾:《个体权利与整体利益关系》,载陈兴良主编:《刑事法判解》(第1卷),法律出版社1999年版,第395-418页。

② 参见《王卫明强奸案[第51号]——丈夫可否成为强奸罪的主体》,载最高人民法院刑事审判第一庭编:《刑事审判参考》(总第7辑),法律出版社2000年版,第26-29页。

③ 参见魏东:《刑法分则解释论要》,北京大学出版社2020年版,第124页。

制肛交、强制口交的行为定性为强奸罪并“按强奸罪来处罚完全没有问题”，理由是这种解释结论更符合刑事政策合目的性。[①] 这里，论者论证了其得出解释结论的合目的性（价值优化范畴），但是却没有提及刑法解释限度和合法性问题。在逻辑上可以作如下“推断”：论者可能也认为将针对女性进行的强制肛交、强制口交的行为解释为“强奸”是符合刑法解释限度的语用意义说标准的。但是，更进一步分析还可以提出新的问题，即针对“男性”进行的强制肛交、强制口交的行为能否解释为“强奸”？单纯从刑法解释限度的语用意义说标准来判断，似乎也可以得出肯定的答案，即针对“男性”进行的强制肛交、强制口交的行为能解释为“强奸”。而事实上，当下我国的刑法教义学认为，针对女性进行的强制肛交、强制口交的行为是比较恶劣的强制猥亵，应定性为强制猥亵、侮辱罪；[②]我国刑法规定，针对“女性”“男性”进行的强制肛交、强制口交的行为的解释结论也只能是构成强制猥亵罪，这种解释结论可以说是多数人见解。那么，从刑法解释限度的判断标准来看，语用意义说确实带有一定程度的主观任性和过度扩张的特点，这是语用意义说的强大阐释力所带来的“副作用”，因而需要适当限制，即通过国民预测可能性对语用意义进行适当限制。语用意义说强调特定的语境（如语言的时空条件等），在我国现行刑法规定了强奸罪、强制猥亵、侮辱罪、猥亵儿童罪的语境下，强奸行为的语用意义尽管可能在客观上存在多种诠释。例如，狭义的观点认为强奸行为只能是男性生殖器强行插入女性生殖器的行为，广义的观点认为强奸行为既包括男性生殖器强行插入女性生殖器的行为，也包括针对女性和男性进行的强制肛交、强制口交等其他形式的性侵入行为，但是，通过国民预测可能性说对语用意义可以进行适当限制，从而可以将国民因为产生“明显突兀感”[③]或者“根本不能理解”“根本不可接受”而超出国民预测可能性的语用意义排除在刑法解释限度之外，以确保刑法解释结论合法性（合法底线和合法空间）不至于被过度扩张，合理确定刑法解释结论合法性（合法底线和合法空间）。

因此，应当运用“语用意义的国民预测可能性说”的判断标准进行刑法解释限度判断，基本要求是：

第一，“语用意义的国民预测可能性说”要求刑法解释限度必须以语用学所可能确定的语用意义为限，而不能超出法律规范用语的语用意义，但是也不能仅限于静态意义上的文字的字面含义、文字的文义射程。正如我国有学者指出：“根据会话含义理论，立法者预料并期待解释者会根据文本的语义结构、读者的心理图式、生活中的常规关系等解读出刑法文本的语用意义，司法者必然会根据语境因素对刑法文本的意义

① 参见劳东燕：《功能主义刑法解释论的方法与立场》，载《政法论坛》2018 年第 2 期。

② 参见张明楷：《刑法学》（下）（第 5 版），法律出版社 2016 年版，第 869 页。

③ 参见付立庆：《刑法扩大解释与类推适用的区分标准——明显突兀感说的提出及其展开》，载魏东主编：《刑法解释》2020 年总第 5 卷，法律出版社 2020 年版，第 1 – 14 页。

进行语用推理,解读出字面意义之外的隐含意义、形式意义之外的实质意义、语义意义之外的语用意义,并且在不同语境下解读出不同意义。刑法文本为语用推理划定了大致范围,语用推理实现了文本静态意义向动态意义的转化……"①

第二,"语用意义的国民预测可能性说"要求刑法解释限度必须符合国民预测可能性,而不至于使国民因为产生"明显突兀感"②或者"根本不能理解""根本不可接受"而超出国民预测可能性。法律规范用语中普通用语的法律解释限度应当符合国民预测可能性,但是应注意,这一原理并不影响同行专家预测可能性和专业解释的运用,即法律专业用语的法律解释限度应当符合国民预测可能性以及法律专业的同行专家预测可能性,生命科学的、医学的、环境科学的、人工智能的、军事科学等专业用语的法律解释限度同样应当符合国民预测可能性以及相关专业的同行专家预测可能性。这是因为,专业用语应依据专业含义进行解释,本来就是文义解释规则,这一规则要求对法律文本中的专业用语的语义,必须按照法律文本的明确规定和概念体系逻辑进行专门解释,应当解释它的特定含义、立法者的真实意思,而不能按照社会一般人的通常理解来解释专业用语的语义。③ 例如,刑法文本中规定的"犯罪""共同犯罪""单位犯罪""刑事责任""刑罚""数罪并罚""以上""以下"等专业术语,必须严格按照刑法文本规定和概念体系逻辑来解释这些专业术语特定的专业含义,而不能认为这种文义解释规则违背了国民预测可能性。

第三,为防止对语用意义的过度扩张而超出法规范用语所限定的合法空间,同时为防止法律解释明显背离国民守法意识和法律认同意识,以及为防止法律解释过度疏离于特定历史时期法律用语的语用意义,应当将语用意义限定在特定历史时期的国民预测可能性范围之内,或者说,应当既考虑语用意义又考虑国民预测可能性,这是"语用意义的国民预测可能性说"的应有含义。在此意义上,"语用意义的国民预测可能性说"也可以表示为"语用意义 + 国民预测可能性说"。如前所述,《刑法》第 236 条规定的强奸罪中"妇女"的刑法解释限度,应当符合国民预测可能性,而不至于将"男性"解释为"妇女"。再如,《刑法》第 116 条规定的破坏交通工具罪中"汽车",是否可以将"用于载人的大型拖拉机"解释为"汽车"? 应当审查"汽车"的语用意义以及国民预测可能性,在此基础上确定"汽车"的语用意义可以包括"用于载人的大型拖拉机"在内。又如,《刑法》第 140 条规定的生产、销售伪劣产品罪中"以假充真""冒充"(原文是"以不合格产品冒充合格产品")的语用意义,以及《刑法》第 263 条规定的抢劫罪加重法定刑情节中"冒充"(原文是"冒充军警人员抢劫的")的语用意义,是否可以解释

---

① 王政勋:《刑法解释的立场是客观解释——基于会话含义理论的分析》,载《法律科学》2012 年第 3 期。

② 参见付立庆:《刑法扩大解释与类推适用的区分标准——明显突兀感说的提出及其展开》,载《刑法解释》2020 年总第 5 卷,法律出版社 2020 年版,第 1 - 14 页。

③ 参见王利明:《法律解释学导论——以民法为视角》(第 2 版),法律出版社 2017 年版,第 274 页。

为没有任何虚假成分（全部为真）情形下的“以真充真”？对此，一般人（国民预测可能性）都会较为一致地给出答案：“以假充真”“冒充”的语用意义不可能包含有“以真充真”，一般人会说“这是不可思议的”“这是不合常识、常理、常情的”（国民预测可能性）。通过审查法条规定的语用意义以及国民预测可能性，应当能有效确证法规范用语所限定的合法空间。

四、刑法解释限度的诠释学功能

刑法解释限度理论必须充分关注刑法解释限度的诠释学功能。刑法解释限度的诠释学功能的基本属性，应归属于刑法解释功能论的范畴。所谓刑法解释限度的诠释学功能，可以简称为刑法解释限度的限定功能、刑法解释限度的限定合法性功能、限定合法性功能，是指刑法解释限度在诠释学意义上所具有的限定刑法解释合法性（解释对象合法性与解释结论合法性）的功能。

（一）刑法解释限度的诠释学功能有限性

从广义看，刑法解释的功能包括刑法解释的诠释学功能（确证刑法解释结论有效性的功能）、推动刑法立法完善的功能、促进刑法学理论知识体系化发展的功能等多项功能；从狭义看，刑法解释的功能是指刑法解释的诠释学功能，即确证刑法解释结论的合法性、合理性、合目的性以及整体有效性的功能。[①] 因此，刑法解释限度的诠释学功能，应当在“存在论、认识论和方法论相统一的解释学”[②]、整全论功能主义刑法解释学[③]的意义上，基于合法限度论立场来限定：刑法解释限度的诠释学功能，在具体层面上是指刑法解释的诠释学功能中的确证（限定）刑法解释结论的合法性功能，但是，刑法解释限度的诠释学功能不包括确证（限定）刑法解释结论合理性、合目的性以及整体有效性的功能。因此，刑法解释限度的诠释学功能是一种有限功能（仅具有限定刑法解释结论合法性的功能），而不是超级功能（而不具有限定刑法解释结论合理性和合目的性等优化价值的功能）。

刑法解释限度的有限功能是由刑法文义解释的根本特点和有限功能所决定的。文义解释的根本特点，是根据语言学知识（如语用学理论等）来阐释刑法文本规定的具体含义，而不是根据语言学知识以外的其他因素来阐释刑法文本规定的具体含义。因此，所有那些根据语言学知识来阐释刑法文本规定的具体含义的方法。例如，根据语法、字面含义、语用学理论等来解释刑法的方法，即语法解释、字面解释、语用解释，都属于文义解释范畴；所有根据语言学知识以外的其他因素来阐释刑法文本规定具体

---

① 参见魏东：《刑法解释学的功能主义范式与学科定位》，载《现代法学》2021 年第 5 期。
② 何卫平：《西方解释学的第三次转向——从哈贝马斯到利科》，载《中国社会科学》2019 年第 6 期。
③ 参见魏东：《刑法解释学的功能主义范式与学科定位》，载《现代法学》2021 年第 5 期。

含义的方法,都不是文义解释。刑法文义解释仅具有限定和确证刑法解释结论合法性范围(合法空间)的有限功能,但是不具有证成合理性和合目的性的超级功能,这是理解刑法解释限度的诠释学功能的重要根据。文义解释所具有的限定并确证法律解释结论的合法性这一功能(合法性限定功能、合法空间限定功能),尽管是有限的功能,但是又是非常重要、非常关键、最为基础的功能,其具体限定了其他法律解释方法所得出的解释结论的合法空间,超出文义解释结论合法空间的任何解释结论都不具有合法性,正是在这个意义上可以说"文义是法律解释的开始,也是法律解释的终点",①可能的文义显示出文义解释方法的范围功能,划出了法律解释活动的最大回旋余地。② 由于文义解释所具有的合法性限定功能(合法空间限定功能),不能代替论理解释和法社会学解释所具有的优化价值解释功能,因此,在文义解释的基础上,通常还需要进一步展开论理解释和法社会学解释,以周全确证解释结论的合法性、合理性和合目的性。

但是,理论界对于文义解释的有限功能存在误解,错误地认为文义解释具有"决定""优位选择""解释循环"等功能,进而导致对文义解释限度的有限功能存在不正确的看法。

例如,我国有的学者认为,文义解释的功能是确定文本的字面含义、可能文义范围并"决定是否可以运用其他狭义的法律解释方法",即"如果文义解释的结果是,其核心文义和边缘文义是明晰的,对于核心文义也是没有争议的,就不需要运用其他方法进行解释"。"而对于边缘文义,文义解释往往难以胜任,就必须运用论理解释和法社会学解释方法。对于该区域发生的争议,法官必须借助其他解释方法来解释。"③很明显,这种观点将文义解释的限定功能进一步阐释为"决定功能",即认为文义解释具有"决定是否可以运用其他狭义的法律解释方法"的功能,应当说这种观点不符合刑法解释方法确证功能体系化(命题)④的基本原理。

再如,有观点认为,文义解释可以通过其自身的解释努力获得解释结论有效性,有的学者将这种论断称为"优位性"或者"优位选择",只有在这种解释努力仍然无法获得令人信服的"唯一结论"时才需要进入下一步的"次位选择"解释、继续解释(如体系解释和目的解释等)。王政勋教授指出:刑法解释包括语义解释和语用解释两个步骤,即先进行语义解释,再进行语用解释。语义解释是在刑法文本的范围内考察刑法用语的可能意义、静态意义,语用解释是在此范围内通过对语境因素的应用,将刑法用语的意义落到实处,得到刑法用语的现实意义、动态意义,因此,刑法解释是语义解释

---

① 参见王泽鉴:《民法概要》,中国政法大学出版社2003年版,第19页。
② 参见黄茂荣:《法学方法与现代民法》(第5版),法律出版社2007年版,第340页。
③ 王利明:《法律解释学导论——以民法为视角》(第2版),法律出版社2017年版,第242-244页。
④ 参见魏东:《刑法解释方法体系化及其确证功能》,载《法制与社会发展》2021年第6期。

和语用解释的结合,结合的方式是解释论循环。[1] 实质上,王政勋教授赋予了文义解释超强的诠释学功能,尤其是法社会学解释功能(法社会学解释结论合目的性的确证功能)。对此,陈兴良教授指出:“根据王政勋的理解,语用解释……不同于语义解释……语用解释的功能已经在一定程度上超出了单纯的语言分析的境界,而与语言的外部环境紧密地联系在一起了。这个意义上的语言学,应该是一种语言社会学。”[2]依笔者理解,语用解释在本原意义上仍然属于文义解释范畴,即语用学的文义解释,它采用语用意义说标准来限定刑法文义解释限度,有利于确保文义解释合法性空间范围不至于被不当缩小,仅此而已;至于文义解释结论中哪些结论内容合理、哪些结论内容不合理的问题,这些问题属于价值优化问题,在基本功能上不能归属于文义解释,而应归属于论理解释和法社会学解释(以限定和确证优化价值)。在此意义上,语言社会学意义上的语用解释中已经融入了法社会学解释的因素,但是在逻辑上必须区分:语言学和语用解释仅能归属于文义解释合法性范畴,在文义解释合法性范围内再进一步运用社会学(以及语言社会学)的原理来限定、确证解释结论合目的性等优化价值,后者应归属于法社会学解释合目的性这一价值优化范畴,二者分别归属于不同的诠释学范畴,不可混淆。

又如,有学者认为,文理解释是刑法解释的优位选择,论理解释是刑法解释的次位选择,后者只有在前者不能得出唯一结论时才具有适用的可能性,即证成文理解释结论正当性的功能;马某案的争点是利用未公开信息交易罪法定刑的解释问题,根据不同的文理解释方法将得出部分援引和全部援引两种截然不同的解释结论,通过体系解释、目的解释的校验,可以印证全部援引这一解释结论具有正当性。[3] 这里出现了无法令人清晰理解的逻辑:一方面强调文义解释是“优位性”或者“优位选择”的解释方法(及其解释结论),另一方面又强调需要“次位选择”解释来化解矛盾并最终解决问题,那么,到底如何理解“优位选择”与“次位选择”的逻辑关系?难道真的是“优位选择”反而被“次位选择”所最终决定吗?对此问题,笔者的看法是:需要从刑法解释方法确证功能体系化命题来正确阐释,刑法解释方法(群)内部各种解释方法之间的关系不能简单地认为是位阶关系,而是功能性整合关系,文义解释合法性通过解释限度论以确定解释结论合法性范围(合法空间)问题,它以多样性(多样性合法性)为特征,虽然不能说文义解释结论“越多越好”,但是应当承认文义解释结论“应有尽有”才好;论理解释合理性和法社会学解释合目的性则通过价值优化论确定解释结论“合法性可包容的优化价值”问题。在刑法解释方法确证功能体系化命题中,只有文义解释才存在解释限度问题,因为它需要确定解释结论合法性范围(合法空间);而论理解释是

---

① 参见王政勋:《刑法解释的语言论研究》,商务印书馆 2016 年版,第 28 – 59 页。

② 王政勋:《刑法解释的语言论研究》,商务印书馆 2016 年版,序第 5 页。

③ 参见叶良芳、申屠晓莉:《论理解释对文理解释的校验功能——“两高”指导性案例马乐利用未公开信息交易案评释》,载《中国刑事法杂志》2018 年第 1 期。

不存在解释限度问题的,因为不能说合理性不能超过某种限度,也不能说合目的性不能超过某种限度。即使在某种特定语境下出现了合理性和合目的性“限度”这种说法,这时的“限度”实质上仍然只能指涉“合法性限度”(合法空间),即合理性和合目的性作为优化价值只能是越优化越好,但是不能超出文义解释“合法性限度”(合法空间),所谓的“解释限度”最终仍然回归于文义解释限度,即文义解释“合法性限度”、合法空间。可见,刑法解释限度的诠释学功能,只能是确证刑法解释结论合法性范围(合法空间),只能解决合法性(限度),而不具有解决合理性和合目的性(价值优化)的功能。

(二)刑法解释限度的诠释学功能层级性

刑法解释限度本来是针对文义解释(方法和结论)的合法性而言的,在本原意义上只有文义解释才存在解释限度问题。但是,由于主观解释与客观解释、实质解释与功能主义刑法解释等其他解释方法(与结论)都必须以文义解释的合法性为基础,只有在具有合法性这一基础价值之上的刑法解释结论才可能具有有效性。因此,刑法解释限度的限定功能可以细分为直接限定功能与间接限定功能两个层级:直接限定功能,是指刑法解释限度所具有的直接限定刑法解释结论合法性的功能;间接限定功能,是指刑法解释限度所具有的间接地限定刑法解释结论整体有效性的功能,即通过直接限定刑法解释结论合法性而间接地限定刑法解释结论整体有效性,因为缺失合法性的解释结论(即使存在合理性和合目的性)当然就不具有整体有效性。由此可见,从逻辑周全性看,刑法解释限度的诠释学功能,既可以是刑法解释限度所具有的直接限定刑法解释结论合法性的诠释学功能,也可以是刑法解释限度间接地限定刑法解释结论整体有效性的功能。

结　语

综上,作为刑法解释学重要范畴(理论)的刑法解释限度的法理阐释和理论构建,需要在基本立场上从刑法解释限度的价值优化论回归合法限度论,明确刑法解释限度所欲解决的主要问题是刑法解释合法性(底线价值)问题,而不解决合理性与合目的性等价值优化的问题。在基本路径上依次展开对刑法解释限度的实质内涵、判断标准、诠释学功能及其关系论等诸方面的深入研究和法理论证,才能真正实现刑法解释限度的理论归正和理论体系化。

刑法解释限度的判断标准,应当坚持“语用意义的国民预测可能性说”,既要确保文义解释合法性空间范围不至于被不当缩小,又要确保刑法解释结论合法性(合法底线和合法空间)不至于被无限扩大。刑法解释限度的诠释学功能,是指刑法解释限度在诠释学上所具有的限定刑法解释合法性的功能,其特点是有限性和层级性。应当明确刑法解释限度论的有限使命,刑法解释限度的诠释学功能中并不具有限定和确证刑法解释结论的合理性和合目的性等价值优化的功能。

刑法解释的限度之法理

田馨睿[*]

【内容摘要】刑法解释的限度是刑法解释结论应当具有的合理性与合规范性的程度或范围。刑法解释限度具有严格性、保守性、合规范性、质与量的统一性、目的性、结果导向性等特质，因此，刑法解释限度应当成为刑法解释学中一个单独的课题并为刑法解释学理论研究提供指引和方向。

【关键词】刑法解释限度　合理性　合规范性

一、刑法解释的限度的研究意义

对刑法解释的研究涉及方方面面，包括解释立场、解释目标、解释方法、哲学诠释学与方法论解释学等。但不管研究的方向为何，研究的核心问题总是在罪刑法定之下寻找刑法解释的边界，[①]这个边界就涉及刑法解释的限度问题。

（一）理论意义

法律解释的限度在哪里？法学家把法律适用的方法分为法律解释、漏洞补充、价值补充几个层面。[②] 法律解释是对法律条文意义不明确的地方予以释明，或者挖掘出被条文字面意思所掩盖的真实意思。而漏洞补充、价值补充等属于法律续造，是对于法律条文没有规定的事项，采取以法律原则、法的价值或者比照最相类似的条款予以适用的法律适用方法。对于漏洞补充、价值补充等法律续造方法，法学界一直对其是持审慎态度的。丹宁勋爵认为，法官应当做的事情是把编织物上面的褶皱熨平而不是改变法律编织物的编织材料。[③] 这是对这个问题的形象说法。然而，法律解释和价值补充等法律续造之间的区别并不像物理反应和化学反应之间的区别一样有严格的科学标准。即便在“把褶皱熨平”的过程中，高温与编织物之间的相互作用难免也会或多或少起到一定的改变其化学属性的作用。因此，问题分为两个层面：第一层面是法

---

* 田馨睿，法学博士，四川省成都市青羊区人民检察院党组成员、副检察长、三级高级检察官。

① 参见陈兴良：《形式解释论的再宣示》，载《中国法学》2010 年第 4 期。

② 漏洞补充、价值补充也被称为法律内的法的续造、超越法律的法的续造。参见[德]卡尔·拉伦茨：《法学方法论》，陈爱娥译，商务印书馆 2003 年版，第 246 页。

③ 参见[英]丹宁勋爵：《法律的训诫》，杨百揆等译，群众出版社 1985 年版，第 10 页。

律适用方法是否允许法律解释之外的法律续造方法,第二层面是法律解释与法律续造之间如何区分。当然,两个问题都可以在"法律解释的限度"之下进行研究。

在法理学领域,这是一个更为复杂的问题,因为不同部门法的情况不一样。而将问题限定于刑法后,"刑法解释的限度"则要特殊一些。首先,刑法适用不能采取法律续造方法,因为罪刑法定原则排斥类推适用。所以"刑法解释的限度"就仅限于刑法解释与刑法续造的区别。然而在刑法中,这个问题又显得比其他领域更为重要。在民法等领域,并不禁止法律解释之外的法律续造方法的运用,然而刑法由于其严厉性和对公民权利的极大影响,无可争议地被认为在方法运用上应当被严格限制的部门法。所以,刑法解释在法律解释诸领域中有其特殊性,笔者会借鉴法律解释学的相关知识谱系,但重点在于研究刑法解释之特殊性,探讨刑法解释的限度问题。

在刑法解释领域,法律创制与解释之间的区别问题被类型化、具体化成为扩大解释的界限、解释与类推的界限等问题。因为在刑法领域,几乎很少有学者会公然主张可以超越罪刑法定原则和法律条文来适用法律。所有在刑法领域有争议的问题,争议的双方都不会宣称自己的理解是脱离法律的,或是在创制法律,而是都认为自己的理解是在刑法解释的范畴之内。然而,扩大解释,多少类推假汝之名行之。长期以来,由于难以确定法律解释和类推之间清晰、具有实际操作意义的区分标准,学界对于刑法禁止类推(或不利于犯罪人的类推)基本原则的坚守有所动摇。此类观点大致有:一是从根本上否认刑法禁止类推原则的存在,认为罪刑法定原则并不必然包含禁止类推的内容。二是从方法论的角度来反对禁止类推,认为类推是法律本身的属性,所有的法律适用都是类推适用,因此法律解释和类推之间不存在区别。三是直接主张刑法可以类推适用。

在绝大多数坚守罪刑法定原则和禁止类推的学者之中,消极的观点也不少见。极端者认为既然扩大解释和类推无法区分,干脆连扩大解释一起禁止。还有的认为对法律解释方法(包括扩大解释、类推)的研究多少年来并无寸进,因此法律解释学应当主要集中到对立场、目标等方面的研究上,而不是具体的解释方法。

上述观点是与我国法治正向着实质化发展、法学向现代化发展的趋势相一致的,然而法治的过度实质化、法学的后现代化并非好事。体现到刑法上,如果连类推都不再禁止,1997年《刑法》最大的成果——确立了罪刑法定原则——将荡然无存。刑法,作为对公民权利影响最大、国家权力行使最强大的法律,将可能彻底沦落为铁血的国家机器之工具。

在这种情况下,研究刑法解释的限度显得非常重要。其一,有助于我们重新审视罪刑法定原则对于刑法的独特意义,以及罪刑法定原则的真实底线在什么地方。其二,有助于我们进一步明确刑法解释与类推的区别。其三,希望获得刑法解释限度较为明确、具体、有可操作性的标准。其四,是对过度实质化理论趋势的反思。

（二）实践意义

我国司法解释对法官的影响无须赘言。如果司法解释的内容涉嫌超过解释限度，不当扩张了刑法条文的处罚范围，将会造成普遍性侵犯人权的风险。对这一点我们可以找到一些例子，如最高人民检察院、公安部将骗取贷款罪"情节严重"的情形之一解释为骗取贷款金额100万元以上①，使一些地方银行、公安机关将此罪作为追索贷款的便利手段，甚至作为追究企业"原罪"的工具；又如最高人民法院司法解释将吸收资金用于生产经营的情形也解释为非法吸收存款，将其作为犯罪处理，使部分合理和本应合法的民间融资行为变成了刑法上的非法吸收公众存款罪，受到了不当刑事制裁。②

法官、检察官适用刑法时，如果滥用刑法解释，将会导致刑罚权界限的不当扩张，而使罪刑法定原则形同虚设。除上述由于司法解释具有类推嫌疑所造成的不妥当案件外，由法官、检察官个体在解释刑法时超过解释限度适用法律所造成的不妥当判决也屡见不鲜。肖某灵投放虚假炭疽病菌案即是示例。目前我国司法的指导思想或者说政策要求是实质法治，以"三个效果"相统一、案结事了等作为执法办案效果、执法者执法水平高低的标准，是实质法治的直接体现，而实质化在我国自古以来也是占据主流意识形态的思维方式。这种强大的传统、"前见"和目前的政策导向导致法官、检察官在行权过程中有强烈的实质化倾向。具体到刑法解释上，一是遇到具有相当社会危害性的案件，就有强烈的脱离罪刑法定原则的惩罚冲动；二是遇到老百姓反映强烈、媒体关注、领导重视的案件，就有能动司法的倾向；三是遇到政治、大局与法律有出入，就有更倾向于政治、大局的欲望；四是遇到采用法律解释可能导致罪刑不相适应、处理结果不具有妥当性的案件，就有采用非法律解释方法来适用法律的想法。而这种种意志最终可能体现在了判决的法律适用结论上。

研究刑法解释的限度，最根本的目的在于服务实践、指导实践，为实践中解释者在适用刑法时划清解释的边界、给定一个明确具体的标准。

二、刑法解释的限度的研究范围

在分析刑法解释限度的内涵之前，还有一个必要的前提，那就是刑法解释限度所涉及的研究范围。从下文的分析将会看出，刑法解释限度之研究范围的宽窄直接决定着对刑法解释限度概念的界定。

（一）关于刑法解释限度研究范围的两种观点综述

关于刑法解释限度的研究范围，存在两种不同的观点。一种观点认为刑法解释的

---

① 参见最高人民检察院、公安部《关于公安机关管辖的刑事案件立案追诉标准的规定（二）》。

② 参见最高人民法院《关于审理非法集资刑事案件具体应用法律若干问题的解释》。

限度就是解释与类推或扩张解释与类推(两个命题没有实质区别)之间的界限。另一种观点认为,刑法解释的限度既包括解释与类推之间的界限,也包括合理的扩张解释与不合理的扩张解释之间的界分,换言之,解释内部的合理性问题同样也是刑法解释的限度问题。

纵览关于刑法解释限度的专著、论文以及其他刑法解释学论著当中对刑法解释限度的论述,多数集中在对解释与类推的界限命题上,具体是围绕着刑法扩张解释与类推解释区分标准的研究。这些论文基本上是在解释与类推的区别意义上来看待刑法解释限度的问题,换言之,该观点认为,解释与类推的区别就是刑法解释的限度。这也是本文在引言部分搜索资料发现的问题——刑法解释限度研究少而解释与类推区别研究多——的原因所在,即并非完全忽视对“刑法解释限度”的研究,而是以“解释与类推的区分”取代了相当一部分“刑法解释限度”的名称,成为隐性的“刑法解释限度”研究。

与上述传统观点或者主流观点相对,也有一部分学者意识到,刑法解释的限度问题不仅仅是解释与类推的区分,还包括了解释内部的限度问题。龚振军博士认为,要区分“限度”与“边界”,“限度”之“限”是边界的意思,而“度”是程度的意思,即限度既包括了解释与类推的边界,还包括了解释的程度。① 如果将解释与类推的区分认为是刑法解释限度中的“限”,则刑法解释内部还存在一个“度”。换言之,刑法解释与类推的界限是解释限度中本质性的分野,而刑法解释内部的程度问题是刑法解释限度中量的变化。随着研究的深入,越来越多的学者将刑法解释内部的程度问题纳入刑法解释限度课题中。如有学者认为:刑法的价值体现为确定性(安定性)与公正性(处罚必要性),刑法解释的限度就是要在明确性与妥当性之间实现均衡。② 虽然该学者仍然认为“扩张解释与类推解释的区分标准就是刑法解释界限的设定标准”,但“明确性、妥当性”两个元素似乎不能完全被扩张解释与类推解释的区分所涵盖。“被允许的扩张解释”相对的并非一定是“被禁止的类推解释”,也可能是“被禁止的扩张解释”。于是,这三个概念——被禁止的类推解释、被禁止的扩张解释、被允许的扩张解释——之间就建立起了一种分层次的、阶梯状的刑法解释限度的状态。“被禁止的类推解释”是因违反了明确性原则而超越限度;“被禁止的扩张解释”是因违反了妥当性原则而超越限度。刘志远教授也认为,应当在刑法解释限度中区分合理的扩张解释与不合理的扩张解释,不合理的扩张解释如同类推一样,都是违反了刑法规范的基本规则与要求,都是超出刑法解释限度不能接受的解释。③ 张明楷教授认为,刑法解释不仅是要

① 参见龚振军:《刑法解释限度理论之关系论纲》,载《法制与社会发展》2011年第4期。

② 参见王充:《明确性与妥当性之间——论刑法解释界限的设定标准》,载《社会科学研究》2012年第1期。

③ 参见刘志远:《刑法解释的限度——合理的扩大解释与类推解释的区分》,载《国家检察官学院学报》2002年第5期。

禁止类推，还要禁止一切违反民主主义、违反预测可能性的不合理解释，[①]也是在"合法+合理"两个层次上来论述这一问题。

(二)笔者的观点及理由

笔者赞同第二种观点，即刑法解释的限度既包括解释与类推之间的界限，也包括合理的扩张解释与不合理的扩张解释之间的界分。理由主要有以下几个方面。

1. 司法实践中涉及刑法解释限度的案件不仅限于类推解释的问题，还包括解释合理性的问题。

【案例】赵某华案。[②] 被告人赵某华于2016年8月至10月，在天津市某地摆设射击摊位，被公安机关查获并经鉴定有6支枪支。一审法院以非法持有枪支罪判处赵某华有期徒刑3年6个月。二审法院经过审查认为，赵某华所持有的枪形物系枪支，且具有主观故意，构成犯罪无疑，但鉴于其主观恶性小，社会危害性小，具有认罪悔罪态度等，改判其有期徒刑3年，缓刑3年。

该案涉及的问题是司法机关将公安部制定的枪支标准作为解释枪支的依据，而案件暴露出该枪支标准是否合理的问题，或者说法官径行以公安部制定的标准和鉴定意见作为解释何为枪支的依据，这种做法是否正确、妥当的问题。这里并不涉及类推的问题，而是如何合理解释法律的问题，但是仍然属于刑法解释的限度问题。

2. 类推与解释并非一定能够完全区分，按照类推与扩张解释本质相同只是程度不同的观点，扩张解释的合理性问题和扩张解释与类推的区别问题是同一个问题；即使认为二者是两个不同的问题，但在很多方面仍然具有很多的相似性。因此，扩张解释合理性的研究也涉及刑法解释限度问题。刑法解释与类推是否能够明确区分，一直以来都是存在争议的问题。传统观点认为，刑法解释和类推是完全不同的，解释是对法律本来含义的释明，而类推则是对没有法律规定的事项进行"比照最相类似"的规定适用，属于超解释的"造法"。但传统观点还需要深入分析。

首先，从概念上来看。刑法解释的概念是清晰的，而扩张解释属于刑法解释当中的一种，属于法律解释的范畴。类推的概念则不那么清晰。至少从称谓上就存在类推(适用)、类推解释、类推方法等。总体上讲，学者对类推(解释)的定义有：类推是通过类比推理，援引最相类似的条文对刑法分则中没有明文规定的事项加以解释的一种方法；[③]运用类推的方法，超出法律条文规定原有意义的范围使该条文能适用于相类似的事物或事项；[④]以刑法中最相类似的事项对法律规定不明确或法律无明文规定之事

① 参见张明楷：《罪刑法定与刑法解释》，北京大学出版社2009年版，第62页。
② 案例援引自(2017)津01刑终41号判决书。
③ 参见利子平：《试论刑法中之类推与扩张解释》，载《南昌大学学报(人文社会科学版)》1988年第3期。
④ 参见何秉松等：《刑法教程》，法律出版社1987年版，第16页。

项进行解释的方法;[①]对原法律条文所涉语言的日常含义所不能包含的意思而仍然适用该法条的方法;[②]将法律规定适用于某一具体事实的条件是该事实与法律规定之间"基本相似";[③]对法律无明文规定的事项,参照最相类似的法律规定并且超出该规定原意范围的适用方式。[④]

上述种种,概括起来,分歧点主要在于:一是多数定义认为类推(解释)的对象为"法律条文无明确规定的事项",少数定义包括"不明确的事项"或者不定义对象;二是关于"类推"一词的含义,有"类比推理""比照最相类似""超出语言含义(法条原意或语言普通意思)"等。如果依照"法律条文无明确规定的事项"来定义类推的对象,则类推与解释是泾渭分明的;如果依照"不明确的事项"来定义类推对象,解释也是针对不明确的事项,因此就无法明确区分。而类推的具体方法,如果以"类比推理""比照最相类似"来定义,也是不能明确区分类推与解释的,因为类比推理方法本身就是三段论法律逻辑方法的内在运行方式,将事实与法律结合在一起,也是对法律和事实的一种相互"比照",法律解释同样离不开类比推理等方法;如果以"超出语言含义"来定义,则较为明确的能够区分类推与解释,因为解释的限度一般被认为是语言含义。由此可见,从类推的定义上,就不一定能够明确将其和解释区分开。

其次,退一步讲,即使将类推定义为能够完全与解释区分开的"对法律条文无明确规定的事项,采取超出法条可能的语言含义所作出的解释",实际上是否真能够明确区分二者,仍然存疑。(1)由于语言本身的多义性、复杂性,难以真正区分解释和类推。如劳东燕教授认为,由于词语本身没有表明其意义范围的警戒线,使扩张解释和类推解释之间不存在质的区别。[⑤] (2)法律的内在逻辑包含了类推思维方式。最基本的法律方法"三段论":从大前提法律、小前提事实出发推论出法律适用结果的过程本就是类推的过程。有观点认为,在至少三个方面,法律都带有类推的性质:一是法律解释从法律、事实到结论的过程是类推。二是法律拟制是一种类推。其实法律拟制是一种立法的方法,言下之意,立法过程包含了类推。三是兜底条款的适用是类推。刑法中的"其他""等"在一些条款中意味着类推。[⑥] 由此看来,类推在法律中无处不在。既然上述种种都是类推或都包含类推,并且都是法律中被允许的法律行为方式,特别是法律解释过程也被认为是类推,那就更加难以区分法律解释与类推了。(3)认为区分法律解释与类推只是具有宣誓意义。考夫曼认为,法律适用与法律发现并没有本质上

① 参见王勇:《定罪导论》,中国人民大学出版社1990年版,第201页。

② 参见何秉松主编:《刑法教科书》,中国法制出版社1993年版,第41页。

③ 参见张明楷:《刑法学》,法律出版社2016年版,第51页;黎宏:《"禁止类推解释"之质疑》,载《法学评论》2008年第5期。

④ 参见薛瑞麟:《论刑法中的类推解释》,载《中国法学》1995年第3期。

⑤ 参见劳东燕:《罪刑法定的明确性困境及其出路》,载《法学研究》2004年第6期。

⑥ 参见王凯石:《刑法适用解释研究》,西南政法大学2006年博士学位论文,第89页。

的不同,而只是法律扩张程度有所区别。“否认类推比类推本身更危险。”[①]罗克辛认为,区别解释与类推仅仅是术语运用上的区别,而实际上二者并不存在实质上的区别,与其从术语上来区别解释与类推,还不如以“允许和不允许的解释”来讨论问题。[②] 吴丙新教授认为,禁止类推只是口号式的“乌托邦”,是防止国家权力滥用的思想在法律当中的表达方式。实际上,从法律修辞理论来看,类推具有强大的功能,并且具有实质上的正义性与合理性。[③]

相反,也有学者反对将类推解释和类推思维、法律解释与类推相混淆。陈金钊教授认为,类推与解释不同而是与法律推理相关。解释是当法律条文出现意义不明确情况时对其意义予以阐明的方法;法律推理则是如“三段论”式的直接适用法律的方法;类推是法律推理的一种而非法律解释。[④] 陈兴良教授认为,刑法解释中的类比解释不同于类推解释,二者的不同之处在于类型化的程度高低,类比解释的类型化程度高而类推解释的类型化程度低。相应地,前者能够涵摄于法条的文义之中而后者不能。类比解释是强类似,类推推理是弱类似,类比推理是能够以“涵摄”的方式进行推理的刑法解释方法,而类推推理是对法律无明文规定的事项比照最相类似条款处理的法律适用方式。[⑤] 上两位学者的观点具有一定的差别。陈金钊教授认为解释仅仅是阐明文义,即从法律到法律,而类推是“涵摄”的法律适用方法。陈兴良教授认为,解释是两事物之间“强类似”因此能够“涵摄”,而类推是两事物之间“弱类似”而不能“涵摄”。笔者认为,在理念上应当采用陈金钊教授的观点:类推和解释本质上不同。但在涉及具体问题时不得不考虑陈兴良教授的程度区分理论,否则难以得出妥当结论。但从总体上讲,类推不是解释,类推应当就叫作类推或类推适用,而不能叫作类推解释。

进一步讲,解释与类推是否存在本质区别,成为允许或禁止类推观点的重要理论依据。允许类推的观点认为,既然法律解释也是“三段论”或“涵摄”,类推也是如此,当然应当允许类推。此外,类推或解释只是法律扩张程度的区分,所以类推也是可以被允许的。但是笔者认为,罪刑法定原则是刑法的基石,必须严格坚守,因此在理念上要明确区分开解释与类推。解释的前提“法条含义不清”,类推的前提“法条没有规定”两者本质是不同的;解释的类似性“强相似”,类推的类似性“弱相似”,虽然看似量的差别,但由量的差别导致本质的区别,正是成为解释与类推本质不同的原因。

虽然笔者认同类推与解释应该并且能够区分的观点,但是这种争议始终是存在

---

① [德]阿图尔·考夫曼:《法律哲学》,刘幸义等译,法律出版社 2011 年版,第 77、108 页。

② 参见[德]克劳斯·罗克辛:《德国刑法学总论》,王世洲译,法律出版社 2005 年版,第 109 页。

③ 参见吴丙新:《修正的刑法解释理论》,山东人民出版社 2007 年版,第 275 – 276 页。

④ 参见陈金钊:《法律解释及其基本特征》,载《法律科学(西北政法学院学报)》2000 年第 6 期。

⑤ 参见陈兴良:《刑法教义学方法论》,载梁根林主编:《刑法方法论》,北京大学出版社 2006 年版,第 17 – 19 页。

的,并且解释的类似性是“强相似”、类推的相似性是“弱相似”的看法具体到案件当中必然会发生边界上的争议问题。因此,不管理论还是实践,由于类推与解释界限的不明晰,如果仅仅以解释和类推的区分来作为刑法解释限度的内涵和外延,刑法解释限度的研究往往会陷入无的放矢的尴尬境地。因为实际司法解释中或具体案件的适用中,虽然不乏较为明显的类推例子,但是这些例子中的解释者都认为自己的解释是在罪刑法定原则范围之内,不是类推。以是否属于类推来讨论问题,永远都会呈现一种公说公有理婆说婆有理自说自话的状况,正如有的支持类推的学者所言,我们尽管排斥、禁止类推解释,却允许另一种与其没有多大差别的扩张解释。① 解决这个问题的一个很好的途径就是将两个问题——解释与类推的区别和(扩张)解释的合理性——都纳入一个语境,即都在刑法解释限度的框架下探讨,刑法解释的限度标准将两个问题都纳入,形成形式实质相结合、分层次分阶段的综合标准,一举解决问题。

3. 从我国刑法规范的语境来看,有的刑法规范的适用方式可能只存在扩张解释而不存在类推。我国刑法中存在大量的兜底条款,如“其他”“等”。这些兜底条款的适用,或者将一些罪状情形纳入兜底条款中的刑法解释,难以被认为是类推,只能被认为是(扩张)解释。因为兜底条款本来就需要解释,其一般是在前款项列举情形之外的其他情况,任何一次适用兜底条款或者对兜底条款的解释,虽然在事理上、实质上可能属于类推,但是在逻辑上、规范上不可能属于类推,因为其完全没有超越法条的语言含义——对“其他”的解释。平野龙一也持同样的观点,认为刑法领域大量存在不管采用哪一种解释都不违反罪刑法定原则的情形。② 以以危险方法危害公共安全罪为例,该罪虽然是独立罪名,但是从法条表述来看是与放火、决水等罪并列,理论上属于放火等罪的兜底罪名。在学理上认定“其他危险方法”,通说认为是在危害程度上与放火等行为相当的“其他危险方法”。如果进一步区分危害程度,与放火等行为程度相当的行为作为其他危险方法应当属于平义解释,危害程度高于放火等行为的应当属于当然解释,这两种解释没有异议。问题是,危害程度低于放火等行为的其他行为如果被解释为其他危险方法,是扩大解释还是类推?

这里我们可以借鉴学者对当然解释的逻辑分析。当然解释包括事理上的当然和逻辑上的当然。逻辑当然在教义解释中有三个落脚点:③其一,待解释事项在刑法规范中有明确的落脚点。如“其他危险方法”。其二,待解释事项在刑法规范中有落脚点,但落脚点不明确。如对于已满14周岁不满16周岁的未成年人抢劫枪支的行为应如何定性的问题。其三,待解释事项在刑法规范中没有落脚点。如非法制造大炮的行

① 参见黎宏:《“禁止类推解释”之质疑》,载《法学评论》2008年第5期。

② 参见[日]平野龙一、黎宏:《刑法解释中的判例与学说》,载《国家检察官学院学报》2015年第1期。

③ 参见李翔:《论我国刑法中的当然解释及其限度》,载《法学》2014年第5期。

为虽然比非法制造枪支的行为性质更为恶劣、危害性更大,但《刑法》第125条非法制造枪支罪中并没有非法制造大炮行为的落脚点。对有逻辑落脚点的是当然解释,没有逻辑落脚点的因缺乏逻辑上的当然,属于类推。因此,类推的判断也可以从事理和逻辑两个方面来看问题。虽然事理上某一行为的危害程度可能完全与放火等行为不相当,甚至差得很远,但从逻辑落脚点的判断来看,由于有"其他"等兜底条款的存在,解释都是存在逻辑上的落脚点,因此就很难说有类推存在的空间。即使以通说认为的"与放火等危害程度相当的其他危险方法"作为解释的边界,认为"危害程度达不到放火程度"的行为不属于"其他危险方法",已经不是解释而是类推,但是由于这里的"危害性程度"评价性成分太高,仍然难以确定解释与类推的边界,并且一概剥夺了危害程度略小于放火的行为以合理的扩张解释进行法律适用的空间。

退一步讲,如果说以危险方法危害公共安全罪中的危险方法还有危险程度高低的区别,其他有些罪名当中的"其他"就更难以进行定性与定量评价。如非法经营罪中第四款"其他非法经营行为"。从前三款的列举来看,分别为非法经营许可、限制买卖物品、许可证等证明文件、金融相关业务。将三种性质差异较大、程度无法类比的经营行为放在一起,结果就是难以从这三种类型中抽象出普遍性的概念和核心特征。进一步可能导致的结果就是理论上只要满足形式逻辑上的"违反国家规定"都可以构成第4款其他非法经营行为。而联系其他法律、行政法规的规定,我们发现,采取在法律、行政法规中专门以一条规定"违反本法规定,涉嫌犯罪的依法追究刑事责任"的兜底式立法例越来越多。这样会导致海量的行为都可能适用《刑法》第225条第4项的兜底条款以犯罪论处。如果都这样处理,显然是不合适的,但这种"不合适"难以被认为是类推,只能属于"不合理的刑法解释"。但这种问题,仍然属于刑法解释限度需要研究的内容。

4. 解释或扩张解释与类推的区别遗漏了限制解释、当然解释等问题,与刑法解释限度命题相比逻辑上不周延。很多对刑法解释限度的研究局限于解释与类推的区别,而解释与类推的区别又往往被等同于扩张解释与类推的区别。但需要注意的是,限制解释是与扩张解释刚好相反的解释方法,但限制解释难道就真的不存在类推的疑问吗？答案是否定的,限制解释也是一种扩张,是一种"反面扩张"。[①] 在赋予被告人权利、出罪或罪轻条件的场合,如果采取限制解释,同样会出现类推的疑问。例如,对于自首问题,《刑法》规定的自首条件之一是"如实供述自己的罪行";在在押犯罪嫌疑人、被告人及服刑犯的场合,规定的是"如实供述司法机关还未掌握的本人其他罪行"。而最高人民法院对此进行了限制解释,将在押犯如实供述的罪行限制解释为

---

① 参见[德]阿图尔·考夫曼:《法律哲学》,刘幸义等译,法律出版社2011年版,第77页。

"与司法机关已掌握的或者判决确定的罪行属不同种罪行"。[①] 该解释将法律规定的"罪行"解释为"不同种罪行",将"同种罪行"明确排除在"罪行"之外,属于典型的限制解释,并且这种限制解释导致的结果就是使被告人本应认定的自首被不予认定,从而加重了其罪责。这种限制解释是否是一种变相的类推适用从而使被告人被剥夺权利呢?但限制解释与类推的关系问题是传统解释与类推研究未涉足的领域。当然解释也存在同样的问题,类推可能会以当然解释的名义出现,然而却是"想当然"。因此,刑法解释的限度命题可以涵盖上述相关问题,是一个比"解释与类推的界限"内涵更丰富、外延更广阔的课题。

综上所述,"解释与类推的界限""刑法解释的限度"两个命题并非完全等同。类推当然是讨论限度问题时永远绕不开的课题。但是在不涉及类推的情况下,限于解释范围之内,仍然存在限度问题。这些类推之外的限度问题具体体现在:是否允许扩张解释和限缩解释、扩张(限制)解释是否需要区分为合理的扩张(限制)解释和不合理的扩张(限制)解释、文义"射程"之内的解释是否仍然存在限度问题等。因此,刑法解释限度这一课题的研究范围既包含了刑法解释与类推的界限,也包含了刑法解释的合理性。

三、刑法解释的限度的理论渊薮

刑法解释的限度虽然是刑法学中的一个小问题,但是由于其涉及法律解释和法律的保守性或创造性两个非常重要的法理学基础问题,其理论渊源非常久远。我们可以从法制发展的历史中找寻到其理论渊源。"一部西方法学史,就是一部法律解释史。"[②]这种理论渊源对于我们正确理解、研究刑法解释的限度具有非常重要的意义。

(一)中外法中有关刑法解释限度思想的考证

1. 西方

概言之,一部中西方法律解释史就是从严格解释到自由解释再到严格解释再到自由解释的历史。[③] 任何问题"向一端进行必然蕴含着向另一端进行的因素,而向一端进行的极致就意味着向另一端进行的开始,刑法解释就是在这样地来回思辨中扬弃提升,并找到它的界限"。[④]

(1)古希腊、罗马时期

据学者考证,古希腊时期出现了法律解释思想的萌芽,古罗马时期法律解释学产

① 参见最高人民法院《关于处理自首和立功具体应用法律若干问题的解释》。

② 参见陈金钊等:《法律解释学》,中国政法大学出版社2006年版,第54页。

③ 参见李希慧:《刑法解释论》,中国人民公安大学出版社1995年版,第25页。

④ 徐育安:《刑法上类推禁止之生与死》,台北,春风煦日论坛1998年版,第279页。

生。① 古希腊法律解释思想可以概括为以下三点:②第一,在法的起源时期,法的表现形式就是以解释的方式呈现,包括法律话语的垄断者也是阐释者——牧师、祭师、僧侣、占卜官等——对法律的说法。第二,在词源上,解释学源于古希腊神话中上帝的信使赫尔墨斯(hermes),是作为一种实践技艺并带着理解进入解释的,并且与古希腊的修辞学有深厚的渊源,同时解释学也被认为隶属于逻辑学,源于古希腊逻辑学。第三,法律解释思想中关于自由裁量、公平正义等观念也源于柏拉图、亚里士多德等古希腊思想家。柏拉图主张法官应当拥有很大的自由裁量权并不受法典中固定且呆板规则的约束。亚里士多德是研究法律问题最深、最有影响的思想家,其提出了最基本且影响至今的法治的基础理念。包括法治胜于人治、法律体现平等,即对任何人都一样看待等。③ 在法律解释问题上,亚里士多德提出了"衡平法",提出法官本着公平精神解决特殊问题,"用弥补成文法的特别法的缺陷"使纠纷得到合理解决,在已有法律中没有相关规定的时候法官应当根据内心对正义的理解来判定纠纷的性质和寻找解决办法。④ 亚里士多德的这种法律解释学的思想既影响了之后所有的法律解释学思想,也对英美法系中"衡平法"制度的产生影响。

一般认为,古罗马的法律解释是大陆法系国家法律解释的开端。古罗马自公元前454年颁布其历史上第一部成文法《十二铜表法》开始,开启并经历了"从严格解释到自由解释再到严格解释"的法律解释活动。⑤ 最初,解释者只能就法条做严格的字面意义上的解释,如对"不法砍伐他人树木的,每棵处25盎司的罚金"的规定,但不能将其中的"葡萄蔓"解释为"树木"。公元1世纪前后,罗马帝国皇帝奥古斯都鉴于罗马共和政体后期法律解释向自由发展导致法律适用混乱,损害法的安定性的情况,首创了法律解答权制度。⑥ 自公元242年开始,古罗马裁判官利用"告令"这种途径逐步出现了对法律进行超越字面意义的解释,法学家对法律的解释活动也逐步兴盛起来。古罗马时期法律技术高度发达,法律解释也是如此。对法律解释的研究随着古罗马社会的发展、法制的发展逐步达到顶峰。在查士丁尼时代,罗马帝国制定了当时世界上最伟大的《国法大全》,与此同时法学家研究法律势头兴盛,以至于为了限制学者们对法律的不同解释,维护法律的官方权威,皇帝专门颁布法令将解释法律的权力仅授予"五大法学家"。从皇帝角度所考虑的问题是:法学家包括社会公众如果任意对法典自由解释,有可能损害法典的权威和皇帝的权力,因此明令禁止除上述五大法学家之

---

① 参见陈金钊等:《法律解释学》,中国政法大学出版社2006年版,第54页。

② 参见陈金钊等:《法律解释学》,中国政法大学出版社2006年版,第55-57页。

③ 参见沈宗灵:《现代西方法理学》,北京大学出版社1992年版,第11页。

④ 参见[古希腊]亚里士多德:《修辞学》,罗念生译,三联书店1991年版,第58-60页。

⑤ 参见李希慧:《刑法解释论》,中国人民公安大学出版社1995年版,第25-29页。

⑥ 参见张志铭:《法律解释学》,中国人民大学出版社2015年版,第16页。

外的主体对法典进行解释。① 从这里我们可以看出,法治兴则法律解释兴,然而限制解释的思想同样应运而生。对专制主义来说,限制乃至禁止法律解释是有利于其专制统治的,也是专制主义之下对待法律解释的必然态度,虽然禁止解释法律在实际上是不可能的。

从古罗马法律解释学的发展情况来看,法学家阶层特别是“五大法学家”的形成是法律解释学产生的重要标志。五大法学家均归纳或者提出了一些有关法律解释方面的思想、观点和论断。古罗马法学家强调法律解释的拟制和衡平的方法,通过其从看到的法律条文中推理出解释原则,并将这些解释原则运用于其他一些可能适用的、或许会发生的新的事实当中去。② 这种思想,已经具有近现代客观解释论的雏形。纵观古罗马法律解释学发展的历程,几乎可以与整个世界法律解释学发展的大趋势相一致,即从最初法律之始的反对解释、严格解释、文义解释、形式解释到法律、法学繁荣发达之后的自由解释、论理解释、实质解释。焦宝乾教授认为,罗马法对法律解释学的发展具有重要贡献,这种贡献一方面体现在罗马法关注个案中法律的实际运用,而这种实际运用正促进了法律解释学的发展;另一方面罗马法的法律解释从最初古罗马法的文义解释发展到帝政时期的论理解释后,“不拘文字,而侧重法律之精神”,使罗马法通过法律解释的扩张和解释技术的提高,能够适应不断出现的新情况,拥有持久的生命力。③

(2)中世纪

中世纪的欧洲法学是与神学联系在一起的。神学法律思想以托马斯·阿奎那的学说为代表。他将法律分为以下四种:上帝的法律名为永恒法,联结上帝和人的桥梁的法律是自然法,上帝以《圣经》的形式赋予人类的并且用于补充自然法的法律是神法,最后是世俗统治者制定的法律名为人定法。托马斯·阿奎那的神学法律思想赋予了教会法律高于世俗法律的神圣地位,为教会权力的扩张奠定了理论基础,同时将世俗法律也纳入从神到人的整个法律体系之中,也赋予了封建统治神学意义上的合法性。④ 神学法律思想在法律解释上就是对法律规范进行神学上的解释,值得注意的是,传统的法律解释学正是脱胎于神学法律思想,狄尔泰和施莱尔马赫的法律解释学就是源自神学家对《圣经》的注释。神学法律思想中的法律解释显然是限制性的,或者说是专制性的,教会垄断了法律解释权,不允许他人妄加解释。此时的法律解释限度是极其严格的。

同时代随着资本主义的萌芽和发展,与神学相对抗的法律思想也发展起来。注释

① 参见梁慧星:《民法解释学》,中国政法大学出版社1995年版,第15页。

② 参见[英]梅因:《古代法》,沈景一译,商务印书馆1959年版,第20页。

③ 参见陈金钊等:《法律解释学》,中国政法大学出版社2006年版,第57－58页。

④ 参见沈宗灵:《现代西方法理学》,北京大学出版社1992年版,第13页。

法学派和评论法学派的形成,代表着一个新的、代表市民等级利益的职业法学的形成。注释法学派的活动是对查士丁尼的《国法大全》进行注释,评论法学派的活动是使罗马法和实际生活相结合。包括后来由评论法学派基础上发展出的法国人文主义法学派,它们倾向于对罗马法进行自由解释。① 从神学法律思想和这些同时期的法律流派的思想可以看出,它们都对法律解释的权力自觉或不自觉的高度重视,或以神、或以自然法的方式,力图将法律解释的权力牢牢掌控在自己阶层的手中,为各自的利益和目标服务。注释法学派和评论法学派虽然在解释问题上相对于神学法律思想更加自由,但从另一个角度来看,也并非对解释限度问题的宽松。相反,教会往往会打着"神"的名义行专制之实,法律通过解释在其手中任意拿捏,成为统治工具。注释法学派和评论法学派的法律解释活动其实是围绕法律的客观性和确定性,力图将法律作为阶层利益得以平等保护的依据。因此,它们笔下的解释限度名义上更加自由,实质上却更加保守。

(3)文艺复兴时期

随着17、18世纪的启蒙运动和文艺复兴,在法学领域诞生了著名而又影响深远的古典自然法学派,以格劳秀斯、霍布斯、孟德斯鸠、卢梭、贝卡利亚等为代表,他们不仅在政治、权力方面建树颇丰,在法律解释方面也有着重要的见解。

格劳秀斯是古典自然法学派的创始人。他把自然法定义为一种正当理性的命令,即道德上高尚的行为是出于人的本性而做出的合乎理性的行为,而道德上罪恶的行为则是不符合人的本性和理性的行为。② 格劳秀斯指出人具有社会性的本性,因此结成社会。与之相反,霍布斯认为人与人之间是"狼"的关系。但不管如何,由此也衍生出人的自然权利和自然法则,同样成为自然法。但这种自然权利和自然法则,在霍布斯看来,并不是主权者真正意义上的法律,而只是其可遵循或可不遵循的道德上的指南,而主权者做出的命令才是真正意义上的、实际层面的法律。因此,霍布斯是现代实证主义法学和分析法学的先驱。③ 在法律解释方面,霍布斯贯彻其"主权者的命令"思想,认为法官没有解释法律的权力,"法律的解释便取决于主权当局",并且法律解释只能尊重文本原意,只能是"立法者的看法"。④

孟德斯鸠在著名的《论法的精神》中提出了影响西方政体至今的"三权分立"思想,限制权力、防止权力滥用成为孟德斯鸠思想的代名词。在法律解释方面,限制解释

① 参见沈宗灵:《现代西方法理学》,北京大学出版社1992年版,第13页。

② 参见[美]E.博登海默:《法理学:法哲学与法律方法》,邓正来译,中国政法大学出版社2004年版,第44页。

③ 参见[美]E.博登海默:《法理学:法哲学与法律方法》,邓正来译,中国政法大学出版社2004年版,第54页。

④ 参见[英]霍布斯:《利维坦》,黎思复、黎廷弼译,商务印书馆1985年版,第82页。

的随意性同样成为其选择。孟德斯鸠认为法官仅仅是宣布法律的喉舌,仅仅是被动的存在,甚至认为法官的判决仅仅是作为三权分立的宣誓意义上的存在,并不能在立法权之外行使真正的"权力",法官是成文法的奴仆。法官没有独立的思想和自我意志,因此没有权力,可以从国家权力体系中被排除。法官仅仅需要用眼睛看清事实和法律,用嘴巴将书面的法律宣读出来,因此不需要自主意志,只需要像复印机一样对法律进行复写即可。法官不能由其自我意志对制定法加以干预,从而减弱制定法的效力与严格。① 法官在适用法律时,只能以法律文字为依据,否则,法官作出的解释就是有害于公民的财产、荣誉甚至生命。② 而卢梭以《社会契约论》为名论证了其自然法思想。"公意"是卢梭思想的核心,围绕这一核心,在法学领域,卢梭认为法律必须具有一般性,并在其命令所及的范围内,必须对全体人民平等适用。卢梭认为,"人是生而平等的,却又无往不在枷锁之中"。③ 在法律解释领域,法律解释也被比喻为"戴着镣铐跳舞",其源自卢梭的思想。

以贝卡利亚为代表的刑事古典主义法学派更为直接关注法律的具体问题。为了防止刑罚权滥用,他们要求遵守法律的字面含义,禁止对法律做出解释。在贝卡利亚传世经典《论犯罪与刑罚》中,贯穿始终的一个中心思想就是刑事措施的有限性,这种有限性既包括刑事诉讼程序、刑事强制措施、侦查方式的有限性,也包括刑法、刑罚、刑法解释的有限性。在刑法、刑罚的有限性方面,贝卡利亚认为,"超过法律限度的刑罚就不再是一种正义的刑罚"④"被称为正义的刑罚应该是必要的刑罚"⑤"在政治上,为了计量公共利益而确定一些限度是必要的,就像在数学中为了计算数量而需要确定一些限度一样"⑥。在论及刑法解释的限度问题上,贝卡利亚指出,只有立法者才有解释法律的权力,所以刑事法官无权解释刑事法律。"法律的精神需要探询,再没有比这更危险的公理了。采纳这一公理,等于放弃了堤坝,让位给汹涌的歧见。"⑦与贝卡利亚同时代的德国著名刑法学家费尔巴哈同样对刑法解释持极端反对意见,其认为法官不得进行刑法解释,法官的工作仅仅是将案件事实与法律文字进行对比,并且这里的法律文字的意思只能是"严格的、赤裸的",而不能在其中加入法律意义、精神、原则等,"当字义是诅咒时,就诅咒;是赦罪时,就赦罪"。⑧

总之,古典自然法学派发现,法律不仅是抑制无政府状态而且也是抵御专制主义

① 参见[德]阿图尔·考夫曼:《法律哲学》,刘幸义等译,法律出版社2011年版,第60页。
② 参见[法]孟德斯鸠:《论法的精神》,张雁深译,商务印书馆1961年版,第76页。
③ 参见[法]卢梭:《社会契约论》,何兆武译,商务印书馆1980年版,第1页。
④ [意]切萨雷·贝卡利亚:《论犯罪与刑罚》,黄风译,中国方正出版社2004年版,第10页。
⑤ [意]切萨雷·贝卡利亚:《论犯罪与刑罚》,黄风译,中国方正出版社2004年版,第53页。
⑥ [意]切萨雷·贝卡利亚:《论犯罪与刑罚》,黄风译,中国方正出版社2004年版,第80页。
⑦ [意]切萨雷·贝卡利亚:《论犯罪与刑罚》,黄风译,中国方正出版社2004年版,第11页。
⑧ [德]阿图尔·考夫曼:《法律哲学》,刘幸义等译,法律出版社2011年版,第60页。

的堡垒。他们的学说首先在宏观层面铺设了政治、权力、社会方面的结构，其次在中观层面树立了法律作为平等保护人民、捍卫人民权利的思想和体制，最后在微观层面对法律解释持反对意见，认为法律应当在最大的可能性上达到确定性、客观性，以此来抵御统治者的暴政和专权。在刑法解释的限度问题上，贝卡利亚等人奠定了刑法解释的有限性最基本的观念。

（4）19 世纪

19 世纪法学主要以德国的历史法学派和英国的分析法学派为代表。历史法学派的著名人物和集大成者是萨维尼。萨维尼在法律解释方面最重要的成就是总结了文义解释、体系解释、历史解释、目的解释四种解释方法。这四种解释方法一直流传、沿用至今，甚至在今天也是法律解释方法的主要分类方式。其中，萨维尼最为推崇的解释方法是历史解释，这与历史法学派注重历史研究方法的风格是一致的。借用目前解释目标的划分方式，萨维尼属于主观解释论。历史法学派认为法律像语言、风俗、政治一样具有民族特性，是民族精神的体现，[①]因此，其法律解释思想就是要将法律解释得与民族性、历史性相一致，而不能因社会的客观需求而随意改变。历史法学派在法律解释限度的思想上是保守的，反对过度解释。

分析法学派的代表人物是边沁和奥斯丁。边沁的功利主义认为法最大的目的和价值就是追求大多数人的最大幸福。奥斯丁则反对功利主义进入法的领域，认为法和伦理应当分开，法学仅研究实在法。不管法是否符合道德原则，法就是法，“恶法亦法”。这与自然法学派的观点是截然对立的。

值得注意的是耶林创造的目的法学。他认为，目的创造了法律，法律是目的的产物，并且每一条法律条文、规则都遵循这一道理。[②] 因此，目的法学的解释观认为，法律解释的出发点和落脚点是目的，进行法律解释时要了解法律的目的才能作出正确的解释，并且法律解释的最高标准是法律目的，在多种解释出现冲突和争议时，目的是评判的最终裁判者。目的法学对刑法解释产生重大影响直至今日，目的解释成为很多学者推崇的最重要的解释方法。

19 世纪的法律解释学试图从司法中排除人的因素和所有的个体化因素，呈现一种严格解释并且追求法律解释客观性的独断型解释的特点。这种解释在作者、文本和解释者之间突出了作者的核心地位，认为作者的意图是理解文本的关键，理解文本就是发现作者的意图，法律解释过程就是发现作者意图的过程。[③] 为了达到这一目标，

---

① 参见沈宗灵：《现代西方法理学》，北京大学出版社 1992 年版，第 16 页。

② 参见［美］E. 博登海默：《法理学：法哲学与法律方法》，邓正来译，中国政法大学出版社 2004 年版，第 114 页。

③ 参见魏东：《西方国家刑法解释（学）的学术考察》，载《刑法解释》（第 3 卷），法律出版社 2018 年版，第 54 页。

此时的法律解释特别重视方法的研究和运用,萨维尼对法律解释方法的研究达到了阶段性的顶峰。与这种价值取向上的严格解释、方法论上的严格制约相一致,刑法解释的限度在此时也是严格的,甚至在19世纪的相当一段时间是禁止解释法律的。[①] 当然,随着目的法学、利益法学的发展壮大,这种严格性正在经历转向。

(5)20世纪

20世纪至今的法学派别主要以新自然法学、新分析实证主义法学和法律社会学三足鼎立。自然法学的复兴是以第二次世界大战为转折点。德国法学家拉德布鲁赫在此前后思想观点的转变尤为明显,其早期思想认为法律的确定性应当优先于正义、权益等基本法律理念,二战后,其认为法律实证主义使德国不能抵抗纳粹政权的暴政,因此必须承认完全不正义的法律必须让位于正义。[②] 而美国法学家富勒则将新自然法学的观点阐释得更清楚,其认为法律与道德是无法截然区分开的,法律规则以法律原则的存在为前提,而法律原则就是法律的"内在道德"。富勒将法律原则比喻为法律的"程序自然法",意思是在法律规则适用的过程中,遵循自然法的解释、推理之道才是正确的法律适用方式。由于新自然法学认同道德、价值、目的与法本身的内在关系,在法律解释问题上就显得极其微妙。一方面,"法律的明确性"是富勒提出的法制八原则之一;但另一方面,其又认为"对法律的明确性的要求也不能过分,一种华而不实的明确性可能比老老实实的含糊不清还更有害"[③]。在法律解释问题上,富勒认为法官在适用法律上,不能根据自己的幻想,而是要根据符合整个法律制度的解释原则。1584年英国高等法院提出对法案的解释,应当考虑四个问题:一是制定该法案之前的普通法是什么?二是普通法所不曾规定的害处和缺点是什么?三是国会已决定并命令以什么疗法来医治国家的这种疾病?四是这种疗法的真正理由。然后,法官应当作出制止病害并推进疗法的解释。[④] 从这些描述我们能够看出,新自然法学对法律解释是持开放态度的,特别是这种态度与英美法系的判例法传统相结合,使得丹宁勋爵的"法官的任务是熨平织物上的褶皱"之古训已然不合时宜。但同时,其对法律解释的限度也有所提及,这种限度就是自然法的核心理念——正义、道德、伦理、传统、正当目的等。当然,仅凭这些抽象的理念能否起到限制解释的作用是存疑的。英美法系国家的法治的基础并不仅靠法律解释的限度来维系,而是结合其整个法律制度体系。笔者认为,正义、道德等的确是刑法解释限度的考量因素之一,但不是底线因素,而是高线因素。在底线限度之内再进一步考虑正义等来确定解释的合理性,同样是刑法解释限

---

① 参见[德]阿图尔·考夫曼:《法律哲学》,刘幸义等译,法律出版社2011年版,第33页。

② 参见[美]E.博登海默:《法理学:法哲学与法律方法》,邓正来译,中国政法大学出版社2004年版,第185-186页。

③ 沈宗灵:《现代西方法理学》,北京大学出版社1992年版,第46页。

④ 参见沈宗灵:《现代西方法理学》,北京大学出版社1992年版,第48页。

度的内涵,在这一点上,新自然法学的观点无疑会给我们带来启示。

分析实证主义法学中影响最大的是凯尔森的纯粹法学和哈特的新分析法学。分析实证主义法学的特征是注重法律的形式和结构,而不是它的道德内容和社会内容,力图尽可能彻底地把法学同其他学科区分开来。“凯尔森把法律视作一种封闭的东西,就好像法律是在一个封闭且密闭的容器中一般。”①相较于凯尔森的纯粹主义,哈特的理论要柔和一些,虽然也是实证主义,但却与自然法进行了某种妥协或融合。哈特的新分析法学的另一大特点是结合了语言哲学的发展成果。虽然其仍然是秉承理性主义的哲学思想,仍然是以分析法学的“概念”“逻辑”“结构”等为研究的出发点,但是对于语言的认知已经不局限于探索文本真意了。“在寻找这种定义时,我们‘不是仅仅看到词……而是看到这些词所讲的现实。我们正在用加深对词的认识来加深我们对现象的认识’。②”具体到法律解释和解释限度的问题,由于分析实证主义法学排斥道德、正义等价值因素,其法律解释观必然是偏保守的,其解释限度必然是较窄的。凯尔森认为,法律是区别于宗教、政治等的一种“特殊技术”,因此法律的适用(包括解释)必然只能在本身技术的框架内进行。所以法律解释的限度当然只能以文本和解释技术来框定。哈特的法律解释观点正如同其与自然法的妥协一样,具有法律形式主义和怀疑论之间的中间道路的特点。③ 但终归,哈特仍然坚持概念法学的基础,没有走到哲学诠释学的地步,仍然坚持在法律本身的技术范畴内进行解释,最大限度抵御道德等价值因素对法律解释的入侵,仍然是其解释观的基本观点。

在法律社会学方面,总体上的观点就是反对分析实证主义法学的封闭性,主张社会因素对法律适用的影响。法律社会学方面影响最大的是自由法学,其发起的自由法运动认为法官在法律不明确或有漏洞时有自由的法律创造权力。④ 例如,自由法学的创始人埃利希认为法官应当采取自由判决的方法,即自由发现法律。庞德突出了法律之于社会的作用和效果,将法律作为社会之一部分来考虑,认为法律是社会工程的一种,是管控社会的工具之一,是社会各种相互冲突利益之间的调节器。⑤ 霍姆斯提出了著名的“法律的生命不是逻辑而是经验”的论断。美国现实主义法学的观点是贬低甚至否认法律规范存在本身,主张法律就是对法官处理案件的预测。总体来看,法律社会学基本上是反对传统法学、概念法学、实证法学、注释法学的,其认为法官的活动根本不是适用法律和解释法律,而就是创造法律,制定法不可能是真正的法律,法律只存在于具体的判决之中。极端的学说甚至将法律视为对法官行为的预测。这种预测

① [美]E.博登海默:《法理学:法哲学与法律方法》,邓正来译,中国政法大学出版社2004年版,第135页。
② 沈宗灵:《现代西方法理学》,北京大学出版社1992年版,第144-145页。
③ 参见沈宗灵:《现代西方法理学》,北京大学出版社1992年版,第145页。
④ 参见[德]阿图尔·考夫曼:《法律哲学》,刘幸义等译,法律出版社2011年版,第33页。
⑤ 参见沈宗灵:《现代西方法理学》,北京大学出版社1992年版,第236页。

理论甚至将法官的兴趣爱好、情绪好坏等都包含其中。这种法律观基本上对法治本身都是颠覆性的,更勿论法律解释的限度,基本上就是没有限度,当然这也正是法律社会学受到批判之所在。

在法律解释学领域,20世纪最重要的发展是从方法论解释学向哲学诠释学的转向以及其后的再转向或中间道路。传统的法律解释学主要特点是承认文本意义的客观性,承认解释者和文本之间的“主体—客体”关系,认为解释的任务是发现文本真实的、客观的含义,在此过程中要特别重视解释方法的正确使用,因此传统解释学也被称为方法论解释学。而哲学诠释学是一种颠覆,不承认文本意义的客观性,只承认解释者的主体性,认为解释不是对文本客观意义的发现,而是一种创造,是解释者“此在”的表达方式。哲学诠释学是存在论解释学,不是方法论解释学,哲学诠释学就其本质而言,并非方法,而是超验哲学。① 哲学诠释学指导之下的法律解释被认为不是单纯的“包摄”,而是一种创设行为,法律并非实体的,是相对的,存在于人与人相互间或人与物的关系中。② 哲学诠释学认为,对文本的理解是先由理解主体自我理解即“前理解”之后,再与法条现结合而得出理解的结果。

法律论证理论是一种法律解释学与哲学诠释学之间的居间理论。法律论证理论认同法律解释学的客观性,认同通过方法的、逻辑的方式推论结论的法律推演方式。但是法律论证理论所据的逻辑推导理由却是完全不同于法律解释学的,其将譬如法律安定性、正义、结果评价、是非感、应用性、法律一致性等都囊括到方法之中。“可论证之方法是不可限量的。”在此点上,法律论证理论是接近哲学诠释学的,但法律论证理论又是反诠释学的,其反对哲学诠释学的“存在论”之基础,认为哲学诠释学是形而上学且非理性的。然而,法律论证理论虽自认客观,但其论证过程的复杂性和方法的无限性却又无法保证结论的客观。因此,考夫曼认为,法律论证理论是在诠释学的哺育下却移情于分析法学。③

20世纪对传统的形式法学、方法论解释学等进行坚守或者“回归”的理论以沃缪勒教授为代表。其坚持形式主义和形式理性,对实证主义、目的主义等理论进行了扬弃,并在此基础上以一种制度主义的角度对法律进行了一种形式主义、形式理性的宣扬。其认为对于绝大多数法律条文来说,其意义都是明确无误的,此时作为法律解释者的法官就仅仅只能遵从法律文字的字面意思,而不能将自己的解释意图、解释欲望、政治诉求、价值判断等加诸其中并冠之以法的目的、立法者意图、法的精神、公平正义

---

① 参见[德]阿图尔·考夫曼:《法律哲学》,刘幸义等译,法律出版社2011年版,第50页。
② 参见[德]阿图尔·考夫曼:《法律哲学》,刘幸义等译,法律出版社2011年版,第51页。
③ 参见[德]阿图尔·考夫曼:《法律哲学》,刘幸义等译,法律出版社2011年版,第54页。

理念等名称，法官的解释过程同样要遵循规则，并且是“相对机械的解释规则”。①

2. 中国古代法中有关刑法解释限度思想的考证

众所周知，中国古代的法律体系是“以刑为主，诸法合体”。中国古代法基本上就是刑法。随着刑法的发展，刑法解释必然相伴而生。早在春秋时期商鞅变法时，就建立了官方释律制度。这种制度主张“以吏为师”“法无二解”，严禁私家注律。② 据考证，湖北云梦发掘的《秦简》中的《法律答问》是由通晓法律的高级司法官吏所作的司法解释，应当是目前发现的最早的刑法解释性文件。至汉代，东汉末年郑玄为《汉律》所做的章句解释，在皇帝的认可下，成为官方解释。西晋时期张斐、杜预对《晋律》所做的解释，其影响之大，以至于该律也被称作“张杜律”。唐律则是中国古代的最高立法成就，标志着中华法系的成熟阶段。在刑法解释方面，唐高宗令长孙无忌作《永徽律疏》，标志着刑法解释同样达到成熟，是中国古代刑法解释的最高成就。立法与官方解释同步，法律解释学在中国古代也有所发展，体现出来就是“律学”，包括针对个案的刑法解释适用活动、针对文本的刑法解释文本制作等。③

中国古代刑法解释的特点是：没有专司立法解释的机构；刑法立法解释或者是皇帝诏令国家官吏进行；或者皇帝下诏将私家对刑法的解释视为具有法律效力的立法解释；刑法的立法解释有的独立存在，有的则与律文一同颁布。④

3. 结论

纵观古今中外世界法制发展的历史，除少数非主流学派外，法律解释的限度都是关乎法制基本立场的重要问题。各个学派虽然将法律解释的限度归结于文本、概念、价值理念、神意、主权者，但终归认为法律解释都是有限度的。在当今时代，新自然法学占优势地位，法学界较为一致地认同法律不能单纯靠逻辑自足，需要加入价值和目的因素，但是法律解释的限度始终是法学方法论中的重点课题。通过对这些历史思想和现实状况的结合思考，能够为我们正确确定刑法解释的限度提供理论依据和智慧源泉。

（二）刑法解释应当具有限度性的理论依据

上述历史考证是从较为宏观的法制发展角度所进行的，从宏观层面，一般是从法哲学、法理学的高度对法律应当有限所进行的论述，从而衍生出刑法解释也应当具有限度性的结论。但由于刑法、刑法解释相对于其他部门法、一般性的法律解释学有其

---

① 参见[美]阿德里安·沃缪勒：《不确定状态下的裁判：法律解释的制度理论》，梁迎修、孟庆友译，北京大学出版社 2011 年版，第 4 -6 页。

② 参见张志铭：《法律解释学》，中国人民大学出版社 2015 年版，第 16 页。

③ 参见魏东：《西方国家刑法解释（学）的学术考察》，载《刑法解释》（第 3 卷），法律出版社 2018 年版，第 58 页。

④ 参见李希慧：《刑法解释论》，中国人民公安大学出版社 1995 年版，第 50 页。

特殊性,在研究刑法解释限度问题时,同样要从微观层面来找寻其独特的理论依据。

1. 罪刑法定原则

罪刑法定原则是刑法的底线,是刑法适用上不允许超越刑法解释、采用类推等价值补充、漏洞补充方法的根据。一般认为,罪刑法定原则起源于1215年英国《大宪章》,但现代意义的罪刑法定原则思想渊源是"三权分立"和心理强制说。德国法学家费尔巴哈最初在1801年将罪刑法定原则表述为"法无明文规定不为罪,法无明文规定不处罚"。罪刑法定原则提出的最初的出发点是限制刑罚权的滥用、限制专制主义以刑法方式对人权的侵害。因此,罪刑法定原则从诞生之日起就与"刑法需具有确定性""刑法不能进行解释"这样限制刑法解释的观点相伴而行。罪刑法定原则有以下几个子原则:法律主义、禁止事后法、禁止类推适用、禁止不定期刑。这几个原则都与刑法解释的限度问题息息相关。法律主义是指适用刑罚的唯一渊源只能是刑法,刑法必须具有确定性,而确定性就是反对解释,不确定的、模糊的刑法条款必然会导致解释的滋生和蔓延,所以,刑法具有确定性,刑法解释就具有限度性,刑法如果确定性越低,相反刑法解释的限度性就越低。禁止事后法原则是指刑法规范不具有溯及力,新制定的刑法规范不能对其发布之前的行为进行定罪处罚。禁止事后法原则是罪刑法定原则在时间性问题上的延展。因此,刑法解释的限度就同样要求不能将行为时还没有刑法规定为犯罪的行为解释为犯罪,这是刑法解释限度在时间性上的展开。禁止类推适用就是刑法解释限度的另一种表达方式,超越刑法解释限度的"刑法解释"就不再是刑法解释了,而是类推适用,为罪刑法定原则所禁止。禁止不定期刑是罪刑法定原则在刑罚方面的展开,即罪刑法定原则不仅仅是关注有罪无罪的问题,同样关注刑法适用的适当性问题,而刑罚的适当性必须通过刑法的确定性即定期刑才能达到。需要注意的是,如果是绝对确定的定期刑,则是完全排斥了刑法解释在刑罚方面的作为,而后来发展出的相对确定刑则是兼顾了确定性和适当性,而刑法解释的限度问题在刑罚方面就体现出了不能突破底线——在法定刑罚之上或之下类推适用刑罚,也要在法定刑期范围内达到最合理的解释结论。这也正是本文所提倡的刑法解释限度是合法性与合理性的统一。综上所述,罪刑法定原则的方方面面都对刑法解释限度提出了要求,同样,刑法解释限度在罪刑法定原则的方方面面都发挥着作用。

罪刑法定原则已经从上述最初的形式面向实质面发展。罪刑法定原则的实质面由两个子原则组成——刑罚法规的明确性原则和刑罚法规内容适正原则。明确性原则是在前述罪刑法定形式面的子原则——法律主义——基础上的发展完善,即法律主义只是要求刑罚法规在形式上具有明确性,而明确性原则则是要对刑罚法规的内容进行具体的、实质的审查,而刑罚法规的内容须具有这种实质的具体、明确性。内容适正原则是在明确性的基础上,进一步要求刑罚法规的内容具有合理性和妥当性,不得规定不合理的刑罚法规。这有点类似本文将刑法解释的限度拓展至对刑法解释合理性的判断。罪刑法定原则的形式面主要是限制司法权,为了防止司法擅断,而实质面则将这种限制拓展至立法权,为了防止立法权的滥用。[①] 形式面的罪刑法定原则虽然能够达到最低限度的法治,但是无法阻止由立法造成的专制和侵犯人权的结果,从而由实质化的罪刑法定原则对实质法治提出了更高的要求。如果立法不明确或者滥用立法权设置刑罚,则应由司法予以纠正。这就对刑法解释的实质化产生了重大影响。在英美法系特别是美国,由司法过程中宣布(含混或者不当)的制定法无效,已经成为公认的规则。罪刑法定原则的实质化对于刑法解释的限度问题,产生了较大影响:一方面,刑法解释向实质化发展,必然导致刑法解释限度在形式上的扩大,总会有一些超出形式上字面意思存在的刑法解释结果出现;另一方面,也可能在实质法治的意义上限定刑罚权的滥用,将一些形式符合但是不具有实质法益侵害的行为排除在外。

在罪刑法定原则向实质化发展的过程中,形式面也呈现实质化的特点,具体表现在:一是法律主义中刑法的确定性被认为是相对的确定性。任何法律条文、法律规范不可能达到如科学、数字一样的完全精确化,这是客观事实,并且,绝对的确定并不能带来绝对的公正与平等,相反会产生新的更多的问题,这是显而易见的道理。所以法的确定性只具有相对主义的意义。二是禁止事后法原则和禁止类推适用都被发展为禁止“不利于被告人的”事后法和类推适用,也即在有利于被告人出罪、减轻罪责的场合下,是可以适用事后法和类推适用的。三是禁止不定期刑被发展为相对确定的刑罚。任何刑罚都只能确定一个范围,因为任何犯罪行为都存在个别化的差别,并且“刑法惩罚的是犯罪,受惩罚的却是犯罪人”,犯罪人个体方面的差异对刑罚的适用存在较大差异。刑罚的根据从报应论向预防论的转变也要求刑罚不可能绝对确定,要根据预防犯罪的需要而轻重相异。除上述几个公认的实质面特点之外,还有学者认为罪刑法定原则的基本理念也应从贝卡利亚时代的单纯防止刑罚权滥用侵犯人权到对法益和人权的同等保护,并且结合我国刑法中关于罪刑法定原则的规定来看,入罪要罪刑法定,出罪同样要罪刑法定。因此,刑法解释也不能被理解为“只要有争议就应当作出有利于被告人的解释”。

罪刑法定原则向实质面的发展在某种程度上减弱了罪刑法定原则的刚性,为刑法解释的扩张甚至超过限度打开了方便之门。有学者认为,罪刑法定原则和刑法解释是相互冲突和矛盾的关系。二者的冲突和矛盾体现在罪刑法定原则是作为理念和观念而存在的,而刑法解释是司法实践的产物。罪刑法定原则从理念上的必然选择是突出法的安定性价值,特别是刑事法律的确定性价值。但刑法解释是一种司法实践活动,不管是从这种实践活动的倾向性还是从刑法解释的最高目标——实体公正——来看,

---

① 参见张明楷:《罪刑法定与刑法解释》,北京大学出版社2009年版,第47页。

刑法解释都体现出突破形式确定性的可能性。[①] 但这种矛盾并不是不可调和的。罪刑法定原则的实质化为这种矛盾至少提供了一个缓解矛盾的可能性和契机,使刑法解释的实质化在一定程度上并不违反实质化的罪刑法定原则。除"矛盾观"外,更多的学者是认为二者是有更紧密的相互依存的关系。平野龙一认为,不能因为肯定法官解释法律的现实状况,便认为罪刑法定原则被破坏和消灭了。毋宁将罪刑法定原则理解为控制法官解释的限度、将法官的解释行动控制在一定范围或方向的技术。[②] 还有学者认为,不能将罪刑法定原则理解为查字典式逐字对照型的完全机械的适用法律,并且不能只遵从最基本的字面意思。罪刑法定原则仍然关照到了法律精神与法的目的,适用罪刑法定原则同样是对刑法规范完整内容和立法主旨的适用。罪刑法定原则需要刑法解释的原因在于罪刑法律规范都是经过抽象的类型化的规定,在于具体事实的互动过程中,必须有解释等法律方法参与其中才能实现。罪刑法定原则与法律解释相辅相成。[③]

总之,罪刑法定原则是"合法性"原则在刑法解释领域的具体化。罪刑法定原则为刑法解释限度设定了目标与底线,在刑法解释的限度问题上,罪刑法定原则的要求是最低标准。罪刑法定原则为刑法解释界定了合理的空间。罪刑法定原则以其限制机能为刑法解释提供限度。罪刑法定原则对刑法解释超越限度问题起着底线作用,是其不可逾越的红线。刑法解释的限度与罪刑法定原则之间相互纠缠、相互影响,但罪刑法定原则是起根本性作用的,其发展与变化影响具体刑法解释限度的宽窄尺度,而刑法解释限度的理论,事实上更多来自司法实践中不断出现的解释对适用结果的冲击,这些冲击反过来又会反哺、助推罪刑法定原则的发展变化。

2. 刑法的谦抑性原则

刑法的谦抑性原则从字面上理解,即谦虚、抑制之意,意指刑法的适用要慎重,不轻易发动。张明楷教授较早引入刑法的谦抑性原则,其认为刑法的谦抑性原则是指刑法的处罚范围与程度需要根据处罚的必要性、有效性等来确定。这种必要性可以从刑法内外两个层面上来理解:在刑法与其他法的关系上,如果采取其他非刑罚方式能够保护法益、遏制犯罪的,就不需要动用刑法;在刑法之内,如果采取较轻的制裁方式就可以保护法益、遏制犯罪的,同样不能发动较重的制裁措施。[④] 陈兴良教授认为刑法的谦抑性原则包含了刑法的经济性、刑法的补充性和刑法的紧缩性三个方面,并且,一种行为要以刑法来规制应当符合两个前提,一是该行为具有严重的法益侵害性;二是

---

① 参见吴丙新:《罪刑法定与刑法解释的冲突》,载《法学论坛》2001 年第 5 期。

② 参见[日]平野龙一:《刑法的基础》,黎宏译,中国政法大学出版社 2016 年版,第 179 页。

③ 参见姜伟、陈正云:《罪刑法定与刑法解释——兼析为收养而偷盗婴儿的行为应否定罪》,载《人民检察》2001 年第 1 期。

④ 参见张明楷:《论刑法的谦抑性》,载《法商研究(中南政法学院学报)》1995 年第 4 期。

该行为只能以刑法来规制才有效,即刑罚的适用不可避免。[①]

刑法的谦抑性原则诞生于日本。据考证,宫本英修是刑法谦抑性原则的提出者。其在"可罚的违法性论"学说当中认为刑罚只能适用于既在本质上违反了刑法规范,又在量上达到了以刑罚处罚的严重程度的行为,并将这一思想上升为刑法的基本原则,名之以"谦抑主义"。[②] 平野龙一将刑法的谦抑性原则具体阐释为刑法的补充性、刑法的不完整性、刑法的宽容性三个方面,认为刑法是其他社会调整手段的补充,刑法对社会生活的调整是不完整的,刑法的宽容性是对自由的尊重。[③] 大谷实认为,刑法的谦抑性原则包含三方面的意思,一是刑法具有最后手段性。由于刑罚是最严厉的规制手段,采取剥夺人身自由、财产甚至生命的方式来制裁,因此只能作为最后的手段来适用。二是要限制刑法对社会生活的渗透、参与。刑法只能在最小的程度上参与到规制的社会生活中去,不可能在社会的每一个角落都能发现刑法的身影。三是刑法应当具有宽容精神,即使对犯罪的人,也不是必然发动或轻易发动。[④]

从上述论述可以看出,刑法的谦抑性原则是刑法适用或者刑罚发动当中的总体性原则,要求只要采取其他社会规制手段能够调整的就不需要发动刑罚,采取较轻刑罚能够取得效果的,就不需要采取重的刑罚。虽然对刑法谦抑性原则的讨论没有涉足刑法解释以及刑法解释限度领域,但是其精神实质完全可以运用其中。"不以犯罪论处"既包括在立法上的出罪化、非犯罪化,也包括在刑法运用和解释上不轻易解释入罪、尽量解释出罪的解释方式。

将刑法谦抑性原则和前述罪刑法定原则相比较,可以发现罪刑法定原则偏重于价值中立性的形式判断——因为合法性原则根本上就是形式合法性,而刑法谦抑性原则偏重于从实质处理结果上进行价值引领。如果说罪刑法定原则是合法性原则在刑法领域的具体化,刑法谦抑性原则则是合理性原则在刑法领域的具体化。

当然,同罪刑法定原则从形式面向实质面发展类似,刑法谦抑性原则也同样在经历变迁。张明楷教授指出,随着社会生活的变迁,刑罚的处罚范围也并非一味强调维持最低程度,特别是网络时代的到来和经济社会的发展,使得社会价值观越来越多元化,传统社会的统治力在减弱,各种各样侵害法益的行为增多,都对刑法介入社会生活提出了更多的要求。在这种意义上,刑法更多地介入社会生活是符合国民利益的,是保护国民法益所必需的。因此刑法的适用应当从传统意义上的限制处罚范围向合理、妥当的适用转变,并且进行刑罚效果与刑罚弊害之间的衡量。刑法的谦抑性原则也应

---

① 参见陈兴良:《刑法哲学》,中国政法大学出版社 1992 年版,第 7 页;陈兴良:《刑法谦抑的价值蕴含》,载《现代法学》1996 年第 3 期。

② 转引自梅象华:《刑法不得已原则研究》,西南政法大学 2011 年博士学位论文,第 10、11 页。

③ 参见[日]平野龙一:《刑法的基础》,黎宏译,中国政法大学出版社 2016 年版,第 90 页。

④ 参见[日]大谷实:《刑法讲义总论》,黎宏译,中国人民大学出版社 2008 年版,第 8 页。

当从片面强调刑法的不介入、少介入向妥当介入转变。[①] 这可以称得上是实质的刑法谦抑性原则或相对的刑法谦抑性原则,改变的内容就是从原本的单纯强调刑罚的弊害向同时考虑刑罚的作用和弊害的转变。但是在进行刑罚适用时要考虑刑罚的谦抑性是没有变化的。

关于刑法谦抑性原则对刑法解释限度的影响,笔者认为有以下几个方面:一是刑法谦抑性原则要求在进行刑法解释时要考虑解释结论超限度问题。刑法谦抑性原则将刑法的适用置于疑问当中,要求以怀疑的目光来审视刑法解释,其中就包括了刑法解释是否超越限度。从"谦抑"的价值出发,应当先初步判定解释结论可能会超越限度,再为其没有超越限度寻找依据。类似于将刑法解释置于"有罪推定"之境地。二是刑法谦抑性原则要求在进行刑法解释时首先考虑出罪或罪轻解释,其次才能考虑入罪或罪重解释。三是刑法谦抑性原则要求对刑法适用与不适用之间进行价值衡量,以确定最终的刑罚适用方式。四是刑法谦抑性原则要求对刑法进行广义上的体系解释。既然涉及其他法律的问题,就必须要将刑法与民法、行政法等置于一个整体当中来进行考量。

3. 罪刑相适应原则

罪刑相适应原则又叫罪刑均衡原则、罪责刑相适应原则,是指刑罚的轻重,应当与行为人的罪行、罪责相适应,即罚当其罪。罪刑相适应原则是刑法的基本原则之一,为我国《刑法》第5条明确规定,但在国外刑法中一般不明文规定,往往只是理论上的指导原则。

罪刑相适应原则在理论上、历史上的发展过程:在最初刑法形成之时甚至更早,便存在同态复仇这种"平衡"的观念和做法,这是罪刑相适应原则的雏形。在法律发展的早期,也无不存在各种罪刑相适应原则的表现形态。如《汉谟拉比法典》规定了以牙还牙、以眼还眼的规定。[②] 汉高祖刘邦与百姓的"约法三章"规定:杀人者死、伤人及盗抵罪。可以说,罪刑相适应原则从思想根源上讲是源自古代自然法意义上的公平观念和更古老的人类自发产生的报复、报应观念。近期启蒙时代后,罪刑相适应原则得到了较大的发展。在刑罚论上,最初康德提出"等量说",即刑罚的量应当与犯罪造成的后果相等。黑格尔在此基础上发展为"等价说",认为刑罚与犯罪不可能在具体表现形式上一样,也就不可能等量,而应当是刑罚和犯罪经过抽象之后其所代表的价值上具有相当性。及至近现代,罪刑相适应原则进一步发展,从强调客观上的犯罪行为、

① 参见张明楷:《网络时代的刑法理念——以刑法的谦抑性为中心》,载《人民检察》2014年第9期。

② 如"倘自由民损毁任何自由民之眼,则应毁其眼""倘自由民击落与之同等至自由民之齿,则应落其齿"。参见徐爱国:《论近代刑法和刑法观念的形成》,载《环球法律评论》2005年第4期。

后果与刑法的一致性转为更加重视刑罚与人的主观方面、人格、人身危险性等的一致性。[①] 更进一步,责任论已发展至规范责任论乃至功能责任论,强调刑事责任规范的、目的的、功能的意义,刑罚进一步脱离了原始的报复主义而进入到目的领域。目前的罪刑相适应原则是指刑罚与行为、结果、罪责、刑罚目的等主客观因素综合考量下的一致性。罪刑相适应的主导模式变为:以刑罚的公正为基础,以行为人的主观罪过为重要根据,以刑法的一般预防和特殊预防为目的。[②] 从上述罪刑相适应原则的发展脉络可见,罪刑相适应原则是贯穿刑法发展始终的原则,但其内涵随着刑法理论的发展而产生了巨大的变化。简单地说,"刑"和"罪"一致应当是贯穿始终的,但何为"罪"以及如何"相适应"则在不同历史时期完全不同。罪刑相适应原则与刑罚论的基本立场——报应、一般预防或特殊预防——的发展变化相关联。罪刑相适应原则最初是强调罪刑之间在形式上都要严格一致,后是指其实质上具有等价性,再后来是认为刑法不仅要与客观罪行一致,还要加入对行为人主观恶性的考量,最新的发展则是还要考虑刑罚的社会公用。罪刑相适应原则内涵的发展变化大致如此。

罪刑相适应原则与罪刑法定原则中实质面的"刑罚法规的内容适正原则"具有相似性。但罪刑法定原则之适正原则更多的是从立法的角度来要求刑法条文的内容要具有适正性,而罪刑相适应原则更多的是从法律适用的角度来要求刑法适用的后果即刑罚,要与罪行、罪责相适应。由于刑法解释属于刑法适用的重要组成部分,因而,罪刑相适应原则对于刑法解释具有较大的影响。

罪刑相适应原则对刑法解释的这种影响主要体现在以下几个方面:一是罪刑相适应原则要求刑法解释结论具有合理性和妥当性。罪刑法定原则关注刑法解释结论的合法性与有限性,而罪刑相适应原则关注刑法解释结论的合理性和妥当性。两个原则分工负责、相互配合,共同构建起刑法的明确性与妥当性两个终极目标。在此意义上,罪刑相适应原则与罪刑法定原则一样,在刑法解释中起着最基础的指导原则的意义。二是罪刑相适应原则对刑法解释提出了实质解释的要求。罪刑相适应原则是一个关于实体公正的原则要求,这就使得在其指导之下的刑法解释也需要考虑到解释结论的实质公正与否。在罪刑相适应原则的指导下进行刑法解释,必然要进行实质解释才能达致罪刑相适应的结果。三是罪刑相适应原则强调了刑法解释限度中的合理性元素。下文笔者在论述刑法解释限度的特点时会分析到,刑法解释限度不仅仅是关于解释与类推界限的问题,即解释的合法性问题,还包括了解释内部的合理性问题,即解释结论的妥当性问题。而刑法解释限度的合理性特征正与罪刑相适应原则对实体法律适用

① 参见郑延谱:《从罪刑均衡到罪责刑相适应——兼论刑法中"人"的消隐与凸显》,载《法律科学(西北政法大学学报)》2014 年第 6 期。

② 参见陈忠林、陈可倩:《罪刑相适应原则的理论基础》,载《学海》2008 年第 1 期。

后果的要求相一致。因此,罪刑相适应原则也是刑法解释限度需要遵从的基本原则之一。

四、刑法解释的限度的概念与特征

(一)刑法解释限度的概念

“刑法解释的限度”是刑法解释诸多问题中的一个,但根据学者的调查研究,对刑法解释限度的研究处于既不关注也不深入的状态。对“刑法解释的限度”这一问题研究的出发点,应当是刑法解释限度的概念。从查阅文献的结果来看,对于这一基本问题,绝大多数的研究语焉不详,或者说均直接跳过,而径行对刑法解释的限度在哪里展开研究。可以说,刑法学界很少对刑法解释限度的概念进行研究,只有少数学者对刑法解释限度的概念进行论述,如龚振军博士认为,刑法解释限度是刑法解释所能达到的具体、客观的程度和范围。① 还有学者认为,刑法解释存在一个限度,即对立法原意修正的“度”。②

笔者认为,对刑法解释限度的概念研究,主要有两个问题有待厘清。一是刑法解释限度具体是指刑法解释哪方面的限度。二是这种限度是什么样的限度。关于第一个问题,也即刑法解释限度具体研究对象的问题。对刑法解释的研究有很多内容,包括解释的主体、解释立场、解释目标、解释方法、解释结论等。如果不加以限定,任何一个方面可能都会存在限度问题,如刑法解释的主体,是应当限于立法解释、司法解释、法官解释、学理解释还是全民都可参与?解释主体是否应当有限度?但显然,谁是刑法解释的主体、谁应当是刑法解释的主体,并不是刑法解释限度的内容。同样,解释立场、解释目标上或也存在限度问题,例如,太极端的主观解释论可能完全不能适应社会的需求和法的时间性要求,因此可能对其要进行一定的限制,合理吸收客观解释论的合理因素。所谓“综合解释论”,就是在试图合理吸收主观解释和客观解释两种对立观点中的合理成分而发展出的折中理论,这也是一种“限度”问题。但这种“限度”也不是刑法解释的限度。解释方法也存在“限度”问题。有观点认为解释方法是无限的,我们日常使用的文义解释、历史解释、体系解释、目的解释等解释方法只是对常用解释方法的归纳总结。但也有观点认为,解释方法只能是固定的、有限的,不能随意超越。此外,对解释方法位阶的研究,特别是肯定解释方法有位阶的观点,也是认为解释方法具有限度性的旁证。但这种解释方法的“限度”也不是刑法解释的限度。从现有对刑法解释限度的研究来看,均默认这一限度是刑法解释结论的限度。这当然也是本文所持的观点。虽然对此问题并没有大的争议,但是笔者认为,由于解释主体、解释立

① 参见龚振军:《刑法解释限度理论之关系论纲》,载《法制与社会发展》2011年第4期。

② 参见蒋熙辉:《刑法解释限度论》,载《法学研究》2005年第4期。

场、解释目标、解释方法等均存在该领域各自的“限度”,而凡此种种的“限度”可能或多或少对解释结论的限度造成一定的影响。对此笔者在下文也将专章进行论述。

关于“限度”一词的意义。限度是指一定的范围、范围的极限、规定的最高或最低的数量或程度。[①] 因此,刑法解释的限度,即刑法解释应当遵循的一定的程度或范围。但是仅仅限于这样一句话的理解,刑法解释的限度概念仍然是不清晰的。譬如说,超出一定程度或范围的刑法解释是什么?是民法解释?是类推?是刑法立法?还是不合理的、不能被接受的刑法解释?对这个问题的解答也关系到接下来整篇文章的研究范围。如果将超越一定程度或范围的刑法解释理解为造法或类推,刑法解释的限度问题也就与刑法解释与类推的区别或边界这一问题重合;如果将之理解为包括造法、类推与不合理的、不被接受的刑法解释,刑法解释的限度问题将既包含解释与类推,也包含解释的合理性问题。根据上文研究得出的结论,我们可以看出,刑法解释限度所涉的外延既包括解释与类推的界限,也包括解释的合理性问题。

此外,与合理性相对,刑法解释的限度应当遵循的另一个要素是“合法性”或“合规范性”。需要注意的是,由于我国没有单独的“法律解释法”,所以这里所言的合法性、合规范性指的是符合目前法学理论中关于法律解释应当遵循的规则和原理。[②] 这些规则和原理虽然不具有成文法的效力,但是仍然能够作为基础知识在进行法律解释时被遵守。虽然法律解释早已被认为并不是单纯地在固定方法论之下的结论输出,而是掺入了价值选择之后的判断,传统的“三段论”“涵摄”也已经被哲学诠释学搞得面目全非,但是包括解释方法、技巧在内的法学方法论以及包括构成要件等在内的规范刑法学、刑法教义学,仍然具有独立存在的价值并且在相当程度上参与到司法实践之中。所以如果说刑法解释中的合理性判断更多的是与价值论相结合的话,解释与类推的边界问题则更多的与方法论问题相纠缠——即使大量的研究都认为解释与类推的区别在于立场选择。

因此,笔者认为,刑法解释的限度是合理性与合规范性的结合,在概念当中应当体现出来,即刑法解释的限度是刑法解释结论应当具有的合理性与合规范性的程度或范围。

(二)刑法解释限度的特征

刑法解释限度的特征是刑法解释限度应当具有的特点和品质。有学者将刑法解释的限度分为内部限度和外部限度,认为刑法解释的内部限度是传统意义上的解释与类推的区分,是刑法解释这一司法权力与立法权之间的分界线,而刑法解释的外部限

① 参见中国社会科学院语言研究所词典编辑室编:《现代汉语词典》,商务印书馆 1978 年版,第 1240 页。

② 由于没有法,遵循的是规则,因此“合规范性”比“合法性”术语更准确,下文也将以“合规范性”指称。

度是指刑法与其他社会因素之间的关系。[①] 还有学者将刑法解释限度的特点概括为内在规范性、客观性与确定性、质的限度与量的限度的统一体、事实与规范关系性的限度等。[②] 笔者认为,上述学者的论述均在一定程度上揭示了刑法解释限度的特征,但是仍然值得进一步研究。

1. 刑法解释限度具有严格性和保守性

在其他法领域,虽然法律解释也是主要的法律适用方法,但是价值补充、漏洞补充等方式与其并行不悖,并不冲突。在法律规则没有规定或者适用法律规则违反公序良俗等情况下,法官可以径行使用法律原则、公平正义理念等进行裁判。所以,在其他法领域,探究解释与其他超解释方法之间的区分问题也就不那么紧迫。但刑法领域不同,近代以限制公权力滥用、保障人权为肇始,发展出罪刑法定原则,严格限制刑罚权的发动乃至滥用。刑法规定不能被突破,法无明文规定不为罪,法无明文规定不处罚,这就排除了"造法"等法律适用方法,甚至连法律解释也在最初被否定。"法律的精神需要探询,再没有比这更危险的公理了。"[③]一方面,当罪刑法定原则从形式面发展到实质面,现代法治精神也不再单面强调保障人权而是同时将保护社会包含其中,刑法解释的禁区逐渐被打破。但是,刑法解释仍然是诸法解释之中最严格、最保守的领域。另一方面,哲学诠释学对解释的解构接踵而来,不断冲击着传统解释学的理论和实践领域,受其影响下的法学方法论明显出现从实证主义向价值主义的转向,方法无用论、方法不要论甚嚣尘上,并且社会的需求导致刑法的扩张,在立法扩张之余,更多地在刑法解释领域也不断要求扩张解释、超限度解释。这种哲学、法理学等理论上的发展和现实需求相结合,产生出巨大的扩张刑法解释的拉力,与刑法解释的严格性、保守性之间产生剧烈冲突,这使得刑法解释的限度问题研究迫在眉睫。

刑法解释具有不同于其他法律解释的特殊性,在于刑法解释更加严格和保守,刑法的适用关乎对人最重要的权利的生杀予夺。法国刑法典甚至直接规定"刑法应该严格解释"。相应地,刑法解释的限度也应当同样具有严格和保守的特征。刑法解释限度的严格性和保守性体现在拒绝类推适用,坚守罪刑法定原则,刑法解释的限度应当以罪刑法定原则为基本遵循,刑法解释的限度不同于其他法的解释的重要原因在于罪刑法定原则的制约。罪刑法定原则贯穿所有刑法学问题的始终,在刑法解释领域影响重大。少数学者甚至认为刑法解释的限度范围就是罪刑法定原则的允许范围,但更多的学者则认为两者还是有所区别,罪刑法定原则是刑法解释限度的基本原则或者基本标准,认为刑法解释限度"在原则上体现为罪刑法定主义"[④]"刑法解释限度的总标

---

① 参见欧阳本祺:《论网络时代刑法解释的限度》,载《中国法学》2017 年第 3 期。

② 参见龚振军:《刑法解释限度理论之关系论纲》,载《法制与社会发展》2011 年第 4 期。

③ [意]切萨雷·贝卡利亚:《论犯罪与刑罚》,黄风译,中国方正出版社 2004 年版,第 11 页。

④ 蒋熙辉:《刑法解释限度论》,载《法学研究》2005 年第 4 期。

准就是罪刑法定原则”①。

刑法解释限度的严格性和保守性还体现在严格限制扩张解释、限制解释的适用范围和方式。② 扩张解释在刑法解释领域虽然可以适用，但是要经受严格的审查，某一个解释结论被认为是扩张解释而不是类推的场合，并不一定就符合刑法解释限度的要求，还要进一步审查其合理性、妥当性。同样地，在限制解释的场合，如果该限制解释限制的是犯罪嫌疑人、被告人权利的条款或减轻其罪责的条款，这种限制解释的合理性、妥当性问题仍然要作为刑法解释的限度问题来对待。

2. 刑法解释限度应当偏重合规范性的品质

研究刑法解释限度的学者们均认为，刑法解释限度存在内在限度和外在限度或内在规范性和外在制约性的区分，并且，内在限度或内在规范性应当成为刑法解释限度的特点和品质。如有学者认为，刑法规范是一种裁判规范，具有现实理性，同时刑法解释是一种司法实践活动，具有实践理性，而刑法规范和刑法解释在探究法的精神方面具有相同的规范性立场，因此，刑法解释限度是天然具有内在规范性品质的。③ 刑法解释限度的合规范性品质首先源于刑法解释的“合法性”原则。我国学者普遍将“合法性”作为刑法解释的首要原则，并偏重形式合法性，认为刑法解释不逾越罪刑法定原则最好的体现就在于从形式上确保以文义作为刑法解释的限度。④ 刑法解释限度的合规范性品质的特质同样与刑法解释的严格性、保守性特点相关联。由于强调保障人权，刑法解释在价值追求上应当更加注重法的安定性而不是创造性，在解释路径上应当更加注重对解释方法的依赖性而不受解释立场、目标的制约。刑法解释需要探寻法的目的或法的精神，但是这种探寻不能脱离规范性的立场和方式，只能在规范性的框架下才能得到正确的结论。⑤ 这些偏向性都要求对刑法解释限度问题的探讨特别要在法学方法论、法律解释方法的框架下进行，并且尽可能地依赖传统解释学而不是哲学诠释学的框架。笔者的这种论述只是一种倾向性或选择性的阐释，并不能完全排斥另一方的影响，即使在规范刑法学意义上，刑法解释也必然发生某种变化，刑法解释的限度也必然受到影响。因为罪刑法定原则也早已发生实质性的变化，社会生活的发展也随时都在要求法律解释要满足一些对法律“漏洞”的填补。即便如此，当某一种危害社会的行为亟须惩治而法律存在“漏洞”，我们仍然不能采取扩张甚至破坏刑法

---

① 陈兴良、周光权：《刑法司法解释的限度》，载《法学》1997 年第 3 期。

② 关于刑法解释的保守性命题，参见魏东：《刑法理性与解释论》，中国社会科学出版社 2015 年版，第 21 页以下。

③ 参见龚振军：《刑法解释限度理论之关系论纲》，载《法制与社会发展》2011 年第 4 期。

④ 参见徐岱：《刑法解释学基础理论建构》，法律出版社 2010 年版，第 115 页。

⑤ 参见龚振军：《刑法解释限度理论之关系论纲》，载《法制与社会发展》2011 年第 4 期。

解释限度的方法来满足。肖某灵投放虚假炭疽病菌案就是这种破坏的例子。①

刑法解释限度的合规范性体现在研究方法上就是应当在规范法学的范畴内来研究,因为刑法解释是规范法学的内容,应当重视方法论的应用。规范法学是与社科法学相对的概念,规范法学是以法律规范为研究对象的方法,其特征主要是关注法律规范本身,注重法律规范的建构和立法完善,注重法律规范内部的逻辑演绎和规范分析等;而社科法学实际是一种将法学研究纳入社会科学研究轨道的学术尝试。② 刑法解释基本上是属于规范法学范畴的内容,虽然解释方法中也有"社会学解释"这一较新加入的解释方法,并且实质解释论和实质化的解释方法如目的解释,也间接加入了很多非规范法学的内容,但是社会学解释从来不是解释方法中的主流。而且,所谓的社会学知识,包括经济分析法学、犯罪学等其他社科法学或其他社会科学对法学的影响,很难说可以直接应用到法官裁判上。作为解释者会考虑的因素,它们也只会以间接的方式影响,"社会学解释",也很难说比"目的解释"这一实质解释方法有何特别性。既然刑法解释属于规范法学,当然不同于社科法学天马行空式的叙事结构,而要注重形式逻辑上的规范性,这种规范性就体现在对方法论的重视上。从我国改革开放以来刑法学研究的发展历程上看,存在从云端到地面、从宏大叙事到微观析疑、从刑法哲学向刑法解释、从社科研究方式向方法论研究方式的转型,这种转型的最大现实表现就是从20世纪90年代法律解释学的博兴一直持续到现在,随着拉伦茨、杨仁寿、黄茂荣、齐佩利乌斯等所著的几本重量级的法学方法论著作在我国的出版传播,学界越来越重视方法论研究。但是,"法学方法论尚未进入中国法学的领地,其对法律实践的影响亦很不明显"。③ 这种实然状况显然与法律解释学研究的热门状况和法律解释学所起作用的应然状况相左。目前的法学方法论显然不止于三段论式的法律逻辑叙述,而是充分关注了评价、价值、目的等因素对法学的影响。但是,法学方法论是"戴着镣铐跳舞",不管要达到怎样合理、妥当的法律适用结果,那戴在手上亮闪闪的镣铐——方法——始终是关注的焦点,因为没有了这个镣铐,也就没有了法律本身。魏德士认为,方法问题是宪法问题,方法论的研究和运用是精确化划分国家权力的依据,是确保法律裁判具有平等性和确定性的保证,是法律裁判的内在逻辑和共同遵循,也是法律工作者应当具有的能够进行自我认知、自我监督的内在道德。④

对刑法解释的研究在我国法律解释学兴盛过程起到了重要的助推作用,刑法解释

---

① 肖某灵案参见游伟、谢锡美:《"罪刑法定"原则如何坚守——全国首例投寄虚假炭疽杆菌恐吓邮件案定性研究》,载游伟主编:《华东刑事司法评论》(第3卷),法律出版社2003年版,第256页。

② 参见陈瑞华:《法学研究方法的若干反思》,载《中外法学》2015年第1期。

③ 舒国滢:《并非有一种值得期待的宣言——我们时代的法学为什么需要重视方法》,载《现代法学》2006年第5期。

④ 参见[德]伯恩·魏德士:《法理学》,丁晓春、吴越译,法律出版社2013年版,第294页。

是在各部门法对法律解释问题研究最早、最多、最深入的领域，而法学方法论亦同时在经历发展壮大和被逐渐重视的过程，这二者之间是具有必然性的。刑法解释的研究助推方法论的重视，方法论的深研反哺刑法解释，二者相互相长。刑法解释重视规范性和方法论，在一定程度上也是解释结论有限性的原因和依据。

3. 刑法解释限度是质的限度与量的限度的统一体

刑法解释限度一直关涉刑法适用的确定性和妥当性两个元素，而这两个元素分别对应着法治的两个层面——形式法治与实质法治，这种宏观层面的法治区分、中观层面的法治原则投射到刑法解释的微观层面，正是要求刑法解释限度具有质的限度和量的限度。

质的限度与量的限度具有两个层面的意义。其一，刑法解释的限度既要在形式上符合限度标准，一般而言是指不能超出法律条文的文义范围；又要在实质上符合限度标准，即刑法解释结论要具有实质上的合理性，符合刑法目的与公平正义理念。质的限度代表刑法解释限度的实质合理性而量的限度代表形式合理性。[①] 其二，在刑法解释限度所关涉的两类问题——解释与类推的区别和解释内部的合理性问题——分别体现了质的限度与量的限度。解释与非解释（类推）是一种质的不同，在限度之内属于解释，在限度之外不属于解释，而解释限度之内，尚有合理解释与不合理解释、最优解释与次优解释之间的区分，此时的区分是量的区分，是刑法解释的“内部矛盾”。在刑法解释限度中，质的限度是排在第一位的问题，量的限度是排在第二位的问题，而质与量之间又不是能够严格、完美区分的，常常会融为一体，具有统一性。

4. 刑法解释的限度具有强烈的目的性

自目的行为论提出以后，目的法学已经成为法理学中的重要流派，对法律解释学也产生了重要影响，目的解释已经成为解释方法中的桂冠。[②] 对比不同部门法的解释，刑法解释中的目的性显得更为突出，这是由于在民事领域中，原被两造地位平等，法官只需要坚持客观中立之地位裁判即可，只有在极个别例外情形下如关涉重大国家、公共利益的，法官才应当在其中加入一些特别目的。刑事领域是就对危害社会、侵害法益的行为进行审判，不管是从抽象的“保障人权”“保护法益”等理念出发，还是在具体个案中进行具体解释，法官都难以避免在心中进行价值衡量，判决若隐若现都会打上目的的烙印。目的性对刑法解释的影响，最直接和最突出地体现在对解释限度或解释结论的大小上，而不是对解释立场、目标、方法等的影响。因此，目的性应当成为刑法解释限度的特点。

---

① 参见龚振军：《刑法解释限度理论之关系论纲》，载《法制与社会发展》2011 年第 4 期。

② 参见［德］汉斯·海因里希·耶赛克、托马斯·魏根特：《德国刑法教科书》，徐久生译，中国法制出版社 2001 年版，第 193 页。

5. 刑法解释的限度具有结果导向性

刑法解释的限度是刑法解释结论的限度,而不可能是解释主体的限度、解释方法的限度、解释立场的限度或解释目标的限度。笔者前面论证了本文所述的刑法解释的限度研究范围不仅仅是刑法解释结论得出过程的合规范性、不得超出法律解释的技术范畴,同时还包括了解释结论的合理性和妥当性,因此刑法解释限度必然具有鲜明的结果导向性的特点。这种结果导向性意味着所有的刑法解释的原则或规则都是围绕着解释结论的合法合理,即限度展开的,只要能够保证解释结论的限度性,采取何种解释立场、解释目标或解释方法在所不问——当然前提是仍然要合乎解释的规范性。

综上所述,笔者认为,刑法解释限度具有严格性、保守性、合规范性、质与量的统一性、目的性、结果导向性等特质。这些特质使刑法解释限度问题在法律解释学、刑法解释诸问题当中独立出来,成为一个单独的课题,为下步的继续研究提供了指引和方向。

刑法文义解释限度的法理阐释

程　荣*

【内容摘要】刑法文义解释具有框定解释限度的功能。"解释限度"既有解释行为本身的限度也有解释结论的限度,同时还有解释对象的限度。刑法既是刑法解释的对象也是刑法解释的语境,其决定了"解释限度"的实践价值。而将解释限定为释义更有利于明确解释行为本身的限度,进而可以明确法律解释与法律续造的边界。区分解释与阐释、诠释的界限以及解释与论证等行为的界限也是明确解释行为本身限度的应有之义。刑法文义解释之特殊本质在于强调以文义为刑法解释的起点,从"可能文义"到"否定类型"的意义转向更容易明确解释结论的限度。"语法—语义—语境"的阶层性语言学分析更有利于实现刑法解释之合法性、合理性与合目的性的系统论证成。语义分析要在明确概念内涵意义的基础上,明确概念外延之肯定类型、否定类型和中间类型,既要完成提供可能文义之任务的同时还要明确语词指称的否定类型。而语词指称的否定类型才是刑法文义解释的真正限度标准。语用分析则是在可能文义的范围内进一步选择具体语义,并校验解释结论的合理性和合目的性。

【关键词】刑法文义解释　解释限度　解释行为限度　解释结论限度　否定类型说

一、问题的提出

刑法文义解释具有框定解释限度的功能。正如有学者所言:"刑法解释限度,是指刑法文义解释所不能超越的、法律文本(刑法文本)所限定的文义界限和程度,以确保刑法解释对象和解释结论的合法性(限度)。"①也有学者指出:"刑法解释禁止超越文义,不得入罪重刑,也不得违反总体法秩序。"②可以说,刑法文义解释是罪刑法定原则,甚至是刑事法治的形式标准。刑法文义解释特别是其中的语义分析可以明确系争语词的核心含义和可能含义,其中核心含义是系争语词的"中心点",可能含义是系争语词意义的最大范围。理论上一般认为,废除类推制度是我国刑法确立罪刑法定原则

---

* 程荣,四川大学法学院刑法学博士,西北民族大学法学院讲师。

① 魏东:《刑法解释限度的理论构建:从价值优化论回归合法限度论》,载《西南政法大学学报》2022 年第 1 期。

② 蒋熙辉:《刑法解释限度论》,载《法学研究》2005 年第 4 期。

进而进入刑事法治时代的标志。然而,理论上仍然有混淆类推解释和扩大解释的观点存在,甚至有观点直接指出二者不存在界限。究其根本,论者忽视了文义解释,特别是语词之可能含义的限度功能和底线思维,而刑法用语的可能含义正是区分扩大解释和类推解释的形式标准。因而,在此需要特别强调的是,基于罪刑法定原则的刚性要求,凡是文义解释不能得出的结论,不能依据其他解释方法得出。易言之,其他解释方法只能在文义解释方法的范围内限定或选择意义,而不能超出"可能文义"和"核心文义"的限度进行过于扩张(外延)或限缩(内涵)的解释。正如有观点所言:"法律解释方法之于法律解释学具有以下几点意义:一是限制解释过程的任意性,恪守罪刑法定的人权保障价值。二是确保解释结果具有预测可能性,限定刑法漏洞的司法填补范围。三是独立的方法论意义,恰当平衡秩序与自由的紧张关系。"①具体到刑法文义解释,其更能体现上述意义,刑法文义解释所坚持的严格解释态度和平义解释技巧以及所体现的形式理性和客观性更能体现限制功能,无论是限制解释过程的任意性还是限制解释结果的主观性。另外,刑法文义解释所强调的"从语法到语义再到语用"的独特方法论进路更有利于确证刑法解释的解释限度。然而,"解释限度"的理论内涵不明确,亦即,我们在论及"解释限度"时具体是指什么,是指解释行为层面的限度?还是指解释结论意义上的限度?抑或解释方法意义上的限度?或者三者兼有?如果是三者兼有,何者更为重要?对此,理论上并非十分明确。同时,"解释限度"的标准也不明确。尽管"可能文义""语义射程""一般人的预测可能性"等理论是通说的标准,但是"目的""利益"却又具有优先性进而被奉为是解释方法的桂冠。② 更何况学界对语义射程与处罚必要性等实质因素成反比都无异议。同时,一般人的预测可能性也因为过于抽象而缺乏可操作性。虽然说,理论上有学者做了尝试,提出了新的标准,但都不尽如人意③。由此,我们有必要对刑法文义解释进行解构分析,明确刑法解释之"解释限度"的对象侧面、行为侧面以及方法侧面,进而明确其具体标准和实现进路。

二、刑法:刑法解释限度之对象侧面

"对象决定方法。就法而言,这意味着:法提出了哪些问题以及应以何种思考方

---

① 魏东、田馨睿:《刑法解释方法:争议与检讨》,载赵秉志主编:《刑法论丛》(第3卷),法律出版社2018年版,第138页。

② 或者青睐结论导向以解释之名行论证之实,抑或者强调目的导向以读者中心取代文本中心,再或者以效果导向或利益衡量遮蔽法律分析。罪刑法定原则不断实质化就是最好的例证。脱离立法原意的客观解释亦是如此。以目的等为起点的实质解释更为明显。其根本原因在于没有将"解释限度"作为第一理论预设,没有将法律作为解释起点,进而在法律内部与外部的视角方面发生错乱。

③ 付立庆:《刑法扩大解释与类推适用的区分标准——明显突兀感说的提出及其展开》,载《刑法解释》(第5卷),法律出版社2020年版,第1页。

法回答这些问题都取决于法本身的性质和功能"[①]。在刑法文义解释这一术语中,刑法是区分义素,其限定对象,也框定学科,更确定语境。质言之,刑法既是法律解释的对象,也是法律解释的学科界限,更是法律解释的语境。正如陈兴良教授所言:"刑法解释与民法解释或者其他法律解释在性质上还是有区别的,出于法律性质的考虑,刑法解释应当受到罪刑法定原则的严格限制,更应当受到法律文本的约束,这就是刑法应当严格解释的基本法理。"[②]张明楷教授同时指出:"如果说刑法解释与其他法解释有什么不同,也仅仅在于刑法的目的与其他法律的目的不同。"[③]魏东教授也认为:"'刑法解释的司法适用性'命题具有区别于其他部门法解释适用的特殊性,这就是刑法解释所应当具有的适当保守性。"[④]在解释论层面,魏东教授所言的"解释的适当保守性"就是解释的从属性、严格性。可见,刑法解释与其他法律解释最大的区别在于"严格",而决定这一区别的根本在于刑事法本身的特殊性。质言之,刑法解释与民法解释、宪法解释、行政法解释等其他学科解释之间的本质区别在于解释对象是刑法条文。正如魏东教授所言:"刑法解释是对刑法规定含义的理解、阐明和具体适用。"[⑤]张明楷教授也指出:"刑法解释是指对刑法规定意义的说明。"[⑥]

质言之,解释对象是法律规定(法律文本)使法律解释与其他解释区别开来,解释对象是刑法规定使刑法解释与其他法律解释区别开来。诚如有观点所言:"法律解释方法以其所解释的法律材料及其设定的特殊目的为导向。所以,针对不同的法律材料,可能会有大相径庭的解释方法。在该意义上,有'方法的客体相应性'的说法。"[⑦]具体到刑法解释,正是刑法规定这一法律材料及其规范目的的特殊性使得刑法解释区别于民法解释等其他法律解释。对此,王政勋教授指出:"根据同位素理论,刑法中反复出现的'刑''罪''犯'等关键词的语义决定了刑法文本和其他法律文本的区别,也使得刑法具有和其他部门法迥异的面貌和特色。"[⑧]无独有偶,日本学者前田雅英教授也认为刑事法律解释具有特色,其指出:"刑事法的主要着眼点在于'为了包含被害人在内的全体国民的利益,是否应该科处刑罚?'这一问题,即调整全体与个人的利益,而民法是以调整个人与个人的利益为基本原理的。可以说刑事法具有民事法相对照的性质。但是,在最终探求'国民看来的具体妥当性'这一点上,二者不存在本质上的

---

① [德]齐佩利乌斯:《法学方法论》,金振豹译,法律出版社2009年版,第1页。

② 陈兴良:《判例刑法学》(教学版),中国人民大学出版社2012年版,第7页。

③ 转引自张明楷:《刑法学》(上)(第5版),法律出版社2016年版,第38页。

④ 魏东:《刑法解释学基石范畴的法理阐释——关于"刑法解释"的若干重要命题》,载《法治现代化研究》2018年第3期。

⑤ 魏东:《刑法解释学基石范畴的法理阐释——关于"刑法解释"的若干重要命题》,载《法治现代化研究》2018年第3期。

⑥ 张明楷:《刑法学》(上)(第5版),法律出版社2016年版,第28页。

⑦ [奥]恩斯特·A.克莱默:《法律方法论》,周万里译,法律出版社2019年版,第9-10页。

⑧ 王政勋:《刑法解释的语言论研究》,商务印书馆2016年版,第322页。

差异。再者,与追求目的合理性的行政法相比,虽然可以说刑事法作为司法,重视法的安定性,但二者的差异也只是相对的。而且,刑法被认为是哲学色彩、理论色彩最为浓厚的法律,但必须注意的是,近来其政策性色彩正在加强。”①由此观之,在前田雅英教授看来,刑事法解释的特殊性在于刑事法的着眼点,即调整的利益不同,根本还在于刑事法本身的特殊性。

其实,刑法规定与其他法律规定最大的区别在于其本质上是刑罚之法——惩罚规范,以规定禁止规范和权益剥夺为主要内容,②而民法规定则主要是权利规范,主要调整的内容是个体之间的利益,调整的手段以赋予权益为主。行政法规范虽然是义务规范,主要调整的内容也是国家与个人之间的利益,调整的手段以科以义务为主,但其义务主要是命令义务,即便存在惩罚规范也主要是以权益限制为主要内容。③ 正如王政勋教授所言:“和民法、行政法等相比,刑法还有其他一些特点。其他部门法重在调整、规范人们的行为,刑法重在对犯罪行为的制裁和遏制;其他部门法的目的在于在社会主体之间分配、确认权利义务,刑法的目的在于责任的追究;其他部门法针对的是社会的‘生理现象’,刑法针对的是社会的‘病理现象’。”④易言之,刑法规范调整的内容较其他法律规范调整的内容更为重要,不容许调整手段过分自由。

三、解释:刑法解释限度之行为侧面

解释是所有刑法解释方法的共同语素。就字面而言,解释乃是理解并说明或说清楚,其中,理解是内化的自我认识过程,是对系争语词进行识别判断的过程,说明是外化的意思表达过程,是将所认识的系争语词进行说明阐述的过程。正如张志铭教授所言:“法律解释是对法律文本的意思的理解和说明。理解指解释者对法律文本意思的

---

① [日]前田雅英:《刑法总论讲义》,曾文科译,北京大学出版社2017年版,第4页。

② 刑罚是以否定评价和剥夺性痛苦为内容的强制措施。参见张明楷:《罪刑法定与刑法解释》,北京大学出版社2009年版,第3页。

③ 刑法侧重惩罚,亦即更侧重违法性评价和社会秩序的稳定。易言之,对一个行为的违法评价并不意味着对另一相关行为的合法评价。例如,“黑吃黑”过程中,对侵犯违禁品占有的惩罚并不意味着被侵犯者行为的合法性。非法债务亦是如此,“因索取非法债务”而构成犯罪的降格定罪,并不意味着非法债权人之债权的合法性。与之相对,民法更侧重于保护,亦即更侧重于合法评价和个人权利的保护。质言之,对一个行为进行救济并不意味着对另一相关行为的否定评价。例如,侵权责任中基于公平原则的补偿责任,并不意味着责任承担者存在违法行为。又如,对于事实婚姻,因为刑法侧重于惩罚和违法评价,则倾向于将事实婚姻解释为“婚姻”;民法侧重于保护和合法评价,则倾向于不将事实婚姻解释为“婚姻”。其实,刑法是二次违法,在刑法之前置法的法律责任部分已经规定了违法行为类型。因此,在刑法学理上,在一方面说“规范违反”,另一方面又说“构成要件符合”。再如,民事责任年龄的下限比刑事责任年龄低,而且理论上对降低民事责任年龄持反对意见较少而对降低刑事责任年龄持反对意见较多。未成年人保护是基本的法律原则,民法降低民事责任年龄是为了将更多的不是未成年人纯获利益行为排除出“合法有效”的民事法律行为范畴,使其避免承担“显失公平”的民事义务和民事责任,是合法评价;而刑法则主要是犯罪化,是将未成年人越轨行为纳入刑罚处罚的范畴,是违法评价。虽说,理论上倾向于将违法评价和构成犯罪区分为两个阶层,年龄是责任阻却事由,但毫无疑问都是否定评价。

④ 王政勋:《刑法解释的语言论研究》,商务印书馆2016年版,第326页。

内心把握;说明指对理解结果的外在展示。”[①]焦宝乾教授也指出:“法律解释有‘解’与‘释’的阶段划分,前者是指理解层面,解读文本,形成自己的解释观点,而后者则是在理解的基础上,阐释与证成观点,使其能获得公众的普遍认可。”[②]至于何谓“说明”?在此,笔者倾向于将“说明”一词解构为表达清楚或者是说清楚。详言之,对于接受者而言,表达清楚就是接受者对于表达者所表达的内容没有争议或疑惑。对于表达者而言,表达清楚就是表达到不需要再解释为止,或者说表达到不深入要再用其他语言替换为止。因为解释是用一个更为常见的词替换系争语词的过程,而且是不断循环的过程。同时,根据现代汉语词典,“解释作动词用,有两个义项:一是分析阐明;二是说明含义、原因、理由”[③]。根据词典所列举例和语词搭配关系,解释在此特指说明含义。在现代汉语中,解释共有五个(属性)义项,其中汉语语词、心理学名词、哲学名词这三个义项具有学术意义,其余两个义项为歌曲名称。[④] 作为汉语语词,解释有两个义项:一是分析说明,分析阐明,分析解说;二是说明含义、原因、理由等。作为心理学名词,解释是个体心理咨询技术之影响性技术之一,即运用心理学理论来描述求助者的思想、情感和行为的原因、实质等,或对某些抽象复杂的心理现象、过程等进行解释。作为哲学语词,“解释”一词有三种含义:(1)最广义解释——对各种文化客体的理解。(2)广义解释——对语言材料的理解。(3)狭义解释——在特定语境和交流行为中,选择一个被使用的语言的意义,如法律解释。具体到刑法文义解释,其主要是通过发现争议规范之个案文义的方式提供司法裁判的理由。

不过,在理解“解释”一词含义的过程中,还需要将其与诠释、阐释、理解、适用等语词进行比较区分,同时还需要进行方法论与本体论的选择界分。在语义上,解释、诠释、阐释并无太大区别,都有说明(白)、说清楚的意思。“诠释,也作动词用,只有一个义项:说明、解释。”[⑤]可见,诠释可以与解释替换使用。“阐释,也作动词用,只有一个义项:论述并解释。”[⑥]然而,在解释学上,解释、诠释、阐释则存在较大区别。尤其是哲学解释学的兴起,使得解释与诠释之间的鸿沟越来越宽。正如有学者所言:“在法律

① 张志铭:《法律解释学》,中国人民大学出版社 2015 年版,第 11 页。

② 焦宝乾等:《法律修辞学:理论与应用研究》,法律出版社 2015 年版,第 155 页。

③ 中国社会科学院语言研究所词典编辑室编:《现代汉语词典》(第 6 版),商务印书馆 2012 年版,第 666 页。

④ 由此可见,“解释”一词蕴含着深刻的心理学和哲学学科背景,法律解释使得心理学、哲学和法学有着密切联系;“文义”一词蕴含着深刻的语言学、逻辑学和心理学学科背景,语言学中的语用学和语境理论又蕴含着深刻的价值论知识。因此,我们可以说,文义解释是一个具有多学科背景的综合、交叉理论知识点,需要多学科交叉、综合审视。例如,概念既是逻辑学的基本范畴又是心理学的重要术语,还是词语的理性意义,而概念又同时是法律解释,特别是文义解释的重要范畴。

⑤ 中国社会科学院语言研究所词典编辑室编:《现代汉语词典》(第 6 版),商务印书馆 2012 年版,第者 1078 页。

⑥ 中国社会科学院语言研究所词典编辑室编:《现代汉语词典》(第 6 版),商务印书馆 2012 年版,第 143 页。

科学中,解释是法律方法,诠释是法学方法;解释是语义域概念,诠释是语用域概念;解释是客观性范畴,诠释是主观性范畴。法律只能被解释而不能被诠释。"[①]也有观点认为:"诠释侧重文本自在的本来意图,重视概念、词语所表达的定义;阐释包括循环、体系等逻辑方法的运用,关注文本意义的创新和重新塑造。"[②]但是,理论上也有观点认为诠释根本就不是一种解释方法。正如考夫曼教授所言:"然就其本质上言,诠释学并非方法,而是超验哲学,它完全论及意义理解可能性之条件,即在何种条件下人们可分别理解某种意义。"[③]故而,笔者在此倾向于选择"解释"一词,并将其定义为"说明含义。"

其实,解释的对象应当为困惑或争议,无论是陈述理由(原因,有学者称为释因),还是说明含义(有学者称为释义,法律解释学其实是法律释义学。)[④]。故而,我们也可以说当我们说到"解释"一词时,其实我们是在说"释疑"。[⑤] 当然,解释活动的目的更在于促进"名副其实"。正如德国学者卡尔·拉伦茨所言:"解释乃是一种媒介行为,借此,解释者将他认为有疑义文字的意义,变得可以理解。"[⑥]易言之,只有在出现争议或困惑时,才会使用"解释"一词,而理由或含义只是解释一词的起点和归宿。只是,在法律解释的语境下,我们习惯将解释等同于说明含义。正如有观点所言:"这就是我们所称的'解释':探求规范的法律意义。"[⑦]具体到法律适用层面,解释的对象应当是不清楚的文本,或者是有困惑或争议的语词,或者是由于语词含义理解引起的困惑或争议。"法律解释学是以研究解决疑难案件为主要目标的学问。"[⑧]因此,我们要注意避免解释概念的泛化与绝对化,而对其含义进行限缩,进而还原其固有的本义。一方面,我们不能把法律解释泛化,要注意解释的适用范围。"受哲学解释学的影响,在当今的西方学界,解释是一个被泛化的概念,几乎所有的研究都可以被称为解释。解释已经失去固有的意义,自然科学、人文社会科学都被称为关于解释的学问。"[⑨]这一问题,在中国学界也同样存在,而且有愈演愈烈之势。因此,我们要注意解释的必要性,不能说任何法律文本都需要解释,能不解释就不解释,解释或多或少会因"前见"

---

① 戚渊:《论法律科学中的解释与诠释》,载《法学家》2008 年第 6 期。

② 陈金钊:《体系思维及体系解释的四重境界》,载《国家检察官学院学报》2020 年第 4 期。

③ [德]阿图尔·考夫曼:《法律哲学》,刘幸义等译,法律出版社 2011 年版,第 50 页。

④ 争议的本质是不一致。详言之,之所以会发生争议,首先,是因为自己的观点和对方的观点不一致;其次,更为主要的是认为和自己的观点不一样的对方的观点是错误的,或者说对方的观点和自己所认为正确的标准不一致。

⑤ 理论上一般在两种意义上使用"解释"一词,即"是什么"和"为什么",因而解释可以分为解释意义和解释原因,可简称为"释义"和"释因",在此,我们多在"释义"的意义上使用"解释"一词。

⑥ [德]卡尔·拉伦茨:《法学方法论》,陈爱娥译,商务印书馆 2003 年版,第 193 页。

⑦ 张明楷:《刑法分则的解释原理》(第 2 版),中国人民大学出版社 2011 年版,序第 6 页。

⑧ 陈金钊:《法律解释学——权利(权力)的张扬与方法的制约》,中国人民大学出版社 2011 年版,第 5 页。

⑨ 陈金钊:《法律解释学——权利(权力)的张扬与方法的制约》,中国人民大学出版社 2011 年版,第 6 页。

而改变意义。另一方面，我们也不能把法律解释绝对化，要避免过度解释。法律解释更不能松动法律规则的严格性和法律条文的形式理性。解释是通过文本获得意义，但是解释不能消解文本。因此，我们不能把所有的行为都称为解释，也不能将所有对法律文本含义的认定行为都笼统地称为法律解释，而混淆解释意义和赋予意义的界限，将创造性解释也认为是解释的类型。概言之，"（狭义的）解释就是对那些意义或意思不是很清楚的问题进行阐释和说明。解释这个词或者更准确地说解释的实践应该只针对疑难文本和具有一定重要性的文本"①。

另外，解释与描述、分析、判断（论断）、认定、评价、适用、续造（造法）、论证、推理（推论）等行为的本质区别在于解释活动的目标是在文义的可能范围内提供理由。②正如有观点所言："解释的标的是'承载'意义的法律文字，解释就是探求这项意义。"③另外，我们可以在区分事实与观点以及事实与规范的基础上，根据词语搭配和句子成分进行语言学上的界分。④ 例如，我们通常说描述事实、认定事实（也说对事实定性或对事实进行法律判断或价值判断），解释法律、续造法律、适用法律。不过，我们在此需要特别强调法律解释与法律漏洞填补、法律续造的区别。对此，有观点认为："因法律解释的结果不得超出文义范围，否则便进入'造法'、'补充法律'或'法律续造'等领域。"⑤由此可见，文义的可能范围是重要的区分标准。"在德国，人们于学术上用来区分解释和法律续造的三个标准分别是：在法律的可能语义之内；超出法律的可能语义，但在立法意旨的框架之内；以及超越法律的立法意旨。"⑥其实，解释是对"是什么和包括什么"这一问题的回答，即对概念内涵的确定，判断是对"什么是"这一问题的回答，而回答"什么是"这一问题的过程其实也是对"包含什么"，即概念外延的划定。因而，从某种意义上讲，文义解释就是下定义，至少可以说下定义是文义解释的首要方法步骤。正如有观点所言："在学术界，为了清楚、明了并且尽可能精准地确定概念的意涵，就要对概念下定义。"⑦同时根据逻辑学原理，概念分为内涵和外延两个部分，与此相对应，概念界定也主要是厘清内涵和划定外延两个方面。一般来说，厘清内涵主

---

① ［美］布莱恩·H. 比克斯：《牛津法律理论词典》，邱昭继等译，法律出版社 2007 年版，第 110－111 页。

② 我们需要明确解释和论证的区隔，一方面，需要防止从释义滑向释因，即从"是什么"滑向"为什么"；另一方面，需要防止从解释滑向论证，即从"现象导向"滑向"结论导向"。

③ ［德］卡尔·拉伦茨：《法学方法论》，陈爱娥译，商务印书馆 2003 年版，第 194 页。

④ 简单地说，事实就是基于观察（直接看到的、听到的、摸到的、观测到的）而形成的，可以被证明真假的描述；观点则是基于判断（猜出来的、推理出来的、计算出来的）而形成的，无法被证明的对事实的感觉或看法。概言之，事实与观点的区别应当与描述和评价、认识和价值的区别相对应——于主体需求有关的判断。在语言学层面，观点中一般有诸如情感形容词、副词、情感动词等体现主体需求的评价性语词。

⑤ 舒国滢、陶旭：《论法律解释中的文义》，载《湖南师范大学社会科学学报》2018 年第 3 期。

⑥ ［德］齐佩利乌斯：《法学方法论》，金振豹译，法律出版社 2009 年版，第 102 页。

⑦ ［德］英格博格·普珀：《法学思维小学堂：法律人的 6 堂思维训练课》，蔡圣伟译，北京大学出版社 2011 年版，第 29 页。

要通过下定义的方法,来解决是"是什么"的问题;划定外延则主要通过列举的方式,来回答"什么是"或者"包含什么"的问题。理论上,一般将概念界定等同于下定义,难免有失偏颇。不过,即便是下定义,字面解释也只是第一步,而字面解释往往根据汉语工具书进行。另外,还需要根据语境,即语言使用者使用语言的场合进行确定具体意义。概言之,概念界定通过汉语词典等语言工具书确定本义,再根据语境来确定具体意义。当然,术语的意义解构和重构是基础。对于概念的外延划定,则主要回答概念应该包括哪些内容,或者说哪些事物可以纳入概念的范畴。我们可以将揭示概念外延的方法统称为分类,即按照一定的标准划分并列举系争语词的概念外延类型。概念的外延划定一方面可以与相关概念进行区分,另一方面也可以明确概念的应有内容。

四、文义:刑法解释限度之方法侧面

根据语言聚合理论,与文义相关的语词有文理、文法、语法、语义、语文、语言、语词、语用、字面、平义、严格等。其中,语、文、字、词是次共同义素,其在与义、法等语素组合或者彼此组合的过程中需要进行细致区分。

其一,"文理,作名词用,有两个义项:(1)文章内容方面和词句方面的层次;(2)文科和理科的合称"。在此,主要使用第一个义项。①

其二,"文法,作名词用,其只有一个义项:语法"②。可见,文法与语法是同义词。"语法,作名词用,指语言的结构方式,包括词的构成和变化、词组和句子的组织。"③

其三,"语义,作名词用,是指语词、句子的意义。与之相关的'语意'一词则是指语言所包含的意义"④。

其四,"语文,作名词用,有两个义项:(1)语言和文字;(2)语言和文学"⑤。在此显然是指语言和文字,其内涵和外延最为广泛。其中,"语言,作名词用,也有两个义项:(1)人类所特有的用来表达思想、交流思想的工具,是一种特殊的社会现象,由语音、词汇和语法构成一定的系统。'语言'一般包括它的书面形式,但在与'文字'并举

---

① 中国社会科学院语言研究所词典编辑室编:《现代汉语词典》(第6版),商务印书馆2012年版,第1291、1364页。

② 中国社会科学院语言研究所词典编辑室编:《现代汉语词典》(第6版),商务印书馆2012年版,第1363页。

③ 中国社会科学院语言研究所词典编辑室编:《现代汉语词典》(第6版),商务印书馆2012年版,第1590页。

④ 中国社会科学院语言研究所词典编辑室编:《现代汉语词典》(第6版),商务印书馆2012年版,第1590页。

⑤ 中国社会科学院语言研究所词典编辑室编:《现代汉语词典》(第6版),商务印书馆2012年版,第1591页。

时,只指口语。(2)话语”①。而“文字,则有三个义项:(1)记录语言的符号系统;(2)语言的书面形式;(3)文章(多指形式方面)”。由是观之,“文”一般指称语言的书面形式,意指“说、话”的语则指称语言的口语形式。

其五,“字面是指文字表明上的意义(不是含蓄在内的意义)”②。“严格,有两个义项:(1)作形容词用,是指在遵守制度或掌握标准时,认真不放松;(2)作动词用,使严格。”在此,主要使用第二义项。在现代汉语词典中,笔者未能查到平义与文义的解释,只查到字义的意义,其是指“字所代表的意义”③。其实,文理是一种解释理由,严格是一种解释态度,平义是一种解释技巧。

语言学理论一般以语或文为中心进行建构。根据语言学理论,文字构成语词或词语,语词构成语句,语句构成语段,语段构成语篇,语篇构成文章。字、词、句、段、篇、章是逐步递增的语言单位,是解释对象的要素,我们并不能将字、词、语、文等而视之,正如概念必须在命题(判断)中有意义,文字也必须在语句中才有意义。同时根据语言学理论,语音学、语义学、语法学、语用学是并列的分支,语义与语法、文法也不能同等使用,语义侧重于意义的发现,语法侧重于语言的结构分析,只能以二者的上位概念——语言学来进行统称。但是按照语言习惯,口头(有声、音即言或说)为语,书面(字或写)为文。另外,根据罪刑法定之成文化的要求以及以语言称谓的失之过宽,笔者在此以语言的书面形式——“文义”进行称谓,当然,文义不是字面含义,更不是断章取义。同时,“传统上认为,文义解释是一种语义解释和逻辑解释方法”④。

其实,“文义”一词的理解需要从语言学角度切入。在语言学上,文义有三个义项:(1)文章的义理,文章的内容。(2)亦作“文谊”,文字的意义。(3)文辞。另外,根据语言学理论,“语义是语言的意义和内容,分为词汇意义、语法意义和修辞意义三大类,从修辞意义过渡到话语领域,产生语境意义,又分为上下文意义和社会文化意义”⑤。其中,词汇意义以概念为基础,是对客观现象本质特征的概括反映;词汇意义除同“概念”相关之外,还和词语在词汇体系中的地位有关。语法意义是在词汇意义上更大的概括和抽象,包括关涉性、数、格、时、人称等范畴意义语法单位的意义,关涉主语、谓语、宾语、定语、状语、补语等句子成分意义的语法功能意义以及关涉陈述句、疑问句、祈使句等句型意义的句法结构意义。概言之,语法意义包括词法意义和句法

① 中国社会科学院语言研究所词典编辑室编:《现代汉语词典》(第6版),商务印书馆2012年版,第1591页。

② 中国社会科学院语言研究所词典编辑室编:《现代汉语词典》(第6版),商务印书馆2012年版,第1730页。

③ 中国社会科学院语言研究所词典编辑室编:《现代汉语词典》(第6版),商务印书馆2012年版,第1730页。

④ 王利明:《法律解释学》(第2版),中国人民大学出版社2016年版,第144页。

⑤ 王德春:《语言学通论》,北京大学出版社2006年版,第292页。

意义,修辞意义包括对所谈对象的评价和态度的表情色彩、诸如书卷语体、谈话语体等语体色彩以及从词汇意义的联想而产生的联想色彩。

在刑法文义解释中,文首先有文字之义,此乃罪刑法定原则之成文法的要求;其次是刑法条文之义,理论上也习惯上称为刑法规定之义;最后是刑法文本之义,是对刑法法典整体意义之指称。"文本,作名词用,其只有一个义项:文件的某种本子(多就文件、措辞而言),也指某种文件。"①而义则可以解释为含义(含义可以分为专业用语含义、习惯用语含义、通常含义)、定义、含义、内涵、内容、意义、意蕴等义项。对此,"美国学者赫施对解释文本的'含义'和'意义'做出严格区分,他认为,含义存在于文本之中,是确定的,而意义则是文本含义与具体的人、事物或情境相联系的结果,是可变的"②。张志铭教授进一步指出:"其实,含义与意义固然有区别,后者显然更为丰富,但如果在这同时把文本的含义视为文本所具有的基本意义或一般意义,则更为贴切。"③陈金钊教授进一步指出:"'文义(含义)'一词一般来说是指该用语或词在一般语言习惯上被理解的含义,即强调法典词条的原来含义;'意义'一词强调该用语或词在特定环境中与其他事物发生关系而产生的影响;'意蕴'则是在文本与理解者对话过程中所衍生的第三者。"④由此可见,文义侧重于对象层面,一般是指通常含义;意义侧重于结果层面,一般是指语境意义。概言之,文义即文字意义,而"文字可以被设想为是一种描述声音形式的语言"⑤。

另外,理论上还存在概念、类型、范畴、意义等词语来表示"意义",对此需要进行区分。不过,在逻辑学理论中,有学者提出了"类型概念"。⑥ 这一术语的提出解决了概念与类型的关系问题——类型概念是一种特殊的概念形式。同时,在语言学理论中,有学者提出了"概念意义"。⑦ 这一术语的提出解决了概念与语词的关系问题——概念意义是一种特殊的语言意义,概念意义又称为理性意义、认知意义,对应于语词的指称意义。在语言学中,词的意义包括指称意义和系统意义两个方面。其中,指称意义,又称为所指意义,是语词和外部世界的关系决定的意义,是语词指称各种对象(事物、行动或状态、性质和特征)所形成的意义;系统意义,又称为结构关系意义,是词汇系统内部各个要素之间的关系决定的意义,是语词在和其他语词的意义联系、在语言

① 中国社会科学院语言研究所词典编辑室编:《现代汉语词典》(第6版),商务印书馆2012年版,第1371页。

② [美]赫施:《解释的有效性》,王才勇译,三联书店1991年版,第16-17页。

③ 张志铭:《法律解释学》,中国人民大学出版社2015年版,第47页。

④ 陈金钊、尹绪洲:《法律的文义解释与词典的使用——对美国司法过程中词典使用的述评》,载《法商研究(中南政法学院学报)》1996年第3期。

⑤ [奥]维特根斯坦:《哲学研究》,李步楼译,商务印书馆1996年版,第5页。

⑥ 参见[德]英格博格·普珀:《法学思维小学堂:法律人的6堂思维训练课》,蔡圣伟译,北京大学出版社2011年版,第22页。

⑦ 参见王政勋:《刑法解释的语言论研究》,商务印书馆2016年版,第218、232页。

结构中获得的意义,包括聚合关系意义和组合关系意义。① 理论上所说的"通常的使用方式"其实是语词的通常组合或聚合方式,而且比起概念,类型更准确,而范畴与类型并无二致。其实,无论是概念还是类型抑或是范畴,都不及"含义"一词能指称语言内容或意义。质言之,意义或者说含义应当是元语词,是解释的归宿,是语词指称内容的根本。在意义之下有概念,亦即概念意义只是其中一种意义,在概念之下有类型,亦即概念有内涵和外延之分,内涵是根本性质之抽象,而外延则是具备这一性质之对象列举或范围划定。在此意义上,外延和类型大体对应。只不过,学界有争议的是传统理论一般认为外延是密封的,类型是开放的。其实不然,封闭的外延也是可以伸缩的,如此与开放的类型并无二致。笔者在此愿意将外延和类型统一理解,进而可以分为肯定类型(典型原型是肯定类型中更有代表性的类型)、中间类型和否定类型。② 其实,对类型的如此划分是对概念之外延的进一步厘定,这一划分是对德国学者英格博格·普珀教授的概念划分理论进行借鉴的结果,其认为:"概念可以分为概念核心和概念外围(概念边缘),肯定(积极)选项组成概念核心,概念外围由中立(中性)选项所组成,位于概念之外的是否定(消极)选项。"③在语言分析理论中,"使用模糊的表述,产生以下的情况:对于一些对象,能够明确这个有疑问的表述适用于它们(肯定的候选);同样,对于其他一些对象,能够明确这个表述无疑不能适用(否定的候选);而对于剩下的最后一类对象,不能确定是否适用(中性的候选)"④。简言之,在笔者看来,外延是范围、是集合;而类型是对象的初步抽象,是介于概念与对象之间的语词;特征则是对象的属性,本质特征则是概念的内涵。因此,我们应当对内涵与特征以及外延与类型等基本范畴有所区分。

同时,词语是最小的解释对象,也是最为核心的解释对象。详言之,法律解释的核心在于法律词语含义理解,更准确地说法律解释的核心是在于准确定义概念内涵基础

① 组合关系,又称为配置关系,是指语言单位与语言单位前后连缀起来所形成的关系,即线性相互关系或搭配关系。聚合关系又称为联想关系,是指可以出现在一定组合中相同位置上的各语言成分所具有的类聚会同的关系,即替换关系。参见王德春、许宝华:《大辞海·语言学卷》,上海辞书出版社 2015 年版,第 22-23 页。也有观点认为"聚合关系是在相同和区别的基础上形成的对立关系,各种类型的语义场都是聚合关系,同义词、反义词、语义相对词、上下位词等,都可构成聚合关系"。参见王政勋:《刑法解释的语言论研究》,商务印书馆 2016 年版,第 219、223 页。

② 典型是语言哲学中的一种研究方法,这种方法认为我们应以典型范例为基础来理解或讲授词语的意义。参见[美]布莱恩·H. 比克斯:《牛津法律理论词典》,邱昭继等译,法律出版社 2007 年版,第 169 页。

③ [德]英格博格·普珀:《法学思维小学堂:法律人的 6 堂思维训练课》,蔡圣伟译,北京大学出版社 2011 年版,第 53 页。

④ 转引自[奥]恩斯特·A. 克莱默:《法律方法论》,周万里译,法律出版社 2019 年版,第 29-30 页。

上确定法律词语的外延——肯定类型、中间类型和否定类型。① 例如,交通肇事罪的理解在于对"交通事故"一词的理解,而对"交通事故"一词的理解又在于对"车辆"和"道路"两个词的理解。首先,对于"车辆"一词的理解。根据《道路交通安全法》第119条第2项之规定,"车辆"是指机动车和非机动车。然而,这一规定并未明确"车辆"这一用语的内涵或本质,只是对其外延或类型进行了列举。换句话说,这一规定只解决了"什么是车辆"的问题,并未解决"车辆是什么"的问题。其实,仔细分析其也没有彻底解决"什么是车辆"的问题。因为一方面,从逻辑上讲,机动车与非机动车之间的连接词应当是"或"而不是"和",两个相矛盾的词是无法并列,更无法为同一个词所指称的——不能既是机动车又是非机动车;另一方面,这一规定对于既不是机动车又不是非机动车的交通工具的性质其并未进行明确的界定。例如,在"四川首例驾驶电动滑板车致人死亡案中",法院认为,"电动滑板车既不属于机动车,也不属于非机动车,属于滑行工具"。此外,与之类似的平衡车、电动独轮车都属于未按规定注册登记通行工具。质言之,电动滑板车、平衡车、电动独轮车是滑行工具而非车辆,亦即,滑行工具不是合法的交通工具——车辆。因而,在此需要对机动车、非机动车、滑行工具、车辆的逻辑关系进行分析,根据《道路交通安全法》,机动车和非机动车的上位概念是车辆,车辆的上位概念是交通(通行)工具。在此,机动车是车辆的典型类型,非机动车是车辆的中间类型,滑行工具是车辆的否定类型。在司法实践中,存在较大争议的还是电动车。我们可以按照用途方式将电动车分为电动汽车、电动三轮车、电动自行车三类,其中的电动三轮车争议最大。电动汽车可以没有争议的划入机动车系列,电动自行车划到非机动车也没有争议,但是电动三轮车的划归并不明确。其次,是对于"道路"一词的理解。根据《道路交通安全法》第119条第2项之规定,公路是道路的肯定类型,即公用之路,是指汽车、单车、人力车、马车等众多交通工具及行人都可以通行的路,按照按行政级别分为国道、省道、县道、乡道、村道。城市道路也是道路的肯定类型,是指通达城市的各地区,供城市内交通运输及行人使用,便于居民生活、工

① 因此,我们可以说,文义解释的过程首先是类型思维运用的过程而且是"具体化"的类型思维运用过程,其次是逻辑思维和评价思维运用的过程。我们不能一味笼统地说我们要运用类型化思维,提倡用类型取代概念,作类型化解释,而应当是结合概念和类型,形成新的"类型化"思维。例如,在理解侵犯财产犯罪与其他相关犯罪的关系时,我们必须充分注意区分词语、行为和罪名之间的区别。例如,诈骗和合同诈骗、金融诈骗,诈骗行为、合同诈骗行为、金融诈骗行为、诈骗罪与合同诈骗罪、金融诈骗罪的关系并非一一对应的。就词语和行为而言,诈骗与特殊诈骗(在行为方式或行为对象方面,更多的是在行为方式方面)是一般和特别的关系,而就罪名而言并非如此,诈骗罪和特殊诈骗犯罪之间是(法益不同的)交叉关系。在此,我们需要区分法律术语和日常用语、类罪名和具体罪名、属概念和种概念。诈骗以及诈骗行为是类概念或者说是属概念,诈骗罪则应当被解释为普通诈骗罪,其是具体罪名或种概念。在此,我们可以从逻辑上以诈骗类犯罪为属概念进行划分,将其分为(普通)诈骗罪和特殊诈骗类犯罪,特殊诈骗类犯罪再分为金融诈骗类犯罪和合同诈骗罪,以此类推,金融诈骗类犯罪再分为信用卡诈骗罪等。在刑法中,盗窃、抢夺、抢劫犯罪与相关犯罪(在行为方式或行为对象,更多的是在行为对象方面)的关系亦是如此。

作及文化娱乐活动,并与市外道路连接负担着对外交通的道路,根据道路在城市道路系统中的地位和交通功能,分为:快速路、主干路、次干路、支路。虽然在单位管辖范围但允许社会机动车通行的地方是道路的中间类型,在司法实务中容易发生争议和分歧,也容易因政策等因素发生变化。例如,浙江省《关于办理“醉驾”案件若干问题的会议纪要》,对这一用语作了排除性的限制解释,“道路,不包括居民小区、学校校园、机关企事业单位内等不允许机动车自由通行的通道及专用停车场”①。由此可见,“道路”一词是指用于公众通行的场所,包括公路、城市道路和虽然在单位管辖范围但允许社会机动车通行的地方、广场、公共停车场等,不包括居民小区、学校校园、机关企事业单位内等不允许机动车自由通行的通道及专用停车场。

由是观之,我们对系争语词进行文义解释,至少要明确以下内容:一是通过“解构式下定义”的方式明确系争语词的核心含义或概念内涵意义、本质特征及其构成要素;二是通过“归纳式列举”的方式明确系争语词的边缘含义或概念外延意义;三是通过“排除式列举”的方式明确系争语词的否定意义。法律条文或司法解释规定中的“除外规定”其实就是在列举否定类型。在此,需要说明的是,其一,我们不能将概念内涵意义的构成要素和概念外延意义的具体对象相混淆,也不能将概念内涵意义的构成要素与概念内涵意义的外在特征相混淆。其二,我们还需要注意不能将系争语词的内在本质特征与其他语词的内在本质特征,尤其是在同一语义场的语词(在逻辑上一般指的是逻辑并列概念和逻辑上位概念)的内在本质特征相混淆。其三,我们要注意区分外延、对象、类型。外延是对象的集合,类型是具有一定外在特征的对象抽象,同时,法律只是规定类型而不直接规定对象,刑法也概莫能外。因而,类型就成为刑法文义解释的重要范畴。我们通常所说的分类之“类”就是类型之“类”,新型之“型”就是类型之“型”,分类又是通过明确种属关系认识系争语词之概念外延意义的重要方法。在此,我们应当将系争语词的外延区分为典型类型(肯定类型)、中间类型和否定类型。概言之,系争语词文义解释的结论应当是由界定系争语词概念内涵的“定义”(该定义由可以明确其本质特征的概念内涵意义要素组成)与列举系争语词概念外延的“类型”(该类型包括具有系争语词核心含义的肯定类型、具有语词边缘含义的中间类型、具有系争语词反对意义的否定类型)所组成的语句。然而,学界在对系争语词下定义或概念分析时,要么只进行内涵分析不明确“包括什么”和“不包括什么”的问题,有时将内涵分析和特征列举混同,要么只进行外延划定,但是也只进行“包括什么”的外延划定,基本不重视“否定类型”的列举。有时甚至混淆内涵分析和外延划定,将外

① 浙江省高级人民法院、浙江省人民检察院、浙江省公安厅印发《关于办理“醉驾”案件若干问题的会议纪要》,浙高法〔2019〕151 号。

延划定混同于内涵分析。[①] 另外,在进行外延划定时,不区分肯定类型、中间类型和否定类型,混淆肯定类型与中间类型,混淆平义解释和扩大解释的界限,甚至混淆中间类型和否定类型,以至于无法区分扩大解释和类推解释、法律解释和法律续造的界限。特别是,当我们要面对介于典型类型之间的中间类型或者是兼具典型类型本质特征的交叉类型所形成的词语时,我们会感觉到解释更为困难,更容易发生混淆。因此,我们可以说,文义解释的难点在于解释处于两个矛盾的典型类型之间的语词或同时具有两个矛盾的典型类型的本质特征的语词。例如,从性别上分类,人可以分为男(性)人和女(性)人,而变性人是处于男人和女人之间的类型,两性人是同时具有男人和女人本质特征的类型。

其实,文义解释与体系解释、目的解释、历史解释等其他解释方法之间的本质区别在于解释活动的出发点是文义而不是体系、目的、历史。[②] 申言之,任何法律解释活动的过程其实都是解释方法综合运用的过程,解释者都在自觉或不自觉地使用各种解释方法。换句话说,法律解释的各种方法并不是被单独适用的,正如德国学者卡尔·拉伦茨所言:“萨维尼已经区分‘文法’、‘逻辑’、‘历史’及‘体系’的解释因素,并且也已经提及这些因素不应是个别地发挥作用,毋宁是相互合作。”[③]黄茂荣教授进一步指出:“法律解释必须考虑的各种要素根本就不是法律解释的方法,它们在各种法律解释的过程中承担不同的任务,发挥不同的功能,从而在共同协力下完成发现法律的规范意旨的任务。”[④]只不过,我们在方法的运用中有所侧重,或侧重于文义,或侧重于目的。正如张明楷教授所言:“解释者在采用各种解释手段之前,就有一个达到目的的预断,任何解释手段的运用只是将文本敲打成能为自己的目的服务的形状,并坚持认为那种活动与文本解释之间不存在任何差别,自己的目的就是文本的目的。”[⑤]尽管“文义是解释活动的起点”是共识,但是学界仍然有不同的“思维定势”,即习惯任意地越过文义直接以目的(法益)、体系、历史为解释起点。殊不知离开文义,无论是目的、

① 混淆内涵分析与特征列举的例子如我国刑法对“黑社会性质组织”的界定。例如,有学者指出:“我国刑法明确规定了‘黑社会性质组织’‘黑社会组织’法定概念(概念法定化),但是具体的问题意识在于:我国刑法并没有明确界定‘黑社会性质组织’‘黑社会组织’的法定内涵(内涵界定缺位);没有明确‘黑社会性质组织’的法定特征(法定特征缺位);没有明确‘黑社会性质组织’与‘黑社会组织’之间的逻辑关系(组织逻辑关系缺位);也没有明确4个特征之间的逻辑关系(特征逻辑关系缺位)。”参见魏东:《案例刑法学》,中国人民大学出版社2019年版,第217页。混淆外延划定和内涵分析,例子如我国《刑法》总则第五章其他规定对“公共财产”“公民私人所有财产”“司法人员”等刑法术语的界定,等等不一而足。由此可见,刑法法定含义也并非尽然正确合理,对其或者需要再解释,或者需要进行语言学检视和逻辑学完善。例如,法定特征应当是本质特征,否则就会导致定性混乱或法律疑难。

② 在某种意义上讲,出发点是本质区别,思维过程尤其如此。因为出发点意味着方向,影响着过程的导向、思维的进路和结果的本质内容。

③ [德]卡尔·拉伦茨:《法学方法论》,陈爱娥译,商务印书馆2003年版,第200页。

④ 黄茂荣:《法学方法与现代民法》,中国政法大学出版社2001年版,第287页。

⑤ 张明楷:《刑法学》(上)(第5版),法律出版社2016年版,第四版前言。

体系还是历史都无从谈起。即便有,也是"解释者"主观臆测的结果,解释的客观性自然也就难以保证。质言之,目的、体系、历史都必须来源于文义。文义解释不排斥其他解释方法,也不应当被其他解释方法排斥甚至被否认。

只是因为通说观点认为,文义解释是指根据词语的字面含义来确定法律的意思,而使得文义解释被认为是过于机械而无用。其实,文义一般是但并非只是字面含义。如前所述,文义即文字之语义的内容远非如此,字面含义只是其中的词汇含义。在一般情况下,可以根据词语的日常含义来确定法律的意思,但是在特定情况下,需要根据词语的特定含义来确定法律的意思。文义解释其实是语言学解释,只不过,字面解释是文义解释的常见做法或者说是文义解释的典型类型。

其实,在学界对文义解释早有不同的界定。例如,有观点指出:"文义解释法可分为两种:一种是机械的文义解释法,另一种是明达的文义解释法。前者近乎机械地追随法律文本的字面含义,甚至宁可弱化立法目的,也要遵从文字含义。后者虽然也是从字面含义出发,但有一定程度的灵活性。为了维护文义解释法在现代法律方法中的基础地位,明达的文义解释法把处于文义解释法和其他解释方法(如系统解释法、目的解释法)边缘的一些规则纳入了文义解释法的范畴。"①概言之,文义有广义和狭义之分,广义是语言学意义,理论上往往称之为可能含义;狭义特指词汇意义或字典意义,理论往往称之为字面含义或核心含义。

结　语

坚守阶层思维,回归解释起点,突出方法特质,是刑法解释之解释限度研究的重要命题。刑法是刑法解释的对象起点,释义是刑法解释的行为起点,文义是刑法解释的方法起点。因而,阶层思维原则是刑法思维特有的原则。无论是对德日"阶层"犯罪论体系之提倡,还是对我国传统耦合犯罪论体系之立体改造,都是阶层思维的体现。②在笔者看来,阶层思维原则具体是指,刑法思维应当具备阶段性、有序性和限缩递进性。具体而言,精细化的刑法思维应当注重分阶段和各个阶段的独立推进,而不是简单的整体评价。庭审实质化和以审判为中心背景下的"量刑程序"的逐步独立就是最好的例证,同时,立足于操作的"刑法裁判规则"还应当注重有序的逐渐推进而不能颠倒。例如,刑法理论上常见的从客观到主观,从不法到责任,从事实到规范再到价值,从形式到实质,从犯罪到刑罚,从责任刑到预防刑,从行为到行为人,刑民交叉案件的先民后刑等,不一而足。如此,"罪刑反制""以刑制(释)罪""结果导向"等理论就值

---

① 参见张光杰:《中国法律概论》,复旦大学出版社2010年版,第35页。

② 犯罪论阶层思维其实是刑法评价的阶层思维,比如其中的从违法到责任的评价进路,大体上对应于从事实到价值、从客观到主观、从形式到实质,再如从行为到行为人、从犯罪到刑罚等。

得反思和检讨。最后,根据刑法谦抑性和刑罚必要性之实质正义的要求,刑法思维还应当是不断出罪的"筛选"过程。以行为评价为例,其应当是"行为—有害行为—违法行为—刑事违法行为—应受刑罚处罚的刑事违法行为—犯罪—受到刑罚处罚的犯罪"。具体到刑法解释,刑法解释过程不能是结论导向的论证过程,因为那不是法律解释,而是法律论证。① 即使是在广义的解释论语境下,我们也应当坚持从法律解释到法律推理再到法律论证的过程。因为法律解释是明确法律推理的前提;法律推理是从前提到结论的过程;法律论证是从结论到前提的过程。在狭义的解释论语境下,解释方法之间应当有"位序",即遵循"文义解释—体系解释—历史解释—目的解释—社会学解释—合宪性解释"的适用顺序。再具体到刑法文义解释,解释过程应当是"语法—语义—语用"的分阶段循序递进限缩,首先应当通过语法分析确定系争语词的词性、词类以及词法和句法;其次再通过语义分析确定系争语词的可能语义范围、通常含义/范畴典型原型/典型类型/本义;最后再通过语用分析确定系争语词的具体含义,在"语用分析"内部还要再进一步依次分为"言内语境分析—言伴语境分析—言外语境分析","言内语境分析"再依次分为"言远语境分析—言近语境分析","言外语境分析"再依次分为"体系解释—历史解释—目的解释—社会学解释—合宪性解释"。在具体的刑法文义解释过程中,这种阶层思维原则应当是"从一般到特殊",即从语言再到法律;在法律内部,从宪法这一根本法律到普通法律;在普通法律内部,由私法到公法;在公法内部,从行政法到刑法。简言之,就应当是从宪法到民法再到行政法最后到刑法。其具体体现为"根据现代汉语词典,该词是指……在某某学科中,该词是指……在某某法律中,该词是指……在刑法中,该词是指……在某某罪中,该词是指……在本案中,该词是指……根据刑事政策或某某条的立法目的,该词应当是指……"其实,这一原则是建立在词类分析的基础之上。根据法律语言学理论,我们可以将刑法语词分为来自普通语词的刑法语词和来自专业术语的刑法语词,专业术语又可以分为来自行业术语的刑法语词和来自法律术语的刑法语词,法律术语又分为刑法特有的术语和来自其他法律术语的刑法语词。

总而言之,刑法解释学应当是刑法释义学,刑法文义解释之特殊本质在于强调以文义为刑法解释的起点,从"可能文义"到"否定类型"的意义转向更容易明确刑法解释的解释限度。"语法—语义—语境"的阶层性语言学分析更有利于实现刑法解释之合法性、合理性与合目的性的系统论证成。语义分析要在明确概念内涵意义的基础上,明确概念外延之肯定类型、否定类型和中间类型,既要完成提供可能文义之任务的

---

① 其实,法律论证理论是对传统法律教义学和解释理论的超越,即意识到法律三段论的局限,强调"法外"因素在法律正当性论证(证成)中的意义,实际上与论理解释中的目的解释和社会学解释以及实质推理异曲同工,属于演绎论证和归纳论证之外的似真论证,即合情理论证。由是观之,法律解释特别是文义解释更多的是形式推理中的演绎推理,即从一般到特殊。

同时还要明确语词指称的否定类型。而语词指称的否定类型才是刑法文义解释的真正限度标准,语用分析则是在可能文义的范围内进一步选择具体语义,并校验解释结论的合理性和合目的性。

刑法解释的合法限度与综合性标准

刘英楠*

【内容摘要】刑法解释限度的本质是对刑法文本进行刑法解释得出结论的控制。刑法解释限度的理论应秉持合法限度论,应强调刑法解释以形式解释为出发点并兼顾实质解释的原则。刑法解释限度的综合性标准是指原则上考虑犯罪定型说和法益侵害性说,特殊场合还要考虑语用意义说和国民预测可能性。

【关键词】合法限度论　犯罪定型说　语用意义说　国民预测可能性说

引　言

在刑法解释的实践中,存在脱离刑法本身而超越立法权的误区。刑法解释需要保持在理性、谨慎的限度之内,因此有必要厘清刑法解释限度的具体标准。探讨刑法解释限度的概念和本质需要先行厘清刑法解释本身的定义和本质,而理论界对刑法解释的定义有分歧,导致刑法解释的本质模糊,进而导致刑法解释限度的概念和本质的模糊。因此,需要从刑法解释的本质出发,尤其是刑法解释的必要性出发,梳理这一系列的相关概念。

关于刑法解释限度理论的传统观点为合法限度论(合法层面),新近观点中价值优化论(合法与合理两个层次)逐渐受到重视;关于刑法解释限度的刑法解释论观点总的可以划分为形式解释论和实质解释论,争议的重点在于形式解释和实质解释的顺序问题上。刑法解释限度的标准有犯罪定型说、法文语义说、语用意义说和国民预测可能性说。探讨刑法解释限度既要从形式解释论和实质解释论的分歧出发,又要考虑前述四种具体的标准,这些讨论的实质是解释刑法时的具体方式与方法顺序。

一、刑法解释限度的实质内涵

我国刑法理论界对刑法解释的定义主要有五种:(1)规范含义阐明说;(2)规范含义及其适用阐明说;(3)规范、概念、术语、定义说明说;(4)刑事法律意义、内容及其适

---

* 刘英楠,四川大学法学院2021级刑法硕士研究生。

用说明说；(5)规范的内容、含义及其适用原则阐释说。[①] 法律解释是一个舶来词，原词为"legalinterpretation"，意为对法律的解读、理解、解释，总之是将法律说明得更详细的意思，所以理解或解读比解释更符合"interpretation"的本意。换言之，法律的适用——对法条的理解和解读——本身就是"interpretation"，也即司法过程的本身。"interpretation"是法官适用法律时对法律的解读，是法官在个案中去解读法条，而且只有在个案中才需要对法条的解读。

厘清刑法解释的本质是讨论刑法解释的限度内涵的前提。刑法解释的对象是刑法文本，刑法解释的本质是法官在司法实践中适用刑法时对刑法的解读。理论界对刑法需要解释的三个主要理由：语言具有模糊性、立法具有漏洞、法律具有滞后性，本质都是在主张用刑法解释造法，因此为本文所不取。具体理由如下：(1)对语言具有模糊性而言。首先，语言的模糊性是永存的，如果为了解决语言的模糊就只能永远解释下去，而这解决不了模糊性的问题只能制造新的问题。其次，立法具有模糊性而解释的含义明确将会架空立法，实践中往往导致司法实践背离立法原理。例如，张小虎指出，我国刑法中的情节犯及情节加重犯不仅普遍存在，而且缺乏对相应犯罪情节的叙明。这就意味着，我国刑法将入罪或刑罚轻重的标准完全让司法解释来把握。[②] 又如，2020 年贵州洪某涛故意杀女案的法官在释明时使用了"复杂性醉酒状态"的概念，这是《刑法》文本中没有而司法解释中有的概念。最后，立法文本语言上的模糊有时不是"模糊性"，而是立法条文对某种情况规定应该具有的一般性，因而不能且没有必要解释得更清楚。(2)对于立法漏洞而言。应当明确的是，基于法律至上原则以及维护刑法权威性的必要性出发，刑法没有规定的空白不能由刑法解释来填补。如果刑法真的存在立法上的漏洞，应该通过法定的立法程序在刑法中增加相应的内容。(3)对于法律具有滞后性而言。例如《民法典》首批解释和《民法典》是同一天生效的，因此滞后性作为法律需要解释的理由并不是都能成立。随着事实的不断出现，一个词语的通常含义也在不断发展，导致刑法的真实含义也在不断变化。不同于外国立法例，在我国刑法中，既规定了自然犯也规定了法定犯，即两者都规定于《刑法》之中。但是，行政犯的变异性较大，必然损害《刑法》的稳定性。此类情形适用滞后性的理由进行刑法解释具有合理性。(4)罪刑法定原则禁止法官对刑法进行解释的观点也难以成立。因为司法不是形式工作，需要法官在事实与规范之间加以选择。综上，本文认为刑法解释的"解释"本意应为"解读、理解"。刑法解释只存在于具体个案中法官运用抽象思维能力去找寻案件事实与法律之间的联系而对刑法做的理解和解读，目前我国

---

① 参见李希慧：《刑法解释论》，中国人民公安大学出版社 1995 年版，第 39－40 页。

② 参见张小虎：《论我国〈刑法〉应由粗疏型走向精细型——基于我国〈刑法〉立法现状的统计数据分析》，载《政治与法律》2021 年第 10 期。

存在大量的刑法解释是法官抽象思维能力不足而导致解释结论不正确。现有的刑法解释表面上是在制约法官乱用法,实质上却导致了解释造法的乱象。实践中存在的过度解释刑法的现象,已经危及法治的根本——法律的明确性。故刑法解释只能是刑法文本原意的另一种更详细的表述,刑法解释的对象只能是刑法文本。换言之,刑法解释是法官在法律适用过程中运用抽象思维能力在刑法文本和案件事实中找到相匹配的内容——与法律的含义相匹配的案件事实中的概念的指称。

因此,刑法解释限度只有在个案的刑法适用时才有存在空间——刑法解释的限度是适用刑法时的解释限度——是对解释结论的控制,即对法官在具体案件中适用刑法得出刑法解释结论的限制——确保刑法的正确适用。所以,刑法解释限度的本质就是适用刑法时对解释结论的控制,即是对法官用法时得出解释结论的限制。于是,问题在于如何确保法官解释出正确的结论,即应当将刑法解释结论限制在何限度内——刑法解释限度理论所解决的问题。

二、关于刑法解释限度的理论

(一)刑法的形式解释论与刑法的实质解释论

形式解释一般是指判断是否为刑法规范文本的可能含义,实质解释指判断行为是否达到刑法本质要求的严重社会危害性,即行为是否具有处罚的必要性。由于形式解释与实质解释具有不同的解释功能,所以单考虑形式解释论和实质解释论两种解释路径中的任何一种都不能适应实践中的全部场合。单考虑形式解释的观点与单考虑实质解释的观点已经为大部分学者抛弃,于是在兼顾两者的前提下,学者们探讨的其实是形式解释和实质解释的顺序问题。有观点认为,形式解释和实质解释会被同时适用、交叉适用,形式解释与实质判断没有固定的适用顺序。[①] 但是以实际上是这样的情况论证实际上可以这样的观点是陷入了循环论证的误区,而且这其实又带来了新的问题:什么场合下需要先形式后实质,什么场合下需要先实质再形式?因此,需要明确形式解释与实质解释两者在适用上的先后顺序。形式解释论认为应该先作形式解释再作实质解释;而实质解释论认为应当先作实质解释再作形式解释。形式解释论强调刑法解释应当坚持罪刑法定原则;实质解释论将处罚的必要性作为刑法解释的出发点。[②] 刑法的形式解释论强调保障刑法的安定性和国民的可预测性,强调形式的解释方法,有利于实现人权保障功能和体现罪刑法定原则,但是过于强调刑法解释的形式侧面可能导致教条主义而轻视刑法的实质要求。刑法的实质解释论强调刑法处罚的

---

① 参见赵学军:《刑法解释的向度与限度:形式解释论与实质解释论的反思性重构》,载《法律方法》2015年第1期。

② 参见魏东:《刑法解释论的主要争点及其学术分析——兼议刑法解释的保守性命题之合理性》,载《法治研究》2015年第4期。

合理性，即实现实质正义——法益保护目的，但是过度的实质解释有违背罪刑法定原则而侵害人权之虞。

考虑到我国目前的刑事司法实践过度强调法律实质主义，由此可能导致违反罪刑法定原则，因而需要用形式解释论进行矫正。① 在形式解释论中，形式解释后还有实质解释的限制作用，但是实质解释论中，实质解释之后实际上无法再作形式解释了，因而形式解释没有起到实际作用。罪刑法定原则的形式侧面和实质侧面具有各自的功能，两者不存在价值上的高低之分，所以两者间不存在冲突。对犯罪的规定有漏洞是成文法的缺陷，罪刑法定原则是在这一缺陷上不得已而做出的价值选择，即若不能兼顾形式与实质则选择前者。而且罪刑法定原则形式侧面的对立面是司法的恣意，而其实质侧面旨在限制立法权，故后者也不能对前者有任何加成效果。② 形式解释本身蕴含了一定的对社会危害性和法益侵害性的考量，而不可能是纯粹的文字游戏。刑法解释需要在罪刑法定原则下进行是没有任何矛盾的，刑法解释应当在现行的刑法文本上找到落脚处，一切刑法解释都需要有刑法文本上的出处。

（二）价值优化论与合法限度论

传统观点为合法限度论（合法层面），新近观点中价值优化论（合法与合理两个层次）逐渐受到重视。主张刑法解释限度价值优化论立场的代表性观点基本没有将刑法解释限度问题限定在文义解释合法性范畴之内，而且价值优化论将价值优化作为刑法解释限度的考量因素导致合法性底线价值很容易与优化价值混淆，所以应当避免合法限度的价值判断泛化。于是合法性在文义解释中解决，合理性在论理解释中解决，合目的性（符合刑事政策目的价值目标）在法社会学解释（刑事政策解释）中解决。价值优化的法理是（在合法性限度内）越优化越好，故不需要在合法性限度之外再设立其他新的解释限度。作为刑法解释限度的合法限度，主要是指法律语言学意义上的形式合法性限度（实质合法性在本质上是价值优化问题）。③ 合理或合目的但不合法的刑法解释结论是否恰当需要再三斟酌，为守护法律的明确性及国民的预测性应当秉持形式解释论的优越性而取合法限度论。

三、刑法解释限度的判断标准

（一）国民预测可能性说

国民预测可能性说主张刑法解释应当在国民的常识、经验和理性的判断之内，其是在考虑保障国民利益基础上的一种刑法解释。国民预测可能性说是人文主义的体

① 参见陈兴良：《形式解释论与实质解释论：事实与理念之展开》，载《法制与社会发展》2011 年第 2 期。

② 参见陈兴良：《形式解释论的再宣示》，载《中国法学》2010 年第 4 期。

③ 参见魏东：《刑法解释限度的理论构建：从价值优化论回归合法限度论》，载《西南政法大学学报》2022 年第 1 期。

现,意义在于对人的自由的保障,保障行为人可以预测自己行为所承载的责任,才能使社会稳定。从实践上看,国民预测可能性是从自身的理解去解释刑法文本可能具有的含义,这是否与法文语义说有交叉?如果认为是国民以法文语义的可能含义为判断有关行为性质和后果的标准,这似乎与法文语义说相似,如果认为其只是对行为处罚性的预测,似乎这就仅是从社会伦理道德上进行的考量。本文认为,即使是认为国民的预测可能性是从法文语意可能的意义的角度切入,国民预测可能性说的重点仍在国民自身的经验和社会常识上。换言之,这两种角度归根结底都是基于国民规范意识的实质预测。

否认国民预测可能性说作为刑法解释限度标准的观点认为,国民预测可能性只适用于司法与守法场域,刑法解释限度立足于限制司法恣意和保障人权与利益而不容过分强调社会伦理价值,国民经验没有充分全面归纳出事物发展的本质规律因而不能成为科学、正确的判断基准。① 刑法解释只在法官用法时才有存在的空间,为此不能否认国民预测可能性的司法适用场域,而且若将解释场域限于理论会模糊刑法解释与刑事立法的界限。强调刑法解释限度的客观性价值不必与保障社会伦理价值、法的安定价值相割裂。刑法本性在于"常识、常情、常理",法理的背后是情理。将经验、常识认为是对现象的初步归纳其实是混淆了直接经验与间接经验的区别。诚然,即使是集体的经验也会有其局限性,毋宁说人类整体认知的局限性也是永存的,但以此为由而不过多考虑一般人的认知将导致忽视刑法解释的实操性和刑法解释结论的适用性。

虽不能否认国民预测可能性说的作用,但是其损伤法律明确性的缺陷是显而易见的。国民预测可能性说将国民的常识、经验作为判断依据虽然可以较快适应社会变化,但是用此依据过于抽象,缺乏明确性,法律上的判断和日常生活法则不能完全对应。例如,故意毁坏财物罪中的"毁坏"是指使破坏财物效用的行为,并不只是物理形态变化,而是要求影响效用,所以日常生活中使用"毁坏"一词因为具有更宽泛的含义而可能指没有影响效用但物理形态变化的情况。尤其是涉及一些新技术时此缺陷尤为明显。例如,将商家的收款二维码悄悄替换成自己的,以获得顾客支付的钱款,这属于偷商家的钱(盗窃罪)还是骗顾客的钱(诈骗罪)?国民预测结论还会有规范意识的实质价值判断,规范意识范围来自社会伦理道德,会随社会发展而变化。因此只能将其作为最后检验刑法解释结论的工具而置于形式解释之后作为对形式解释结论的限制,作为守护司法公正防线的最后保障。

(二)法文语义说与语用意义说

法文语义说主张刑法解释应当在法律明文规定的范围内。法文语义说的争议是,法文语义所指的含义究竟是纯粹的语言学意义还是规范性意义?有观点认为,法文语

① 参见龚振军:《刑法解释限度理论之关系论纲》,载《法制与社会发展》2011年第4期。

义是在整合法律与事实关系基础上释放出条文可能具有的真实含义,不是仅仅靠逻辑推演所发现的形式合理或明确的字面含义,而是随着法文语义的规范性意义变化而衍生出来的含义。[①] 木村龟二、山口厚认为,法文语义指语言学意义,是刑法用语可能具有的意义。恩吉施认为,法文语义兼在用语的日常习惯和规范性意义上使用。[②] 将法文语义理解为法文的最宽含义会使得法文语义说不具有实践意义,文本的含义虽然来源于语言学意义,但是会随着社会发展而必然包含更为深层次的规范性内涵,因此两种意义对法文语义说都是必要内容。法文语义说实际上不能解决刑法解释限度何在的难题,而是又带来了法文语义的规范性含义的范围在哪、可能含义的标准在哪的难题。法文语义说本身既无法实现形式合理性,也无法保障实现人的自由。

为特别解决法文语义说可能导致的不当限缩或扩张解释范围的弊端,语用意义说用语言哲学发展中出现的语用学(语用论)——语义分析后进行语用分析保证客观解释的实现。语义的意义区分出静态与动态之分,语义的动态意义(非仅限静态意义)为语用意义说。语用意义说更符合语言哲学的发展论并且具有强大的理论阐释力,有利于确保文义解释合法性空间范围不被不当缩减。语用意义说以使用语言反映现实,在此意义上可以有效确定刑法解释限度的判断标准。[③] 由此,语用意义说在于法文语义说(语用学静态意义、规范学意义)以及语用学动态意义(重视语言的使用和反映现实)。

(三)犯罪定型说

犯罪定型说主张刑法解释应当在刑法条文规定的犯罪定型范围内。对构成要件规定的解释不能超过法条预设的犯罪定型范围。立法者在立法时对犯罪的构成要件进行了描述,因此根据罪刑法定原则来看刑法解释的结论未超过构成要件定型的事实范围就未超过刑法解释的限度,如若超过——即使具有实质的处罚必要性——也不能解释为犯罪。

犯罪定型说涉及一个重要问题——对犯罪定型内容与范围的界定——主要的争议在于犯罪类型的内容与范围是事实类型还是法定类型。团藤重光、大塚仁认为,犯罪定型主要是指法条预设刑法的犯罪定型——构成要件。有学者认为,犯罪定型中的法定类型与事实类型总是相辅相成的。一方面,构成要件规定的犯罪类型的具体指向是事实类型;另一方面,事实类型需要通过构成要件的规定类型进入犯罪类型。[④] 由

---

① 参见[德]阿图尔·考夫曼、温弗里德·哈斯默尔主编:《当代法哲学和法律理论导论》,郑永流译,法律出版社 2002 年版,第 273 页。转引自魏东:《中国当下刑法解释论问题研究》,法律出版社 2014 年版,第 60 页。

② 参见龚振军:《刑法解释限度理论“关联概念”新辨析》,载《浙江社会科学》2011 年第 9 期。

③ 参见魏东:《刑法解释限度的理论构建:从价值优化论回归合法限度论》,载《西南政法大学学报》2022 年第 1 期。

④ 参见龚振军:《刑法解释限度理论“关联概念”新辨析》,载《浙江社会科学》2011 年第 9 期。

于对犯罪类型的认定是从事实本质出发到规范类型的判断,而后者又把握着前者的内容,符合三段论的思考逻辑,而且更具有可操作性,故犯罪定型是法定类型和事实类型的统一。而且犯罪定型——构成要件其本身就包含了法益侵害性的内涵,而由于法益侵害性的抽象性与实质性,使得刑法规制过程适用犯罪定型时显得形式化,故而应当再强调同时考虑法益侵害性。

(四)刑法解释限度的综合性判断标准

为实现刑法解释结论的合法性,单一标准明显不足以完全说明刑法解释的限度,应兼顾犯罪定型说、语用意义说和国民预测可能性说这三种学说各自的优点,且考虑不同场合而采取不同的立场。首先,考虑到犯罪定型说是从事实到规范的把握,符合思考的逻辑,故应将犯罪定型说放在首位,同时应当考虑是否具有法益侵害性,即需要考虑是否存在法益被侵害的事实以判断是否为值得科处刑罚的行为。其次,额外分析两种例外场合——有利于被告的出罪解释场合和个别的实质入罪解释场合[①]。通过实质解释对刑法条文可能包含的不值得科处刑罚的行为作有利于被告的出罪处理,形式解释论和实质解释论都不会反对。于是分歧在于实质上具有处罚必要性但又缺乏刑法明文规定的行为是否可以通过实质解释入罪,形式解释论持反对观点,实质解释论则赞同。[②] 刑法解释限度的综合性标准需保持在合法性底线之内,受到罪刑法定原则的制约。在罪刑法定原则的形式要求框架下,实质上值得科处刑罚但没有法律明确规定的行为应当排除在犯罪范围之外。因此,在例外场合,还需要运用语用意义说判断条文可能的含义兼顾法文语义的语用学解释,最后用国民预测可能性说检验结论。换言之,对例外场合仍是先按原则的方法(犯罪定型说)解释,即所有场合都是先按照犯罪定型说作为限度标准,同时考虑法益侵害性;特殊场合再考虑法文语义说和国民预测可能性说。按照形式解释论的立场,综合性标准内部各学说仍需要在刑法文本可能含义内进行探讨,即刑法解释结论的限缩或扩张解释结论是可行的,而类推解释的结论不可行。

结　语

厘清刑法解释的本质是讨论刑法解释限度的前提。理论界对刑法需要解释的主要理由的本质都是在主张用刑法解释造法,而刑法解释只能存在于法官运用抽象思维能力在个案中关联事实对刑法做理解和解读,即刑法解释是对案情事实与作为刑法解释对象的刑法文本进行刑法解释后所得出的结论,刑法解释的限度是对法官适用刑法得出解释结论的控制。

---

① 参见魏东:《中国当下刑法解释论问题研究》,法律出版社2014年版,第63页

② 参见陈兴良:《形式解释论的再宣示》,载《中国法学》2010年第4期。

对刑法解释限度的刑法解释论探讨有刑法的形式解释论和实质解释论之分,两者各自具有优缺点,应强调刑法解释以形式解释为出发点并兼顾实质解释的原则。价值优化论得到更多的重视,却带来突破合法性底线的危险。刑法解释限度理论仍需遵守保守的合法限度论。

关于刑法解释限度的标准主要有国民预测可能性说、法文语义说、语用意义说、犯罪定型说。本文在考虑各学说后提出了刑法解释限度的综合性标准,即原则上考虑犯罪定型说和法益侵害性,特殊场合还要考虑语用意义说和国民预测可能性说。

网络时代罪刑法定原则与刑法解释限度的新诠释

张安妮*

【内容摘要】罪刑法定原则是我国刑法的基本原则，是刑法解释限度的基石。根据罪刑法定原则的历史脉络，对"法无明文规定不为罪，法无明文规定不处罚"的基本含义予以阐释；立足于我国《刑法》第3条的刑法规定，对罪刑法定原则的规范性描述进行研究，得出我国罪刑法定原则的描述为刑法解释限度的宽缓打开了一个"窗口"，对预防刑法的产生提供了理论依据；互联网时代的新兴犯罪模式对传统的罪刑法定原则进行冲击，在"窗口"的映射下罪刑法定原则的含义在坚持保障人权的基础上，更加注重法益保护与犯罪预防，并对公权力的限制进行一定程度的放松。因此，刑法解释基于新的罪刑法定原则的含义内容，也确立了新的限度标准，根据网络犯罪的类型以及网络犯罪与传统犯罪的等价性确立刑法解释的限度基础。

【关键词】罪刑法定原则　刑法解释限度　网络犯罪　文义解释　法益侵害性

引　言

法律适用的过程就是法律解释的过程，刑法解释是刑法具有生命力的体现。在刑法解释过程中找出刑法解释的限度则是适用刑法的前提，"法无明文规定不为罪，法无明文规定不处罚"，罪刑法定原则作为刑法的基本原则，从根本上为刑法解释的限度划定了一个底线与标准，并在大陆法系国家得到基本的承认与遵守。然而随着互联网与信息技术的不断发展，新的社会形态与网络空间的延伸为刑法学提出了重要问题，传统的刑事犯罪模式与刑法规范能否完全适用网络时代的犯罪事实，刑法解释能否起到衔接虚拟空间与现实空间的作用，当现实生活中的刑法规范适用于网络空间，是否存在对罪刑法定原则的突破。以上诸问题不仅关涉网络时代罪刑法定原则的理解与适用，同样为如何划定刑法解释的限度提出了新的难题，并且让人反思新情态下的罪刑法定原则如何对刑法解释的限度产生影响与约束。

---

* 张安妮，四川大学法学院2021级行法学专业硕士研究生。

针对上述争议,学界存在两种针锋相对的立场:一种立场认为,传统刑法的适用模式无法应用于虚拟空间,弥补两者之间的鸿沟不能通过刑法解释,而应通过刑事立法来解决。① 这种观点立足于形式解释论的立场,认为刑法解释的限度应当严格遵照罪刑法定原则,同时不应当随意突破刑法规范的基本含义。另一种立场则认为,传统刑法模式与网络空间犯罪模式在本质上具有相似性,认为可以通过刑法解释使得新型的网络犯罪得以妥当解决。这主要基于实质解释的立场,认为网络空间的发展并没有产生真正的法律漏洞,可以通过刑法解释予以解决的问题就不需要动用刑事立法的手段。这两种立场对确定刑法解释的限度标准起着重要影响,因此本文希望通过梳理罪刑法定原则的历史发展与基本含义,明确网络时代刑法的未来发展方向与路径,在罪刑法定原则的基本框架内为刑法解释的限度提供更加准确与符合社会发展的标准。

一、网络时代罪刑法定原则的新意蕴

"刑法既是善良人的大宪章,也是犯罪人的大宪章",这句话彰显出现代刑法的主要作用之一就是保障人权、对公权力的限制与制约,而罪刑法定原则就是贯彻这句话的重要代表性原则。作为现代法治社会刑法的内在精神之所在,如何把握网络时代罪刑法定原则的发展意蕴及其刑法解释意义,值得深刻探讨。

在传统意义上,罪刑法定主义通常描述为"法无明文规定不为罪,法无明文规定不处罚",而这也表明了罪刑法定原则的基本含义。首先,从其构成方式来看,罪刑法定主义包含两层结构:罪+罚,前半句对犯罪构成提出了法定性要求,后半句对刑事处罚提出了法定性的标准。因此罪刑法定主义的首要标准即为法定性,正如德国学者罗克辛曾经所说:"没有法律就没有犯罪。"②其次,罪刑法定主义的两句话都提出了"明文",这与英美法系国家的判例相对应,强调成文法的意义,如果没有法律的明文规定,那么罪刑法定主义就没有存在的必要。由此可以看出,法定性与成文性是罪刑法定原则的基本特征,其他特征都应当由此衍生。

在表达形式上,两句话都采用否定形式,法"无"明文规定则不为罪、不处罚,这种表述方式阐明并非法有明文规定就为罪,法有明文规定就处罚,因此当考虑犯罪构成与刑罚处罚范围的时候,我们就应当与其进行辨别与区分,"法有明文规定就为罪,法有明文规定就处罚"强调法益保护的价值,是一种有罪必罚,对犯罪严惩不贷的刑事政策需求,而这显然比原有的含义范围更加严格,但是这种描述方式就违反了罪刑法定原则基本价值——保护人权,因此"无法明文规定不为罪,法无明文规定不处罚"的

---

① 参见[德]乌尔里希·齐白:《全球风险社会与信息社会中的刑法》,周遵友等译,中国法制出版社2012年版,第305-306页。

② [德]克劳斯·罗克辛:《德国刑法学总论》,王世洲译,法律出版社2005年版,第78页。

描述方式显然更加具有合理性,而此时其范围是宽缓的,其本质含义在于当法律存在明文规定时“可”为罪、“可”处罚,当某种行为符合犯罪构成要件,可能通过有利于被告人的类推解释或者违法阻却事由等阻却犯罪,由于不具备刑事责任年龄或者没有刑事责任年龄等责任阻却事由等阻却处罚。

在罪与刑的关系中,两者也并不是并列关系,而是一种递进关系,“法无明文规定不处罚”是对于“法无明文规定不为罪”的必要补充。① 先有罪后有刑,无罪则无刑,当一种确定的行为应当受刑事惩罚时,那么该情形在这个行为实施前应当已经在法律中加以规定,而且刑罚的种类和刑期,即量刑幅度,也必须在行为发生前在刑法条文中予以明确规定。

我国在贯彻罪刑法定原则基本内涵的前提下,采用了一种与通常含义不同的表达方式,“法律明文规定为犯罪行为的,依照法律定罪处刑;法律没有明文规定为犯罪行为的,不得定罪处刑”。这与传统罪刑法定主义否定式的描述方式不同,采用的是肯定加否定的表达方式,甚至“依照”的含义也耐人寻味,它是“法有明文规定就为罪”还是“法有明文规定可为罪”在此意义上存在解释与适用的空间。由于我国规范条文的特殊句式,学界在对于罪刑法定原则的探讨中就产生了积极的罪刑法定与消极的罪刑法定的概念②,而这对于以上问题的解决具有重要意义,不过此问题只存在于我国范围内,在其他国家并没有相关的概念。何秉松在提出积极的罪刑法定与消极的罪刑法定之后,对其采取了两种价值判断的模式:《刑法》第3条前半句话体现刑法的法益保护机能,并且突出惩罚犯罪,扩张刑罚权的价值倾向,这是“法有明文即为罪”的体现;而后半句话承继了传统的罪刑法定主义的价值追求——人权保障,是限制司法权的体现。对此曲新久教授也有观点:从刑法解释学上讲,《刑法》第3条明显的是将罪刑法定原则区分为两个基本方面,即积极的罪刑法定和消极的罪刑法定,这是《刑法》第3条的实然状况。③

但是,对于积极的罪刑法定与消极的罪刑法定两者之间发生冲突时应当如何判断,两位学者之间却有不同的态度。何秉松教授认为:“正确运用刑罚权,惩罚犯罪,保护人民,这是第一位的;而防止刑罚权的滥用,以保障人权,则是第二位的。但是两者都是非常重要的,二者是密切联系,不可分割的。”④在何秉松教授看来,应当严格遵照我国刑法的语言表达顺序和逻辑来判断两者之间的优先性,两者之间不可分割,但是当两者发生冲突时,保护法益的价值应当优先于保障人权的价值追求。但是这种观点显然已经推翻或者说更改了传统的罪刑法定原则的诞生基础与立足根基,除非有更

① 参见陈兴良:《形式解释论的再宣示》,载《中国法学》2010年第4期。

② 参见何秉松:《刑法教科书》(上卷),中国法制出版社2004年版,第63页。

③ 参见曲新久:《刑法学》,中国政法大学出版社2004年版,第35页。

④ 何秉松:《刑法教科书》(上卷),中国法制出版社2004年版,第67页。

好的说明理由或者适用依据能够为罪刑法定原则的适用提供支撑，否则限制刑罚权很有可能沦为无源之水、无根之木，因此这种观点有待商榷。而曲新久教授认为，“当罪刑法定原则的积极方面与消极方面发生冲突的时候，也就是刑法的社会保护机能与人权保障机能之间出现对立的时候，应当优先考虑罪刑法定的那个消极的方面，在此前提下寻求个人自由与社会秩序的统一”①。也就是说，曲新久教授认为罪刑法定原则的人权保障价值依然高于保护法益的价值，但是这种观点也存在在风险社会中放纵犯罪嫌疑人，法益保护不充分的弊端，因此需要进一步探讨。从某种程度而言，这也可以看作刑法解释中实质解释论与形式解释论的立场差异，两种价值取向的取舍不同，将会导致不同的刑法解释结果。

那么在我国，在遵守罪刑法定原则的基本内涵时，是否应当承认它与传统意义上的罪刑法定原则完全一致，我国《刑法》第 3 条中的规定是否意味着我国价值取向存在一定程度的偏差呢？笔者认为，应当承认我国罪刑法定原则是在传统罪刑法定原则的基础之上进行了一定程度符合国情的变动，费尔巴哈最早在其教科书中已经用拉丁语对罪刑法定原则的基本含义进行了阐述，在数百年间其基本含义也没有太大的改变，但是我国在 1997 年立法的时候并没有一味按照原有的定义进行立法，反而采取了正面陈述与反面说明的并列式，这实质上就是立足我国国情根据我国价值取向的不同来立法的表现。但是这并不必然表明像何秉松教授所言，在我国罪刑法定原则的“钩子”上已经挂上了“保护法益优于保障人权”的外衣，根据历史解释，执笔撰写这一条文的郎胜认为：“其实，我前面讲话的时候，并不很赞成将《刑法》第 3 条前半句理解为积极意义上的罪刑法定原则，为什么呢？因为如果按照积极意义上的罪刑法定和消极意义上的罪刑法定，那么罪刑法定应当这样表述：法律明文规定为犯罪的，应当定罪处刑；法律没有明文规定的，不得定罪处刑。这样，才能说前半句是积极的，后半句是消极的。而我国《刑法》第 3 条前半句恰恰讲的不是这个，讲的是法律明文规定为犯罪行为的，依照法律定罪处刑，因此，它强调的是‘依法’，而不是所谓的积极意义上的‘应当’。”②全国人大法工委的立法原意很明显并不是扩张刑罚权，并没有将“依法”理解为“应当”。那么是否应认为全国人大法工委的意思就是《刑法》第 3 条的含义与传统的罪刑法定原则的含义完全相同，只是因为立法技术以及语言表达习惯的原因在语句表述上有些许不同所导致的歧义，即人权保障的价值追求必然高于保护法益的价值追求，或者如曲新久教授所言，消极的罪刑法定位于第一位，积极的罪刑法定位于第二位。

笔者对这种观点不敢苟同。首先，即使罪刑法定原则的立法原意或许与传统的罪

① 曲新久：《刑法学》，中国政法大学出版社 2004 年版，第 35 – 36 页。

② 张军等：《刑法纵横谈：分则部分》，北京大学出版社 2008 年版，第 19 页。

刑法定原则的含义基本等同,但是当刑法条文产生后,它就独立于立法者而具有自己的含义,也就是“此在”的重要意义。该条文拥有自己的含义,并不完全依照立法者的原义而受到局限,尤其是时移则世异,我们应当承认“主体间性”,用客观解释而非主观解释,对刑法条文作出符合当下以及未来发展的含义解释,否则法律的滞后性将不止因法律的特性而存在,同样会因为立法的失误而扩大。因此全国人大法工委的意见是我们研究罪刑法定原则的参考而非根本性依据。

其次,对罪刑法定原则的理解应当同样遵守解释学的基本逻辑,从文本出发,再通过论理解释(体系解释、历史解释、目的解释等)以及刑事政策解释方法等,对罪刑法定原则的含义作出符合现实以及未来发展规律的修补,而不是守着原有的价值故步自封。当然,这并不代表要放弃罪刑法定原则的基础含义,而是在基本价值之上做出一些必要的调整,也就是我们依然应当坚守限制国家刑罚权、保障人权的基本旗帜,以保障人权为基本原则,但是要例外做出一些修正。那么如何对罪刑法定原则的含义进行修正?笔者认为就应当立足于《刑法》第3条前半部分的规定——法律明文规定为犯罪行为的,依照法律定罪处刑,从这种立法模式中理解我们或许并不是扩张刑罚权,但是应当注重保护法益。这句话与其说是对保障人权的挑战,不如说是对原有固若金汤的价值体系打开了一个新的窗口,为新形势下如何处理两者之间的关系提供了一个活动的阀门,在风险社会与互联网的冲击中,如何在保障人权的前提下更好地保障法益,这才是我们应当深刻研究的问题,堵不如疏,让罪刑法定原则在刑法解释与刑法适用中更好地发挥作用,我们就需要对罪刑法定原则的含义作出新的理解与分析。

二、网络时代对罪刑法定原则的具体影响

网络时代层出不穷的新型危害行为不断冲击我国既有的传统刑法体系,如何利用传统的刑法理论来应对不断新增的犯罪将成为新的问题,而我国罪刑法定原则的立法构造本身就为适应新形势的发展打开了一个窗口,提供了一个能动空间,因此将传统刑法规范适用于新型网络犯罪就具备可能性,这就意味着网络时代以及伴生犯罪的出现必然代表着“旧刑法”解决“新犯罪”的现象不可避免,即刑法中扩大解释的适用将成为大势所趋,这也是网络时代对罪刑法定原则的最大影响。

尽管这种趋势被形式解释论者或者其他学者质疑是否有突破罪刑法定原则进行类推解释之嫌,毕竟实质解释论者所提倡的扩大解释在形式解释论看来就是类推解释,但是网络时代刑法的扩张性已经不可避免,让罪刑法定原则在网络时代的冲击下展现生命力才是必要之举,而网络社会对刑法以及罪刑法定原则的冲击主要体现在以下几个方面。

(一)刑法条文含义的扩张化趋势

随着互联网时代的来临,网络空间日益成为仅次于现实空间的第二领域,AR技

术、VR 技术、3D 与全息投影等将虚拟生活与现实生活进行了连接，这就意味着现实生活中的许多活动在网络空间也可以进行，那么在网络活动领域包括生产、销售、经营、消费等活动都需要刑法进行规制，虽然网络不同于现实生活的计算机技术，但是同样应当受到法律的制约，在此种意义上传统的刑法条文要应对复杂的网络生活，其刑法条文含义必然要扩大和延伸，刑法的扩张解释已经成为新形势下势不可当的潮流。笔者认为，通过梳理网络空间中刑法适用的案例与争议，可以将刑法条文的扩张化趋势归纳为三个领域，一是条文本身含义的扩张；二是兜底性条款适用范围的扩大；三是新条文的出现。

1. 刑法条文含义的射程延伸

刑法条文对罪状（犯罪构成要件）的描述是定罪的基础，而互联网背景中犯罪构成要件的各个方面都可能被纳入网络空间范围内，从危害行为、行为对象、危害结果等不同方面都存在刑法扩张解释的土壤。

（1）危害行为的含义呈现扩张性。犯罪构成要件中危害行为具有不同的区分，在许多自然犯罪中，比如故意杀人罪，故意伤害罪，抢劫罪，强奸罪，绑架罪，非法拘禁罪，拐卖妇女、儿童罪等，都只能在现实空间中进行，我们难以想象通过互联网直接实施杀人、伤害等针对人身体的物理性危害活动，因此在目前的网络空间中以上危害行为都不存在扩张解释的必要性和可能性。但是，有些危害行为的描述并没有现实层面的限制，比如《刑法》第二编第五章侵犯财产罪中，盗窃、诈骗、敲诈勒索等行为完全可以通过虚拟空间进行，而不需要现实生活的接触。

例如，在 2014 年最高人民法院指导性案例 27 号“臧某泉等盗窃、诈骗案”中，该指导性案例提出如果行为人利用信息网络，诱骗他人点击虚假链接而实际通过预先植入的计算机程序窃取财物构成犯罪的，以盗窃罪定罪处罚；虚构可供交易的商品或者服务，欺骗他人点击付款链接而骗取财物构成犯罪的，以诈骗罪定罪处罚。该指导性案例的发布为网络盗窃犯罪与网络诈骗犯罪提供了司法裁判的标准和思路，这本质上依然是传统的财产犯罪，但是呈现网络化的新兴表现方式，因此只需要将传统的刑法规范含义予以一定的扩张就可以适用。除此之外，还有其他新兴网络行为涉及传统犯罪的案例，最典型的比如网络刷单行为——网约车刷单：行为人作为网约车司机，同时拥有司机端与乘客端双重账户，用乘客端打车同时用自己的司机端接下订单，在乘客端账户内预充较少的打车费用，半路更改目的地来延长乘车距离，多余的乘车费用通常由网约车公司予以垫付，通过这种方式行为人可非法获得网约车公司的财产。这种犯罪模式是只有随着网络发展才会诞生的，但它同样应当适用诈骗等财产犯罪的刑法规范予以规制，因此盗窃、诈骗等危害行为的含义自然应当进行扩大解释。

（2）行为对象的含义呈现扩张性。行为对象又称为犯罪客体，其含义通常是物理意义上的内容，但是虚拟现实的发展使得犯罪客体的非实体性越来越典型。最典型的案例则是财物是否应当包含虚拟财产,陈兴良教授认为虚拟财产也是刑法中的财物,盗窃他人虚拟财产的构成盗窃罪。[①] 虚拟财产属于刑法所保护的财产目前已经成为学界的通说,那么将虚拟财产纳入刑法的保护法益中本身就是刑法扩张解释的表现。除此之外,虚拟财产的包含范围又应当如何确定,随着时代的发展,数字人民币开始出现,其拥有与纸质人民币同等的属性,同样作为法定货币使用,那么首先,电子货币、虚拟货币等又是否能够进行等量代换,比如比特币,虽然不能作为法定货币使用,但是在虚拟现实中具有交易的属性与价值,那么其财产性如何进行价值代换。其次,互联网中的游戏装备、游戏账号等本身只是计算机数据,但是当其具备交易的财产性时是否能够作为财物来认定,盗窃或者销毁以上数据的行为时应认定是侵犯财产的行为还是计算机信息系统方面的行为。因此,行为对象的扩张性解释面临类推解释以及与其他法条竞合的问题,而这是对罪刑法定主义冲击的表现之一。

(3)危害结果含义的扩张化。危害结果的扩张化体现在互联网领域内场所的变更,通常危害结果只能发生在现实空间中,但是网络空间的发展使场地的含义有了延伸,最典型的就是网络空间是否属于公共场所的争议。《刑法》第 293 条规定了寻衅滋事罪,其中第 1 款第 4 项提出“在公共场所起哄闹事,造成公共场所秩序严重混乱”,这是寻衅滋事罪的定罪情形之一,然而关于对网络空间能否适用寻衅滋事罪在司法实务与理论界都有许多争议。网络空间是否可以认定为公共空间,公共场所秩序是否涵盖网络公共秩序,什么情形才算作公共秩序混乱,都需要刑法予以解释。而其中扩张解释与类推解释的界限则需要罪刑法定主义予以限定。

2. 兜底性条款的适用范围扩大

刑法许多法条存在兜底性条款,虽然在实践中许多兜底性条款使得法条存在“口袋罪”之嫌,但是兜底性条款的存在使刑法规范能够在法律存在滞后性之时起到弥补漏洞,解决疑难问题的作用。在网络空间中非法经营罪与破坏生产经营罪的兜底性条款就具有此种作用。

通过互联网可以进行生产、销售、消费等多种经济活动,其中生产与销售就具有经营的特征,许多行为人非法设立一定的互联网经营平台或者非法从事互联网经营活动,在具备非法经营罪的罪刑特征时就可以通过非法经营罪的兜底条款予以规制。此外,司法实践中还曾把使用“外挂代练”的行为认定为非法经营罪。[②] 有学者还认为 P2P 网络借贷平台对借款所做的担保行为也可以适用非法经营罪的兜底条款。[③] 破坏生产经营罪兜底条款也具有扩张化的趋势,在现实生活中许多经营者或者个人为了打

---

① 参见陈兴良:《判例刑法学》(下卷),中国人民大学出版社 2009 年版,第 253 页。

② 参见董某、陈某非法经营案,载《中华人民共和国最高人民检察院公报》2011 年第 5 期;江苏省南京市江宁区人民检察院诉董某、陈某非法经营案,载《中华人民共和国最高人民法院公报》2012 年第 2 期。

③ 参见刘宪权、金华捷:《P2P 网络集资行为刑法规制评析》,载《华东政法大学学报》2015 年第 5 期。

击竞争对手，采用“买水军”等方式进行大批量的虚假评论、恶意评论，导致对方遭受经济损失，针对此行为可能就存在破坏生产经营罪的适用空间。由此可以看出，许多兜底性条款为解决网络空间中的新型犯罪提供了重要帮助。

3. 新的刑法条文不断出现

除了传统犯罪模式外，互联网的发展还带来了新的犯罪类型，而这些新型的犯罪模式穷尽传统的刑法规范都无法得以规制，因此许多新的刑法条文不断出现。2009年《刑法修正案（七）》第9条在《刑法》第285条非法侵入计算机信息系统罪中加入第2款与第3款，分别为非法获取计算机信息系统罪、非法控制计算机信息系统罪与提供侵入、非法控制计算机信息系统程序、工具罪；2015年《刑法修正案（九）》再次增加破坏计算机信息系统罪、拒不履行信息网络安全管理义务罪、非法利用信息网络罪、帮助信息网络犯罪活动罪等罪名，对于计算机类的犯罪根据不同类型进行了定罪与规制。以上新条文的出现鲜明地表现出风险社会中积极预防的立法模式方兴未艾，网络时代中刑法扩张化的趋势也日渐鲜明。

综上所述，网络时代对传统的犯罪模式予以了突破，不管是将网络犯罪纳入传统的犯罪系统中还是利用专门针对网络犯罪的刑法规范，刑法条文含义的扩张化必不可少，而其与类推解释的界限将会对罪刑法定原则造成巨大冲击。

（二）网络时代罪刑法定原则的含义补正

近年来，德国社会学家贝克曾提出一个概念叫作“风险社会”①，其含义是随着工业社会的高度发展，人类实践导致了大量的全球性风险，人类的生存和发展都面临巨大的威胁。在各种威胁的影响下，人类的各种社会矛盾加剧，而各种矛盾的滋生导致人们的不安全感也逐渐增强。维护在新的社会形态下人们的安全感逐渐成为人们新的社会需求。而该概念被引入刑法领域后也开始引领刑法学界的理论与司法探讨，安全开始成为刑法的重要使命，而预防的重要性也不断增加。

网络犯罪就是新兴犯罪中重要的代表性风险，在世界各国刑法的预防转向，使现代刑法的目的不再是镇压和报应。犯罪预防同法益保护一起成为现代刑法的正当性来源时，国家刑罚权不可避免要进行一定程度的扩张，因此首先要对罪刑法定原则的含义作出新形势下的判断，再以此为刑法解释的限度作出标准。

面临社会的转型，我国开始不断完善立法，增加法定犯以及网络犯罪的相关规定，逐渐满足风险刑法的需求。在此时传统的罪刑法定原则显然并不能更好地发挥约束效果，反而会因为限制刑罚权的历史目的与扩张刑罚权的现实需求相对抗的矛盾使刑法解释无所适从。因此，对罪刑法定原则的含义进行一定程度的修改是充分且必要的。

---

① 古承宗：《刑法的象征化与规制理性》，台北，元照出版有限公司2017年版，第113页。

第一,应当坚定保障人权的刑法保护目的不动摇,公权力的扩张在回应社会需求的同时不能超过必要的限度。罪刑法定原则的诞生基础就是反对封建专制,避免罪刑嬗断与司法恣意,保障人权与自由,是注重法律形式侧面的体现。如果对罪刑法定主义进行彻底的摒弃,那么我们将会倒退到封建社会,现代法治的精神将会被彻底背离。

我国在将罪刑法定原则作为刑法的基本原则予以规定之前,曾借鉴苏联时期的刑法规定,苏联刑法与资产阶级刑法相对应,采用不同的刑事立法模式。苏联刑法学以马克思主义为理论指导,更加强调法律的政治性,因此苏联刑法的一个重要理论为“社会危害性”理论,而该理论得到我国的借鉴并具有深远影响。除此之外,苏联刑法学还强调类推制度,这从根本上与罪刑法定主义相排斥。我国刑法在引入与借鉴苏联刑法的过程中,将“社会危害性理论”与“类推制度”都予以了保留,但是这并没有使中国快速走向现代社会,也没有实现现代法治,类推制度的广泛使用导致了个案的不正义,法律虚无主义也逐渐盛行。我们应当坦然承认,苏联法学强调实质主义有利于探求法的真谛,但是忽视掉形式主义与成文法的重要价值反而会与实体正义背道而驰。因此,在1979年立法时,尽管在《刑法》第79条规定了类推制度,但是类推制度的适用由于其固有的弊端而不断被减少甚至放弃,我国司法实践中逐渐呈现罪刑法定主义与类推解释的博弈,并且逐渐形成以罪刑法定原则为基本原则,以类推解释为例外的司法模式。一直到1997年刑法罪刑法定原则才得以明确确立。这也体现出放弃罪刑法定原则必然不符合现代法治的发展规律,也不能适应风险社会与网络时代刑法的发展。苏联的社会危害性理论是对罪刑法定原则的完全否定,根据历史可以看出完全否定罪刑法定原则并不会促进法治社会的建立,因此到21世纪我们依然应当坚持最基本的罪刑法定原则,在根本目的不变的基础上再作出符合实际的改变。

第二,应当立足于我国《刑法》第3条的刑法规范条文:法律明文规定为犯罪行为的,依照法律定罪处刑;法律没有明文规定为犯罪行为的,不得定罪处刑。该条文的后半部分揭示了法无明文规定不为罪,法无明文规定不处罚的基本理念,前半部分虽然并非倡导积极扩张刑罚权,但是正面描述依照法律定罪处刑的文字表达为罪刑法定原则的保护法益价值提供了一个新的路径。在传统罪刑法定原则的价值取向里,当发生人权保障与法益保护的冲突时,人权保障居于第一性、法益保护居于第二性的观点基本没有人会否认,但是在实际操作过程中,为了避免法律形式主义所导致的显失公平,实质解释诞生并且不断用刑法解释的方法填补漏洞,却难免遭到形式解释论者的质疑,认为其是对罪刑法定原则的违背。对此指责,实质解释论者通常并不会正面回应,而是在承认罪刑法定原则的基础上对“刑法用语可能的含义”进行解释,认为刑法用语通常包含一般含义与边缘含义,应受刑罚处罚性与法益侵害性或社会危害性成正比,与边缘含义的射程距离成反比,但是受到解释的含义都在刑法用语可能的含义范围内,因此并没有违背罪刑法定原则。

笔者认为,强调实质解释的理论依据应当不能忘却《刑法》第3条的文本,首先,该刑法条文从规范层面为实质解释的应用打开了窗口;其次,风险社会以及网络犯罪的现实存在将长期成为未来社会的主要发展方向彰显出,强调法益保护并且放松对刑罚权的绳索越来越成为未来刑法的主流。我们应当坚持人权保障优于法益保护的原则,但是在特殊情况时可以优先提倡法益保护,即未来两者之间的优先性或许会转变。这也为刑法解释限度的标准提供了一定程度的依据。

三、网络时代对刑法解释限度的具体影响

网络时代与风险社会使得刑法呈现扩张化趋势,而罪刑法定原则在作为刑法解释底线的基础上为"扩张化解释"打开了窗口,此时把握好刑法解释的限度就具有重要意义,这也是防止类推解释出现的重要保障。要明晰刑法解释的限度首先需要厘清刑法解释限度的实质内涵,从规范层面提出刑法解释限度的判断标准,再根据网络时代的犯罪类型与特点作出针对网络时代犯罪的刑法解释。

(一)刑法解释限度理论聚讼

刑法解释限度的含义在学界具有不同的观点,有学者提出"刑法解释限度是刑法解释所能达到的具体、客观的程度和范围",并且强调刑法解释限度不同于刑法解释的边界,它是质的限度与量的限度的统一体,应当同时具备实质合理性与形式合理性。① 与之相对应,魏东教授提出:刑法解释的限度,即刑法解释的合法限度,是指刑法解释不能超出法律文本所规定的界限和程度,以确保刑法解释结论合法性。② 因此,刑法解释限度所讨论的问题不包含合理性与合目的性的价值判断问题。除此之外,学界还有法文语义理论、国民预测可能性说、犯罪类型说等作为刑法解释限度标准的观点。针对以上观点,笔者认为刑法解释限度的争议主要集中于以下几个方面:刑法解释限度是否等于刑法解释的标准;刑法解释限度是否等于刑法解释的边界,或言,刑法解释限度是只探求形式合理性还是同时探求形式合理性与实质合理性。

其一,关于刑法解释限度与刑法解释标准,或许通常的逻辑思维会认为两者之间应当存在"标准—限度"的关系,龚振军教授还曾以"国民预测可能性是刑法解释限度的原则根据,法文语义理论是刑法解释限度的逻辑分析工具"③为由,否定其是刑法解释的限度。暂且不论以上两种理论是否是刑法解释的确切标准,在此视角下,刑法解释限度与刑法解释限度的标准应当是作一定程度的区分,解释的工具不能作为限度而存在。然而这种观点或者论证思路在刑法领域本身就存在缺陷。

---

① 参见龚振军:《刑法解释限度理论之关系论纲》,载《法制与社会发展》2011年第4期。

② 参见魏东:《刑法解释限度的理论构建:从价值优化论回归合法限度论》,载《西南政法大学学报》2022年第1期。

③ 龚振军:《刑法解释限度理论之关系论纲》,载《法制与社会发展》2011年第4期。

首先,在自然科学领域,标准与结果之间是“因与果”的关系,而限度就是自然科学中的果,但是在法学等社会科学领域,并不存在精确计算的结果,我们所确定的结果通常是在明确却又模糊的标准、多种价值衡量之下所权衡利弊的结果,因此两者并不是严谨的逻辑推导关系。其次,各个刑法规范的解释结果并不是同一的,换言之,不同的刑法条文在不同的案件中所适用的刑法解释并不相同,有些刑法条文与案件对接后需要适用扩大解释,有些刑法规范与事实之间需要进行缩小解释,这就导致刑法解释的限度在不同的刑法规范中本身就存在差异性。因此,寻求一个放之四海而皆准的刑法解释限度并不现实,这就意味着,找到刑法解释的标准作为判断法条与事实之间的根据更具有可操作性,同时也更能为具体案件的刑法解释提供方法指导与帮助。故而,笔者认为,探讨刑法解释的限度就是探讨刑法解释限度的标准。

其二,刑法解释限度的探求目的只限于形式合理性还是同时包含形式合理性与实质合理性。按照通说的观点,刑法解释限度的标准有三种观点,法文语义理论,国民预测可能性理论,犯罪类型说。其中法文语义理论认为刑法解释的限度就是文义解释的限度,即只需要具备形式合理性(合法性),不需要进行价值判断,而另外两种理论则同时具备形式与价值的判断模式,即同时具备了刑法解释的合法性、合理性与合目的性。①

关于以上争议,笔者认为将刑法解释限度认定为刑法解释的边界即文义解释显然是不合理的,只考虑合法性问题并不能更好地解决问题。按照魏东教授的观点,刑法解释需要同时具备合法性、合理性与合目的性,合法性、合理性、合目的性分别通过文义解释、论理解释、刑事政策解释来进行检验,以上“三性”保证了刑法解释结论的形式正义与实质正义。以上推断并没有问题,但是如果刑法解释结论同时具备三种方法才得以存在,那么刑法解释限度作为刑法解释结论的同位概念,是如何只包含文义解释,却将论理解释与刑事政策解释排除在外的呢?再从刑法解释整体的角度考虑,我们提及刑法解释的限度,其目的在于为刑法规范的适用提供一个标准,使得在具体案件认定中能够根据该刑法解释的限度标准确定合适的解释方法得出正确的结果,因此它一定是同时具备形式合法性与实质合理性的,也就是说刑法解释的过程必然包含价值判断的过程,两者之间无法斩断关联。而魏东教授在文章中提出刑法解释的限度是文义解释的限度也并不是要否定合法性之上要有“价值优化”的立场,而是认为应当将合法性与合理性、合目的性进行分离,在判断“刑法解释限度”之后再进行价值优化。但是笔者认为这种分类方式并不十分妥当,我们在讨论刑法解释的限度时就是希望能够为刑法的解释提供一个高效合理且具有可实践性的标准,将“刑法解释限度”浓缩为“文义解释”在很浅显地解决表面问题后,依然需要对其他价值判断找出可以

① 参见魏东:《案例刑法学的研究方法》,载《政法论丛》2021年第6期。

适用的标准，这就意味刑法解释的标准问题并没有得到实质意义上的解决，只是中场休息，而再次探究就增加了研究的成本与刑法适用的困难。其实将“三性”做此种分类的目的在于从规范性角度保证各自的独立性地位，但是如果将“三性”同时纳入刑法解释的限度内，同样可以对其独立性进行研究，而这种规范意义上的分析与实践意义上的适用反而可以同时并举，因此，将刑法解释的限度认定为同时具备形式合理性与实质合理性才是正当的。

（二）刑法解释限度的内涵

根据梳理刑法解释限度的理论争议，我们最后得出刑法解释限度实质就是刑法解释标准，并且应当同时具备形式合法性与实质合理性的结论。那么刑法解释限度的内涵究竟应该如何确定，刑法解释的标准是通说观点还是有其他标准还有待判断。因此，在探究刑法解释限度的内涵时，应先对通说观点进行明确，再从规范意义与实践意义的角度寻求合适的解释标准。

1. 法文语义理论：刑法解释的最大边界

上文已经提出，刑法解释的限度需要同时具备形式合法性与实质合理性，而文义解释就是形式合法性的实现基础，但是文义解释的限度并不等于刑法解释的限度，因为文义解释没有从实质的角度进行价值判断，那么我们就需要分析文义解释或者说法文语义理论与刑法解释限度的关系。

笔者认为文义解释的限度与刑法解释限度之间是包含关系，文义解释的限度是刑法解释限度的最大边界，刑法解释限度需要在文义解释限度内进行进一步的价值判断。刑法解释并不是抽象意义上的，而是在规范与事实相互作用中形成的，“解释是将事实与规范不断靠拢，沟通实然的个案事实与应然的法律规范，最后形成法律判断的过程。这一过程是通过文本解释和事实解释的双向运作完成的”①。而文字的字面含义通常包含甚广，包含核心含义与边缘含义，文字的核心含义也就是通常含义，这是在日常生活中使用较多的语言含义，而边缘含义较少使用，并且由于世事的变化而处于动态变化中，因此刑法条文的字面含义从语义学的角度分析应当比刑法规范本身的含义更加广泛，刑法解释的限度在刑法规范与事实的沟通过程中会根据情形的变化有一定的限缩。那么为何文义解释的限度是刑法解释限度的最大边界呢，这就是由罪刑法定原则的性质决定的，罪刑法定原则的形成基础在于保障人权，强调形式合理性，因此法有明文规定才是刑法解释的前提，那么对于“明文”进行文义解释的限度自然就是刑法解释限度的基础，而文义解释所确定的限度应当就是刑法解释的最大边界。刑法解释限度必须要在文义解释限度的基础上进行再次认定。

① 吴林生：《罪刑法定视野下实质解释论之倡导》，载《中国刑事法杂志》2009年第7期。

2. 国民预测可能性理论:刑法解释限度的反向论证

国民预测可能性说主要由日本学者西原春夫、福田平、大谷实等所倡导,主张刑法解释的限度应该局限于行为处罚的一般国民预测可能性范围之内。[①] 国民预测可能性理论的立足基点在于国民,以经验与常识作为判断基准,这在一定意义上能够保障国民的信赖利益,在许多场合下能够发挥自己的作用,但是作为刑法解释限度的主要标准是不足够的。国民预测可能性说从规范角度考虑,并不具备所应有的客观性和明确性,经验与常识无法从教义学与逻辑推演中得出,它存在于日常生活中,而这就导致它先天存在模糊性与多样性;从实务角度考虑,虽然我们相信国民心中存在统一的价值判断,例如,自然犯的违法性,但是在其他大量的犯罪类型中不同的人根据自己的生活环境、成长背景、知识理论所得出的经验是不统一的,即使在刑法理论界,针对同一个问题不同学者还会存在争论,这就意味着在面临亟待解决的争议颇深的问题时,国民预测可能性并不能发挥应有的作用。预测可能性的不确定性使它先天不足,人们无法妥当使用又使得它后天残缺,故而言之,要求国民预测可能性理论作为刑法解释限度的判断基准显然强人所难。但是这并不代表国民预测可能性理论在刑法解释限度中毫无意义,由于它对国民信赖利益的维护,因此,在刑法解释限度确定刑法解释结果后,国民预测可能性可以作为反向论证合理性的依据判断结果是否具有实质合理性,但这已经是结果验证维度的问题了。

3. 法益侵害说:刑法解释限度的实质内涵

法益侵害说是笔者根据犯罪类型说进行的转化,犯罪类型说也是学者所提出的代表性观点之一,因此要先对犯罪类型说做一个说明。犯罪类型说提出了刑法解释的新路径,它强调对规范意义的探寻必须回溯到"作为规范基础之类型",超出类型轮廓的行为予以排除[②]。这种刑法解释的标准认为犯罪是合类型化的行为,法官应当是从法律规范所意涵的类型中来把握案件事实的,那么符合该类型轮廓的行为就可以纳入犯罪构成要件中,超出类型轮廓的行为就被排除。这种合类型性解释看到了不同犯罪之间有自己的独特特征或者说犯罪构成要件,只有符合刑法规范构成要件的行为才构成犯罪。但是笔者认为这种分类方式不够精确,犯罪类型说强调的是犯罪构成要件,构成要件中存在行为主体、危害行为、行为对象、危害结果等方面的不同,那么类型化的具体标准是什么?将个案是否属于该犯罪构成进行涵摄时,必然已经存在一个已知的概括性的犯罪类型,而这个犯罪类型的确定依然是未知的。因此,笔者认为犯罪类型说指明了刑法解释限度实质内涵的方向,但是还不足以满足刑法解释的要求,法益侵害说的出现则可以克服犯罪类型说的缺点。

---

① 参见龚振军:《刑法解释限度新论——以日本刑法学说为主要切入点》,载《当代法学》2010年第2期。

② 参见杜宇:《刑法解释的另一种路径:以"合类型性"为中心》,载《中国法学》2010年第5期。

犯罪构成要件虽然存在主观要件、客观要件等多方面的不同,但是决定该犯罪类型的基础因素应当是“法益”,犯罪有类罪与具体罪的区分,这种区分的标准同样也是法益,在同一类犯罪的内部还可以根据具体法益的不同进行区分,这就代表着法益从根本上为犯罪定性提供了依据。在符合文字意义上的犯罪构成要件与犯罪构成要件要素的基础上,再进行是否具有实质的法益侵害性的判断,达到本罪类型的法益侵害性的质与量时,就说明所要解释的事实符合该犯罪类型,可以纳入该罪的评价范畴当中,这种更加具体的类型化的解释标准相对来说在尊重罪刑法定原则的基础上,还为网络时代的扩张化提供了更加广阔的操作空间。因此,将法益侵害说或者说具体化的犯罪类型说作为刑法解释限度的实质内涵是合理的。

综上所述,刑法解释限度同样也是刑法解释的标准,首要标准是法文语义标准,从文义解释的角度奠定了解释的最大边界;实质标准是法益侵害的判断,当案件事实符合该犯罪类型中法益侵害的质与量时,我们应当将其纳入该罪的评价体系中,而国民预测可能性说与其作为刑法解释的限度标准不如作为刑法解释结果的检验标准更加妥当。

(三)网络犯罪刑法解释的标准确定

通过从法律解释学角度探讨刑法解释的限度,我们最终可以得出应当以法文语义为基础,以法益侵害为核心的标准模式,那么这种限度标准具体在网络犯罪中应当如何适用,网络时代犯罪的特性又如何在刑法解释标准中展现呢?笔者认为,要针对网络犯罪进行恰如其分的刑法解释应当明确网络犯罪的特性,根据不同类型的网络犯罪利用标准进行针对性的刑法解释,以不变应万变才能适应转型中的风险社会。

网络犯罪可以根据其构成要件和法益进行分类,意大利学者把网络犯罪分为三类:以新的行为方式侵害传统法益的犯罪,如计算机诈骗罪;基于新的行为方式或行为对象而侵害与传统法益相类似法益的犯罪,如侵害与传统的“文书公信力”相类似的“信息公信力”的网络犯罪;侵害因信息与通信技术而产生的全新法益的犯罪。美国司法部把网络犯罪分为三类:以计算机为客体的犯罪,主要是指盗窃计算机硬件与软件的犯罪;以计算机为主体的犯罪,包括病毒、蠕虫、木马、逻辑炸弹、嗅探器、拒绝服务攻击、僵尸网络、网络蜘蛛等;以计算机为工具的犯罪,即利用计算机实施的传统犯罪。《欧洲网络犯罪公约》则把网络犯罪分为四类:侵害计算机数据和系统的机密性、完整性和可用性的犯罪(包括非法侵入系统、数据拦截、数据干扰、系统干扰和设备滥用);与计算机相关的犯罪(包括计算机伪造、计算机诈骗);与内容相关的犯罪(指与儿童色情相关的犯罪);侵害著作权和邻接权的犯罪。①

但是笔者根据网络犯罪的诞生方式以及法益侵害类型,认为我国网络犯罪主要可

---

① 参见欧阳本祺:《论网络时代刑法解释的限度》,载《中国法学》2017年第3期。

以归纳为两类,第一类是网络化的传统犯罪,即在传统犯罪模式的基础上增加了互联网相关的构成要件要素,比如行为方式的变化,行为对象的扩展等,典型的罪名比如网络中侵犯财产权益的盗窃罪、诈骗罪,侵犯公民民主权利的侮辱罪、诽谤罪,前文已经对相关犯罪类型的刑法扩张进行了分类与列举,在此不再赘述;而第二类网络犯罪则是新兴的计算机犯罪,这种犯罪类型是1997年刑法之后诞生的新法条,随着时代的发展相关法条也不断增多,主要集中于第二编第六章妨害社会管理秩序罪第一节扰乱公共秩序罪当中,包括计算机作为行为对象与计算机作为行为方式的不同犯罪模式,但是都统一于本节的类罪法益"公共秩序"中。那么如何根据不同的网络犯罪类型来进行刑法的解释,其标准同样是对于法文语义理论与法益侵害论这两种标准的应用,但是根据不同犯罪的特点其侧重点也不相同。

1. 网络化传统犯罪模式的刑法解释

刑法解释限度的首要标准即为文义解释方法,因此需要对犯罪构成要件作出文义解释,但是在网络化的传统犯罪当中,其焦点在于新型的利用网络的犯罪手段是否可以被纳入传统犯罪模式当中,传统犯罪中的行为方式、行为对象、危害结果可否纳入网络型的案件类型,换言之,焦点在于规范的文字含义如何确定,而沉浸于文义解释就会陷入循环论证。除此之外,还有许多学者认为应当按照文字的通常含义来判断,如果僵化于语言文字的通常含义那么网络下的许多犯罪将会无法可依,陷入猖獗,因此故步自封更加不可取。那么我们就应当在语言文字的边缘含义中,在那一片昏暗的灰色地带进行探索,寻找时代变革中语言的新含义,而这时法益就成为主要的判断标准。

我们知道,判断实质的法益侵害性需要从质与量的双重角度进行判断,而"量"一般可以根据犯罪数额、网络点击次数等进行判断,比如盗窃罪中所盗窃的财产法益的量化,侮辱罪、诽谤罪中点击次数、传播次数、下载次数等,因此主要问题在于从"质"的角度进行分析,即网络背景下的行为是否在实质上具有法益侵害性,如果该行为所造成的危害与在现实生活中造成的危害具有等价性甚至造成了更加严重的结果,那么将其纳入该犯罪类型中评价毫无问题,比如郎某、何某诽谤案(检例第137号)中,谷某在取快递时被郎某偷拍,后被郎某、谷某编造其与两人发生不正当性关系的虚假言论在网络上大范围传播,严重影响了谷某的声誉和正常生活,所造成的"社会性死亡"比现实生活中的影响更加严重,这类案件受到刑事的处罚无可非议。再如,利用计算机盗窃或销毁他人的虚拟财产,如果该虚拟财产的财产属性可以量化并且与现实生活中的财产法益等值,那么也同样应该将行为认定为犯罪处理。

2. 新兴计算机犯罪的刑法解释

新兴的计算机犯罪主要集中于《刑法》第285-287条,第285条规定的三款犯罪以及第286条规定的破坏计算机信息系统罪是将计算机信息作为行为对象的犯罪类型;第286条之一、第287条、第287条之一、第287条之二是将计算机作为行为方式或者说利用对象的犯罪类型,以上两种犯罪类型都将公共秩序作为自己的保护法益,因此解释方向具有一定的相似性,即将犯罪类型侵害法益与本节其他犯罪之间的法益进行对照。

对于新兴的计算机犯罪,其诞生的本身就是刑法扩张化的体现,但是在近几年这种刑法适用中的扩张呈现了一种泛滥的趋势,其典型代表就是《刑法》第287条之二帮助信息网络犯罪活动罪,该罪名存在是否是帮助行为正犯化等多种争议,并且逐渐有了网络犯罪中"口袋罪"的倾向。那么这种新兴的计算机犯罪应当如何进行解释呢?笔者认为应当严格按照文义解释作为最大边界,法益侵害性作为实质判断的刑法解释标准。首先,应该进行文义解释,由于新兴的计算机犯罪没有传统犯罪模式的参照,因此其语言含义是相对确定的,也就是说暂时不需要考虑语言文字的边缘含义,应当将文字的通常含义作为判断的标准,只有符合文义解释的类型才能被纳入犯罪的判断当中,这也是对罪刑法定原则的严格遵守;其次,要从质与量的双重角度对法益侵害性进行分析,而且重点同样在于法益侵害的"质",帮助信息网络犯罪活动罪被得到相当泛滥的应用就因为许多行为具备帮助犯的形,但是没有具备帮助犯的实,即该行为虽然可能对其他犯罪人员有一定的帮助作用,但是否对其他犯罪具有实质的帮助作用需要进行准确的判断与严格的解释。因此,对法益侵害性的判断同样要专注于实质上是否具有侵犯法益的社会危害性,如果只是一般的违法行为那么不应当作为犯罪处理。毕竟,从刑事政策角度考虑,新兴计算机犯罪也体现出互联网迅速发展、科技发展等带来的社会变化,社会各方面的风险性目前正逐渐提高,同时社会的价值观也处于摇摆与变动当中,这同样也是各种市场经济发展与社会行为交织的结果,在此时,审慎启动刑法并严格进行刑法解释既遵守了罪刑法定原则,也有利于更好地促进社会的发展。

结 语

"法无明文规定不为罪,法无明文规定不处罚",作为最基础原则的罪刑法定主义是刑法解释与刑法适用的基石。在互联网迅猛发展的网络时代下,新兴的网络犯罪逐渐成为重要的犯罪形式,并且对传统的罪刑法定原则和刑法解释都形成一定程度的冲击,因此,对罪刑法定原则的含义在立足我国国情的基础上,在观察未来社会发展形态的前提下进行丰富与补正刻不容缓。因此,笔者认为应当在把握传统罪刑法定主义的基本含义后,对我国罪刑法定主义的特点进行厘清与梳理,同时明晰网络时代对罪刑法定原则在哪些层面造成了冲击,明晰新时代罪刑法定原则的含义,再为网络时代刑法解释的方向与标准提供指引,根据不同的网络犯罪类型划定不同的刑法解释限度标准,通过网络犯罪与传统犯罪的法益衡量与比较再作出具体的限度标准。这种刑法解释的适用标准不但没有违背罪刑法定原则的基本内容,而且体现了新时代下罪刑法定主义的基本特点,应当予以贯彻与发扬。

刑法类推解释缘何禁而不止?

张龙游*

【内容摘要】刑法禁止类推解释是理论界的主流观点,是对刑法基本原则的坚守、对人权的保障、对法治尊严的维护,但是近年来我国刑法理论界支持类推解释的声音仍然时有所闻,值得反思。类推解释、类推适用和类比推理是三个不同的概念。类推解释在我国刑法理论界的"反弹"主要是因为学者们对考夫曼所言"类推"的误解、扩张解释与类推解释的界限不明、实质解释论的提倡以及类推解释在司法实践中禁而不止。为了切实避免实践中的类推解释,应当进行罪刑法定原则的理论厘清,坚持文义解释优先,坚持"刑法解释的保守性",坚持刑法解释符合常识、常理、常情。

【关键词】类推解释　类推适用　类比推理

引　言

罪刑法定原则是现代刑法的核心,类推解释由于与罪刑法定原则水火不容因而在刑法领域被禁止。禁止类推解释的关键在于扩大解释和类推解释的有效界分,然而事实上由于类推解释和扩张解释的界限不明,如何甄别类推解释成了一个世界性的难题。众多学者致力于寻找扩张解释和类推解释的界限,提出了各种各样的界分标准,却始终没有获得一个圆满的答案。所以,考夫曼才会感叹道:"类推——一个法学上尚未解决的难题。"①尽管距离考夫曼所言已有数十年,这一难题至今仍然没有得到有效的解决。理论界在扩张解释与类推解释的界分标准上屡次碰壁,使一部分学者开始质疑禁止类推解释的合理性与可能性,于是部分学者转变思路,试图证伪禁止类推解释的命题以使类推解释合法化。尽管刑法禁止类推解释的观点一直占据主流地位,支持类推解释的学者属于少数派,但是近年来,我国刑法理论界支持类推解释的声音越来越多、声势越来越壮大,因此可以说刑法类推解释正在刑法理论界兴起。例如,黎宏教授质疑禁止类推解释,他认为类推解释和扩张解释的区别仅在于程度上的不同,类

---

* 张龙游,四川大学法学院2021级刑法专业硕士研究生。

① [德]亚图·考夫曼:《类推与"事物本质"——兼论类型理论》,吴从周译,台北,学林文化事业有限公司1999年版,第3页。

推解释是一种法律解释的方法,这种方法在司法适用的过程中被广泛地采用。[①] 黄继坤教授认为罪刑法定原则禁止的是类推适用而不是类推解释,而且类推解释有利于解决实践中的疑难案件。[②] 杜宇教授认为禁止类推在方法论上存疑,他认为解释与类推之间没有本质上的差异,任何解释方法都必须以类推为基础来开展。[③] 吴丙新教授更是直截了当地指出禁止类推解释是近代法治的一个美丽谎言,传统的罪刑法定原则以及禁止类推只不过是法治口号下的一个美丽的乌托邦,应当停止类推解释与扩张解释的区分工作。[④] 杨旭峰教授也认为类推解释是独立的解释方法,理论上禁止类推解释并不合理,他反对传统的"禁止类推解释"这一命题的表述,并提出应当区分"禁止的类推解释"与"允许的类推解释"。[⑤] 简言之,类推解释的禁止应当是类推解释内部的问题。

不单是刑法理论界存在对类推解释的正名和鼓吹,在司法实践中也一直存在某种由来已久的倾向,即把一切类推都往扩张解释里面塞,以扩张解释偷运自己的类推意图。[⑥] 的确,在刑法禁止类推解释的背景下类推解释的现象仍然层出不穷,但这是否意味着禁止类推解释是"法治主义者"精心编织的一个美丽谎言?我们是否应该就此放下对类推解释的"偏见"而承认其在方法论意义上的独有价值?基于目前中国的法治现状,笔者的立场是坚定的,即反对类推解释合法化。禁止类推解释,是对刑法基本原则的坚守,对人权的保障,对法治尊严的维护。本文在厘清类推解释及有关概念的基础上,通过对刑法类推解释兴起的原因进行分析和批判以反驳类推解释认可理论,进而提出实践操作中避免类推解释应当注意的事项。

一、概念的厘清:类推适用、类推解释与类比推理

提到"类推",类比推理、类推适用与类推解释几种概念往往缠绕不清,不同论者在使用"类推"时,其内容指向并不相同,有的是指"类比推理",有的是指"类推适用",有的是指"类推解释"。另外,还有论者在同一意义上使用"类推适用"和"类推解释",或者在同一意义上使用"类比推理"和"类推解释"。例如,德国的考夫曼教授在其《类推与"事物本质"——兼论类型理论》一书中使用的是"类推"一词;吴丙新教授在论述中则使用"类推解释"一词,但是其并没有严格区分"类推"和"类推解释",

---

① 参见黎宏:《"禁止类推解释"之质疑》,载《法学评论》2008 年第 5 期。

② 参见黄继坤:《刑法类推解释如何得以进行——刑法演绎推理中的类推解释》,载《现代法学》2011 年第 5 期。

③ 参见杜宇:《刑法上之"类推禁止"如何可能?一个方法论上的悬疑》,载《中外法学》2006 年第 4 期。

④ 参见吴丙新:《扩张解释与类推解释之界分——近代法治的一个美丽谎言》,载《当代法学》2008 年第 6 期。

⑤ 参见杨绪峰:《反思与重塑:刑法上类推解释禁止之研究》,载《环球法律评论》2015 年第 3 期。

⑥ 参见杜宇:《刑法上之"类推禁止"如何可能?一个方法论上的悬疑》,载《中外法学》2006 年第 4 期。

而是将二者混用;黎宏教授在其论述中同样没有区分"类推"和"类推解释";日本的大谷实教授则将"类推适用"和"类推解释"视为同一事物。概念是学术研究的起点,对模糊不清的概念基础上的学术理论的争鸣往往是学者们自说自话,只有在概念一致的基础上进行的学术讨论才是有意义的,否则就容易出现"张飞杀岳飞,杀得满天飞"的情形。因此,无论是支持刑法类推解释还是反对刑法类推解释,都必须先厘清相关概念。

首先,关于"类推适用"的概念,学者们的表述不尽相同。德国学者卡尔·拉伦茨认为:"类推适用系指将法律针对某构成要件(A)或多数彼此相类的构成要件而赋予之规则,转用于法律所未规定而与上述构成要件相类的构成要件(B)。"①我国台湾地区的杨仁寿教授认为:"类推适用,系就法律未规定之事项,比附援引与其性质相类似之规定,以为适用。"②日本的西原春夫教授认为:"所谓类推适用,就是对于法律没有规定的行为,适用关于具有类似性质的行为的法律来加以处罚。"③尽管学者们对于"类推适用"的概念在文字表述上不尽相同,但是内容意涵是基本一致的,它实际上属于拉伦茨所言的法律范围内的法的续造,是填补法律漏洞的一种方法。我国1979年《刑法》第79条规定了类推制度:"本法分则没有明文规定的犯罪,可以比照本法分则最相类似的条文定罪判刑,但是应当报请最高人民法院核准。"对比以上关于"类推适用"的定义,应当认为我国1979年《刑法》所确立的类推制度与类推适用具有同等含义。

其次,关于类推解释的定位,理论界出现了较大的分歧。具体而言,理论界主要有两种观点。第一种观点是否定类推解释具有独立的品格,认为"类推"和"解释"自相矛盾,二者的结合像一例"异体移植",类推解释就是一个悖论。这种观点的支撑理由是:法律解释只能是在文义的范围之内作出,而"类推"已经超出了文义的范围,不再属于"解释"的范畴,"根本不可能存在一种'类推'而又是'在文义范围内'作成的'解释'"④。我国台湾地区学者林山田持相同主张,他认为"解释"与"类推"具有本质上的差异,尽管多数文献将"类推"称作"类推解释",但是基于这种差异的存在和刑法禁止类推的原则,不宜适用"类推解释"一词,否则容易造成概念上的混淆。"至于超越法条的本意,使其适用于其他未规定的类似案件,以填补法律漏洞,则属违背类推禁止原则而适用法条的现象,宜称为类推适用,而不可以称为'类推解释'。"⑤

---

① [德]卡尔·拉伦茨:《法学方法论》,陈爱娥译,商务印书馆2003年版,第258页。

② 杨仁寿:《法学方法论》,中国政法大学出版社2013年版,第194页。

③ [日]西原春夫主编:《日本刑事法的形成与特色(日本法学家论日本刑事法)》,李海东等译,法律出版社1997年版,第124页。

④ 周少华:《"类推"与刑法之"禁止类推"原则——一个方法论上的阐释》,载《法学研究》2004年第5期。

⑤ 林山田:《刑法通论》(上册),北京大学出版社2012年版,第89页。

第二种观点是肯定类推解释的独立品格，但是否区分"类推解释"与"类推适用"则存在争议。有的学者认为"类推解释"就是"类推适用"，二者并无实质差异，而有的学者则认为应当区分"类推解释""类推适用"，应当把"类推解释"视作一种独立的法律解释方法。例如，大谷实教授在论述时就没有区分"类推解释"与"类推适用"，他认为："作为法律解释方法的类推解释或类推适用，是指法条所规定的内容和该法条的适用上成为问题的、该法条没有包含的事实之间具有类似或共同之处，所以将有关前者的法条也适用于后者。"显然，大谷实教授将"类推解释"和"类推适用"视为同一事物。相反，杨仁寿教授主张严格区分"类推解释"与"类推适用"，他认为："类推适用系法律漏洞的补充方法之一，与'类推解释'系属狭义的法律解释之一种，仅在文义之可能范围内阐述法律之涵义者，截然有别。我国台湾地区学者多将之混为一谈，以为系属一事。实则前者乃本诸'相类似之案件，应为相同之处理'之法理，依逻辑之三段论法推演而成。其推论公式为：M 法律要件有 P 法律效果（大前提），S 与 M 法律要件类似（小前提），故 S 亦有 P 法律效果（结论），苟非透过此项推论，无法获致结论。而后者则仍在文义范围内作成解释，仅于解释法文用语之文义时，用体系解释之方法，类推其他法条用语之涵义加以阐释而已，无须通过三段论加以推演。"①简言之，类推适用是填补法律漏洞的方法之一，类推解释是狭义的法律解释的方法之一；类推适用需要进行三段论的演绎推理，类推解释不需要进行三段论的演绎推理。杨绪峰教授、黎宏教授和黄继坤教授等人也主张类推解释作为一种法律解释的方法具有独立的品格，因此不应当被禁止。②

即便承认类推解释具有独立的品格并不意味着一定赞同类推解释在刑法领域的合法化，有的学者肯定了"类推解释"的独立品格但仍然坚定地反对类推解释。例如，赵运锋教授认为，类推解释是类推适用的前提，类推解释背离了罪刑法定原则，应该在刑法解释中严格禁止。③

笔者的观点是类推解释与类推适用虽然在概念上具有差异性，但在"罪刑法定原则禁止类推"这一命题之下，不必严格区分类推解释与类推适用，二者都是填补法律漏洞的方法。类推解释，系指对于刑法条文尚未明确规定的待决事实，参照与其最相类似的刑法条文的规定，作出该规定的含义范围以外的阐释以使待决事实被该规定所涵摄。而类推适用，系指"法官在司法过程中面对案件事实，在已有的法律规定中找不到可以直接适用的法律规定，即法律存在漏洞时，在既有的法律中寻找和当下案件

---

① 杨仁寿：《法学方法论》，中国政法大学出版社 2013 年版，第 208 页。

② 参见杨绪峰：《反思与重塑：刑法上类推解释禁止之研究》，载《环球法律评论》2015 年第 3 期；黎宏：《"禁止类推解释"之质疑》，载《法学评论》2008 年第 5 期；黄继坤：《刑法类推解释如何得以进行——刑法演绎推理中的类推解释》，载《现代法学》2011 年第 5 期。

③ 参见赵运峰：《刑法类推解释禁止之思考》，载《当代法学》2014 年第 5 期。

事实最相类似的法律规定,通过解释、推理等行为以裁决案件的法律方法”①。成文法的适用需要借助形式上三段论演绎推理的方法,而在三段论演绎推理的过程中,需要对大前提(法律规范)进行解释以使小前提(待决事实)能够被大前提涵摄。类推适用也需要经过三段论演绎推理的过程方能获致结论,因此在进行类推适用的操作时必须进行类推解释,但是在进行类推解释的操作时则无须经历这一过程。“类推解释是明确法律意义内容的作业,而类推适用则是将经法律解释明确了意义内容的法律,与‘同样事物应同样处理’的法则,进行组合判断的作业。”②因此,对于类推解释和类推适用的关系可以做如下表述:类推解释是类推适用的前提,没有类推解释无法进行类推适用;③类推适用通常是类推解释的结果,存在类推解释通常就会产生类推适用,但是少数场合下进行类推解释后并不一定会继续进行类推适用的操作。因此,类推适用必须以类推解释来操作,类推解释是类推适用的必要不充分条件。类推解释和类推适用都是为了填补现有的法律漏洞而采用的方法,根据以上论述,虽然类推解释与类推适用并不分享同一概念,但是鉴于二者多数场合下不可分割的紧密联系,在“罪刑法定原则禁止类推”这一命题之下,类推解释和类推适用都应当被禁止,因此区分二者并无太多的实际意义。

最后,对于“类比推理”而言,其作为一种思维方式得到学者们普遍地承认,刑法不应该也不可能禁止“类比推理”。“类比推理”常被简称为“类推”,是指基于两种事物在某些属性上的相似之处,从而推论出这两种事物在其他属性也具有相似之处的推理。类比推理作为认识事物的一种思维过程或思维方式,它被广泛地运用于法律适用的过程中,类推解释也具有类比推理的思维。考夫曼认为,“法律认识一直是类推性的认识,法官的裁判本身带有类推的性质”④。考夫曼所言的“类推”实际上就是“类比推理”。但是需要注意的是,有的学者并没有区分“类比推理”与“类推解释”,试图以“类比推理”的合法性去证成“类推解释”的合法性,这种论证方式显然缺乏说服力。诚然,法律认识是一种带有类推性质的认识,“但是作为认识是一个问题,而作为刑法的裁判则是另一个问题,刑事裁判是与确定性联系在一起的,所以类推解释中的类比推理所推定的结论,没有构成要件或法律规范语言的直接涵摄,其与刑事裁判的铁则——罪刑法定原则相背离”⑤。因此,不能简单地由刑法中不禁止“类比推理”推导出刑法也不禁止“类推解释”。

---

① 谢晖:《法理学》,北京师范大学出版社2010年版,第404页。

② 邓慧、袁古洁:《类推适用与法律之其它阐释方法——关于法学方法论研究中若干问题的探讨》,载《学术界》2008年第4期。

③ 参见赵运锋:《刑法类推解释禁止之思考》,载《当代法学》2014年第5期。

④ [德]阿图尔·考夫曼:《法律哲学》(第2版),刘幸义等译,法律出版社2004年版,第79页。

⑤ 任跃进:《“文字可能的含义”:扩张解释与类推解释界分范式研究——基于德日比较视角展开》,载《河北法学》2021年第3期。

综上所述,类推解释、类推适用与类比推理是三个不同的概念。但是,类推解释和类推适用在概念上的区分在“罪刑法定原则禁止类推”这一命题下并不具有重大的实际意义,因此“罪刑法定原则禁止类推”也可以表述为“罪刑法定原则禁止类推解释”。而类比推理作为一种思维方式被广泛地运用于法律适用的过程中,法律解释与类推适用过程中都有类推思维的体现,“罪刑法定原则禁止类推”并不是也不可能禁止类比推理,理论上应当严格区分类推解释或类推适用与类比推理。

二、刑法类推解释“反弹”之原因

上文提及,对于刑法是否应该禁止类推解释,理论界有两种观点,一种是类推解释禁止理论(通说),另一种是类推解释认可理论(少数说)。由于部分学者对刑法类推解释的推销,刑法类推解释认可理论开始在理论界获得一定的认同,并且该理论有逐步壮大之趋势。然而,面对持少数说的学者对刑法类推解释的公然鼓吹以及对类推解释禁止理论的针对性批判,通说派学者多数保持沉默,只有极少数的通说派学者做出了专门的回应。星星之火,可以燎原,对刑法类推解释的推崇是对罪刑法定这一刑法铁则的挑战,这不得不使人担心。笔者站在通说的立场,拟通过对刑法类推解释认可理论兴起原因的分析和批判,意图证伪认可类推解释理论。

(一)对考夫曼所言“类推”的误解

国内一些支持刑法类推解释的学者对于德国学者考夫曼教授的类推理论缺乏清楚的认知。德国的考夫曼教授所著《类推与“事物本质”——兼论类型理论》一书,对类推理论做了广泛而深入地探讨,并对类推得出了独到而精辟的判断。考夫曼教授对类推理论的证立模式与论证深度,是其他学者所远不及的。

考夫曼将类推与事物本质放入“法律现实化的过程”这一法律理论的基本课题中加以讨论,通过解构法律现实化的过程,他认为,“‘法是当为与存在的对应’,因此可以说‘在法之中,当为与存在既非同一亦非相异,而是类似地或对应地联系在一起’——可以说:法的现实性本身是根基于一种类推,因此法律认识一直是类推性的认识。法原本即带有类推的性质”①。类推广泛存在于法律现实化的过程之中。以考夫曼的类推理论为基础,国内部分学者试图论证类推解释在我国刑法理论与实践中存在的合法性与合理性。例如,杜宇教授在引证了考夫曼的类推理论以质疑刑法禁止类推解释,他认为:“尽管当代刑法的主流理论,对于类推采取了某种严重贬抑甚至是明确拒绝的强硬姿态,但是类推仍然会在司法实践中顽强有力地表现自己。类推在刑事司法适用中基底之深厚、作用之广泛,要远远超过我们的自以为是。而所有这些,都深

---

① [德]亚图·考夫曼:《类推与“事物本质”——兼论类型理论》,吴从周译,台北,学林文化事业有限公司1999年版,第21页。

刻地根源于类推在思维操作上的普适性价值,根源于类推与法律适用之间无法解开的结构交织。考虑到类推的此种方法论地位,要想在刑法适用中绝对地禁斥类推,就无异于天方夜谭。”①但上文已经提到,这种论证方式因为没有区分类比推理与类推解释而存在疑问。

理解考夫曼对于类推理论的思想,不可断章取义地误解其要本怀疑刑法上的类推。考夫曼指出:每一个法律认识,每一个法律发现,每一个所谓的“涵摄”,都显示出类推的结构。因为“涵摄”意味着,使规范与具体的生活事实相互“对应”,但这并非立刻经由简单的三段论法即可发生,因为规范与事实并不相同:规范是处于以概念方式规定的当为领域中,事实是处于经验现实的领域中。因此,在开始进行三段论法之前,必须使其相同,亦即,必须使以概念方式规定在法定“构成要件”中的规范事实与现实具体的生活事实进入一种关系,在其中,二者的类似性系透过一种“目的论的”程序而被确定,这就是类推。所谓的“涵摄”无非就是一种“内在构成要件的类似推论”②。这里的类推并不是刑法意义上的类推解释,而是指作为认识事物的一种思维方法——类比推理。拉伦茨早已意识到这一点,他明确指出“考夫曼借——依其见解系任何规范适应之基础的——‘类推’一词所指称者,其与通说及本书对类推之理解大异其趣”③。然而有的学者误解了考夫曼对于类推理论的思想,认为其根本质疑的是刑法上的禁止类推解释。相反的是,考夫曼系想划出一条,比所谓的通说,特别是实务见解所划的界限更狭窄的界限。④ 因此,国内一些学者借由考夫曼的类推理论倡导刑法类推解释合法化的观点并不可取。

(二)扩张解释与类推解释的界限不明

在刑法类推解释禁止理论的内部,学者们常常就扩张解释与类推解释的界分标准众说纷纭、争论不休,似乎每一个反对类推解释的学者都在努力尝试提出自己的一套界分标准。这种做法本来无可厚非,因为排斥类推解释有一个重要的前提,就是要能够区分扩张解释与类推解释。但是,反对类推解释的学者提出的各种各样的界分标准,似乎并没有圆满地解决问题,众多的界分标准反而使得扩张解释与类推解释的界限愈加模糊。

对于扩张解释与类推解释的界分标准,理论上主要有单一标准说、双重标准说和综合标准说。仅就单一标准说而言,就有众多观点,根据其他学者的归纳,列举以下七

① 杜宇:《刑法上之“类推禁止”如何可能?一个方法论上的悬疑》,载《中外法学》2006年第4期。

② [德]亚图·考夫曼:《类推与“事物本质”——兼论类型理论》,吴从周译,台北,学林文化事业有限公司1999年版,第33页。

③ [德]卡尔·拉伦茨:《法学方法论》,陈爱娥译,商务印书馆2003年版,第16页。

④ 参见[德]亚图·考夫曼:《类推与“事物本质”——兼论类型理论》,吴从周译,台北,学林文化事业有限公司1999年版,第50页。

种观点进行说明。[①] 一是法条之意义范围说。该说主张应以是否超出法律条文意义的范围为标准,凡是在法律条文意义的范围内阐明其意义的是扩张解释,反之则是类推解释。二是法条之立法精神说。该说主张应以是否脱离法律条文之立法精神为标准,凡是未脱离法律条文之立法精神的是扩张解释,反之则是类推解释。三是法条之逻辑含义范围说。该说主张应以是否超出法律条文的逻辑含义范围为标准,凡是在法律条文的逻辑含义范围内进行的解释是扩张解释,反之则是类推解释。四是法条之事实模型说。该说主张应以是否符合法律条文中的事实模型为标准,凡是现实发生的案件中的事实要素符合法律条文中的事实模型的是扩张解释,反之则是类推解释。五是预测可能性说。该说主张应以是否超出国民的预测可能性为标准,凡是未超出国民预测可能性的是扩张解释,反之则是类推解释。六是法律解释范围说。该说主张应以是否超出法律解释的范围为标准,凡是超出法律解释范围的是类推解释,反之则是扩张解释。七是思考方法说。该说主张应以思考问题的不同方法作为区分标准,"类推解释,是先将从国家社会的立场出发决不能被允许的行为挑选出来,然后寻找类似的法条的思考方法,相反地,扩张解释是从法条的论理解释出发,考虑该行为是不是属于该法条所规定的内容,并从此出发,考虑社会生活上各种行为的思考方法"。此外,还有双重标准说、综合标准说,此处不再一一列举。[②]

单一标准说下的各种界分标准,都只具有有限的合理性。法条之意义范围说中法律条文意义范围的边界是难以确定的,即便是"人"这样相对明确的记述概念在法律意义上都存在始期和终期的争议,更不用说由多个概念和词语组成的法律条文;法条立法精神说中的"立法精神"往往取决于解释主体的理解;逻辑含义范围说并没有具体明确逻辑含义的范围,实践中缺乏可操作性;法条事实模型说实际是以是否符合构成要件要素来区分扩张解释与类推解释,然而对于构成要件要素本来就需要解释并对解释结论进行判断,因此该说有重复论证的嫌疑;预测可能性说中的"国民预测的可能性"仍然是不确定的概念,不易于把握,学者之间就预测可能性的考察方法也不尽相同,而且到底是国民预测的可能性还是解释主体预测的可能性存疑;法律解释范围说与法条事实模型说类似,也有重复论证的嫌疑;思考方法说则无法运用于实践,因为判断一种解释到底是属于扩张解释还是类推解释,往往是针对解释的结论而言的,"合理地扩大解释与类推解释的区别仅在于解释结论是否超出了刑法规范本身的蕴涵范围,而不在于思维模式和认识方法的不同"[③]。扩张解释与类推解释处于同一辆

① 参见利子平:《论刑法中类推解释与扩张解释的界限》,载《华东政法大学学报》2010 年第 4 期。

② 关于双重标准说和综合标准的具体的内容,参见利子平:《论刑法中类推解释与扩张解释的界限》,载《华东政法大学学报》2010 年第 4 期。

③ 刘志远:《刑法解释的限度——合理的扩大解释与类推解释的区分》,载《国家检察官学院学报》2002 年第 5 期。

思维列车上。

各种界分标准令人眼花缭乱,司法主体在进行解释操作时面对众多的理论可能无所适从,而且由于这些标准都只是具有有限的合理性,根据其中某一标准,司法主体无法进行有效的判断。理论界在界分标准上的努力不可谓不大,但是结果却令人失望,所以部分学者转变思路,开始质疑刑法禁止类推解释的合法性与合理性,转向支持类推解释。但是无论扩张解释与类推解释的界分有多困难,也不能成为支持刑法类推解释的理由。

(三)类推解释禁而不止

类推解释认可理论兴起的一个现实原因,就是一些学者对实践中类推解释禁而不止的现象感到失望。随着我国1997年《刑法》确立罪刑法定原则,刑法中的类推制度就被废除,但是自此之后,刑事司法实践中的类推解释并没有销声匿迹。一些类推解释禁止理论的支持者,熟练地运用言辞技巧,将本来属于应当被禁止的类推解释划入被允许解释的范围,使得类推解释在实践中"名亡实存"。笔者列举以下几个实例予以说明。

第一,将《刑法》第145条规定的生产、销售不符合标准的医用器材罪中的"销售"行为解释为包含购买行为。最高人民法院、最高人民检察院《关于办理生产、销售伪劣商品刑事案件具体应用法律若干问题的解释》第6条第4款规定:"医疗机构或者个人、知道或者应当知道是不符合保障人体健康的国家标准、行业标准的医疗器械、医用卫生材料而购买、使用,对人体健康造成严重危害的,以销售不符合标准的医用器材罪定罪处罚。"司法解释将购买行为解释为"销售"行为的做法是否是在进行类推解释,学者们对此有不同的看法。张明楷教授认为这属于类推解释,[①]而曲新久教授认为这只是扩张解释而不是类推解释。曲新久教授给出了如下理由:这里的"购买、使用"实质上是一种特殊的非典型的"销售"行为。司法解释在"购买"与"使用"之间使用了顿号,这里的顿号不能解释为并列选择关系,而应解释为"并且"的意思。司法解释所称"购买"并不是一种单纯的购买行为也不是"销售"行为的对向行为,而应当进一步限制解释为意图使用于众多患者而购买;"使用"是指行为人使用于众多患者而不是自身,行为人购买并使用于自身的(事实上极为罕见),即使严重伤害到其自身也不能以生产、销售不符合标准的医用器材罪论处。[②] 曲新久教授通过对该司法解释做进一步限制,从而认为其应当属于合理的扩张解释的范畴。笔者认为不能把"购买、使用"行为理解为"购买并且使用"的行为,进而将其评价为"销售"行为。购买与销售应该是对向行为,刑法并没有将购买不符合标准的医用器材的行为规定为犯罪,而司

① 参见张明楷:《罪刑法定与刑法解释》,北京大学出版社2009年版,第100-103页。

② 参见曲新久:《区分扩张解释与类推适用的路径新探》,载《法学家》2012年第1期。

法解释将购买行为以销售不符合标准的医用器材罪定罪，这无疑属于类推解释。

第二，认为《刑法》第176条非法吸收公众存款罪中的"吸收"包括公众有权提取存款而金融机构拒不允许公众提取的情形。张明楷教授认为，非法侵入住宅罪的构成要件能够表述为"无故侵入他人住宅或者经要求但仍不退出"，如果基于同样的解释原理，那么非法吸收公众存款也包括"公众有权提取存款时不允许公众提取存款"。[①]但是，将"不退去"解释为"侵入"符合一般人的观念，而将"不支付"解释为"吸收"存款的含义，明显属于类推解释的操作，实在难以令人接受。

第三，将《刑法》第263条中"冒充军警人员抢劫"的"冒充"解释为"假冒"和"充当"，故而将真正的军警人员显示其真实身份实行抢劫的行为认定为冒充军警人员抢劫。[②]"冒充"一词的含义应当是指"以假充真"，"冒充军警人员抢劫"则是指不具有军警身份的人员假冒军警人员进行抢劫，或者是具有某一军警身份的人员假冒其他特定身份的军警人员进行抢劫的。真正的军警人员显示其真实身份抢劫的并不在"冒充"的含义范围之内。张明楷教授认为，"从实质上说，军警人员显示其真实身份抢劫比冒充军警人员抢劫，更具有提升法定刑的理由"[③]。根据当然解释的"举轻以明重"的方法，军警人员显示真实身份进行抢劫的应当适用抢劫罪"冒充军警人员抢劫"这一升格刑规定。但是，"此处所谓的'实质'及其解释结论，无非是强调社会危害性和刑罚必要性的结果，该种思维路径是否滑向了类推解释不免令人怀疑"[④]。

（四）实质解释论的提倡

上文的三个原因，可谓类推解释兴起的形式原因。类推解释在理论与实践上得到一定认可，起决定性作用的是更深层次的实质性原因，获致这一实质性原因的需要以类推解释的理论基础为着力点。笔者认为，实质解释论的提倡与兴起，是刑法"类推解释"兴起的实质性原因。因此要真正认清类推解释，必须梳理实质解释论与类推解释的关系。

在我国刑法学界，对于构成要件的解释，存在形式的解释论与实质的解释论的对立。形式解释派以陈兴良教授为首倡者，形式解释论者主张对构成要件的解释要忠诚于罪状的核心意义。[⑤]实质解释派以张明楷教授为首倡者，他主张对构成要件进行实质的解释，具体而言：第一，"对构成要件的解释必须以法条的保护法益为指导，而不能仅停留在法条的字面含义上"。第二，"犯罪的实体是违法与责任。所以，对违法构

① 参见张明楷：《刑法分则的解释原理》（上），中国人民大学出版社2011年版，第102页。

② 参见张明楷：《刑法分则的解释原理》（上），中国人民大学出版社2011年版，第67页。

③ 张明楷：《刑法学（下）》（第6版），法律出版社2021年版，第1294页。

④ 杨绪峰：《反思与重塑：刑法上类推解释禁止之研究》，载《环球法律评论》2015年第3期。

⑤ 参见李立众、吴学斌主编：《刑法新思潮——张明楷教授学术观点探究》，北京大学出版社2008年版，第67页。

成要件的解释,必须使行为的违法性达到值得科处刑罚的程度;对责任构成要件的解释,必须使行为的有责性达到值得科处刑罚的程度”。第三,“当某种行为并不处于刑法用语的核心含义,但具有处罚的必要性与合理性时,应当在符合罪刑法定原则的前提下,对刑法用语作扩大解释”。[①] 实际上,在形式解释学派与实质解释学派的论战中,双方对于对方的主张都有误解,但通过对两个学派进行总结,便会发现双方的共识面远大于其争议面,[②]而争议的焦点之一就是“实质解释论是否是一种出罪限制解释”。

如上实质解释论者第二点主张所言,实质解释论者主张应当将字面上符合构成要件、实质上不具有可罚性的行为排除于犯罪之外。详言之,实质解释论是在罪刑法定原则形式侧面的第一步限制解释的前提下,用罪刑法定原则的实质侧面对犯罪做出的第二步限制解释。[③] 倘若果真如实质解释论者所言,实质解释对犯罪做出的两次限制应当具有缩小犯罪圈的功能,然而实际情况却是与实质解释论所宣称的其属于出罪限制解释相反,在具体案件的争议上,实质解释论导出了更多有罪的结论。[④] 因此,实质解释论虽然宣称其是出罪的限制解释,但是由于其主张关注实质正义,重视法律文本的开放性,实际上常会出现“对刑法规范之意外解读,而这种意外解读常常与类推解释相伴而生”[⑤]。所以,我们才会看到实质解释论者尽管反对类推解释,但经过其实质解释的操作后,类推解释在“扩张解释”的名目下大行其道、禁而不止的现象。

需要说明的是,笔者并不因为上述类推解释与实质解释论的关系,反对实质解释论而支持形式解释论。形式解释论与实质解释论并不是非此即彼的关系,“值得注意的是:当代的形式论与实质论之争已经不是仅要形式标准不要实质标准或仅要实质标准不要形式标准,而是两种标准各自所占的权重和比例之争”[⑥]。因此,笔者的观点是,在对刑法规范的解释上,特别是在入罪的场合,应当对实质解释保持警惕。

三、实践中如何避免类推解释?

行文至此,我们对类推解释应当有了一个比较清楚的认知。作为支持刑法禁止类推解释的一员,下文本应当对扩张解释与类推解释的界分标准进行理论建构,否则文章的意义将会大打折扣。但是,正如笔者上文提到,扩张解释与类推解释的界分标准已经多不胜数、令人眼花缭乱,似乎每一个反对类推解释的学者都会尝试提出自己的

---

① 参见张明楷:《实质解释论的再提倡》,载《中国法学》2010年第4期。

② 参见杨高峰:《刑法解释过程论纲》,光明日报出版社2013年版,第2-4页。

③ 参见周详:《刑法形式解释论与实质解释论之争》,载《法学研究》2010年第3期。

④ 参见周详:《刑法形式解释论与实质解释论之争》,载《法学研究》2010年第3期。

⑤ 赵运锋:《刑法解释前沿问题研究》,中国法制出版社2014年版,第118页。

⑥ 杨绪峰:《反思与重塑:刑法上类推解释禁止之研究》,载《环球法律评论》2015年第3期。

一套理论,众多的界分标准可能反而使得扩张解释与类推解释的界限变得扑朔迷离,并不利于实践中类推解释的禁止。因此,笔者并不打算尝试在界分标准上进行理论构建,而是尝试根据自己对类推解释的观察与理解谈一谈实践中避免类推解释应当注意的几点问题。

第一,应当坚持文义解释优先。“文义是法律解释的开始,也是法律解释的终点。”①文义解释是刑法解释的基础,也是刑法解释的界限。可能的文义刻画出了刑法解释的最大范围,只有在此范围内形成的刑法解释结论才具有合法性的基础,才具有获得有效性的可能。刑法解释结论的有效性是刑法解释结论的合法性、合理性与合目的性的“三性统一体”,刑法解释结论的合法性是刑法解释结论有效性的底线价值基础,它具体限定了解释结论的合法性空间。② 简言之,刑法解释结论的有效性只能在合法性的基础上获得。刑法解释结论的合法性归根结底取决于解释结论处于规范可能的文义范围之内,因此应当优先进行文义解释以限定解释结论的合法性底线价值基础。坚持文义解释优先,要注意规范的通俗含义,应当警惕以结果为导向,“借文本之名,阐本己之意”的强制解释。例如,不能因为“军警人员表明真实身份进行抢劫”应当比假冒军警人员抢劫的处罚更重,就强行将“冒充军警人员抢劫”的“冒充”解释为“假冒”和“充当”。这种结果导向的文义解释显然不符合“冒充”的通俗含义,背离了民众的普遍理解。正确的做法是,应当先对“冒充”进行文义解释,确认“冒充”只有“以假充真”的含义,以将“军警人员表明真实身份进行抢劫”排除在规范文义的范围之外,如此获致的解释结论才具有合法性的底线价值基础,从而避免类推解释。

第二,应当坚持“刑法解释的保守性”。“刑法解释的保守性”命题主要有三个内容:③其一,在入罪解释场合下,为侧重贯彻刑法人权保障价值,应以刑法主观解释和刑法形式解释为原则。其二,在出罪解释场合下,为侧重贯彻刑法人权保障价值,应主张准许有利于被告人出罪的刑法客观解释与刑法实质解释这样一种常态化刑法解释立场,不得以刑法主观解释与刑法形式解释反对有利于被告人出罪的刑法客观解释与刑法实质解释。其三,在刑法(立法)漏洞客观存在的场合,应在坚持刑法漏洞由立法填补的原则下,准许有利于被告人出罪的刑法解释填补,反对入罪的刑法解释填补,即司法填补。“刑法解释的保守性”意味着在刑法法益保护机能与人权保障机能的紧张关系下,更侧重于刑法的人权保障机能。根据罪刑法定原则“法无明文规定不为罪,法无明文规定不处罚”的经典表述,罪刑法定原则更加强调的是人权保障,因此“刑法解释的保守性”与罪刑法定原则的理念相契合。鉴于我国有着长达几千年的专制、人

---

① 王泽鉴:《民法概要》,中国政法大学出版社 2003 年版,第 19 页。

② 参见魏东:《刑法解释方法体系化及其确证功能》,载《法制与社会发展》2021 年第 6 期。

③ 参见魏东:《刑法解释论的主要争点及其学术分析——兼议刑法解释的保守性命题之合理性》,载《法治研究》2015 年第 4 期。

治的历史,重刑主义思想严重,罪刑法定原则的确立时间较短等现状,坚持"刑法解释的保守性",更有利于贯彻罪刑法定原则以保障人权,更加适合当前我国的法治现状。

第三,刑法解释应当符合常识、常理、常情。"常识、常理、常情的核心内容,是人民群众关于社会最基本价值的基本认识,是一个社会最基本的伦理要求的基本形式,因而也是现代法治建立的价值基础和社会伦理基础。"①社会公众的基本认识取决于社会的物质生活条件,常识、常理、常情是公众在一定的物质生活条件基础之上所形成的内在的精神关系,它是社会客观规律的反映。马克思认为,立法者不是在创造法律,也不是在发明法律,而是在表述法律,他用有意识的实在法把精神关系的内在规律表现出来。因此,立法者制定的法律应当是对常识、常理、常情中所反映的社会客观规律的提炼和表述,而司法是司法者将立法者制定的法律适用于具体案件,所以司法者对法律的理解应当符合常识、常理、常情。更为本质地,毋宁说是常识、常理、常情决定了立法与司法。背离常识、常理、常情的法治,就是背离了社会客观规律,它不是以人民为基础的法治,无法获得群体认同与良好的社会效果。具体到刑法领域,偏离常识、常理、常情的刑法解释就是偏离了刑法规范所蕴含的社会客观规律,无法有效地实现刑法的秩序维护与人权保障的价值。正如有学者所说:"由于不可能全体人民都懂得法律的具体规定,这就使刑法立法、司法、刑法的解释都只能以普通百姓都认同、都懂得的最基本的是非观、最基本的善恶观、最基本的伦理道德为前提、为标准、为基础、为指导、为界限,这就是常识、常情、常理。常识、常情、常理就是刑法的解释论,包括刑法解释的立场与方法。无论是主观主义还是客观主义解释立场,无论是历史解释、文理解释、论理解释,还是扩张解释、限制解释或者类推解释、目的解释,莫不以此为前提、为标准、为基础、为指导、为界限。"②常识、常理、常情能够检验解释结论是否超过文义可能的范围、是否符合国民的预测可能性、是否在国民可接受的程度范围之内以及是否符合社会客观规律,其在如何甄别类推解释的问题上具有方法论上的意义。

---

① 陈忠林:《"常识、常理、常情":一种法治观与法学教育观》,载《太平洋学报》2007 年第 6 期。

② 周国文:《刑罚的界限——Joel Feinberg 的"道德界限"与超越》,中国检察出版社 2008 年版,第 158 页。转引自马荣春:《论刑法的常识、常情、常理化》,载《清华法学》2010 年第 1 期。

我国刑法中的同类解释规则

刘雨琪*

【内容摘要】同类解释规则,是对例式主义立法进行解释的重要规则,该规则的目的在于对刑法兜底条款的适用范围进行限制,其适用可以保证法律内容的内在一致性。但同类解释规则的适用存在缺乏统一类比标准、难以概括兜底条款的全部适用范围和易导致任意解释的误区,误区源于其"同类"标准不清、规则发挥功能有限。因此应当反思现有的"同类"标准,把同类解释规则与传统的文义解释、体系解释等解释方法融会贯通,同时根据文本融贯规则、法益同一规则、侵犯法益同质规则、排他规则、比例规则具体判断"同类"标准。在确定"同类"标准后,应先释明示例条款,考察示例条款与兜底条款的行为是否具有同质性,再考察行为是否具有同类性,最后比较兜底条款与示例条款的法律效果,必要时以从宽解释为补充,从而具体运用同类解释规则得出兜底条款的解释结论。

【关键词】同类解释规则　示例条款　刑法解释方法　兜底条款

引　言

在我国犯罪圈不断扩大的背景下,刑法兜底条款的解释应当坚持限缩解释的方向,以罪刑法定原则为指导。现在我国对该问题普遍的看法是,应当运用同类解释规则来解释刑法中的兜底条文,也就是应当理解为和所列举事项同类的事物。陈兴良教授就指出:"同类解释是法解释学上的一种较为特殊的解释规则,这一规则对于解读'其他规定'等这样一种概然性规定具有方法论上的意义。如果法律上列举了具体的人或物,然后将其归属于'一般性的类别',那么,这个一般性的类别,就应当与具体列举的人或物属于同一类型。"①储槐植教授也认为:"对于兜底条款的理解必须结合其列举事项,限于与之同类的情形,而不能包括不同类的部分。"②但目前我国对于同类解释规则的研究尚不深入,导致该规则在适用中难以独自完成对刑法兜底条款进行解

* 刘雨琪,四川大学刑法学硕士。

① 陈兴良:《口袋罪的法教义学分析:以以危险方法危害公共安全罪为例》,载《政治与法律》2013 年第 3 期。

② 储槐植:《刑事一体化与关系刑法论》,北京大学出版社 1997 年版,第 39 页。

释的任务,其运用过程中存在诸多误区,缺乏统一的"同类"判断标准及同类解释规则的具体操作步骤。本文将就以上问题进行探讨,以期提出有效的解决路径。

一、同类解释规则的概念及其适用原因

同类解释规则这一刑法解释方法主要运用于刑法兜底条款的解释过程中,其在我国刑法解释中的运用具有合理性,其适用与我国刑事立法模式密切相关。

(一)同类解释规则的概念

我国刑法条文的规定有以下几种形式:一是概念式立法,即条文仅笼统地规定出罪名概念,此种立法形式通常适用于相关概念为人熟知的罪名,比如故意杀人罪;二是列举式立法,即条文将具体的犯罪情形一一列举出来,条文中显示的即为全部犯罪模式,未规定的就不属于该罪规制范围,比如信用卡诈骗罪;三是例式主义立法,即条文一方面规定了具体的犯罪情形,另一方面也有笼统性的概念规定,比如非法经营罪。例式主义立法既能够为司法人员提供详细的犯罪情形以供参考,也能赋予司法人员权力将类似情形纳入处罚范围,兼具安定性与灵活性。

同类解释规则是针对上述最后一种立法形式适用最多的方法,其含义是当对例式主义立法中较为笼统的语词进行语义的认定时,应当考虑前文中所规定的具体情形的同类事项或者同级事项。一般情况下,学界把同类解释规则作为处理刑法中兜底条款解释的一般方法,更有学者认为,"从法律解释的学说和判例来看,用同类规则解释兜底条款好比数学定理或共识,其正确性已获公认"①。因此可以得知,同类解释规则适用的目的,就是既要发挥出刑法兜底条款面对复杂的现实生活时的灵活性,同时也要避免因过度扩张规范目的而与其他关联文本产生矛盾冲突,从而在获取妥当结论的同时保持整体法体系在规范目的上的统一。但何为同类解释规则,学界对此仍未得出一致结论。有的学者认为其意味着兜底条款代表与列举条款相似的行为。② 也有学者认为其意味着兜底条款与列举条文具有相当性。③ 还有学者认为,兜底条款与列举条文具有"同质性"信息。④

(二)同类解释规则的适用原因

选择同类解释规则作为刑法兜底条款解释的方法,主要有以下几点原因:

1. 保证法律内容的内在一致性

法律内容的内在一致性要求坚持同类解释规则。法治要求法律的内容应当具有

---

① 张建军:《论刑法中兜底条款的明确性》,载《法律科学(西北政法大学学报)》2014 年第 2 期。

② 参见储槐植等:《刑法机制》,法律出版社 2004 年版,第 122 页。

③ 参见张明楷:《注重体系解释 实现刑法正义》,载《法律适用》2005 年第 2 期。

④ 参见刘宪权:《操纵证券、期货市场罪"兜底条款"解释规则的建构与应用 抢帽子交易刑法属性辨正》,载《中外法学》2013 年第 6 期。

内在的统一。正如富勒所说,只有当行为人能够理解规则,并且为自己遵守或者违反规则的行为负责,在这时对其违反法律之行为进行惩罚才是道德的,如果将没有公开或者已经废除的法律作为处罚行为人的依据,那么就违背了法治的精神,就不存在法治。

我们有理由相信,立法者在一个条文里既规定具体情形又加以“其他”之类的概括性词汇,是因为示例条款与兜底条款相互间具有相似性、类同性,它们隐含着同类的情形,也排斥非同类事项。就像有学者所言:“如果认为立法者会将完全矛盾、抵触、冲突的事项并列,显然是违背法治的,也是荒谬的。通常情况下,立法者只会将关联事项并列,而排除无关联事项。立法在内容上应当具有连贯性、一致性是毫无疑问的。”①

2. 遵循兜底条款解释的基本立场和原则

同类解释规则遵循了兜底条款解释的基本立场和原则。按照罪刑法定原则的要求,应当在解释刑法兜底条文时坚持限制解释的方法,避免刑罚的滥用。而同类解释规则正是要求对兜底条款的理解应当根据列举条文展开,这就是在强调“限制”,符合限制解释立场的要求。同时,同类解释规则主要是对条文进行限制性的解释,因此通常能够满足“法无明文规定不为罪、法无明文规定不处罚”的最低文义要求。

二、同类解释规则的适用误区及其成因

同类解释规则对兜底条款含义的释明有着必不可少的作用,但目前在适用过程中仍然存在若干问题,要明确同类解释规则的适用路径,应当辨清其现存的适用误区。

(一)适用误区的内容

1. 类比标准存疑

适用本规则要解决的首要问题是同类的内容,也就是同类解释应当采用怎样的标准。以操纵证券、期货市场罪为例,采用不同的判断标准,抢帽子交易行为②就会存在不同的定性。如果站在行为角度分析,条文规定的三项行为就会成为类比的标准,在这一情形下抢帽子交易的行为就不在兜底条款的范围之内。原因是,抢帽子交易的模式主要包括买入股票、进行推荐、最后快速抛出三步,其本质上是通过发布虚假的咨询报告,使得投资人被欺骗因而购买证券、期货,从而影响市场中的供求关系。而操纵证券、期货市场罪的条文中规定的主要行为模式则是联合买卖、连续买卖、相对委托等,其实质是直接利用交易行为影响供求关系。因此,就会认为抢帽子交易行为与列举条

① 张建军:《论刑法中兜底条款的明确性》,载《法律科学(西北政法大学学报)》2014 年第 2 期。

② 抢帽子交易行为指证券机构、专业中介人员及其工作人员买卖或持有相关的证券,并对该证券或其发行人、上市公司公开作出评价、预测或者投资建议,以便通过期待市场波动取得经济利益的行为。

文并不相符,不能纳入本罪规制范围。但如果从行为造成的结果入手,把抢帽子交易行为和列举条文中的其他情形造成的结果进行比较,就有可能把这种情形纳入本罪规制范围之内。因为抢帽子交易行为通过行为人种种不当的操作方法,影响了期货、证券交易的数量和价格,而本罪列举条文中的行为模式同样会造成此种结果。综上所述,在适用此规则时采用何种类比标准能够导致行为出罪或者入罪的结论发生变化存在疑问。

2. 难以概括兜底条款的全部适用范围

同类解释规则难以将刑法兜底条款的适用范围全部概括。同类解释规则存在的意义就是对兜底条款在实践中可能适用的范围进行限缩,但同类解释规则强调对刑法条文进行限制解释,不利于填补法律漏洞,一定程度上相当于直接规定了兜底条款可以进行适用的范围,这会使兜底条款填补法律漏洞的功能得不到满足,违背其存在的初衷。

3. 具有任意解释的空间

同类解释规则可能导致一定程度上的任意解释,进而导致刑法兜底条款被滥用。尽管同类解释规则的初衷是通过对兜底条款进行限制解释来防止其滥用,但难免不同的解释者根据其自身不同的价值取向可能会得出不一致的结论。比如面对抢帽子交易行为,有的学者认为其具有操纵的实质内涵,因此能够以操纵证券、期货市场罪论处。[①] 相反,有的学者则运用同类解释规则,认为抢帽子交易实际上并没有同质性,不应当以该罪论处。[②] 如上所述,同类解释规则既能从正面论证结论的成立,也能从反面推翻结论,如果仅使用同类解释规则一种方法,就会使该规则沦为解释者论证个人价值预判的工具。[③]

(二)适用误区的成因

同类解释规则的适用需要解释者从具体的例示条文中提炼出其特点,然后通过对该特点的分析得出兜底条款应当具备的真意。同类解释规则主要运用了体系解释的方法,尤其发挥了同一个法律体系中例示条文对兜底条款的作用,但忽视了综合运用其他刑法解释方法进行判断,因此使该规则难以发挥其限制兜底条款适用范围的作用。

在“同类”标准的问题上,目前主要存在“单一标准说”“双重标准说”“综合标准

---

① 参见刘宪权:《操纵证券、期货市场罪“兜底条款”解释规则的建构与应用 抢帽子交易刑法属性辨正》,载《中外法学》2013 年第6 期。

② 参见李姗姗:《浅析操纵市场行为之刑法认定:从首放案说起》,载《现代经济(现代物业下半月刊)》2009 年第10 期。

③ 参见梅传强、刁雪云:《刑法中兜底条款的解释规则》,载《重庆大学学报(社会科学版)》2021 年第3 期。

说”等诸多观点。其中,“单一标准说”之下的“同一类型说”①认为,兜底条款所评价的内容与具体列举条款所评价的内容属于同一类型;“类似情形说”②认为,兜底条款所评价的内容与具体列举条款所评价的内容情形相似;“相当说”③认为,兜底条款所评价的内容与所列举条款评价的内容在手段、方式、类型、危险性质及不法程度上相当;“实质相同说”④认为,兜底条款所评价的内容与列举条款评价的内容具有同质性;“语词类同说”⑤认为,将与列举条款的语词同类的事项作为兜底条款的评价内容;“等价性说”⑥认为,兜底条款评价的内容在行为手段、方法、不法程度等方面与列举条款所评价的内容等价;“双重标准说”⑦认为,应当以规范保护目的为统领,以行为类型为基准综合判断“同类”;“综合标准说”⑧认为,应当通过多个下位规则综合判断“同类”。该规则体现出类型思维在刑法解释中的运用,“同类”标准的统一性和精细化之间不可避免地存在矛盾。因此,“单一标准说”和以规范目的为统领、以行为类型为基准的“双重标准说”并不可取,“综合标准说”也许更加恰当,但是,“综合”何种要素以及如何“综合”就成为问题,在缺少“同类”标准的情况下,想要准确运用该规则解释兜底条款,确实存在困难。

正如上文所述,不管采用何种标准来适用同类解释规则,都无可避免地存在一定的问题,需要我们综合运用多种刑法解释方法。

三、同类解释规则中“同类”之判断

目前同类解释规则在实际运用中存在的首要问题是,“同类”的判断究竟该如何展开,关于此问题学界存在诸多学说。笔者认为目前的学说关于“同类”的理解均有不足之处,从方法论的角度来看,刑法解释的经典方法包括文义解释、体系解释、历史解释、比较解释、目的解释,不能脱离以上经典的法律解释方法孤立地理解“同类”概念。

(一)对既有“同类”标准之反思

有观点认为应当从文本本身理解“同类”,比如,有学者举例:“火车、电车或者其

---

① 陈兴良:《口袋罪的法教义学分析:以以危险方法危害公共安全罪为例》,载《政治与法律》2013 年第 3 期。

② 储槐植等:《刑法机制》,法律出版社 2004 年版,第 122 页。

③ 张明楷:《刑法分则的解释原理》(上)(第 2 版),中国人民大学出版社 2011 年版,第 59 - 60 页。

④ 刘宪权:《操纵证券、期货市场罪“兜底条款”解释规则的建构与应用　抢帽子交易刑法属性辨正》,载《中外法学》2013 年第 6 期。

⑤ 梁根林:《刑法适用解释规则论》,载《法学》2003 年第 12 期。

⑥ 付立庆:《论刑法用语的明确性与概括性——从刑事立法技术的角度切入》,载《法律科学(西北政法大学学报)》2013 年第 2 期。

⑦ 梅传强、刁雪云:《刑法中兜底条款的解释规则》,载《重庆大学学报(社会科学版)》2021 年第 3 期。

⑧ 黄何:《刑法兜底条款解释研究》,南京师范大学 2021 年博士学位论文,第 72 页。

他交通工具,通过文本阅读就可以推断出列举对象的共性:它们具有动力系统、可以载人或货物、在陆地上行驶,因此,其他交通工具不包括人力驱动的自行车,也不包括飞机、轮船等空中和水上交通工具。”①还有学者认为,“同类”的理解不能脱离实质的价值判断作出。比如,学者指出:“语辞学上的同类解释是形式主义,即词义相似、可以互相替换使用。但是,刑法中的同类解释是目的主义,即不关心词义相似而关注能够对法益造成相同损害。不能用语辞学上的‘同类替代’来解读刑法的同类解释。”②应当认为,对“同类”的理解从条文本身入手是具有合理性的,毕竟法律条文正是由一个个具体的语句组成。但是,文本意义上的“同类”存在一些问题:一方面,不同的人对两个事物是否属于所谓“同类”会有不同的认识。比如,大型拖拉机是否属于机动车,每个人可能都有自己的理解。另一方面,可以说条文的规范保护目的对刑法是至关重要的。耶林认为:“目的是全部法律的创造者,每条法律规则的产生都源于一个目的,即一种实际的动机。法律在很大程度上是国家为了有意识地达到某个特定目的而制定的。”虽法律是由众多具体的语句组成,但是刑法条文自身仍然具有自己的规范保护目的。脱离了法律目的对“同类”的理解,恐怕难言合理,也违背了兜底条款设置的初衷。③ 如上所述,从刑法条文的文义规定着手,对“同类”进行分析具有一定的合理性,但是此种形式化的理解必然会面对“一千个读者眼里有一千个阿姆雷特”的窘境,也未必具有实质的正当性。

但仅从实质上对“同类”进行价值判断的说法也难以服众,这可能导致对刑法的肆意解释,有违罪刑法定原则。比如,有学者认为,“网络游戏中的‘私服’‘外挂代练’表现为将入侵、破坏程序植入他人的游戏软件中,并利用他人的著作权牟利,侵犯了他人的著作权,正因为我国刑法中没有相关的侵犯著作权犯罪的罪名,所以对其评价就需要适用兜底罪名,以非法经营罪论处”④。但侵犯著作权行为和非法经营罪的规范保护目的与侵犯法益都有着很大的差别,这样将二者混为一谈显失合理性,且二者最高法定刑之间的差距有8年之多,可见他们的法益侵害性也存在极大不同。因此,对“同类”作纯粹实质性理解的说法也不可行。

(二)对“同类”之理解应融贯传统刑法解释方法

可以看出,虽然同类解释规则在兜底条款的解释中具有重要地位,但显然它不能一家独大,对“同类”的分析仅靠该规则自身难以实现,要实现对“同类”更完善的分析仍然离不开其他的法律解释方法。

---

① 张建军:《论刑法中兜底条款的明确性》,载《法律科学(西北政法大学学报)》2014年第2期。

② 高艳东:《破坏生产经营罪包括妨害业务行为——批量恶意注册账号的处理》,载《预防青少年犯罪研究》2016年第2期。

③ 参见姜涛:《经济刑法之“兜底条款”的解释规则》,载《学术界》2018年第6期。

④ 王安异:《对刑法兜底条款的解释》,载《环球法律评论》2016年第5期。

1. 文义解释中的同类

文义解释要求“同类”事项之判断应当从条文的基本用语入手，是否“同类”的结论得出应当符合通常人对条文语句的理解。比如，我国《刑法》第 2 条规定：“非法拘禁他人或者以其他方法非法剥夺他人人身自由的，处 3 年以下有期徒刑……”这一条文中的“其他方法”应当与前述示例条文“非法剥夺”相一致，也就是只能是现实的“剥夺”了自由的方法，而仅仅“限制”自由的方法应当被排除在外，这一结论是对条文用语的分析中就可以得出的。但不可否认，语言经常具有多义性，这会导致解释结论不明确，所以文义解释的方法是对“同类”进行分析的着手点，进一步的分析还需要结合其他方法。

2. 体系解释中的同类

体系解释要求对“同类”的理解不能孤立地单从某一个或者某几个条文中得出，而应当综合整个刑法体系，甚至是综合刑法在整体法体系中的作用来得出。比如，针对非法经营罪中“其他严重扰乱市场秩序的非法经营行为”能否解释为包括买卖人骨等尸体遗骸的问题，由于我国《刑法》第二编第六章妨害社会管理秩序罪第一节扰乱公共秩序罪中规定了盗窃、侮辱、故意毁坏尸体、尸骨、骨灰罪，这说明我国立法者把有关“尸体、尸骨、骨灰”的行为看作侵犯了社会管理秩序的法益。而买卖人类头骨等尸体遗骸的行为侵犯的法益显然不同于非法经营罪的市场秩序法益，而是上述的社会管理秩序法益。因此，从体系解释的角度可以得出结论，“其他严重扰乱市场秩序的非法经营行为”，并不包括买卖人骨等尸体遗骸的行为。

3. 历史解释中的同类

历史解释要求解释者在对刑法条文进行释明时，应当充分考虑立法者在立法当时意欲达到的目标。比如，要理解破坏生产经营罪中的“以其他方法破坏生产经营”，就需要根据立法者修改刑法时表现出来的目的进行分析。在 1997 年从破坏经济秩序犯罪改变为侵犯财产罪，且放在了故意毁坏财物罪之后。其法定刑重于故意毁坏财物罪。根据这一调整可以推知立法者的意图是，本罪中的“其他方法”应当仅限于与例示条文类似的损毁财物的方法。

4. 比较解释中的同类

比较解释要求在分析“同类”的内涵时应当同时考虑其他国家对相关问题所做出的规定。比如对于盗窃消防栓内的铜芯能否构成以危险方法危害公共安全罪这一问题，日本《刑法》第 108 条规定：“放火烧损现在供人居住或者现在有人在内的建筑物、火车、电车、船舰或者矿井的，处死刑、无期或者 5 年以上惩役。”同时第 114 条又规定：“在火灾之际，隐藏或损坏灭火用具，或者以其他方法妨害灭火的，处 1 年以上 10 年以下惩役。”①

---

① ［日］西田典之：《日本刑法各论》（第 3 版），刘明祥、王昭武译，中国人民大学出版社 2007 年版，第 227、238 页。

此外,韩国刑法中也有着与日本相似的规定,即区分式地规定了放火罪与妨害消防罪。① 通过比较不同国家对相关问题的立法规定可知,直接纵火与以各种形式破坏消防设施的行为法定刑有差异,意味着仅仅盗窃消防栓中的铜芯这一行为的危险性不能等同于以危险方法危害公共安全罪,也就不能成为这一条文兜底条款中隐含的情形。

5. 目的解释中的同类

目的解释要求在考虑"同类"的含义时应当充分照顾到刑法条文的规范保护目的。在此有一个典型的案例,即内蒙古王某军收购玉米案。王某军违反相关的粮食管理法规,开展非法收购玉米的活动,尽管这一行为在形式上违法,但从非法经营罪的规范目的看,该罪侵犯的法益是市场秩序,同时考虑到刑法谦抑性的原则,就能得出结论:只有严重扰乱了市场秩序的行为才能纳入本罪规制范围,本罪的规范保护目的是处罚程度较深的破坏市场秩序的行为。显然,个人违法收购玉米的行为并不能达到这样的程度,因此最终最高人民法院判决认为王某军的行为不构成本罪。

除了上述分别运用各种解释方法完成对兜底条文的解释之外,我们还要考虑一个问题,那就是在上述众多方法中,我们该如何确定解释方法的适用顺序或优先程度。在不同的解释方法该如何适用这一问题上,存在不同的意见:有的意见认为,在可能的文义的界限点上,文义解释绝对优先,在可能文义的界限内,目的解释为解释之冠。② 其他意见则认为,刑法解释方法之间应当遵循文义解释—体系解释—目的解释的顺序。③ 但是在对刑法的兜底条款规制范围进行解释时,并不触及以上问题,因为对"同类"的解释是一种限制性的解释,最终其内涵的确定是根据众多解释方法得出的结论中范围最小的一个,因此无论采用哪种解释方法,最终所选择的都是最限缩的一个。

(三)"同类"的具体判断

如上所述,我们应当通过传统刑法解释方法的运用来理解"同类"的内涵。但应如何具体判断"同类"? 笔者认为,可以通过其他下位规则进行判断。

1. 文本融贯规则

文本融贯规则要求对"同类"的理解应当保证语义上的前后顺应。这是文义解释的根本要求。比如对非法拘禁罪的理解,"非法拘禁他人或者以其他方法非法剥夺他人人身自由的,处3年以下有期徒刑……"这里对"其他方法"在分析时就应当注意语义的连贯,不可以将"跟踪别人、和他人住在一起"等仅限制他人自由而没有剥夺他人自由的方法纳入其中。显然,"限制"和"剥夺"在语义上并不相同,一种程度更浅,一种程度更深。

---

① 参见张明楷:《论以危险方法危害公共安全罪——扩大适用的成因与限制适用的规则》,载《国家检察官学院学报》2012年第4期。

② 参见苏彩霞:《刑法解释方法的位阶与运用》,载《中国法学》2008年第5期。

③ 参见程红:《论刑法解释方法的位阶》,载《法学》2011年第1期。

但通常来说，对语义的理解在“黑”与“白”的区分中不会产生问题，但在“黑、白”与“灰”的区分中则往往存在疑问，因此，还需要结合其他下位规则进行进一步的限制。

2. 法益同一规则

法益同一规则要求能够纳入兜底条款的“同类”事项，其侵犯的法益应当与条文本身的规定相一致，本规则与体系解释的结论相符合，也与其他传统解释方法的运用相呼应。根据本规则，“非法买卖人类尸体遗骸的行为”并不能成为非法经营罪中的“其他非法经营行为”。因为非法经营罪侵犯的是市场秩序法益，而有关人体遗骸的行为侵犯的是社会秩序法益，二者侵犯的法益并不同一。

3. 侵犯法益同质规则

侵犯法益同质规则是对上述法益同一规则做出的补充。法益同一规则要求能够纳入兜底条款的事项侵犯的法益应当与该条文本身规定的侵犯法益相一致，但仅从定性上规定是不够的，因为刑法具有谦抑性，因此不是对一切在定性上属于违法行为的事项一概进行处罚，而是对定性和定量上都值得刑法处罚的行为加以规制。因此，侵犯法益同质规则就是在定性的基础上，进一步对量上达到了足以处以刑罚的行为进行规制，而此处“定量”的参照标准就是条文中的示例条款。

4. 排他规则

该规则的要求是，在对兜底条款进行分析时，不可孤立地观察某一条文与行为的关系，还要综合全部法律体系，排除掉其他条文已经明确规定的事项，避免与其他的规定产生冲突。此处以破坏生产经营罪中的“其他方法”举例，仅从条文本身来看，人们可能将一切破坏了他人正常经营秩序的行为都纳入该法条规制领域内，由于“损害他人商业信誉”的行为当然也可以破坏其他人正常的经营秩序，因此认为这种行为可以该罪论处。但由于我国刑法条文中还设有单独的“损害商业信誉、商品声誉罪”，且两罪的法定刑存在差异，若将抹黑他人商业信誉的行为解释进破坏生产经营罪的范围，会导致法定刑较低的罪名失去适用空间，这是不合理的。以“‘法条自杀’的方式解决个案问题，对刑法的稳定与权威也是一种极大的破坏”①。所以综合刑法体系整体来排除其他条文已经作出规定的情形，是很有必要的。

5. 比例规则

由于刑法是社会生活的最后一道防线，因此经常会出现刑法规定的情形同时也是其他法体系规制对象的情况。在这种情况下，应当对刑法和其他法律条文规定的用语进行详细分析，探究二者规制对象的区分在何处，从而辨明针对某一事项究竟应当适用兜底条款的规定施以刑罚，还是其他法律规范就足以处理，换句话说，应当坚持比例

① 高艳东：《量刑与定罪互动论：为了量刑公正可变换罪名》，载《现代法学》2009年第5期。

原则,仅对有必要以刑法处理的行为加以刑罚。

四、同类解释规则的操作步骤

在同类解释规则的操作步骤上,应当先确定“同类”的标准。这一步应当按照上文结论,综合运用多种刑法解释方法,遵循下位规则得出结论。完成“同类”标准的判断后,再依照以下具体步骤进行解释。

(一)释明示例条款

此处的释明不仅指语句含义的明确,而是要明确示例条款所体现出来的规范目的,明确各个示例条款所规制的范围,明确示例条款之间是否存在规制范围、规制程度等方面的特定关联。

(二)考察行为是否具有同质性

考察兜底条款与示例条款所评价的行为是否具有同质性。在法律体系日益追求法秩序统一性的背景下,刑法与民法、行政法等前置法律法规之间的关联愈加紧密。在比较兜底条款与示例条款所评价的行为是否同质时,应当以行为是否存在对应的前置法规范为基础来分类考察。第一,如果行为不存在相应前置法规范,那么就应当结合条文整体的规范目的与示例条款所规制的范围,来进一步确认示例条款所评价的行为的性质,进而把兜底条款所评价的行为性质与之进行比较。如果兜底条款所评价的行为的违法程度明显较低,就可以认为它与示例条款所评价的行为不具有同质性。第二,如果行为存在对应的前置法规范,那么应当进一步考察其不法程度是否超越前置法的评价范围。如果得出的结论是肯定的,就可以认为具有同质性,最终是否需要适用兜底条款,留待后续考察。

(三)考察行为是否具有同类性

考察兜底条款与示例条款所评价的行为是否具有同类性。在此,有必要根据行为的手段或方式等进行类型化塑造后再进一步比较。只有既具备评价上的同质性也具备事实上的同类型的行为,才可以适用兜底条款定罪处罚。所以应当注意两点:第一,如果示例条款评价的行为之间具有手段或程度等方面的特定关联性,而兜底条款所评价的行为与前者相比缺乏此种关联,则不具有同类性。比如构成强奸罪、抢劫罪等犯罪多要求的“其他手段(方法)”,如果对于被害人而言明显不具有强制性,则有必要予以排除。第二,如果示例条款之间不存在前述特定的关联,并且兜底条款与示例条款所评价的行为在法益侵害的事实层面也不存在表现形式、受损程度等方面的关联性,则不具有同类性。

(四)比较兜底条款与示例条款的法律效果

如果经过之前的论证,对结论仍然存在疑问,则需要比较兜底条款与示例条款在最终的法律效果上是否相当。在这里,应当分别从一般预防与特殊预防的角度进行考量。如果二者的预防必要性较大并且与示例条款所规制行为的预防必要性相当,就可以适用兜底条款。在此需要说明,由于兜底条款本身就是为了增强立法的应变能力而产生,尤其是经过评价层面的同质比较和事实层面的同类比较后都得出肯定结论时,如果行为的预防必要性较大且法律效果上与示例条款具有相当性,就不宜过度限制适用。比如,对于年利率远超36%的职业非法放贷行为,就值得适用非法经营罪的兜底款项。①

(五)以从宽解释为同类解释规则的补充

法律解释有其自身的逻辑,但仍然难以完全避免解释者主观认识的影响。根据罪刑法定原则的要求,在适用多种方法仍然对解释结论存疑时,应当坚持"存疑时有利于被告"的原则作为同类解释规则运用中的补充。

在我国刑法背景下,坚持从宽解释的原则有其合理性,下面以盗伐林木罪与盗窃罪的适用为例。主张针对盗伐林木的行为可以法定刑更重的盗窃罪处罚的学者认为:盗伐林木罪与一般的盗窃罪相比,不仅损害了他人的财产,还损坏了周边的生态环境,而且想要恢复到犯罪前的状态也有很大难度。所以应当对法益侵害性大的盗伐林木行为以法定刑更高的盗窃罪处罚。②

持相反意见的学者则主张:首先,由于盗伐林木罪在刑法体系中的位置不是侵犯财产犯罪,而是破坏环境资源类犯罪,因此说明本罪的保护法益侧重于环境法益而非财产法益,其入罪门槛高是恰当的,并没有量刑失当。其次,刑法规定并非仅考虑法益侵害性这一个要素,相关犯罪行为发生的数量、实行相关犯罪行为的困难度、公众对相关犯罪行为的恐惧程度等要素都会影响某一罪名的法定刑。③ 客观地说,肯定说与否定说均有其合理性所在,难以平衡与抉择。在此情形下,存在重大疑问有必要作有利于被告的解释,即盗伐林木的行为只能以盗伐林木罪定罪处罚,不得适用盗窃罪这一重罪。

可以说,上述两种相反的观点都有一定的说服力,想要毫无疑义的选择某种观点进行适用存在困难。在这时,就应当采纳从宽解释的结论,遵守存疑时有利于被告的原则,对被告适用法定刑更轻的盗伐林木罪进行处理。

结　语

关于"同类规则"这个具体解释规则,学界的研究仍然留下很大的空间值得探索。在社会风险愈加复杂多样的今天,刑法中的例式主义立法会越来越多,等待同类解释

---

① 参见贾银生:《刑法体系解释之解释规则的反思、重构与展开》,载《西南政法大学学报》2021年第6期。

② 参见张明楷:《法条竞合中特别关系的确定与处理》,载《法学家》2011年第1期。

③ 参见石濒泉、杜伟:《论盗伐林木罪与盗窃罪的关系——与张明楷教授商榷》,载《重庆文理学院学报(社会科学版)》2012年第1期。

规则发挥作用的场合也会越来越多,因此,当前深入对同类解释规则的适用研究具有重要意义。经过本文的讨论,对该规则的适用可以总结出下列结论:首先,应当坚持同类解释规则在刑法兜底条款解释中的重要地位,对“同类”进行分析研究时,不能孤立判断,而应当遵循文义解释、体系解释、历史解释、比较解释、目的解释的传统法律解释方法。其次,对同类的判断,可以从文本融贯规则、法益同一规则、侵犯法益同质规则、排他规则、比例规则这五个下位规则展开。最后,在操作步骤上,应当在确定同类标准的基础之上,释明示例条款,考察兜底条款与示例条款所评价的行为是否具有同质性、同类性,然后比较兜底条款与示例条款的法律效果,必要时以从宽解释为补充。通过以上方法,使同类解释规则能够有效地发挥解释例式主义立法的作用。

刑法兜底条款的同类解释

刘　畅[*]

【内容摘要】同类解释规则在方法论上当属对兜底条款的解释原则，其能够在解释理由与解释技巧上自足，故其并非体系解释的下属规则，而是与各解释理由既相关又相异的解释方法论，并在解释技巧上也异于扩大解释、限制解释与当然解释，是独特的解释技巧。在同类解释规则的适用基础上，兜底条款可以从形式上划分为事项（名词）类型、动作（动词）类型以及限定（定语）类型，这种划分有利于类同性的寻找。同类解释的核心问题，对"同类"的判断应当从形式与实质的角度共同入手，于此才能发掘出兜底条款的真实含义。

【关键词】同类解释规则　兜底条款　类同性　解释理由　解释技巧

引言：问题缘起

在刑事立法的历史发展中，出于对封建刑罚发动的恣意性、刑种的任意性与刑度的残酷性的反对，人们希望并致力于制定一套完美的刑法典，对所有的犯罪行为加以规定，以确保人权保障机能的实现。在这种完美的刑法典之下，犯罪的内涵与外延是确定的，"'法的精神需要探寻'，再没有比这更危险的公理了"①。但事实证明，这种涵盖一切犯罪行为的刑法典是不可能存在的，法典成文性与现实流变性之间的矛盾客观存在、不可避免。因此，为尽可能地缓和这种矛盾，在刑事立法层面，兜底条款的出现成为必然。换言之，在刑事法立法中，法律条文中的兜底条款有两个历史使命。其一，是保证成文刑法典的明确性，即兜底条款的设定须满足国民预测可能性的要求，超出预测可能的行为类型应当排除在兜底条款之外。这一使命是罪刑法定原则与人权保障机能的基本意旨。其二，是保证成文刑法的适应性，即保证法律条文同社会现实之变化相适应，"堵截刑法规范列举、描述无法充类至尽者"②，进而保障刑法维护社会秩序基本职能的实现。正如学者指出，兜底条款"一方面要补充列举的不足，堵塞规范的漏洞，因而需通过解释探寻其补充内容，不可局限于列举事项，防止对法律漏洞的放

---

* 刘畅，四川大学法学院 2021 级刑法学专业硕士研究生。

① ［意］切萨雷·贝卡利亚：《论犯罪与刑罚》，黄风译，北京大学出版社 2008 年版，第 17 页。

② 储槐植：《刑事一体化论要》，北京大学出版社 2007 年版，第 63 页。

任;另一方面又要符合刑法明确性的要求,不能因过于拘谨而自说自话、含糊其词"①。简言之,明确性或言具体性、适应性或言抽象性是刑法兜底条款的基本要求与特征,但这两组概念的内涵与外延本身就是互相矛盾的对立面。"法律应当保持适度的抽象性,既不能过于抽象,也不能过于具体。"②这种美好的期许在实然法层面难以达致,实践中所能做的仅有缓和二者矛盾。在解释学方法论上,同类解释规则是兜底条款具体适用上的不二举措。

同类解释规则虽由来已久,但就学界研究现状而言,该方法论仍然存在不少的疑虑。在我国学界,同类解释规则的概念最早由储槐植教授提出,并且很快成为通行理论,"从法律解释的学说和判例来看,用同类规则解释兜底条款好比数学定理或共识,其正确性已获公认"③,直至近年该理论才受到质疑。首先,有论者认为,同类解释规则在功能上与兜底条款的规范堵截功能不相契合,即同类解释规则在品格上倾向于限制解释,对于漏洞填补与新行为入罪无益。④ 其次,就同类解释的性质归属上,有学者认为其属于体系解释的下属范畴,⑤这一点并非没有疑问。再次,还有学者认为,同类解释规则的适用范围十分有限,其仅能在典型的例示法条文中才能发挥优势,在非典型例示法条文中,"生搬硬套"会使得同类解释规则"畸变"。⑥ 最后,同类解释规则的适用存在任意性,由于解释者对于"同类型"的理解与价值取向的不同,会导致对同一解释对象产生不同的解释结论。⑦ 这所涉及的是对于同类解释规则同质的寻找问题。归纳上述观点,不难发现学界关于同类解释规则的争议主要集中在方法论的定义、定性以及功能适用三个问题上。因此,基于以上问题之导向,本文于第一部分中集中探讨同类解释规则的定义与定性问题,于第二、三部分讨论同类解释规则的适用问题,力图厘清该解释学方法论的适用思路。

一、同类解释概念及其性质品格

"解释"只适用于规则遇到障碍的地方。⑧ 同类解释的意旨在于解决法律条文中

---

① 王安异:《对刑法兜底条款的解释》,载《环球法律评论》2016 年第 5 期。

② [法]勒内·达维德:《当代主要法律体系》,漆竹生译,上海译文出版社 1984 年版,第 141 页。

③ 张建军:《论刑法中兜底条款的明确性》,载《法律科学(西北政法大学学报)》2014 年第 2 期。

④ 参见王安异:《对刑法兜底条款的解释》,载《环球法律评论》2016 年第 5 期;梅传强、刁雪云:《刑法中兜底条款的解释规则》,载《重庆大学学报(社会科学版)》2021 年第 3 期。

⑤ 参见张明楷:《刑法分则的解释原理》(上)(第 2 版),中国人民大学出版社 2011 年版,第 59 - 60 页;黄云飞:《同类解释规则的方法论反思——以疫情期间哄抬物价为视角》,载《法律方法》2020 年第 3 期;贾银生:《刑法体系解释之解释规则的反思、重构与展开》,载《西南政法大学学报》2021 年第 6 期。

⑥ 参见李军:《兜底条款中同质性解释规则的适用困境与目的解释之补足》,载《环球法律评论》2019 年第 4 期。

⑦ 参见梅传强、刁雪云:《刑法中兜底条款的解释规则》,载《重庆大学学报(社会科学版)》2021 年第 3 期。

⑧ 桑本谦:《法律解释的困境》,载《法学研究》2004 年第 5 期。

兜底条款的适用性问题。从利于目的实现的角度进行分析，不能对其方法论的概念及性质品格含糊其词、不可名状。

（一）同类解释规则概念阐释与展开

原理与方法论均以概念为基础。从字义上看，同类解释规则意指对不同的解释对象作同等的类型化解释，是类型化思维在法解释学上的应用。同类解释规则又被称为只含同类解释规则，是美国司法中"文本原则"的一种，主要用于对兜底条款的解释。[①]该项规则的基本内容是："如果一项刑事法律在列举了几个情况之后跟随着一个总括词语，如'以及诸如此类'，那就意味着只限于包括未列举的同类情况，而不包括不同类情况。[②]"储槐植教授认为："根据只含同类规则，司法者在适用解释刑法时，应当通过与法条在罪状中明确列举的构成要件要素的类比推断，明确界定总括性构成要件要素的内涵，从而满足刑法明确和确定的要求。为了避免解释的随意性，解释时应根据类比的对象而定，即'或者其他'之前的情形是参照物，以其他基本相当的情形才可被解释到'其他'这一用语的内涵之中。按照只含同类规则，这种总括性语词的含义只限于未被明确列举的性质、情状与具体列举的情形、事项类同、基本相当的其他情形或事项，而不包括不类同或不相当的其他情形或事项。"[③]即在同类解释规则的运用之中，其方法论逻辑在于首先明确总括性规范用语的含义，而后再进行个案是否符合该总括性规范用语的判断。在第一步总括含义的揭示中，储槐植教授认为应当进行"性质、情状"的相当性判断，并且这种判断系类比推断。张明楷教授在论及同类解释规则时提出："刑法分则的许多条文在列举具体要素之后使用'等''其他'用语，以《刑法》第114条为例，放火、决水、爆炸以及投放毒害性、放射性、传染病病原体等物质或者以其他危险方法危害公共安全，尚未造成严重后果的，处3年以上10年以下有期徒刑，只有与放火、决水、爆炸等相当的方法才是'其他方法'，这便是同类解释规则的要求。"[④]在相当性的判断中，张明楷教授认为应当从行为危险性质、行为手段强制性、行为类型与侵害的法益性质角度入手。陈兴良教授认为："如果法律上列举了具体的人或物，然后将其归属于'一般性的类别'，那么，这个一般性的类别，就应当与具体列举的人或物属于同一类型。"[⑤]

从上述学者的论述中，可以一窥我国刑法学界关于同类解释的概念认定，即作为一种刑法解释学方法论，同类解释的核心旨要在于寻找总括性规范用语与前述列举式

① 参见王安异：《对刑法兜底条款的解释》，载《环球法律评论》2016年第5期。

② 王瑞君：《美国的刑法解释及其启示》，载《甘肃政法学院学报》2008年第4期。

③ 储槐植：《美国刑法》，北京大学出版社1996年版，第45－46页。

④ 张明楷：《刑法分则的解释原理》（上）（第2版），中国人民大学出版社2011年版，第59－61页。

⑤ 陈兴良：《口袋罪的法教义学分析：以以危险方法危害公共安全罪为例》，载《政治与法律》2013年第3期。

用语的类同性、相当性以及一般性。并且在这种同类的寻找与概括中,学者均倾向于从行为的实质侧面角度加以论证。虽然,实质侧面的同类解释有利于发掘刑法条文未明文规定的内容,使得兜底条款具体化、明确化,但纯粹的实质解释是危险的,其不恰当的实质内容依据的选择很有可能会导致结论完全超越法律文本,进而违反罪刑法定原则。因此,同类解释规则的意涵并不仅仅是针对列举款项实质相当性与类同性的判断,更是形式层面上的判断。换言之,同类的判断不仅是文字背后的目的与价值的判断,更是一种文字形式、规范形式的判断。法律是由语言与文字构成,脱离了语义学的法律条文并不能发挥出其应有之作用。从法律使用者的角度上看,法律条文首先表现为文字语义的形式架构,在此基础上才表现为性质、目的与情状的实质内容。故而,在解释学语境下,文字本身是方法论运用的过程中应当先关注的价值。

(二)同类解释规则的性质品格

在概念之后,方法论的性质归属是另一个应当直面的问题。有学者认为,同类解释在性质品格上应当归属于体系解释,系解释理由。① 法作为一个统一的整体,其内部各部分之间应当趋于协调。一方面,体系的要求有以下四个出发点:(1)无矛盾的要求:法律不会自相矛盾;(2)不赘言的要求:法律不说多余的话;(3)完整性要求:法律不规定漏洞;(4)体系秩序的要求:法律规定的编排都是有意义的。② 其中,最为重要的是无矛盾的要求,即法律体系要求法律条文之间不会互相矛盾,这就意味着对相同类型的法律条文必须作出相同类型的解释。另一方面,法律体系性存在不同的层次划分:在法律体系内部,最高的层次是通行于一国领域内所有部门法间形成的体系,如民法、行政法、刑法在某些规范用语上的一致;较为次一级的层次是各部门法内部的逻辑体系;最低层次的体系存在于单个的法律条文之中。在兜底条款"示例+总括性规定"的规范中,示例之间、示例与总括性规定之间本身就存在一个内部的体系结构。对于兜底条款的解释就是进行体系上的解释。据此,有学者主张,同类解释规则系单个法律条文中体系解释的运用,并不是独立于传统的解释方法之外的解释规则,主张同类解释规则不是兜底条款解释的原则。③

应当承认,上述观点是具有合理依据的,同类解释规则的运用必定不能脱离刑法规范体系尤其是单个法律条文体系的范畴,但同类解释规则就是体系解释之语的正确性应当加以认真考量。

---

① 参见张明楷:《刑法分则的解释原理》(上)(第2版),中国人民大学出版社2011年版,第59-61页;黄云飞:《同类解释规则的方法论反思——以疫情期间哄抬物价为视角》,载《法律方法》2020年第3期。

② 参见[德]英格博格·普珀:《法学思维小课堂:法律人的6堂思维训练课》,蔡圣伟译,北京大学出版社2011年版,第56页。

③ 参见黄云飞:《同类解释规则的方法论反思——以疫情期间哄抬物价为视角》,载《法律方法》2020年第3期。

1. 解释理由的考量

刑法解释学中,论证作为大前提的法律规范的真实含义,或者说为特定的大前提的真实含义提供理由的解释方法被认为是解释的理由。① 解释的理由多样,但一般认为文义解释、体系解释、历史解释与目的解释是其基本内容。前已论及,同类解释规则与体系解释直接关联,充分理解同类解释规则的性质仍需讨论其与其他三者之关系。

探明刑法条文可能具有的含义是文义解释的基本内涵,其根源于罪刑法定原则的要求。因此,文义解释具有两个面向:其一,文义解释为罪行构成提供积极的要件,即在刑法规范可能的文义范围之内为定罪作理论的支撑;其二,对规范的解释不能超出其具有刑法性质的文义射程,不能为了定罪量刑而作出超文义的解释。在具体的应用之中,如大前提中某一用语具有 A、B 两种意义,但仅有 A 意义具有刑法上的性质,则由 B 意义得出的解释结论必定是不合理的。如刑法中收买被拐卖的妇女、儿童罪中的"收买"一语有收购与用好处笼络他人两层含义。显而易见,后者的用语意义不具有刑法性质。因此,其解释所产生的结论也不应当被采纳。在对刑法兜底条款总括性用语的解释亦是如此。从积极层面上看,兜底条款所具有的可能文义是由前列的列举性规定所赋予的,即对列举性规定的文义解释就是对总括性规定的解释。仍以《刑法》第 114 条为例,对"其他危险方法"的解释应该与条前述之"放火、决水……"的解释相协调、相适应。从后者诸用语的文义中可以提炼出这些行为的两个共同性特征,一是行为的危害性极大,二是有害公共安全。因此,对于"其他危险方法"的解释必须以此二者为基本出发点。从消极的层面上看,"其他危险方法"用语含义极为丰富,因此不具备上述诸要件共同特征的行为不能将之纳入"其他危险方法"的范畴。因此,在同类解释规则运用的过程之中难以逾越文义解释的范畴。

历史解释意指对刑法规范的解释应当以制定刑法条文时的历史背景与该条文的演进过程来探明某一规范的真实含义,其解决的问题是"在价值观已经改变的情况下,'旧的'法律规范和法律怎样适用于新的事实"②。在兜底条款的适用中也会面临新与旧的问题,因此其解释也应当尊重条文的历史背景与历史演进的客观存在。例如,在对《刑法》第 276 条破坏生产经营罪的"其他方法破坏生产经营"的同类解释中,就应当考量该条款制定的历史背景。该条在我国 1979 年《刑法》中位于"破坏社会主义经济秩序罪"一章之中,而 1997 年《刑法》对其作出了体系位置上的变更,将之置于"侵犯财产罪"一章中。由此可以看出立法者对该条文态度的转变,即将本罪所保护的法益从经济秩序改为财产利益。故而,在对本罪"其他方法破坏生产经营"的解释中也应当体现出这种态度的转向。换言之,其他方法并非指一切的破坏生产经营的方

① 参见张明楷:《刑法分则的解释原理》(上)(第 2 版),中国人民大学出版社 2011 年版,第 42 页。
② [德]伯恩·魏德士:《法理学》,丁晓春、吴越译,法律出版社 2013 年版,第 327 页。

法,而是蕴含着与毁坏机器设备、残害耕畜等相同的具有财产利益损失的方法。但需注意的是,历史解释并非主观解释,兜底条款含义的明确并非要探明立法者当时之原意,而是要从历史的角度探究该条款的可能含义,赋予解释结论正当性质,以迎合新的需要。正如学者所说:"法律不是僵化的字母,而是在不断发展中的有生命的精神;它要求在不突破对它原本设置的形式范围内与当前生活的变化齐头并进,积极适应新的情况而继续有效。"①

在诸多解释理由中,目的解释被认为是解释方法中的"桂冠",②意指在刑法规范真实含义的探寻过程中,应当以规范背后所欲实现的目的为依据。正如德沃金所言:"解释生来就是对目的的表述。"因此,无论是文义解释、体系解释抑或是历史解释等解释学方法论的应用均不能在规范目的之外寻求结论。另外,从规范层次上看,刑法典各编、章、条、款、项、目均蕴含着立法者意欲其所实现的规范目的。基于此,目的解释在解释学方法论中的重要性不言而喻,亦即同类解释规则的应用也不能脱离规范目的的存在。如前所述,单个规范条文内部应当保证体系上的一致,这种体系的一致实际上就是目的的一致性,即在法律条文内部,各规范构成要件之间所意指的目的是一致的,不能相互冲突。故在刑法兜底条款的规范表述中,列举性规定与总括性规定的目的是一致的。因此,在兜底条款的解释与具体化过程中,应当先从前述列举性用语中一窥规范目的,而后再将此目的应用于同类的判断之中。仍然以《刑法》第 114 条为例,对放火、决水、爆炸等行为进行刑法否定性评价之目的系出于对危害公共安全行为的防止。因此,从目的上看,"其他危险方法"亦应当符合上述目的,对于偏离目的的结论必然是谬误的。

以上,从对同类解释规则进行方法论上解释理由的考量中可以发现,同类解释并不单纯是一种体系解释,而是与文义解释、历史解释、目的解释均相互关联的一种解释方法,是前述四者的综合性运用。但与此同时,同类解释规则与四者又呈现不同的特征。一方面,从解释的方法角度,同类解释规则的核心在于寻找列举性规定与总括性规定之间的类同性,因此区别于文义解释之探究文字含义的边界、体系解释之寻求规范概念之间的协调一致、历史解释之符合规范产生发展脉络以及目的解释之契合规范意欲实现的要旨。这种类同性寻找并不仅仅是单纯的概念上的种属关系,也是体系上的协调、历史演进的一致以及目的的同一。易言之,这种类同性的寻找是其他解释理由方法论所不具备的特征,唯同类解释所独有。另一方面,从方法论的思维本质上看,同类解释规则是类型化思维在解释学上的应用与表现。"在具体的法律发现中必须

---

① [德]约翰内斯·韦塞尔斯:《德国刑法总论》,李昌珂译,法律出版社 2008 年版,第 25 页。

② 参见劳东燕:《功能主义的刑法解释》,中国人民大学出版社 2020 年版,第 184 页。

一再地回溯到制定法所意涵的类型,回溯到作为制定法基础的模范概念。”①在类同性的寻找层面,同类解释规则的思维在于:先判断列举性规定之间所共属的类型,而后分析包含所有列举性规定特征的总类型特征,进而将这些特征与小前提相互比照,得出类同与否的结论。这种类型化思维方式亦是其他解释理由所不具备的。可见,同类解释规则在解释学方法论上独具特色。归结而言,如前所述某一解释方法是否能够成为解释理由依据的关键在于能否为特定大前提的真实含义提供理由。同类解释规则之方法论上类同性的寻找与解释的类型化思维能够充分地为规范真实含义提供理由。换言之,同类解释规则在解释理由上能够自足,是区别于文、体、历、目之外的独立的解释理由。故而,有学者认为应当将“同类解释规则消解在传统的文义解释、体系解释之中”②的观点失之偏颇。

但同时应当说明的是,笔者将同类解释规则的性格定位在独立于文、体、历、目之外的解释理由的主张,并不意味着在兜底条款的解释中放弃传统的解释理由及方法,而是主张以同类解释为原则,同时亦采其他可行之解释理由。

2. 解释技巧的考量

在解释理由之外,还应当对解释方法进行解释技巧的考量。与同类解释规则相关联的解释技巧主要有扩大解释、限制解释与当然解释。

首先,扩大解释意指在罪刑法定原则的限定下,将法文字义之外的内容通过扩张字义的解释纳入构成要件之中,进而扩大条文的适用范围,但这种扩张仍然囿于刑法文义的“射程”之内。兜底条款的存在本身也是为了扩展刑法内容的可延展性与灵活性,进而扩大构成要件所涵盖的事实范围。可见在扩张规范的适用范围层面同类解释规则与扩大解释有一定的相似性。但二者存在实质的区别,一方面,扩大解释系针对某一特定的规范用语进行超出其常用语义的扩张性解释,是以语义为圆心,文义“射程”为半径的解释技巧。如将游戏货币、游戏人物等解释为刑法中的“财产”就属于扩大解释。另一方面,同类解释系在列举性规定之间寻找类同性进而明确兜底条款所意指的适用范围,其本质并不是一种扩大语义的解释而是“对刑法规定的‘其他’‘等’内容的具体化”③。换言之,同类解释规则并非在语义内容之外寻求结论,而是结论本身就包含于规范的意旨之中。

其次,学界有观点认为同类解释规则倾向于限制解释。④ 理由在于,兜底条款本

---

① [德]亚图·考夫曼:《类推与“事物本质”——兼论类型理论》,吴从周译,台北,学林文化事业有限公司1999年版,第167页。

② 黄云飞:《同类解释规则的方法论反思——以疫情期间哄抬物价为视角》,载《法律方法》2020年第3期。

③ 张明楷:《罪刑法定与刑法解释》,北京大学出版社2009年版,第146页。

④ 参见王安异:《对刑法兜底条款的解释》,载《环球法律评论》2016年第5期;梅传强、刁雪云:《刑法中兜底条款的解释规则》,载《重庆大学学报(社会科学版)》2021年第3期;陈兴良:《口袋罪的法教义学分析:以以危险方法危害公共安全罪为例》,载《政治与法律》2013年第3期。

身的可锻性较高,具有违反规范明确性要求的倾向。因此,在罪刑法定原则之下,必须限缩兜底条款的解释范围,以确保国民预测可能性的实现。应当说,对于兜底条款解释的限制思路是正确的,但这种方法实质并不符合限制解释的意涵。在解释学上,限制解释又被称为缩小解释、限缩解释,意指在条文含义过宽时,限制其含义,缩小法文的外延,以保障公民活动之自由。例如,《刑法》第345条滥伐林木罪中,犯罪行为对象是“森林或者其他林木”。按照规范表达的字义,“林木”既包含权属于国家、集体的树木,也包含权属于公民自身的树木,如房前屋后、承包经营土地上种植的树木。如果将后者也解释为滥伐林木罪的行为对象,必然会限制公民之自由。简言之,限制解释从方法论上是对刑法构成要件文义上的限缩,而对兜底条款的限缩则是不同意涵。其一,前已提及,对兜底条款的限制是刑法明确性的要求。言下之意是,兜底条款适用过程中的问题是不确定性而非规范语义的宽泛性。其二,就基础而言,同类解释规则的适用并非总括性规定本身而是前述列举性规定。其三,就方法论而言,同类解释系寻找列举性规定与总括性规定的类同性而非对规范性用语加以一定程度的限制。由此可见,同类解释规则中的限制与作为解释技巧的限制解释并非同一用语。实际上,学者所谓的“倾向于限制解释”是指在同类解释规则的运用中应当采取一种谦抑的态度,进而防止兜底条款的涵盖范围过于宽泛。换言之,同类解释的限制是解释态度的限制,用谦抑解释的表达或许更佳。

最后,同类解释与当然解释的相似点在于二者均在未明文规定的情况下,遵循罪刑法定原则的要求,将某一特定事实纳入某一规范构成要件之中,以提升刑法规范适用的适应性,并且对于兜底条款的解释也可能会运用到当然解释,但从根本上说,二者并不相同。当然解释以“可层升的概念”为基础。① 例如,故意过失作为主观罪责是一对可层升的概念,由“故意参与他人的自杀行为是不可罚的”表述中可以推导出“过失参与他人自杀行为是不可罚的”结论,这是举重以明轻的当然推论。虽然,在某些兜底条款规范中可能存在可层升的概念,但这种概念之间的层升关系并不是必需的。例如,《刑法》第114条中放火、决水、爆炸等行为是并列关系,而非层升关系。

通过以上论述,同类解释规则的性质归属逐渐明晰。可以说,同类解释无论是在解释理由还是解释技巧方面,均存在其独特的属性。就解释理由而言,同类解释规则在对兜底条款的解释与阐明过程中,能够进行理由的自足,即兜底条款的解释必须符合列举性规定的类型规范,不能脱离类同性。就解释技巧而言,同类解释规则也异于其他解释方法,对兜底条款的解释在态度上秉持谦抑、方法论上以具体化而非扩大化为核心、概念的归属上不以“可层升”为必要。因此,同类解释规则既是解释理由又是

---

① 参见[德]英格博格·普珀:《法学思维小课堂——法律人的6堂思维训练课》,蔡圣伟译,北京大学出版社2011年版,第94页。

解释技巧。

二、同类解释规则适用的基础

前已提及,同类解释规则的方法论规则是寻找列举性规定之间的类同性,并且依据这种类同性确定总括性规定之范围。在以上两个步骤中,寻找类同性是同类解释规则的第一要务也是该理论面临的最大难题。基于此思路,笔者拟在以下两部分中集中探讨这一问题。从该问题的解构中看,研究同类解释规则适用基础(兜底条款)的概念以及其分类,对问题的解决或许有益。

(一)兜底条款的概念

总体上而言,兜底条款意指立法者在对某一类型的对象不能完全列举的情况下,为了防止处罚的不周延而进行的总括性规定。虽然,前述总括性归纳能够诠释兜底条款的定义,但对于其具体内涵,尤其是兜底条款的范围问题,学界仍然存在争议。从目前的研究上看,对兜底条款的定义学界有以下观点。第一种观点认为:“兜底条款是指刑法对犯罪的构成要件在列举规定以外,采用‘其他……’这样一种概然性方式所作的规定,以避免列举不全。”①可见,这种观点所主张的兜底条款是限于刑法分则。第二种观点主张,兜底犯是“刑法规定的以列举的犯罪行为之外的‘其他行为’‘其他方式’‘其他方法’‘其他手段’,构成犯罪的情形。”②与第一种观点不同的是,此观点所主张的兜底条款涉及刑法的所有条文,而非仅限于分则条文。第三种观点主张,兜底条款是指立法者通过“其他”“等”的用语,将在立法时不能预见或难以列举的事项予以涵摄的概括性规定,“既要考量刑法分则,又要着眼刑法总则”③。第四种观点认为,兜底条款不仅存在于刑法典中,还应包括司法解释中的“其他”或“等”概括性规定。④ 第五种观点认为,兜底条款不一定非要通过“其他”或“等”这种用语来呈现。例如,《刑法》第163条非国家工作人员受贿罪第2款中的“各种名义”;《刑法》第176条非法吸收公众存款罪中的“变相”。⑤ 总结而言,对兜底条款概念的争议主要表现在两个方面:其一,兜底条款的存在范围是仅限于刑法分则,还是存在整个刑法中抑或是存在司法解释中。其二,从形式上看,兜底条款是使用“其他”“等”的用语还是包括其他概括性用语,如前述的“各种名义”“变相”等。

就以上两个问题,笔者认为,第一,兜底条款存在整个刑法中,既包括刑法总则也

---

① 陈兴良:《刑法的明确性问题:以〈刑法〉第225条第4项为例的分析》,载《中国法学》2011年第4期。

② 白建军:《坚硬的理论,弹性的规则——罪刑法定研究》,载《北京大学学报(哲学社会科学版)》2008年第6期。

③ 刘杨东:《刑法兜底条款研究》,华东政法大学2015年博士学位论文,第24页。

④ 参见李军、柳建闽:《刑事司法解释中兜底条款的适用》,载《福建农林大学学报(哲学社会科学版)》2019年第3期。

⑤ 参见杨书文:《经济刑法中模糊型犯罪构成在经侦中的理解与适用》,载《净月学刊》2012年第6期。

包括刑法分则。理由是:其一,刑法总则中也存在列举性与总括性规定。例如,刑法总则中关于特殊防卫权的规定。其二,刑法总则虽然不具体规定犯罪的构成要件,其也属于刑法解释的对象,故而不应将其特殊对待,排除在兜底条款的范畴之外。至于司法解释中的列举性与总括性规定,笔者认为其不属于兜底条款的范畴。原因在于,司法解释本身就是对刑法条文的解释,是对规范真实含义的阐释,故而不存在对解释的解释,若将之纳入兜底条款的范畴之中必定与解释对象仅限于刑法条文的原则相违背。第二,兜底条款的形式应仅表现为列举性规定 + 总括性规定("其他""等")的明文用语形式,而不包含其他隐含用语形式。理由在于,一方面,兜底条款设立的目的在于增加刑法条文的现实适应性,能够根据现情况适度地扩张刑法的适用范围,同时列举性规定的存在又为规范增加了明确性功能。如前所述,兜底条款具有适应性与明确性两个面向,适应性体现在总括性规定上,明确性体现在列举性规定上,二者缺一不可,仅有总括性规定用语的规定不能达致明确性的要求。另一方面,在兜底条款中,无论是列举性规定抑或是总括性规定均具有刑法上价值评价的意义。例如,《刑法》第114条中,放火、决水、爆炸等均是刑法否定评价的对象,但某些字义上具有延展性的概念可能并不具有刑法上的意义。以上述非国家工作人员受贿罪第2款中的"各种名义"为例,该罪中刑法否定评价的核心在于非国家工作人员利用职务上便利,收受回扣、手续费等而非"各种名义",即构成犯罪的核心在于行为人是否具有构成要件该当性,而不论其依据何种名义收受回扣、手续费。因此,上述第三种观点值得采纳。归结而言,兜底条款的概念可以表述为:立法者为了提升刑法的现实适应性,防止处罚的不周延,对某些不能完全列举的事项通过"其他"或"等"用语加以总括性规定的条款。

(二)我国刑法中兜底条款的分类

应当强调的是,对兜底条款解释的核心在于类同性的寻找,关涉实质层面。但这并不意味着从形式层面对兜底条款进行解释无足轻重。相反,正如笔者在前文中论及那样,刑法解释应当先关注文字之形式价值,再关注其背后的实质价值。原因是,刑法解释的限度在于解决解释结论的合法性问题,而非解释结论的合理性与合目的性问题,而合法性所意指的是解释结论不能超出文本的程度与界限。① 因此,在对兜底条款真实含义的发掘与具体化过程中亦不能僭越这一解释原则。而从方法论角度,类型化思维是形式解释的最优途径,即在确定兜底条款的范围后,将之类型化、分类化有助于同类解释规则类同性的寻找。

对此问题,我国学界存在诸多观点,以下选取部分有利于寻找类同性的观点加以论述。第一种观点,有学者以列举对象为行为要素或非行为要素为标准,将兜底条款

① 参见魏东:《刑法解释限度的理论构建:从价值优化论回归合法限度论》,载《西南政法大学学报》2022年第1期。

分类为纯正兜底条款和不纯正兜底条款。刑法所列举的犯罪行为的总括性规定是纯正兜底条款，而对其他犯罪对象等非行为要素的总括性规定属于不纯正兜底条款。[①]应当说，这种分类在一定程度上揭示了兜底条款之行为与非行为的界分，但这仍然较为抽象，对类同性的寻找帮助较小。第二种观点以犯罪的构成要件为标准，将兜底条款分类为四类："犯罪主体中的兜底条款、犯罪对象中的兜底条款、犯罪行为中的兜底条款、犯罪主观中的兜底条款。"[②]较之第一种观点，此种观点在很大程度上进行了概念的筛选与细分，但从类同性的寻找角度来看，这种分类方法并不益于该目的的达成。其中最为明显的是犯罪主体与犯罪对象的划分，二者从本质上均属名词性质，故对其解释方法大同小异，不应加以不必要的区分。另外，刑法中有诸多兜底条款并非归属于构成要件，其作用主要是用以修饰限定某些事项。强奸罪中"其他"正是对类同于"暴力、胁迫"等对"手段"的限定。第三种以行为类型与量刑情节为标准，将兜底条款分类为量刑情节型兜底条款与行为类型兜底条款。其中，量刑情节型兜底条款是对"数额""情节"的概括性规定，是定量要素；行为型兜底条款是定性要素，可以继续划分为"独立行为型兜底条款"与"附属行为型兜底条款"。前者指兜底的对象可以独立作为构成要件行为，后者指兜底的条款本身并不能对构成要件行为进行独立判断，其仅仅是对行为的一种限定。[③] 这种观点克服了第二种观点的部分问题，但也存在疑虑。一方面，行为类型与量刑情节并非同一层次用语。通常，从逻辑上讲，定罪量刑是刑法上的一组概念，其分别意指对犯罪行为的定性与定量。而行为类型属于构成要件，即定罪层面的概念，故这种分类与刑法概念体系相违背。另一方面，这种分类并不能完全涵盖刑法中出现的兜底条款类型。例如，《刑法》第 78 条第 1 款第 6 项关于减刑的兜底性规定，既不属于行为类型也不属于量刑情节类型。[④]

总结而言，目前我国学界关于兜底条款分类的论述还存在一定问题，仍需深入讨论。笔者认为，兜底条款的形式分类应当着重关注的是示例用语与总括规定在刑法文本中所起的语法作用。语义是文字的边界，但语义并不仅限于文字的字面含义，从语言学角度上，某一用语在语句中所发挥的语法作用也会直接影响文字的含义。因此，笔者认为刑法中的兜底条款可以基于以上原因从语法上分为事项（名词）类型、动作（动词）类型以及限定（定语）类型三类。

---

① 参见白建军：《坚硬的理论，弹性的规则——罪刑法定研究》，载《北京大学学报（哲学社会科学版）》2008 年第 6 期。

② 黄何：《刑法兜底条款解释研究》，南京师范大学 2020 年博士学位论文，第 18 页。

③ 参见姜涛、刁永超：《从明确性原则的视角论刑法中兜底条款适用的法教义学建构》，载《山西师大学报（社会科学版）》2022 年第 1 期。

④ 《刑法》第 78 条规定："被判处管制、拘役、有期徒刑、无期徒刑的犯罪分子，在执行期间，如果认真遵守监规，接受教育改造，确有悔改表现的，或者有立功表现的，可以减刑；有下列重大立功表现之一的，应当减刑：……（六）对国家和社会有其他重大贡献的。"

所谓事项(名词)类型是指该兜底条款所描述的是一定的事项,由名词或名词词组构成。例如,《刑法》第92条规定:"本法所称公民私人所有的财产,是指下列财产:(一)公民的合法收入、储蓄、房屋和其他生活资料……"动作(动词)类型意指兜底条款所包含的用语是对一定行为的描述,由动词或动词词组组成。例如,《刑法》第20条特殊防卫制度:"对正在进行行凶、杀人、抢劫、强奸、绑架以及其他严重危及人身安全的暴力犯罪……"《刑法》第362条包庇罪:"旅馆业、饮食服务业、文化娱乐业、出租汽车业等单位的人员……"限定(定语)类型是指总括性规定在条文中所起的作用是修饰限定犯罪构成的某一事项(行为、结果等),由限定词汇构成。在此项分类下,还可以细分为行为方式的限定、行为结果的限定以及事项的限定。其一,行为方式的限定类型主要表现为犯罪手段的限定。例如,《刑法》第236条强奸罪:"以暴力、胁迫或者其他手段强奸妇女……"中,"暴力、胁迫"就是对强奸手段的限定,"其他手段"的解释就要受"暴力、胁迫"共有特征的限制。其二,行为结果的限定类型是对结果的限定。例如,《刑法》第133条交通肇事罪:"……交通运输肇事后逃逸或者有其他特别恶劣情节的……"《刑法》第134条重大责任事故罪:"在生产、作业中违反有关安全管理的规定,因而发生重大伤亡事故或者造成其他严重后果的……"这两条中的"情节""结果"都要受前述"肇事后逃逸""重大伤亡事故"的结果限定。其三,事项的限定类型主要指总括性规定系限定《刑法》中的某一事项。例如,负有照护职责人员性侵罪中"等特殊职责"系对该罪主体的限定。

笔者将兜底条款从形式上作以上三种类型分类的理由在于,从语言学的释义方法上,同类型的语法用语含义的阐释上可以采取相似的方法。例如,在事项(名词)用语中,可以探明事物与事物之间的种属关系。以前述包庇罪为例,旅馆业、饮食服务业等种类的人员共同归属于服务业这一属,其共有的特征是能够接触到不特定的多数人群,具有包庇卖淫、嫖娼活动的可能。因此,该条中"等单位的人员"就应当限定在前述条件之中。可以说,种属关系的运用有利于明确列举性规定的上位概念,明晰其属性。再如,在动作(动词)类型的类型之下,可以寻找行为所据有的共同特征与属性。仍以以危险方法危害公共安全罪为例,放火、决水、爆炸等行为在性质上具有危害性大、影响范围广、受害对象不特定等特征,即可以从行为动作的性质上明确兜底条款的意旨。

三、类同性的找寻

在明确同类解释规则的适用基础后,正式切入其核心问题:如何确定类同性。于此,学界有形式与实质之争。形式的观点主张,应当从文字的角度寻找类同性,其"犹如数字之间的'最大公约数'","刑法立法中,由于列举性规定所罗列的行为至少有两项,可以组成一个'类',该'最大公约数'可通过归纳和提炼列举性行为的共同特性而获得"①。应当承认,从应然层面,分析获得文字的"最大公约数"及其类型确实能够在一定程度上明确兜底条款的意涵范围,但是现实总是骨感的。首先,文字表述与数字形式是截然不同的,数字之间必然存在"最大公约数",但文字之间并不必然。或者,就算存在最大公约数,其也并不必然起到限定作用。例如,强奸罪中的"暴力、胁迫",从文义上讲,二者并无语义交叉之处,"最大公约数"本不存在。再如,交通肇事罪中,肇事后逃逸和有其他特别恶劣情节之间至多是"特别恶劣情节"的类同,但这种类同性对于其解释并没有太大的作用。其次,我国刑法条文中的兜底条款是多样的,列举性规定所罗列的行为可能只有一个,如前述的交通肇事罪。如此一来,类同性的寻找就变得无依据。最后,还有一种情况是刑法所列举的规定过多,使得"最大公约数"的寻找十分困难。例如,在非法经营罪中,前三项所列举的规定除了涉及经营许可之外,彼此之间并无共性。② 但经营许可制度又非刑法所保护的对象,并且其范围广泛,故而其对兜底条款的限制十分有限。

可见仅从形式角度,不可能达至阐释兜底条款的真实含义的目标。因此,从实质上考量类同性是十分必要的。实质论的观点主张,类同性的判断应当根据刑法价值作出。如张明楷教授认为应当从行为危险性质、行为手段强制性、行为类型与侵害的法益性质角度寻找兜底条款的类同性。③ 也有学者主张,"判断法律条文中未被列举的概括性概念与作出例示规定的事项是否属于同类,需要把握'性质相同、手段相似、后果相当'这三个标准"④。另外还有学者主张从目的论的角度明确兜底条款的内容和边界。⑤ 的确,在解释刑法条文时,应当回归法条之目的。耶林指出:"目的是全部法律的创造者,每条法律规则的产生都源于一个目的,即一种实际的动机。法律在很大程度上是为国家为了有意识地达到某个特定目的而制定的。"⑥但实质论、目的论同样也存在着疑虑,如果将实质与目的纯粹化,必然会导致"同类"完全依据解释者的随心所欲。

因此,可以说,将形式与实质推向两个极端,均不利于兜底条款真实含义的发掘。同类解释的类同性寻找,依然需要从形式与实质两个层面同时入手。在符合文字形式的条件下,再进行实质论的考察。首先,在形式论角度,考察列举性规定之间的共同属性与共同特征,从语义、语法角度对兜底条款的解释加以形式的限定,以达至解释结论

---

① 张建军:《论刑法中兜底条款的明确性》,载《法律科学(西北政法大学学报)》2014 年第 2 期。

② 参见葛恒浩:《非法经营罪口袋化的成因与出路》,载《当代法学》2016 年第 4 期。

③ 参见张明楷:《刑法分则的解释原理》(上)(第 2 版),中国人民大学出版社 2011 年版,第 59 - 61 页。

④ 余文唐:《法律文本:标点、但书及同类规则》,载《法律适用》2017 年第 17 期。

⑤ 参见李军:《兜底条款中同质性解释规则的适用困境与目的解释之补足》,载《环球法律评论》2019 年第 4 期。

⑥ [美]E. 博登海默:《法理学:法律哲学与法律方法》,邓正来译,中国政法大学出版社 2004 年版,第 109 页。

合法性的要求;而后从实质角度考量本罪所蕴含的规范目的、行为危险性程度、法益归属等问题,以达至解释结论合理性与合目的性价值优化的要求。一言以蔽之,结合形式与实质的考量方法方可对兜底条款作出合理的解释。

结 语

兜底条款在刑法文本中是普遍存在的,其价值在于增加刑法条文的现实适应性,对于稳固法律权威地位具有不可或缺的作用。但是,由于其过于抽象与泛化,基于人权保障的要求,对于其限制也是势在必行的。在各种解释学方法论中,对于兜底条款的解释方式莫过于同类解释规则,学界质疑该规则作用的观点是有疑问的。应当说,同类解释规则是发掘兜底条款真实含义与具体化推进中所应当遵循的基本规则。在解释理由上能够自给自足,在解释技巧上表现出与其他方法论所不同的、独有的特征。因此,同类解释既是解释理由又是解释技巧。

解释学中,文本释义的结论是否有效在于其是否具有合法性、合理性与合目的性所共同型构的"三性统一体"。[①] 合法性要求解释者从形式上发掘文本含义的限度与范畴,但这种限度并非仅仅局限于文字的字义,用语在语言学中发挥的语法作用也会直接影响文本的意涵。因此,从事项(名词)类型、动作(动词)类型以及限定(定语)类型三个方向考量兜底条款有助于"类同"的形式限定。合理性与合目的性所具备的是解释结论价值优化功能,是基于实质的立场,其作用的发挥应当在具备合法性的基础上进行。[②] 故而,在兜底条款类同性的寻找中,不能走向形式论与实质论两个极端,应当在考量形式合法性后再进行实质合理性与合目的性的考量。

① 参见魏东:《刑法解释学基石范畴的法理阐释——关于"刑法解释"的若干重要命题》,载《法治现代化研究》2018 年第 3 期。

② 参见魏东:《刑法解释限度的理论构建:从价值优化论回归合法限度论》,载《西南政法大学学报》2022 年第 1 期。

【判例刑法学】

贪贿犯罪视域内“财物”之解释

莫晓宇[*]

【内容摘要】《刑法》(2020 年修正)对贪污罪、受贿罪的犯罪对象均采“财物”一词,且共体例布局、同刑罚配置,司法解释亦渐进地将受贿“财物”扩张解释至“财产性利益”以应治理之需。但因二罪法益异质,无差别化同构的立法体例造成了概念逻辑的不自洽、法益彰显的不契合、量刑适用的不均衡等问题。解决路径上,近期方案可考虑对贪污罪“财物”恪守实体化理解,对受贿罪“财物”坚持实质化解读,将财物数额分别作为贪污罪的决定性情节和受贿罪的变量性情节,界分退赃情节在二罪量刑中的不同权重;远期方案则是二罪回归分列体例,并将贪污罪、受贿罪对象予以不同定义。

【关键词】贪污罪　受贿罪　财物　法益

一、《刑法》对贪污贿赂罪“财物”的立法安排考察

在 1997 年《刑法》所确立的将贪污犯罪与贿赂犯罪共同布局于分则第八章“贪污贿赂罪”的体例安排后[①],《刑法修正案(九)》继续遵循这一基本立法例。与此同时,《刑法》条文的相关规定也均以“财物”统一指称贪污罪与受贿罪的犯罪对象,由此形成了共体例、同罚则的立法安排。

(一)贪污罪“财物”之《刑法》规定

《刑法》第 382 条第 1 款规定:“国家工作人员利用职务上的便利,侵吞、窃取、骗取或者以其他手段非法占有公共财物的,是贪污罪。”该条第 2 款规定:“受国家机关、国有公司、企业、事业单位、人民团体委托管理、经营国有财产的人员,利用职务上的便

* 莫晓宇,法学博士,四川大学法学院副教授、硕士研究生导师。

① 我国《刑法》第八章“贪污贿赂罪”的名称,实为相关犯罪类型之概括,而并非所含罪名的归纳。按照该章个罪的具体规定,贿赂类型犯罪实际上包括了受贿罪、单位受贿罪、利用影响力受贿罪、行贿罪、对有影响力的人行贿罪、对单位行贿罪、介绍贿赂罪、单位行贿罪多达八个罪名。鉴于在贿赂犯罪范畴内“财物”的内涵外延具有同一性,出于行文论证方便的目的,故全文在论证部分均仅以受贿罪作为贿赂类型犯罪的典型进而与贪污罪作对应阐释。

利,侵吞、窃取、骗取或者以其他手段非法占有国有财物的,以贪污论。"同时,《刑法》第394条规定,"国家工作人员在国内公务活动或者对外交往中接受礼物,依照国家规定应当交公而不交公,数额较大的"以贪污罪论处。此外,《刑法》第183条第2款规定:"国有保险公司工作人员和国有保险公司委派到非国有保险公司从事公务的人员有前款行为的,依照本法第三百八十二条、第三百八十三条的规定定罪处罚。"此处的"前款行为"系指《刑法》第183条第1款规定的"保险公司的工作人员利用职务上的便利,故意编造未曾发生的保险事故进行虚假理赔,骗取保险金归自己所有的",对此行为按照贪污罪处断。另外,《刑法》第271条第1款规定,"公司、企业或其他单位的人员,利用职务上的便利,将本单位财物非法占为己有,数额较大的"构成职务侵占罪,该条第2款规定,"国有公司、企业或者其他国有单位中从事公务的人员和国有公司、企业或者其他国有单位委派到非国有公司、企业以及其他单位从事公务的人员有前款行为的",依照贪污罪的规定定罪处罚。

(二)贪污罪"财物"之内涵解读

由上述条款分析可见,《刑法》第382条以贪污罪"标准条款"的方式明确将该罪的行为对象规定为"财物";①《刑法》第394条所拟制的贪污罪中,②将对象界定为"应当交公"的相关"礼物";而同样作为法律拟制的第183条第2款将贪污罪的对象规定为"保险金",第271条第2款仍将贪污罪的对象规定为"财物"。

由上可见,贪污罪对象的最典型形态为"财物",非典型形态则为特定贪污行为中具体化的"礼物"和"保险金"。无论从语义学角度还是从社会通念侧面看,礼物和保险金显然都应当归属于财物的范畴。因此,贪污罪的对象完全可以使用"财物"一词统一指称。《刑法》规定也是鲜明地彰显了该罪对象为"财物"的基本立场。进一步就前几者的共性观察,无论规定为"财物",还是界定为"礼物",抑或表述为"保险金",都具有客观性、现实性、物理形态性的基本特征。就客观性而言,指贪污罪的"财物"系不依赖于人的意志而存在的;就现实性而论,指贪污罪的"财物"是已然存在,而非尚需特定时日或条件才能形成;就物理形态性来讲,则指贪污罪的"财物"以可直接感知的形式存在。由此,笔者认为可以得出一个妥当的结论,即贪污罪的行为对象均应为"实体化之物"。

---

① 关于贪污罪的对象,《刑法》第382条第1款规定为"公共财物",第2款规定为"国有财物",《刑法》第271条第2款规定为"本单位财物",无论是"公共""国有"还是"本单位",都只是财物所归属的权利主体不同,贪污罪对象系"财物"的本质属性并未受到影响。

② 按照《刑法》第394条之规定,行为人虽具有完全适格于贪污罪的主体身份,但其应当交公而不交公相关礼物的行为,并不属于贪污罪中侵吞、窃取、骗取的行为类型之一;而行为人在对内、对外公务活动中正当取得礼物的行为,也不能归入"以其他手段非法占有"的范畴。故《刑法》该条是将客观要件上原本不能评价为贪污罪的行为强制规定为贪污罪。在此意义上讲,属于"明知不同而等同视之"的立法行为,故《刑法》第394条应当理解为法律拟制。

（三）受贿罪“财物”之刑法规定

《刑法》第385条第1款规定：“国家工作人员利用职务上的便利，索取他人财物的，或者非法收受他人财物，为他人谋取利益的，是受贿罪。”该条第2款规定：“国家工作人员在经济往来中，违反国家规定，收受各种名义的回扣、手续费，归个人所有的，以受贿论处。”从前述法条规定来看，“贿赂的标的或者内容只能是财物”[①]。1997年《刑法》颁布施行后，“由于贿赂表现形式的日益多样化，狭义财物说已经不能满足严厉打击贿赂犯罪的实际需要，于是财产性利益说逐步成为贿赂对象的主流观点”[②]。由此，最高人民法院、最高人民检察院在司法解释或具有司法指导功能的文件中，将受贿罪的对象由标准形态的“财物”外延不断拓宽并渐次扩张至财产性利益。

具体而言，早在2003年最高人民法院《全国法院审理经济犯罪案件工作座谈会纪要》关于受贿犯罪的法律适用问题上，就已经根据当时受贿犯罪的实际，将未支付本金的股票，或者股票已经上市且已经升值时仅支付股本金从而形成股票实际价值与股本金差价部分作为受贿对象。就此文件所提及的股票或者股票实际价值与股本金差价部分而言，其实并没有超出“财物”的一般语义范畴，故该规定应当理解为最高人民法院以注意性规定的方式对各级司法机关认定“财物”时的一个列举化的特别提示。这也反映出进入21世纪以后作为受贿犯罪对象的“财物”类型已经不再局限于传统的金钱或物品，而是随着经济发展尤其是金融市场的活跃呈现多样化趋势。

2007年最高人民法院、最高人民检察院《关于办理受贿刑事案件适用法律若干问题的意见》以司法解释的形式，明确将这一时期较大量出现的“未出资而获得的股份”即干股，以合作开办公司为名实际系请托人的出资，以及以委托请托人投资证券、期货或委托理财名义未实际出资而获取的收益，或虽实际出资，但获取的收益明显高于出资应得收益等解释为“财物”。该司法解释中提及的干股、公司出资额明显已经与通常意义上实物形态的“财物”有了一定的区别，这也表明彼时受贿犯罪活动借助兴办公司、投资理财等新类型经济活动的外壳更为隐蔽，为此，“财物”的外延也实有必要与时俱进，作必要拓展。

2008年出台的另一司法解释，即最高人民法院、最高人民检察院《关于办理商业贿赂刑事案件适用法律若干问题的意见》则明确规定：“商业贿赂中的财物，既包括金钱和实物，也包括可以用金钱计算数额的财产性利益，如提供房屋装修、含有金额的会

---

① 钱叶六：《贪贿犯罪立法修正释评及展望——以〈刑法修正案（九）〉为视角》，载《苏州大学学报（哲学社会科学版）》2015年第6期。

② 王玉钰：《受贿罪司法认定的轨迹与趋势》，载《法学》2013年第10期。

员卡、代币卡(券)、旅游费用等。具体数额以实际支付的资费为准。”[①]这一司法解释首次将受贿罪的“财物”范围扩展至“财产性利益”,并提示性地列举出了具有物化劳动性质的“房屋装修”和具有物化享受内容的“旅游”等。

随着国家高层对贪污贿赂犯罪立法完善的不断重视,党的十八届四中全会作出的中共中央《关于全面推进依法治国若干重大问题的决定》中明确指出,“完善惩治贪污贿赂犯罪法律制度,把贿赂犯罪对象由财物扩大为财物和其他财产性利益”。此后2015年颁布施行的《刑法修正案(九)》在保留1997年《刑法》条文对受贿犯罪对象规定为“财物”的同时,2016年3月由最高人民法院、最高人民检察院发布的《关于办理贪污贿赂刑事案件适用法律若干问题的解释》(以下简称2016年《两高关于办理贪贿案件解释》)延续了此前司法解释对贿赂类型犯罪“财物”扩张界定的趋势,坚持了将“财产性利益”纳入“财物”之中的立场。该解释第12条规定:“贿赂犯罪中的‘财物’,包括货币、物品和财产性利益。财产性利益包括可以折算为货币的物质利益如房屋装修、债务免除等,以及需要支付货币的其他利益如会员服务、旅游等。后者的犯罪数额,以实际支付或者应当支付的数额计算。”这一解释几乎是以2008年最高人民法院和最高人民检察院关于商业贿赂的司法解释为模板,并结合近年来新类型受贿样态,将“债务免除”“会员服务”等列举为“财产性利益”,进而解释为“财物”。

(四)受贿罪“财物”之内涵界定

自1997年《刑法》实施以来,刑事法律为因应恒动变化的受贿犯罪态势,对受贿罪“财物”的规定亦步亦趋、持续跟进、不断调整,直至2016年《两高关于办理贪贿案件解释》的出台。依照该司法解释的界定,作为受贿罪对象的“财物”内涵不再停留于传统意义货币、物品两种实体物,还包括除此之外的物质性利益。而就“利益”一词而言,从词源上分析,就是指“益处、好处”,[②]而根据相关古典文献的表述来看,也是指为非具象化的良性、上佳效果,如“教民种殖桑柘麻紵之属,劝令养蚕织屦,民得利益焉”[③]中的民众所获益处,又如“汉与突厥……不如和好,国家必有重赉,币帛皆入可汗,坐受利益”[④]的国家成效等。可见“利益”一词显然已经超越了实体物的范畴而更多的具有抽象性、非实物性的特征。也正是基于“利益”一词本原的抽象性、形而上性,2016年《两高关于办理贪贿案件解释》仅仅将贿赂犯罪的“财物”扩大至“利益”范畴,换言之,贪污罪的“财物”范围则不应当仅包含“利益”;此外,考虑到惩治受贿犯罪

---

① 该司法解释虽然从名称上是针对商业贿赂而制定的,但该解释第1条就开宗明义地指出:商业贿赂犯罪涉及《刑法》规定的以下八种罪名,即非国家工作人员受贿罪、对非国家工作人员行贿罪、受贿罪、单位受贿罪、行贿罪、对单位行贿罪、介绍贿赂罪、单位行贿罪。因此该司法解释也是贿赂类型犯罪的法律渊源。

② 参见夏征农等:《辞海》(普及本),上海辞书出版社2010年版,第1270页。

③ 《后汉书·循吏列传·卫飒》。

④ (宋)吴曾撰:《能改斋漫录·沿袭》。

的可操作性，2016年《两高关于办理贪贿案件解释》将纳入受贿罪财物范围的“利益”仍然加上了“财产性”的前缀作为限定。按照这一理解，国家工作人员利用职务上的便利为他人谋取利益而取得的尚不具有直接、对应财产价值性的“好处”，如从请托人处取得的荣誉、地位或者子女的入学机会等都不能一概而论地认定为“财物”。

二、当前贪污贿赂罪“财物”同构化规定之缺憾

（一）语义逻辑上的不自洽

作为逻辑学基本规律之一的同一律要求，“在同一个思维过程中，所使用的概念和命题必须保持自身的确定与同一”①，即在同一个语言系统中，表达思想的语词其内涵和外延应当前后一致。以此标准进行比对，刑事法律就贪污罪所规定的“财物”显然是完全符合了该概念应具有的实体物基本特质的；但对受贿罪所规定的“财物”却超出了实体物的范畴，进入了非实体化、相对抽象化的“利益”范畴。由此便出现了同为“财物”的语词，且同被规定于《刑法》分则第八章之中，但在此罪中仅指实体化的物，而在彼罪中却又可以扩张至特定利益的情形。申言之，在刑事法律体系中，对于同一语词出现彼此法条内涵不同、外延各异的立法释义，这在语义上是不能自洽的，在逻辑上也是无法协调的，由此造成的缺陷也就显而易见了②。

（二）法益彰显上的不昭然

一般而论，《刑法》对贪污罪的规定，“保护的首要法益是公共财产权，其次才是职务行为的廉洁性”③；而受贿罪所侵犯的法益是“国家工作人员职务行为的不可收买性，也可以说是国家工作人员职务行为与财物的不可交换性。这种法益不是个人法益，而是超个人法益”④。可见，贪污罪与受贿罪的法益完全不同，前者所侵犯法益的本质为合法财产权，后者所侵犯法益的本质为公权力的正常运行秩序，换言之，贪污罪是对“权利”的损害，受贿罪是对“权力”的侵蚀。正因二罪法益的殊异，1979年《刑法》将贪污罪规定在侵犯财产罪一章，而将受贿罪规定在渎职罪一章，这无疑是科学和合理的。

但依照现有的刑法体系安排和相关释义解读，贪污罪与受贿罪的对象均定义为

---

① 陈波：《逻辑学十五讲》，北京大学出版社2008年版，第52页。

② 其实，同一语词，在不同的法律部门中存在不同的语义解读的现象是客观存在。例如，从原《婚姻法》的规定看，“婚姻”必须是同时具备缔结婚姻关系的实质要件和形式要件的，故只要未取得婚姻登记机关的法定文件，即使以夫妻名义共同长期公开生活且给周遭民众形成了二人系“夫妻”的认知，亦不能认定为存在“婚姻关系”，换言之，原《婚姻法》并不承认“事实婚姻”；然而，出于对破坏一夫一妻制度严重危害行为的规制，《刑法》对仅具有婚姻实质要件的男女关系仍界定为“事实婚姻”。对此，基于刑民规制的不同旨意和刑事政策的考量，似乎可以理解。但是，在同一法律部门中存在对同一语词的不同定义，则显然是难以被接受的。

③ 王刚：《我国受贿罪处罚标准立法评析》，载《环球法律评论》2016年第1期。

④ 张明楷：《刑法学》（第4版），法律出版社2011年版，第1063页。

"财物",而犯罪对象往往又是犯罪客体的重要载体和外显形态;加之二罪共体例安排、同刑罚配置的刑事立法布局极易消弭二罪法益的基础属性、遮蔽各自法益的本质区别、混淆刑法规制的不同指向。特别就受贿罪而言,因贪污罪的犯罪对象"财物"在该罪罪状中居于中心化地位,同处一章、"比邻而居"、共用刑罚的受贿罪难免也受此影响,使得"财物"亦成为该罪定罪量刑的核心权重,①造成受贿罪法益在刑事评价过程中相当程度上被"边缘化"和"空心化",进而形成受贿罪的法益与贪污罪的法益完全一致的误读,最终导致立法者意图彰显的国家公权力不可收买、国家公职人员廉洁性不容玷污的立场无法鲜明地加以呈现。

(三)量刑适用上的不均衡

从量刑角度观察,仅因犯罪对象均为"财物"而将贪污罪、受贿罪予以相同的刑罚配置,势必在二罪的裁量上造成诸多不均衡。

1. 在数额一致的情形下,对贪污罪、受贿罪适用均等的法定刑,并不能实现二罪之间量刑的公平。

现行刑事法律框架下,对贪污罪、受贿罪的量刑仍然主要是以犯罪对象"财物"数额或价值为基础的,②且法定刑完全一致。但正是这种"同数额、同处罚"的看似"依法"量刑恰恰会造成二罪之间裁量的不公正。因为,贪污罪系主动地实施行为将公共财产据为己有;而受贿罪是被动地收受他人财物。就主观上而言,前者的贪利性动机更为强烈、犯罪意志也更为坚决、对党纪国法的蔑视更为明显,而后者的犯罪决意则相对被动;就客观上而论,前者的行为更为积极,后者的行为则相对消极。因此,在标准形态下,即使犯罪对象的金额完全相同,贪污都应当较受贿罪的量刑更重才能体现行为人罪责刑的一致。这也就不难理解,为什么1979年《刑法》在施行之初,规定贪污罪最高刑为死刑,而受贿罪最高刑仅为15年有期徒刑。③

2. 就受贿类型案件而言,"财物"的数额在量刑中权重的过度膨胀,易使司法人员忽视受贿行为的非数额情节,机械地唯数额量刑,造成对不同类型受贿犯罪量刑时的严重不平衡。

由于受贿案件的特殊罪质,在受贿罪的量刑中,犯罪对象"财物"的数额仅仅是量刑的基础性条件,而对非数额情节的权重更值得关注。究其原因,"对受贿罪之所以要重视情节,是因为对职务行为的不可收买性的侵害,并不直接取决于数额,而是取决于财物与职务(行为)的关联程度、国家工作人员是否利用职务行为为他人谋取利益,

---

① 对于"财物"事实上已经成为受贿罪定罪量刑的最关键因素的问题,后文还将详细阐述。

② 虽然2016年《两高关于办理贪贿案件解释》明确了若干具有降格入罪、升档量刑功能的非数额情节,但"财物"数额在贪污罪和受贿罪定罪、量刑中的基础性地位仍然未被撼动。

③ 1982年全国人大常委会通过《关于严惩严重破坏经济的罪犯的决定》,才将受贿罪的最高刑提升至死刑。

以及利益的性质等因素"[①]。此外,"受贿罪的对象为他人财物,也就是行贿人的财物,这类财物在法律上被评价为不法财物,不受法律保护,因此,受贿罪中财物的不法内涵程度较低"[②]。故而,在对具体受贿罪案件审理中,更要充分考量行为人的身份职责情节、谋取利益性质情节和行为方式情节等若干非数额情节要素。[③] 详言之,在不同类型的受贿案件中,"不同的身份,意味着受贿主体在职责、地位上的不同,意味着法律所期待该主体依法履职、廉洁用权的程度也有所不同"[④],特别是"受贿后实施背职行为的,容易使行贿人获取非法利益、损害相关主体的合法权益或者造成更加严重的危害后果"[⑤]。因此,"单纯犯罪数额一般不能全面反映受贿罪的危害程度"[⑥]。然而,正是1997年《刑法》施行二十多年以来贪污罪、贿赂罪的异质同构,犯罪对象"财物"的中心地位不断凸显,原本仅作为贪污罪核心权重要素的"财物"价值(数额)于无形中也拉动了受贿罪财物数额在量刑中影响度的攀升,导致司法人员相当程度地形成了对受贿罪量刑的唯数额化思考,并将受贿犯罪量刑权重要素与贪污罪无区别化对待,受贿罪的"财物"数额事实上成为司法机关对不同类型受贿犯罪量刑时考量的关键因子,也就出现了在大多数受贿案件的裁判过程中,犯罪情节的作用要显著低于犯罪数额的非正常现象。[⑦] 这势必遮蔽不同形态受贿行为的特有个性和重要区别,导致量刑的不公。例如,一次受贿财物数额均为8万元,[⑧]但显然对被动收受的行为人和主动索取的行为人的量刑不可同日而语;又如,同为受贿5万元,作为教育局工作人员的行为人系为他人子女就读提供帮助,作为市场监督管理局的工作人员系为他人取得药品批准文号提供便利,即使二者为他人谋取的均非不正当利益,但后者可能给民众健康造成的较高危害风险显然应当在量刑时予以考量、评价,并作出有别于前者的从重裁量。

3. 由于对贪污罪与受贿罪法益本质区别的忽视,退赃情节在贪污罪和受贿罪量刑中本应具有的不同权重未被充分关注,亦会影响量刑的科学性、公正性。

就退赃情节在二罪的量刑中是否应当等量齐观、等同视之的问题也颇值得关注。一方面,行为人具有退赃情节时,固然在主观上都能反映出行为人认罪悔罪、服从法律

---

① 张明楷:《贪污贿赂罪的司法与立法发展方向》,载《政法论坛》2017年第1期。

② 姜涛:《贪污受贿罪的法定刑应当区分》,载《政治与法律》2016年第10期。

③ 参见莫晓宇:《非数额情节在受贿案件中定罪量刑的功能分析——〈关于办理贪污贿赂刑事案件适用法律若干问题的解释〉第1—3条评析》,载《浙江社会科学》2016年第8期。

④ 卢建平、赵康:《论受贿罪犯罪门槛的科学设置》,载《北京师范大学学报(社会科学版)》2015年第5期。

⑤ 王刚:《我国受贿罪处罚标准立法评析》,载《环球法律评论》2016年第1期。

⑥ 曾粤兴、周兆进:《受贿罪立法若干问题探析》,载《中州学刊》2015年第4期。

⑦ 参见王剑波、景景:《受贿罪量刑影响因素问题研究》,载《北京师范大学学报(社会科学版)》2014年第6期。

⑧ 之所以举例时设定为"一次性受贿",系因为2016年《两高关于办理贪贿案件解释》仅将"多次索贿"作为具有降格入罪和升档量刑功能的非数额情节,而通常情形下的一次甚至两次索贿并不是应当单独评价的非数额情节。这也是该司法解释的缺憾之一。

的真诚意愿。但另一方面,如前所述,贪污罪侵犯的法益是公共财产的合法所有权,而受贿罪侵犯的法益是国家公权力的不可收买性与公职人员的廉洁性。故"对贪污罪应当重视数额、对受贿罪应当重视情节。对贪污罪之所以要重视数额,是因为贪污罪是财产犯罪,行为人所贪污的数额就是公共财产的损失数额,因而直接决定其不法程度,同时也决定了其责任程度"①。换言之,"对贪污罪而言,定罪主要还是看数额的多少"②。因此,就贪污罪而论,在行为人主动退还全部或者绝大多数赃款的情形下,受到损害的财产权很大程度上恢复原状,被侵害的法益得以相当程度的修复,即退赃情节应当在贪污罪的量刑中具有更大的权重;与此相对应,就受贿罪而言,即便行为人全额退赃,其收取贿赂行为所造成的国家公权力被"寻租"的状态已经不可逆地产生。因此,在受贿犯罪中,退赃情节在量刑中也应当予以评价,但在量刑时则应适当从严掌握,尤其是当贪污罪与受贿罪财物数额相当,且均具有一致的退赃情节时,绝不能将该情节在二罪中适用完全一致的从轻幅度。然而,在现实中贪污罪、受贿罪异质同构,同处一章的法律安排下,在对贪污罪和受贿罪量刑时,退赃情节的权重几乎都是无区别化对待的。③ 正因如此,"法官对退赃等从宽情节的适用范畴缺乏正确认识,是导致量刑不公的重要原因之一"④。

三、贪污贿赂犯罪"财物"规定困境之解决路径

在贪污罪与受贿罪法益存在显著区别和重大差异的情形下,现有的刑事法律依据二者犯罪对象均为"财物"的思路,将二罪予以体例内同构,并共用法定刑,由此在语义逻辑、刑法教义和刑罚适用等方面造成了一系列的困境。就如何破解前述困境而言,可以考虑近期方案与远期规划相衔接的解决进路。

(一)近期方案:量刑"纠偏"

1. 对贪污受贿犯罪对象的"财物"作二分化认定,即贪污罪的"财物"仅应当解释为实体化的物,受贿罪的"财物"除实体物外,还应当包括扩张解释的"财产性利益"。

鉴于贪污罪本质上"是一种特殊的财产犯罪,其与普通财产犯罪的区别主要表现在犯罪主体的身份和财物的属性上",⑤因此,对于贪污罪的犯罪对象应当做出实体化

① 张明楷:《贪污贿赂罪的司法与立法发展方向》,载《政法论坛》2017年第1期。

② 孙国祥:《贪污贿赂犯罪刑法修正的得与失》,载《东南大学学报(哲学社会科学版)》2016年第3期。

③ 据笔者从西南某省会城市中级人民法院获取的2013年至2015年两级人民法院贪污罪、受贿罪的78例生效判决的不完全统计,在犯罪人均具有退赃情节的情形下,审判人员对贪污罪、受贿罪考虑适用从宽处罚的考量因素仅为"部分退赃"、"全部退赃"或"绝大部分退赃",而均未考虑到,即使同样的退赃情节在贪污罪和受贿罪中,是否应区别对待的问题。

④ 蒋太珂、彭文华:《量刑应实行定量与自由裁量并行——以贪污、受贿罪量刑标准的修改为视角》,载《华东政法大学学报》2016年第2期。

⑤ 参见王刚:《我国受贿罪处罚标准立法评析》,载《环球法律评论》2016年第1期。

认定。在实践中,假如出现国家工作人员在单位组织的公务考察活动中,利用职务上的便利带领家人随行,并由单位支付家人的相关交通、食宿费用的行为,按照2016年《两高关于办理贪贿案件解释》,具有旅游性质的费用应当被认定为"财产性利益",但毕竟该具有旅游内容的消费并非财产型犯罪所侵害的实体化"财物",且该规定仅适用于贿赂犯罪范畴,并未扩张适用至贪污罪,故即使单位以公款支付了前述开支,且金额达到了入刑标准也不能认定为贪污。又如,国家工作人员趁单位办公楼装修之机,利用职务便利安排装修施工方使用单位装修建材为其住房一并进行免费装修,对该家庭装修虽也有财产性利益的性质,但同样因不具有财物的实体性亦不能作为贪污罪的对象;但若装修施工方基于希望通过该国家工作人员的帮助,以便此后能更顺利地从单位取得装修工程款而无偿为该国家工作人员提供装修的,则对应的装修款项应当作为"财产性利益",该国家工作人员应当以受贿罪论处。

相较而言,由于受贿罪的本质是将公权力作为商品并以此进行交易,而"随着社会的变迁与日益复杂,法律所涉范围日益扩大,仅将法益限制在财(物)上,无法解释不断出现的非物质化的法律保护客体"①,尤其是物质利益表现形态的多元化、多层次性,公职人员用公权力换取的对价往往不再局限于传统意义的物理型实物;相反,通过支付金钱方能获得的房屋装修、旅游休闲、消遣娱乐等利益也完全具有向公职人员"购买"权力的功能。因此,如墨守成规地坚持将受贿的"财物"束缚在传统意义上的实体化财物范畴,确实会给治理受贿犯罪带来掣肘之困。从这一点上看,从1997年《刑法》施行到2016年《两高关于办理贪贿案件解释》的出台,都反映出受贿罪的"财物"为适应反腐现实而亦步亦趋、不断"堵漏"的释法轨迹。在司法实践中,显然也应按照2016年《两高关于办理贪贿案件解释》之明确规定,将受贿罪的"财物"予以实质化解释为"财物"和"财产性利益"。

2. 贪污罪的财物数额在诸情节中具有最大权重性,应当作为量刑的决定性情节;受贿罪的财物数额虽亦具有极大权重影响,但仅属变量性情节。

鉴于"贪污罪实质上是一种贪利性犯罪,其危害性很大程度上可以通过贪污数额直观反映出来"②。申言之,"犯罪数额作为表现犯罪对象经济价值的货币金额,直接反映着犯罪行为的规模及程度,是衡量财产犯罪社会危害性的客观标准"③。加之,在具体的贪污犯罪中,行为人非法占有"数额的大小体现了行为的进行程度,从而体现了对法益的侵犯程度"。④ 因此,贪污罪的犯罪对象财物数额在该罪的诸量刑情节中

① 舒洪水、张晶:《法益在现代刑法中的困境与发展——以德、日刑法的立法动态为视角》,载《政治与法律》2009年第7期。

② 高铭暄、范连玉:《略析贪污罪中贪污数额起点与共犯责任》,载《云南社会科学》2014年第1期。

③ 丁英华:《确定犯罪数额标准的原则与方法》,载《法律适用》2008年第12期。

④ 参见李希慧主编:《贪污贿赂犯罪研究》,知识产权出版社2004年版,第203页。

居于核心地位,对量刑具有最为密切的正相关关系。而反观受贿罪,其“社会危害性是受贿数额难以完全反映的,其更多的是要通过受贿的情节、危害后果、违法的程度等因素来体现”。因此,受贿金额固然是定罪量刑的基础事实和具有支配作用的情节,但绝非量刑的决定性考量因素。例如,国家工作人员收取贿赂的财物虽仅10万元,但因违规批准药品批文批号,给民众健康造成极大威胁,对其量刑时,10万元的贿赂金额显然不应当是量刑的首要考量指标,而应充分评价受贿后背职行为的危害后果;又如,公职人员利用审核办理许可证照之机收取办证申请人员的财物,因时间跨度长、办理证照多,收受的贿赂高达100万元,但经查,其在审核办理证照过程中均系被动收取且并无为他人谋取不正当利益的情形,此时,显然亦不能简单、机械地完全对照100万元数额量刑。可见,在受贿罪中,犯罪对象财物的数额不应成为决定性的量刑权重。因此,在尚不考虑其他非数额情节的“标准形态”下,当贪污罪、受贿罪的犯罪对象财物金额相同时,前者的数额情节在刑罚裁量中应当居于决定性地位,且量刑时应当充分体现出犯罪对象财物数额的最大权重值。

3. 在退赃情节相同的情形下,对贪污罪的处罚宜较受贿罪适当从宽。

鉴于贪污罪与受贿罪法益的根本区别,以及贪污罪保护公共财产合法所有权的立法意旨和规制目的,当贪污犯罪人具有退赃情节,尤其是退还全部或绝大多数贪污所得时,一度受到破坏的法益很大程度上得以了修复;此外,在全额或绝大多数退赃的情形下,行为人因贪污的数额所形成的不法程度和责任程度也相应降低①。因此,司法人员在量刑时理应对贪污罪的退赃情节做出较受贿罪的退赃情节更为积极的评价。根据2014年1月1日实施的最高人民法院《关于常见犯罪的量刑指导意见》(已失效)之相关规定,对常见的十五种犯罪中犯罪人退赃的,“可以减少基准刑的30%以下”。虽然该规定不适用于贪污贿赂犯罪,但完全可以作为量刑的重要参照,特别是在退赃情节相同时,贪污罪的退赃情节所获得的减少基准刑的从宽处罚幅度应当较显著地大于受贿罪。由此,也有利于促成贪污犯罪人更为积极、主动地形成退赃动力。

4. 在贪污罪、受贿罪的死刑适用裁量时,在二罪的财物数额均符合死刑适用标准时,仍应当区别对待、分别考量。

对贪污罪、受贿罪考虑死刑及附随的终身监禁执行方式适用时,亦应对财物及其数额有不同的区分和各自的侧重。“基于死刑的法治和法理缺陷以及贪污罪和受贿罪的罪质特征及其产生原因,贪污罪和受贿罪死刑的废止是中国刑事立法发展的必然前景。但是受制于中国历史传统和现实国情尤其是当前反腐败形势的制约,立即废止或者在短期内废止严重贪污罪和受贿罪的死刑尚不现实,因而需要对严重贪污罪和受

① 参见张明楷:《贪污贿赂罪的司法与立法发展方向》,载《政法论坛》2017年第1期。

贿罪的死刑予以严格控制。”[①]为此，《刑法修正案（九）》将刑法对贪污受贿犯罪的死刑适用条件由此前的“数额在十万元以上，情节特别严重，处死刑，并处没收财产”改为犯贪污罪和受贿罪“数额特别巨大，并使国家和人民利益遭受特别重大损失的，处无期徒刑或者死刑，并处没收财产。”就《刑法修正案（九）》之后的《刑法》规定来看，财物“数额特别巨大”是对贪污罪和受贿罪适用死刑的前提条件，但仅有该情节并不能判处死刑，还需要具备“并使国家和人民利益遭受特别重大损失的”这一必备要件。恰恰是在对“使国家和人民利益遭受特别重大损失”这一情节的认定上，贪污罪与受贿罪应各有侧重、区别对待。就贪污罪而言，基于其系侵财犯罪的本质，故“使国家和人民利益遭受特别重大损失”应当解读为犯罪人在贪污数额特别巨大的情形下又拒不退赃或贪污的绝大部分财物未能被司法机关有效追缴，由此导致特别巨大公共财物损失最终无法挽回的严重后果。如公职人员利用职务便利将上亿元国有资产侵吞后悉数转移至境外且无法追回等情形。而鉴于受贿罪系侵害公权力不可收买性的罪质，“使国家和人民利益遭受特别重大损失”应当指犯罪人因收取数额特别巨大的财物后为他人谋取违法利益，引发特别严重的次生社会危害后果。如国家工作人员利用职务上的便利收取请托人数额特别巨大的财物后，违法批准高污染企业的建设生产，给当地生态环境造成灾难性破坏等。概言之，在贪污罪、受贿罪均具备了“数额特别巨大”情节的前提下，对贪污罪考虑死刑适用时，主要应当关注公共财产遭受到的无可挽回的“特别重大损失”；而对受贿罪考虑死刑适用时，除财产性质的损失外，还应当关注因受贿行为导致的“溢出式”严重危害结果，且相关危害结果往往是非财产性质的“特别重大损失”，尤其是应当关注受贿后背职行为在国家安全、民生、环保等领域所造成的特别严重的非财产性次生危害后果。同理，作为具有替代死刑立即执行的意义，且有助于“走出一条从实践中停止适用再到立法上废止贪污受贿犯罪死刑的道路”[②]的终身监禁制度，在考虑对贪污、受贿犯罪人适用时，当财物数额均符合特别巨大的条件下，也应当根据前述原理对二罪予以不同区分适用，[③]即对贪污罪决定执行终身监禁刑罚措施时，主要考量因素为特别巨大公共财产的无法追回所导致国家利益特别重大

① 赵秉志：《论中国贪污受贿犯罪死刑的立法控制及其废止——以〈刑法修正案（九）〉为视角》，载《现代法学》2016 年第 1 期。

② 赵秉志：《论中国贪污受贿犯罪死刑的立法控制及其废止——以〈刑法修正案（九）〉为视角》，载《现代法学》2016 年第 1 期。

③ 2016 年 10 月 9 日，全国人大环境与资源保护委员会原副主任委员、云南省委原书记白某培一审被判处死刑，缓期 2 年执行，并决定在其死刑缓期执行 2 年期满依法减为无期徒刑后，终身监禁，不得减刑、假释。此后不久，国家能源局煤炭司原副司长魏某远、黑龙江龙煤矿业集团股份有限公司物资供应分公司原副总经理于某义也均因受贿罪被判处死刑，缓期 2 年执行，并在死刑缓期执行 2 年期满依法减为无期徒刑后，终身监禁，不得减刑、假释。白某培的受贿金额为 2.46 亿元，魏某远的受贿金额为 2.11 亿元，于某义的受贿金额为 3.06 亿元。从媒体披露的相关信息来看，三人除受贿金额均特别巨大外，判决文书对适用死刑应具备的“并使国家和人民利益遭受特别重大损失的”情节的认定似乎并未详尽展开说明。

损失;而对受贿罪决定执行终身监禁刑罚措施时,除受贿款项特别巨大外,还应特别关注背职行为或为他人所谋取的非法利益给国家、社会或广大民众所造成的特别巨大危害。

(二)远期方案:立法"复位"

如果近期方案在司法实践中完全付诸推行,能很大程度上将贪污罪、受贿罪异质同构,且均根据财物数额而共用法定刑所带来的弊病降到最低,但这毕竟非长远之计。从贪污罪、受贿罪立法的科学性、量刑的公正性角度而言,未来通过系统的刑事立法重新安排贪污罪、受贿罪的体例布局,以恢复到1979年《刑法》时期对二罪分章设置的立法模式仍是大势所趋。

回溯我国《刑法》的立法沿革可以发现,新中国成立之初的刑事法律渊源中,由于当时的认识局限和贪污贿赂行为几乎均为公职人员才能实施的客观事实,1952年颁布的《惩治贪污条例》(已失效)第2条曾一度规定,"一切国家机关、企业、学校及其附属机构的工作人员,凡侵吞、盗窃、骗取、套取国家财物,强索他人财物,收受贿赂以及其他假公济私违法取利之行为,均为贪污罪"。该规定事实上将贪污贿赂行为均定义为贪污罪,逻辑上讲,贪污罪的对象也就涵盖了合法的"国家财物",也包括不受法律保护的"他人财物"贿赂。这显然是不科学的。在1979年《刑法》修改草稿第22稿中,立法者曾一度将贪污罪从"侵犯财产罪"移入"渎职罪",后来考虑到其主要还是侵犯了公共财产权,所以最终恢复了其原来的位置。[①] 由此在1979年《刑法》中确立了贪污罪、受贿罪分别设置的模式。将贪污罪规定在"侵犯财产罪"一章之中,使"贪污罪的规定实际上保护了所有单位的财物。在此意义上说,1979年《刑法》对不同法益主体的财产实行了平等保护,符合法律面前人人平等的宪法原则"[②]。但在1979年《刑法》实施近十年后,随着对该部《刑法》修改进程的推进,重新布局贪污罪、受贿罪体例安排的观点再次出现,且此次"一体论"的论调占据了上风。彼时,国家立法机关考虑到"惩治贪污受贿犯罪,是我国现阶段反腐败斗争的重点,将贪污贿赂罪列为专门的一章,作为独立的类罪,对于整顿吏治,加强国家的廉政建设,突出刑法惩治腐败的打击重点,有效地遏制这类犯罪活动,都具有积极意义"[③],在此背景下最终形成了1997年《刑法》将贪污罪、受贿罪在一章中的异质同构的布局。

就未来刑法回归贪污罪、受贿罪分立格局而言,可以从如下角度考虑:

首先,恢复贪污罪规定到侵犯财产罪中,受贿罪重新纳入渎职罪中的立法安排。

---

① 参见高铭暄:《中华人民共和国刑法的孕育诞生和发展完善》,北京大学出版社2012年版,第132-133页。

② 张明楷:《贪污贿赂罪的司法与立法发展方向》,载《政法论坛》2017年第1期。

③ 高铭暄、马克昌主编:《刑法学》(下编),中国法制出版社1999年版,第1119页。

在具体的体例设计上，鉴于贪污罪的主体通常是国家工作人员，①加之其犯罪对象系公共财产较之其他侵犯财产罪的一般财物所造成的危害也更严重，故由“有贪必肃”“治吏从严”角度而言，在侵犯财产罪一章的次序安排上，宜将贪污罪设置于职务侵占罪之前。与此同时，将受贿罪以及均属于贿赂犯罪类型的单位受贿罪、利用影响力受贿罪、行贿罪、对有影响力的人行贿罪、对单位行贿罪、介绍贿赂罪、单位行贿罪等罪名悉数转入渎职罪一章。基于受贿罪系最典型的渎职犯罪，且往往伴生着次生危害后果产生，因此，宜将受贿罪排列于渎职罪之首，单位受贿罪、利用影响力受贿罪等贿赂型犯罪则依次排列，由此在立法上昭示严厉惩治贪腐的鲜明立场。

其次，在法律规定中对贪污罪和受贿罪的对象予以明确区分。正如本文反复阐释，贪污罪的对象应当为实体化的物，故未来刑法对二罪体例进行大改时，仍然应当保留目前贪污罪的对象仅为“公共财物”的规定②。而鉴于受贿行为对象表现形态的多元化和多层次性，③建议将受贿罪的罪状修改为：“国家工作人员利用职务上的便利，索取他人财物或财产性利益的，或者非法收受他人财物或财产性利益，为他人谋取利益的，是受贿罪。”以此直接将“财产性利益”与“财物”并列规定为受贿罪的对象，从而消除当前司法解释以扩张释义的方式牵强附会地以“财物”硬行囊括“财产性利益”，导致本应属于两个范畴的概念合为一体而给语义逻辑上造成的不自洽性。

在此，需要说明的是，即使未来刑法的修改将贪污罪、受贿罪分列，在受贿罪的犯罪对象问题上，笔者也并不赞同有学者提出的，从立法论上，有必要立足于贿赂犯罪的新特点、新情况及反腐败斗争的现实需要，参照《联合国反腐败公约》，将贿赂的范围扩张至非财产性利益，以解决 1997 年《刑法》对贿赂犯罪的规制不足之问题，④以及更为激进的观点，即“将贿赂犯罪的对象扩大至‘不当利益’，包括各种不允许的利益和导致公共利益与私人利益产生冲突而获得的利益”⑤。对此的理由在于：第一，从法理上讲“刑法并不一般化地保护抽象的利益”⑥，既然受贿罪的本质是侵害了公权力的不可收买性，就此而论，刑法规制的是权力寻租行为，“寻租”则意味着用权力换取金钱、实物或者具有财物属性的利益，而不是泛泛的权力交换行为。因此，受贿人“出租”公

---

① 因《刑法》（2020 年修正）第 382 条第 2 款规定，“受国家机关、国有公司、企业、事业单位、人民团体委托管理、经营国有财产的人员，利用职务上的便利，侵吞、窃取、骗取或者以其他手段非法占有国有财物的，以贪污论”。故特定情形下的非国家工作人员亦可以成为贪污罪的主体。

② 当然，《刑法》（2020 年修正）所规定的公务活动中应当交公的礼物等也以提示条款的方式规定。

③ 近年来作为网络虚拟货币的“比特币”不断受到一些发达国家民众的追捧，其“币值”甚至一度飙升。假如未来该虚拟货币在我国也逐渐具有了等价交换物的流通功能，那么国家工作人员收受“比特币”为他人谋利的行为亦应当构成受贿。

④ 参见钱叶六：《贪贿犯罪立法修正释评及展望——以〈刑法修正案（九）〉为视角》，载《苏州大学学报（哲学社会科学版）》2015 年第 6 期。

⑤ 魏昌东：《〈刑法修正案（九）〉贿赂犯罪立法修正评析》，载《华东政法大学学报》2016 年第 2 期。

⑥ 舒洪水、张晶：《近现代法益理论的发展及其功能化解读》，载《中国刑事法杂志》2010 年第 9 期。

权力的“对价”显而易见应当是财物或具有财产属性的利益,否则,权力“寻租”也就无从谈起。第二,现实中虽然也客观存在请托人以提供荣誉称号、文凭学历等作为换取公权力的条件,但这毕竟是少数,况且,将不具有财产属性的利益作为受贿对象认定,也明显不符合民众对于贿赂的常识性认知。第三,建言将贿赂对象扩展至非财产性利益的少数学者所参照的是发达国家,由于这些国家的犯罪概念中并无定量因素,乃是行为本位刑法,只要行为符合刑法规定,不论行为结果数量大小,也无须考虑行为人主观恶性深浅,刑法均可规制。① 但这种定性不定量的刑法模式并不适用于我国。因此,未来分立后受贿罪对象的范围也应当以财产性利益为边界。

① 参见赵秉志:《贪污受贿犯罪定罪量刑标准问题研究》,载《中国法学》2015年第1期。

违法发放贷款案:借款人的刑事责任分析

黄小飞*

【内容提要】在借款人与贷款人员内外勾结违法取得贷款的案件中,借款人是否构成违法发放贷款罪的共犯,要根据违法发放贷款罪的法益和贷款管理规定设定之危险基准,去判断借款人的行为是否逾越允许的危险。在共犯的一般框架下,只有借款人实施了“贷款欺诈手段”(非诈骗罪的实行行为)的才可能构成共犯,单纯的贷款申请,接受贷款以及劝说、请求行为应被排除在外。为周延保护金融机构的信贷资产安全以及不过分干预借款人的贷款活动自由,应尽量将借款人的参与行为认定为帮助犯,并且在借款人的欺诈手段对贷款人员实现违法发放贷款罪没有太大作用的场合,尽量不予以处罚。在能够肯定借款人与贷款人员具有共犯人一体性,如双方具有利害共通性或者制约关系等情形下,才能有限地构成共同正犯。

【关键词】违法发放贷款罪共犯　借款人的刑事责任　帮助犯中心说　共犯人一体性

一、司法现状与关键问题

(一)“内外勾结”案件中的问题

一直以来,融资借贷领域存在借款人和贷款工作人员内外勾结作案的问题。这类案件有三个特征:贷款人员违法利用了职权;借款人违法取得了贷款;贷款人员与借款人存在意思串通。其中,有的情形是借款人违法取得了贷款(进入借款人账户),但最终归贷款人员使用,或者双方共同取得、使用。贷款人员定违法发放贷款罪还是挪用资金罪?借款人是否构成骗取贷款罪?双方是否成立共犯以及成立何罪的共犯?对此,司法实践存在两类、五种处理结局。一类是承认共犯关系:①挪用资金罪共犯;[①] ②骗取贷款罪共犯;[②]③违法发放贷款罪共犯。[③] 另一类是不承认共犯关系:④贷款人

---

* 黄小飞,法学博士,四川大学法学院老师。

① 参见河南省新乡市中级人民法院刑事判决书,(2015)新中刑一终字第111号。

② 参见内蒙古自治区扎兰屯市人民法院刑事判决书,(2015)扎刑初字第242号。

③ 参见湖南省南县人民法院刑事判决书,(2015)南法刑初字第43号。

员定违法发放贷款罪,借款人定骗取贷款罪;[①]⑤贷款人员定违法发放贷款罪,借款人不构成犯罪。[②] 出现这种混乱现象主要有四点原因:没有合理把握违法发放贷款罪与挪用资金罪的关系;没有对借款人的违法行为加以区分;没有准确理解骗取贷款罪的构造;对共犯关系的认定心存疑虑。

第一,违法发放贷款罪与挪用资金罪是排斥关系还是重合关系,理论和实务仍有争议。[③] 但将贷款人员的行为评价为挪用资金罪,并不妥当。一方面,违法发放贷款罪属典型的行政犯罪,其实行行为之成立以违反贷款管理规定为前提,而挪用资金罪的实行行为的认定不涉及行政法律法规。另一方面,挪用资金罪侵犯的法益为本单位财产权,违法发放贷款罪侵犯的法益为贷款管理制度,[④]其指向的具体内容显然不只本单位财产权,还应包括其他利益(见下述),否则无法解释为什么违法发放贷款罪法定刑重于挪用资金罪。贷款人员违法利用职权使得借款人取得贷款,或者通过借款人最终由自己取得、使用贷款,形式上看符合了挪用资金罪的构成要件,但仅评价为挪用资金罪,没有完整评价其行为的不法内涵,量刑上也可能欠失公正。

第二,借款人违法取得贷款是指借款人取得了不应当取得的贷款,判断标准在于《贷款通则》等贷款管理规定对借款人取得贷款的资格条件(如《贷款通则》第24条第2款等),以及其他的一些禁止性规定(如《贷款通则》第19、20条等)等。借款人不符合取得贷款条件或者违反其他禁止性规定,并不都构成骗取贷款罪,而应在于是否实施欺骗行为。

第三,即使借款人实施了欺骗行为,成立骗取贷款罪也应符合诈骗罪的构造,即欺骗行为导致处分权人陷入错误进而取得贷款。[⑤] 贷款过程表现为"调查→审查→审批",前两个环节由信贷员(客户经理)承担,后一个环节由专职审批人、信用社主任、银行行长等审批权人承担。《刑法》第186条规定违法发放贷款罪的主体是"银行或者其他金融机构的工作人员",没有具体限定是哪一类工作人员,所以目前来看,信贷员和审批权人都是违法放贷罪的主体,但只有审批权人才是信贷资产的处分权人。因为放贷决策最终由审批权人作出,一些审批权人本就是金融机构的领导人员,信贷

① 参见吉林省东丰县人民法院刑事判决书,(2015)东刑初字第71号。

② 参见山东省菏泽市中级人民法院刑事判决书,(2015)菏刑二终字第28号。

③ 参见山东省邹城市人民检察院、王栋、许胜君:《以"职务行为"区分违法发放贷款与挪用资金》,载《检察日报》2019年5月21日,第3版;韩哲主编:《金融犯罪典型判例》,中国金融出版社2018年版,第62页;薛瑞麟主编:《金融犯罪再研究》,中国政法大学出版社2007年版,第177页。

④ 参见任继鸿、陈英慧、王鑫磊:《贷款犯罪论纲》,吉林人民出版社2017年版,第134页;周道鸾、张军主编:《刑法罪名精释》(上),人民法院出版社2013年版,第360页;曲新久:《金融与金融犯罪》,中信出版社2003年版,第229页。

⑤ 参见张明楷:《骗取贷款罪的构造》,载《清华法学》2019年第5期。

员[①]只对贷款申请是否通过审查享有决定权,但对贷款本身没有处分权。因此,借款人实施欺骗行为但没有导致审批权人陷入错误认知的,如借款人本身是与审批权人相勾结的,也不可能构成骗取贷款罪。

第四,借款人与贷款人员共同非法取得贷款,实质来看,属于侵犯金融机构财产权的行为。立足因果共犯论,在侵犯财产权层面两人就属于共犯。只不过这一侵财行为应按骗取贷款罪还是违法放贷罪共犯处理,需要根据各自实现的构成要件予以具体判断。有些案件中司法人员之所以不承认共犯关系的存在,主要考虑是避免对借款人的处罚范围过宽,但这样考虑未必一概都有合理根据。

由此看来,在内外勾结的案件类型中,贷款人员应评价为违法放贷罪,因此第①种处理结局不妥当。对于第②、④种处理结局,倘若有些判决是在借款人没有实施欺骗行为或者审批权人没有陷入错误的情形下作出的,也应该被否定。在余下第③、⑤种结局中,借款人没有被认定为骗取贷款罪,想必也是因为借款人没有实施欺骗行为或者审批权人没有陷入错误。按理说案件类型是一致的,但不同法官做出了这种两种截然对立的判决。于是,刑法理论要考虑这样的问题:借款人不能按骗取贷款罪处理的行为,可否按违法放贷罪的共犯加以定罪处罚?倘若对司法实践进一步考察就可以发现,③(肯定立场)、⑤(否定立场)代表的事例其实广泛存在。

(二)实务中的对立立场

肯定立场的案例,实践中不仅有判决借款人构成违法发放贷款罪的帮助犯,还有判决构成共同正犯的事例。前者如何某案,李某1找信用社主任何某帮忙贷款,何某明知李某1不符合贷款条件,但碍于朋友情面仍然同意帮忙。在办理贷款过程中,李某1负责伪造贷款材料,何某负责审批并指使下属信贷员直接通过审查。法院判决何某与李某1构成违法发放贷款罪的共犯,李某1为从犯。[②] 后者如刘某新案,刘某新因动用爱建证券公司的巨额资金炒股被套牢而急需资金用于解套,遂与马某平、颜某燕、陈某共同商议决定,由颜某燕以其所在公司名义向马某平担任总经理的爱建信托公司申请贷款,刘某新、陈某所在的爱建证券公司出具虚假的质押证明,马某平利用自身的职务便利发放贷款,取得贷款资金用于炒股,三方共同牟利。法院认为刘某新是违法发放贷款的起意者,并纠结各被告人共同策划,且具体实施了出具虚假质押证明及实际使用部分违法发放的资金,属于违法发放贷款罪的主犯;马某平作为金融机构的工作人员,利用担任爱建信托总经理的职务便利,违法发放贷款,在共同犯罪中起主

---

① 实践中有些情形的信贷员享有小额贷款的直接审批权,例如,笔者了解到四川某信用社规定信贷员享有5000元以下贷款的直接审批权。这类人员视情形归入审批权人的范畴。

② 参见黑龙江省黑河市中级人民法院刑事判决书,(2015)黑中刑二终字第15号。

要作用,也应当认定为主犯。①

否定立场的案例,实践中比较常见的情形是,由借款人取得贷款(进入借款人的账户),但最终归贷款人员取得、使用,即所谓贷款人员"违法为自己放贷"的事例。例如吕某玺案,信用社主任吕某玺以信用社周转资金为由找了许多名义借款人出面申请贷款,然后指使下属不调查、审查再由自己审批发放,贷款到账后取出交给吕某玺使用。② 对这一类案件,法官基本不会认定借款人构成违法放贷罪的共犯。但实践中大部分情形是贷款人员出于情义或者好处等目的,违法使用职权让借款人取得、使用贷款。例如,沈某案,李某2因需要用款但不符合贷款条件,在与信用社主任沈某商量后,沈某指使李某2冒用他人的身份申请贷款,并且还提供了部分他人的身份信息,然后沈某违规审批发放贷款给李某2。该案公诉人和法官自始没有提及李某2是否构成违法发放贷款罪共犯。③

由此可见,对于借款人是否构成违法发放贷款罪共犯的问题,司法实践存在较大分歧。这涉及借款人在违法放贷类案件中的刑事责任范围。把握不当,会造成对金融机构权利的保护不足,又或者是过分干预了借款人的自由,因此具有重要的讨论价值。然而,就笔者看到的文献而言,该问题尚未引起我国学界的充分重视,参与讨论的学者并不多见。有鉴于此,本文试图在考察国内外相关学说的基础上提出拙见,以期有益于司法处理。

二、理论检讨

(一)国内代表性观点

由于我国《刑法》规定了骗取贷款罪,司法实践更倾向于从骗取贷款罪而不是违法发放贷款罪共犯的角度去考虑借款人违法取得贷款的刑事责任,即只要借款人取得贷款是违法的,就有可能被认定为骗取贷款罪。这也是实践中骗取贷款罪认定范围较宽、逸脱诈骗罪构造的一个原因。相应地,我国学者讨论得更多的也是骗取贷款罪,很少有学者讨论违法发放贷款罪的共犯。文献中虽然也有零星观点表示借款人"可能构成违法放贷罪的共犯",④但没有深入论证。正面且细致检讨该问题的只有张明楷教授。

---

① 参见王志辉、丛媛:《刘顺新等违法发放贷款案——在发放贷款案件中挪用资金罪和违法放贷罪的区分》,最高人民法院刑事审判第一、二、三、四、五庭主办:《刑事审判参考》(总第90集),法律出版社2013年版,第7页以下。

② 参见河北省唐山市曹妃甸区人民法院刑事判决书,(2014)曹刑初字第299号。

③ 参见山东省菏泽市中级人民法院刑事判决书,(2015)菏刑二终字第28号。

④ 参见姜金良:《违法放贷罪共犯形态研究——基于裁判文书大数据的分析》,载《法治论坛》2019年第4期;王晓辉、袁昕炜:《违法放贷犯罪的司法适用模型》,载《中国律师》2015年第9期。

1. 观点主旨①

在《对向犯中必要参与行为的处罚范围》一文中,张明楷教授认为,在对向关系中,如果刑法分则只规定处罚一方的行为,另一方的对向行为可否按总则共犯规定处罚,应并用立法者意思说与实质个别说进行判断。前者是指,解释者应充分考虑处罚对向行为是否符合罪刑法定、罪责刑适应原则;后者是指,解释者应充分考虑对向行为是否具有“可罚的”违法与责任。不同以往对向犯理论列出两种不处罚对向行为的情形,张明楷教授归纳出三种不处罚对向行为的情形:对向行为不具有违法性;对向参与人不具有责任;有违法或责任但较轻或减轻的。

同样地,借款人与贷款人员也属对向关系。根据立法者意思说,借款人不构成骗取贷款罪的必要参与行为,一般不能以违法放贷罪的共犯论处,否则违反罪刑法定、罪责刑相适应原则。根据实质个别说,不处罚的实质理由在于,通常场合借款人的行为本身不具有可罚的违法与责任。例如,行为人为取得贷款而采用借用他人身份证“这种不需要调查就能发现的方法”,违法性与有责性都没有达到值得科处刑罚的程度。但是,为违法放贷行为提供帮助或者实施教唆行为的,如果违法性与有责性没有减少,则应当认定为共犯,起主要作用的甚至可以认定为(共谋)共同正犯。例如,贷款人员为了自己取得贷款,借款人参与其中的,实际是贷款人员“为自己发放贷款”,借款人的行为就不是必要参与行为,可以认定为共犯。

2. 问题所在

乍看之下,张明楷教授的结论让人颇觉矛盾。但稍作分析也可看出其良好用意所在:立足因果共犯论,如果轻易肯定借款人构成违法放贷罪的共犯,一则,借款人单纯接受贷款的行为能够成立共犯,但这种行为没有处罚意义,因为无论贷款人员合法还是违法发放的贷款,借款人都要接受贷款;二则,借款人单纯的劝说、请求行为也能够成立共犯,但违法发放贷款罪的法定刑比骗取贷款罪还要高,而我国《刑法》第 29 条对教唆犯的规定又使得教唆犯可能按正犯之刑处理,如此,则有处罚不协调之虞。所以张明楷教授没有在一般共犯的框架下加以讨论,而是作为片面对向犯的一个问题加以处理。即便如此,本文认为张明楷教授的观点有以下疑问。

第一,张明楷教授不仅并用了立法者意思说与实质个别说,其归纳出三种不处罚对向行为的情形,已表明其主张之实质个别说融合了可罚的规范目的说的内容,但值得质疑。

众所周知,实质个别说是针对立法者意思说的缺陷而提出的。该说认为不处罚片面对向犯,要么是对向参与人没有引起作为共犯处罚根据的法益侵害,要么是对向参

---

① 该部分是对张明楷教授观点的整理。参见张明楷:《对向犯中必要参与行为的处罚范围》,载《比较法研究》2019 年第 5 期。

与人欠缺期待可能性而没有责任。① 但是,在可罚的规范目的说看来,片面对向行为并非没有法益侵害,而是没有可罚的法益侵害;所谓没有责任的事例,也只是没有可罚的责任。② 换言之,两说指涉的事例范围其实一致,但在违法责任的评价上根本对立,出罪的理由并不相同。在实质个别说看来没有违法责任的事例,在可罚的规范目的说看来是有违法责任的,后者是基于刑事政策的理由而认为没有处罚的必要。张明楷教授融合两种学说的目的在于缩减对向犯的处罚范围,这种立意是不错的,但随即就引起了新的问题。

第二,违法责任较轻(或减轻)的根据、标准不明确。可罚的规范目的说其实也是在实质个别说的基础上演绎的,其之所以能够根据刑事政策的理由主张一些对向行为不可罚,前提也一定是因为这类行为的违法责任较轻能够在犯罪论上找到直接根据。如果只是单纯根据刑事政策的理由主张某种行为违法责任较轻,结局就必然是判断过程的恣意性和结论的矛盾性。这一点在张明楷教授的论述上已有深刻体现。

张明楷教授既认为通常场合借款人的行为不具有可罚的违法责任,又认为某些场合违法责任没有减少,但是其间难以看出有什么实质理由。一方面,如果仅仅是依据借款人采取的手段“是否容易被发现”而肯定违法责任较低,则不甚客观。人们也可以说,借款人采用很容易被发现的手段仍然促使贷款人员违法放贷得逞,这说明要么是因为该金融机构的审查一向不严格,要么是因为作为正犯的贷款人员具有较大影响力,借款人明知这一点而加以利用的,相比那些审查严格、贷款人员影响力微弱的场合,对贷款管理制度的侵犯更为严重,预防必要性也更大。另一方面,倘若以贷款人员是“为借款人发放贷款”还是“为自己发放贷款”作为标准,进而主张后者场合借款人的行为就不是必要参与行为因而具备可罚性,则略显形式化。因为,所谓“为自己发放贷款”只是一种比喻的说法,没有改变贷款人员违法发放贷款的行为实质。毕竟,贷款人员违法为自己发放贷款,也需要有一个名义借款人的存在,否则不可能使款项贷出去。款项最终由谁使用都无碍于借款人的行为属于必要参与行为。

其实,也有日本学者与张明楷教授的观点类似。关哲夫认为,借款人与贷款人员(在背任罪层面)形成事实上的对向犯,不处罚借款人的必要参与行为的原因在于违法和责任较轻。一方面,借款人为了避免破产、摆脱经营危机,而采取与贷款人员沟通、协商等积极争取贷款的行为,虽然不一定能够被允许,但违法性极为轻微;另一方面,也正因为行为时点借款人处于经济危机,要求其不采取一定的非常规手段是比较勉强的,所以期待可能性也较低。③ 此种观点隐含的逻辑是,借款人不是为了实现贪

① 参见[日]山口厚:《刑法总论》,付立庆译,中国人民大学出版社2018年版,第354-356页。

② 山中敬一『刑法総論』(成文堂,2008年)839頁参照。

③ 関哲夫『背任罪の共同正犯についての一考察』西原春夫編『佐佐木史朗先生喜寿祝賀:刑事法の理論と実践』(第一法規出版社,2002年)361頁以下参照。

欲而是为了摆脱经济困境才与贷款人员相勾结。因为行为目的是良好的,所以其违法责任可以进行较轻或减轻的评价。但这种说理逻辑无法通过犯罪论的检验。而且,事实上也不是所有借款人都出于良好目的才采取非常规手段取得贷款。

第三,认为将借款人按违法发放贷款罪共犯处罚违反罪刑法定、罪责刑适应原则,在笔者看来也不能成立。

其一,这种观点没有对借款人的行为进行区分。可以认为,单纯的贷款申请及接受贷款的行为不能构成违法放贷罪的共犯,但理由不在于违反罪刑法定原则,而在于这类行为没有超出允许的危险(见下述)。实际情形中,借款人不仅是提出贷款申请或者被动地接受贷款,通常还会实施冒用身份、伪造材料等行为,积极地参与到违法发放贷款过程中。这种行为不成立骗取贷款罪,可能是因为其勾结的对象本身就是审批权人,但是将这类行为评价构成违法发放贷款罪的共犯行为,本身不违反共犯原理。如果说处罚此种行为违反了罪刑法定原则,则所有共犯的构成要件都违反了罪刑法定原则。

其二,借款人不构成骗取贷款罪的行为,转而以重罪之违法发放贷款罪的共犯处理,直观上的确有处罚不均衡之感。但这种罪刑不均衡,只可能从立法论上讲《刑法》对违法发放贷款罪法定刑配置得不太合理。而在解释层面,处罚不均衡的质疑则没有根据,因为此处不存在处罚是否均衡的比较基础。贷款发放流程存在多个环节,依据审贷分离原则,贷款调查(审查)人员与贷款审批人员互相分离、相互制约。由其中一人决定发放贷款是比较罕见的。例如,审批权人只有在信贷员的调查或审查通过之后才能由其决定是否批准发放贷款,不经过信贷员的核查,审批权人不能直接行使审批权。在借款人与审批权人勾结的情形中,借款人实施冒用身份、伪造材料等行为使前置程序的信贷员陷入错误的,会使审批权人违法行使审批权变得更为容易;在客观归属层面,借款人促进了审批权人实现违法发放贷款罪的构成要件,两人共同引起了违法事实的产生。此种场合,借款人的行为固然不是骗取贷款的实行行为,却是参与了审批权人违法发放贷款的共犯行为。换言之,骗取贷款罪的实行行为与违法放贷罪的共犯行为本身是两个不同的行为,在违法内容上完全不同,如何能够横向比较处罚是否均衡?

(二)日本学者的观点

我国的违法放贷事例,对应于日本的"不正融资",即"借款人担保不足、信用不良,没有回收贷款的可能而仍然提供贷款(不良贷款),以及违反法令章程提供贷款(不当贷款)"①。银行等金融机构的工作人员实施这一类行为,被认为是违背任务损害本公司财产的背任行为,日本司法人员通过适用背任罪(《日本刑法》第 247 条)或

① 品田智史『不正融資に対する刑事責任』阪大法学 61(3・4)号(2015)232 頁。

特别背任罪(《日本公司法》第960条)予以规制。[①] 在此类事例中,最富争议的问题也在于,应否肯定借款人构成贷款人员触犯罪名之背任罪的共犯。日本学者围绕这一问题进行了细致检讨,积累了丰富的教义学素材。出于全面检讨理论可能性的考虑,而且我国违法发放贷款罪与日本背任罪、特别背任罪本身也有类比性,[②]因此有必要审视日本学者观点的借鉴意义。

1. 观点规整

背任罪虽属身份犯,但《日本刑法》第65条第1款规定非身份者也可以构成身份犯的共犯;从处罚根据来看,借款人也完全处于共犯的处罚范围内。但日本学界均认为,通常情形的借款人与贷款人员处于对立的利害关系,轻易认定借款人构成共犯,有刑法干预借款人经济活动自由的疑问。由于根据一般共犯理论可以很轻易肯定借款人的共犯性,所以学者都是在共犯理论之外寻找理由。有竞争力的理论工具便是被允许危险的理论。如林干人主张,在不正融资的场合,贷款人员的行为肯定是违法的,而且也无法否定借款人具有故意和共犯的因果性,但肯定借款人不违法也留有空间。因为,在参与行为的时点,倘若该行为处于被允许危险的范围内,该行为就不是违法行为。而借款人提出贷款申请在经济社会中属于常见行为,即使为了取得贷款使用了一些"伎俩",但能够评价这些行为对"企业再建"是有益处的话,就应认为其参与行为处于允许的危险范围内。然而,林干人对允许危险的基准说明不充分,只是片面强调借款人取得贷款的有益性。若推而广之,结局是借款人采取欺骗、抢劫、胁迫手段取得贷款的,也可能被评价为有利于"企业再建",而不能作为犯罪处理。基于此,有学者循着被允许危险理论的思路,提出应以借款人是否影响贷款人员的自主性为基准,判断借款人的行为是否逾越被允许的危险。

长井园指出,日常的经济活动都有一定危险,但如果是具有社会相当性或者属于被允许危险的经济交易行为,就不具有犯罪的不法性。在交易社会中,只要当事人没有采取抢劫、诈骗、恐吓等妨害他人自主的行为,其为自己最大利益采取任何方式与对方交涉都是合法交易;即便另一方在交易中存在疏忽或妥协导致自己或被代理人的财产损失,都应"自我答责"。在不正融资的事例中,借款人没有实施抢劫、诈骗、恐吓行

① 佐久間修著『刑法からみた企業法務』(日本中央経済社,2016年)26頁以下参照。

② 在笔者看来,我国的违法发放贷款罪本身就是一种特殊的背任罪。具体而言,违法发放贷款罪的构成要件行为属于金融机构中的贷款人员以违反贷款管理规定的方式给本单位信贷资产造成实害或危险的行为;违反贷款管理规定的含义是贷款人员不按金融机构要求的放贷程序和实体条件而执行贷款业务,滥用金融机构赋予的贷款发放权,属于典型的任务违背行为。在20世纪80年代,我国有学者提出刑法应当设立危害公司及其他企业的财产罪,该罪的行为表现为采取除贪污、盗窃、诈骗、抢夺、抢劫以外的手段损害本单位财产,如私自转移或擅自处分本单位的财产。当时便有学者指出,这些凡是发生在公司或企业中恶意代理造成重大损失的行为都可以通过规定背任罪加以规制。只不过立法者出于细密立法的考虑没有规定一般背任罪。参见刘白笔、刘用生:《经济刑法学》,群众出版社1989年版,第635－636页;包健:《我国刑法应增设背信罪之探讨》,载《山东法学》1996年第2期;张明楷:《关于增设背信罪的探讨》,载《中国法学》1997年第1期。

为使得贷款人员丧失自主性的行为,贷款人员发放贷款导致金融机构遭受财产损失的,对于借款人而言属于"基于同意的自损行为"。[①] 长井园这一主张的基础在于,在利害关系处于对立的"对向交易"中,如果不能使得具有社会相当性或者允许危险的交易行为免于刑事处罚,"交易自由"也就无从谈起。伊东研祐也认为,问题的关键在于贷款人员做出放贷决定时是否丧失了自主判断。如果没有丧失自主性,只有贷款人员能够构成背任罪,交易相对方的借款人不应对背任的后果负责。相反,如果借款人采取暴力、胁迫、欺骗方式使得贷款人员丧失自主性,则按抢劫罪、敲诈勒索罪、诈骗罪处理。伊东研佑的论证基础则在于,社会各成员都有被期待的角色和任务,如果实施某种行为本身是"职责所在",就不能作为犯罪行为。贷款人员作为事务代理人的职责在于避免本人遭受财产损失,但也只有在不失自主性地违背职责才成立背任罪。借款人没有妨害交易相对方的自主性,为了自己代理、代表机构的最大利益而与贷款人员交涉,本身不违背社会所赋予的"职责或角色所在",故不能按背任罪的共犯处理。[②]

2. 问题所在

日本学者运用被允许危险理论得出的结论是:借款人不可能构成贷款人员触犯罪名之共犯,而仅有构成诈骗罪、敲诈勒索罪、抢劫罪的可能。如果套用到我国的问题就是:借款人只可能构成骗取贷款罪,不可能构成违法放贷罪的共犯。相比张明楷教授的论说,这种观点在结论上显得更加果断。但笔者认为不能直接采纳日本学者的观点。

第一,上述日本学者对借款人的行为设定得也太过简单,其考虑的事例以及论证前提似乎都只是单纯的贷款申请或者接受贷款的行为。这一类行为当然可以说具有社会相当性或者没有逾越被允许的危险,但是借款人在此基础上实施的促成不正融资(违法放贷)的行为,即使没有达到抢劫、敲诈勒索、诈骗(骗取贷款)罪的程度,难道就全然没有危险了吗?显然,上述日本学者在这一点上显得不够慎重,这也是日本判例根本没有理会其观点的原因。[③]

第二,被允许危险的理论认为一些危险行为可以排除在刑法不法之外,理由在于某些危险行为在现代社会中是必要的、有用的,具有社会相当性而不具备行为无价值(社会相当性原理),或者行为的有用性高于其法益侵犯性,而不具备结果无价值(优越利益原理)。[④] 林干人观点的逻辑也在于,借款人取得贷款有助于"企业再建",即整

---

① 長井圓『背任罪における自己答責原理と取引相手に対する共犯の成否——北国銀行事件控訴審判決をめぐって』神奈川法学 35 巻 3 号 2002 年 143 頁参照。

② 伊東研祐『特別背任罪における正犯性:非身分者による共犯の成否』板倉宏博士古稀祝賀論文集編集委員会編『現代社会型犯罪の諸問題』(勁草書房,2004 年)286 – 288 頁参照。

③ 内田幸隆『背任罪の共犯:不良融資における借り手の刑事責任』企業と法創造 2(1)号 2002 年 38 – 40 頁参照。

④ 内藤谦『刑法講義総論(中)』(有斐阁,1983 年)629 页;立石二六『刑法総論』(成文堂,2015 年)104 頁参照。

体上有利于"社会经济"的发展,不应认定借款人参与行为具有刑事不法。然而,据此否定借款人行为的不法性,实质是把"社会经济"这一抽象的利益置于金融机构的财产利益之上。这意味着要让金融机构承担较高的经济风险以换取社会经济的繁荣,这是一种不正义的观点。而且,在现代社会中,抽象利益的名目太多,很难直接判断某种抽象利益优越于另一种法益,[①]"社会经济"是否真的优于金融机构的财产利益,本身存在疑问。或许可以说,在借款人取得贷款既有利于社会经济,又有利于金融机构(借款人可以因取得贷款而改善经济状况,金融机构也因此得以收回既有债务的本息)的场合,有可能认为借款人与贷款人员的勾结行为能够被容忍。但是我国的违法放贷罪属行政犯,只要贷款人员的放贷行为违反贷款管理规定,即使借款人取得贷款是"有用的",也难以实质性排除借款人勾结行为的不法性。因为,对于共犯的问题而言,共犯行为是否被允许依赖于正犯行为本身是否被允许。贷款人员的放贷行为若是不被允许,借款人对之实施引起或促进的行为,想必也不能被允许。

第三,以是否妨害贷款人员的自主性判断作为允许危险的基准,无论结论还是方法论都不合理。运用长井园和伊东研祐设定的危险基准(自主性妨害说),存在两种结局:一是在借款人与贷款人员互动过程中,后者丧失了自主性,后者不能构成违法放贷罪,只能追究借款人骗取贷款罪(或其他财产罪)的刑事责任;二是贷款人员没有丧失自主性,贷款人员违法放贷行为引起的本单位信贷资产的损害结果,对借款人而言属于"基于同意的自损"行为,只有贷款人员构成违法放贷罪。但问题在于:

其一,完全存在贷款人员的自主性被妨害,但尚未达到完全丧失程度的场合,如何处理,这是根据自主性妨害说难以回答的问题。如若认为贷款人员仍有自主性,借款人不能构成骗取贷款罪,而只追究贷款人员违法发放贷款罪的刑事责任,这对贷款人员而言是不公平的。因为很多情形是由借款人发起犯罪意思,贷款最终也是由借款人取得使用。

其二,既然金融机构是实际的财产损失者,"同意"的主体就不应该是贷款人员。金融机构委托贷款人员从事贷款业务,不意味着金融机构将本单位信贷资产的财产权全面让与给贷款人员。对金融机构而言能够允许的情形只是,贷款人员严格根据贷款管理规定发放贷款,但仍然引起了信贷资产的损害后果。此时贷款人员本就不构成违法放贷罪,也就不存在共犯的问题。

(三)本文立场的导出

张明楷教授的主张和日本学者的观点有共通之处。一则,两者都认为不能轻易考虑借款人构成共犯,前者认为借款人的有些行为没有处罚意义,这些行为在后者看来就是属于被允许危险的行为。二则,两者都意在强调刑法不能过分干预借款人的活动

---

① 小林憲太郎『刑法的帰責』(弘文堂,2007年)36-37頁参照。

自由,因为发放贷款是贷款人员的职责所在,不能过分苛责于借款人。对于两者观点,上文虽然都有一定的批判和反思,但是各自的合理之处,本文完全赞成。

其一,张明楷教授强调要保持处罚的协调性,如果肯定借款人构成教唆犯,则可能造成借款人被处以正犯之刑。但违法发放贷款罪是身份犯,违法放贷的完成,是贷款人员违法使用职权造成的,借款人起到的作用有限。因此,本文也认为不必考虑借款人构成教唆犯,但本文认为借款人可以构成帮助犯或共同正犯。其二,日本学者运用允许危险理论得出的结论虽然不甚合理,但该理论的方法论意义值得借鉴。日本学者对该理论的运用,给我们的启示在于:在贷款案件中,应直接对借款人的行为是否有刑法上的危险进行评价,没有危险的则应当排除在外;从对向犯的视角切入,有将问题复杂化的嫌疑,而且在对向犯的框架下,处罚范围和判断标准都较为模糊,不利于司法操作。结合这两点,笔者以下论证借款人的何种危险行为,在一般共犯框架下,可以构成帮助犯、共同正犯。

三、自说展开

(一)危险行为:“贷款欺诈手段”

借款人的参与行为有否刑法上的危险,一方面要明确违法发放贷款罪的法益,另一方面如同在道路交通领域,交通参与人是否逾越被允许危险,应根据道路交通法规判断,借款人的危险行为也要根据贷款管理规定予以判断。

1. 违法放贷罪的保护法益[①]

我国刑法学理论认为,违法发放贷款罪的保护法益为贷款管理制度。值得考虑的是,贷款管理制度的具体内容是什么,或者说指向的具体利益是什么。

根据相关金融理论,国家以法律法规的形式构建贷款管理制度,目的在于规制信贷风险,即借款人不能按时偿还贷款,给金融机构造成贷款本金、利息损失的可能性。[②] 如果将该理论进行一定转述就是指,贷款管理制度的根本目的在于保障金融机构的信贷资产安全,《刑法》规定违法发放贷款罪的目的也就在于保护金融机构对信贷资产的财产权。而且与一般财产罪不同,违法发放贷款罪对金融机构财产权的保护采取的是一种“强保护”的立场。

一方面,贷款业务是金融机构从社会大众吸收存款再融资给个人、企业,以调节资金短缺实现经济持续发展的公共事业。倘若金融机构财产权受到侵害,不仅危及存款人的债权实现,也会累及经济发展,甚至引致经济、政治危机。所以,刑法应当采取强保护的立场。另一方面,这种强保护也直接体现在罪状规定。《刑法》第 186 条规定,

---

① 关于违法发放贷款罪的法益,笔者于另文有更深入的论证。

② 参见魏国雄:《信贷风险管理》,中国金融出版社 2008 年版,第 1 - 5 页。

违法发放贷款成立犯罪的罪量条件为“数额巨大或者造成重大损失”。“数额巨大”属财产损失的危险,“造成重大损失”属于财产损失的实害。这意味着,即使借款人事实上有能力还款付息,即便金融机构最终没有遭受财产损失,但只要贷款人员不是按照贷款管理规定的程序或实体规则使得款项贷出,就危及了信贷资产的安全,达到“数额巨大”的就构成犯罪。如此说来,刑法保护贷款管理制度,其实是以前置型、预防型方式对金融机构的财产权予以强力保护。

但是,财产权只是贷款管理制度的一个方面。因为,违法放贷罪的法定刑高于挪用资金罪、骗取贷款罪,而后两者法益的主要内容也是本单位的财产权。而且,《刑法》第186条第3款的规定单位可以成为违法发放贷款罪的行为主体,司法实践中也不乏金融机构决策层集体决定违法放贷的事例,这种场合很难说本单位财产权受到损害,但仍然可以构成违法放贷罪。这表明违法放贷罪不单纯是侵害本单位财产的犯罪,违法放贷行为必然还侵害了其他的具体利益。在笔者看来,贷款管理制度背后的具体利益还应当包括了其他借款人公平取得贷款的机会利益。理由有二:其一,众所周知,串通投标的行为必然损害其他投标人的中标机会(《刑法》第223条)。与此类似,金融机构的年放贷总量受法律法规、金融政策的限制,在此背景下,贷款工作人员违规将一定量的贷款处分给特定借款人,意味着同等贷款条件甚至条件更优的其他借款人没能取得贷款,这显然是对其他借款人公平取得贷款机会利益的非法剥夺。其二,《刑法》第186条第2款将违法向关系人发放贷款规定为本罪的从重处罚情节,原因也在于,违法向关系人发放贷款对其他借款人机会利益的侵害更为明显。因此,违法发放贷款罪的法益是金融机构对信贷资产的财产权,以及其他借款人公平取得贷款的机会利益。

2. 贷款管理规定的危险基准

前文笔者已经指出,借款人违法取得贷款的行为不一定都构成骗取贷款罪。但是,借款人违法取得贷款的行为也不一定都是刑法上要考虑的危险行为。根据《贷款通则》《商业银行法》等规定的内容,借款人不符合贷款条件以及违反禁止性规定申请、取得贷款的,都属违法行为。如果在审查过程中发现违法的,贷款人员应当拒绝贷款申请,如果借款人已经取得贷款,则应当追回贷款并且追究赔偿责任,这是借款人实施任一违法行为的后果。但是,《贷款通则》第69条以及《商业银行法》第82、83条规定:借款人采取欺诈手段骗取贷款的,构成犯罪的应当追究刑事责任,尚不构成犯罪的没收违法所得并科处罚款,即是,贷款管理规定仅仅对借款人的欺诈手段做出行政处罚与刑事处罚的规定,而不是对所有违法行为都做出处罚规定。这就表明在贷款过程中,只有借款人实施的欺诈手段才是具有危险的行为。借款人单纯不符合贷款条件或者违反其他禁止性规定申请、取得贷款的,只是不被提倡的行为。因为,其一,任何人都可以向金融机构提出贷款申请,是否符合贷款条件应当由金融机构去审查。一概处罚不符合条件的贷款申请行为是没有意义的,因为是否符合贷款条件可能借款人自己也不清楚。其二,借款人没有实施欺诈行为,仅仅违反其他禁止性规定而取得贷款的行为,如违反《贷款通则》第 20 条第 1 项(在一个贷款人同一辖区内的两个或两个以上同级分支机构取得贷款)规定,则没有处罚意义。因为这种行为可能有违金融机构的放贷政策,但不会对金融的贷款资产安全造成风险,而且出现这种局面大多数是因为金融机构自身审查不严格,不能苛责于借款人。

综合以上两点来看,违法发放贷款罪的正犯侵犯贷款管理制度表现为:贷款人员利用职权,使借款人在不符合贷款条件下取得贷款(侵犯金融机构财产权),或者虽然借款人事实上符合贷款条件,但违反放贷程序规则使取得贷款,从而造成同等条件或者条件更优的其他借款人无法取得贷款(侵犯其他借款人的机会利益)。借款人构成违法发放贷款罪共犯的危险行为,就是在放贷过程中实施欺诈手段,即掩盖自己不符合贷款条件或者不符合放贷程序事实,使贷款人员顺利完成违法发放贷款的行为。据此而言,单纯申请贷款、接受违法发放贷款的行为,当然不能考虑为共犯(帮助犯)。请求、劝说贷款人员违法放贷的行为,不仅难以认为是危险行为,而且如张明楷教授观点的提示,认定为教唆犯有处罚不协调之虞,所以也不能被考虑为违法放贷罪的共犯(教唆犯)。

为免误解,此处需要特别强调的是,贷款管理规定要求处罚的"贷款欺诈手段"有其特殊含义,并非等同于诈骗罪(或骗取贷款罪)的实行行为,即导致审批权人(处分权人)陷入错误的行为。结合贷款发放流程,具有法益危险的"贷款欺诈手段"只需要定义为:借款人在贷款过程中为取得贷款而实施的掩盖事实的行为。理由有五:其一,我国刑法学传统学说对诈骗类犯罪实行行为的理解其实一直比较缓和,通常只要肯定行为人有欺骗行为、行为人因欺骗取得财物,就可以构成"欺骗"。这对立法者、司法者而言也是如此。《贷款通则》与《商业银行法》的立法者制定贷款欺诈的处罚条款之际,想必也不是按现今的严格界定去理解。[①] 其二,《贷款通则》《商业银行法》只是表明"构成犯罪的,追究刑事责任",但没有限定按什么犯罪处理。若按平义理解,当然就包括了违法发放贷款罪的共同犯罪,而构成共同犯罪的"欺诈手段"当然不必限定为诈骗罪的实行行为。其三,当前司法人员认定骗取贷款罪时,也没有严格按照诈骗罪的构造去把握,虽然这种做法不合理,但足以表明在司法人员的认知中,借款人实施的"欺诈手段",即使没有使审批权人陷入错误,也是具有危险、值得处罚的行为。其四,刑法中的"欺诈"或者"欺骗"并非必须导致他人错误才具有法益侵犯性。例如,《刑法》第 158 条虚报注册资本罪的实行行为是"申请公司登记使用虚假证明文件或

---

① 这一点可参见闻德峰:《贷款欺诈及其法律控制研究》,西南政法大学 2006 年博士学位论文,第 4 页以下。

者采取其他欺诈手段虚报注册资本,欺骗公司登记主管部门,取得公司登记”,显然该罪实行行为之“欺诈手段”不是以主管部门工作人员陷入错误为前提。而是,只要行为人在公司注册资本登记过程中使用了虚假文件,注册资本不实,就侵害了公司注册登记管理制度。相应地,借款人只要实施了掩盖事实的行为,使用了虚假的贷款材料进而取得贷款,就侵犯了贷款管理制度。这里可能有学者质疑道,第158条的实行行为是针对正犯而言的,而借款人的贷款欺诈手段是就共犯而言。但是第158条的法定刑低于第186条,轻罪正犯的“欺诈”手段不要求导致他人陷入错误,认为重罪共犯的“欺诈”手段不要求导致他人错误就不违反体系解释原理。其五,根本上,刑法中诈骗类犯罪的实行行为之所以必须是导致处分权人陷入错误的行为,是因为诈骗类犯罪是导致财产实害的犯罪。而违法放贷罪不是单纯的财产罪,是保护贷款管理制度的犯罪。贷款管理制度的意图在于防止信贷风险,而非仅仅是防止信贷资产的实害。借款人在贷款流程任一环节实施欺诈手段,无论是否导致审批权人陷入错误,都意味着增大了自己取得贷款的概率,相应地也就引起了信贷风险。所以,借款人构成违法发放贷款罪共犯的欺诈手段,当然不必与诈骗罪的实行行为做同等解释。

(二)评价路径:回归一般共犯框架

应当承认,借款人与贷款人员原本应是对立、对抗关系。借款人追求取得贷款,贷款人员负有的职责是审查贷款、把控风险,避免被追究贷款责任;借款人想方设法通过审查,而贷款人员则尽力挑出借款人的“毛病”。因此,学者才会从对向犯的角度考虑借款人的刑事责任。但现实情形是,金融犯罪场合内外勾结作案属于常态,[①]贷款过程中的借款人与贷款人员经常呈现出“合作”而非对抗关系,即双方基于同一个目的(违法取得贷款)“攻击”法益(贷款管理制度)并引起后果(信贷风险)。

违法发放贷款罪要保护的制度性法益是贷款管理制度,而贷款管理制度要规制的是信贷风险行为,借款人与贷款人员内外勾结其实属于信贷风险行为的常态类型。因为,信贷风险既可能由外在因素(如政治动荡、战争、政策突变等),也可能由内在因素导致。贷款管理制度只能规定内在因素,即借款人和贷款人员利用信息不对称实施的道德冒险行为。一方面,金融机构不能完全掌握借款人材料的真实性、贷款的可行性,借款人可能利用这一点实施虚假的行为。另一方面,金融机构委托贷款人员按照自己的利益目标选择行动,但金融机构不能直接控制工作人员的行为,工作人员也可能利用这一点,为追求自身的利益而违背金融机构的意愿,实施勾结借款人、为人情或利益

① 参见邓宇琼:《金融犯罪案件公安实务研究》,中国人民公安大学出版社2005年版,第6页;王凤垒:《中国金融犯罪学》,中国人民公安大学出版社1999年版,第166页。

滥用放款决策权等损害本单位信贷资产的行为。[①] 因此,借款人与贷款人员同属信贷风险制造主体,这便使得两者会发生经常性的串通勾结。

既然如此,借款人与贷款人员内外勾结取得贷款的问题,原本就应在一般共犯的框架下讨论。双方共同引起的信贷风险相比单独引起的信贷风险,在危险程度上更高,也更易现实化,从违法以及责任的角度来看,也都有必要将借款人涵摄进违法发放贷款罪的共犯范围内。

通过以上分析,笔者的立场已经非常明了,即借款人不构成骗取贷款罪的行为可以构成违法发放贷款罪的共犯,但应当限于实施了欺诈手段的场合。此处还需要进一步说明的是,日本学者否认借款人构成共犯的根本理由在于避免刑法不当干涉借款人的经济活动自由。那么,本文的立场是否会导致这样的不良后果呢?答案为否定。

一方面,借款人享有经济活动自由,但不意味着借款人可以实施任何行为。借款人实施欺诈手段以及勾结贷款人员的行为,本身为贷款管理规定(制度)所禁止。另一方面,《刑法》设置违法发放贷款罪的根本目的是强力保护金融机构的财产权,以及其他借款人的机会利益,而借款人的经济活动自由并非处于绝对优越的地位。本文也只是主张借款人实施了欺诈手段的才可能认定为共犯,这极大地排除了一部分参与行为。笔者的初衷在于,刑法既不能过分干涉借款人的自由,也不能欠缺保护金融机构乃至其他借款人的利益。所以,笔者的立场与日本学者的观点没有根本对立。

(三)处罚模式:帮助犯中心说

1. 共同正犯中心说及其否定

与前述日本学者观点不同,日本司法实务一直以来都不否认借款人构成共犯,但在处罚对象的选择上,采取了一个折中的立场,即将问题集中于借款人是否构成背任罪的共同正犯,如果不能得出肯定结论即按无罪处理,不再考虑狭义共犯的问题。只不过对于借款人成立共同正犯的标准,在系列判例中有一定演进过程。

在早期的"千叶银行事件"中,一审判决借款人构成背任罪的共同正犯,但二审和最高裁判所做出了无罪判决。理由是,借款人应对贷款人员的正犯行为(背任行为)有"确定的或高度的认识",即间接故意以上程度的认识,而依据案件事实无法肯定这

① 参见赵宗俊等:《基于不对称信息理论的商业银行信贷风险管理》,载《现代管理科学》2005 年第 3 期;刘新宇:《关于中国商业银行贷款业务中的道德风险问题研究》,载《辽宁大学学报(哲学社会科学版)》2006 年第 4 期。

一点。[①] 但是这一主张没有取得学界的支持。[②] 在其后的案例中,借款人具备"确定的认识"或"高度的认识"只是成立犯罪的条件之一,而不是共同正犯的成立条件,法官讨论得更多的还是借款人的客观参与样态。在具有标志意义的"住专事件"中,法官以"不当协助行为""利害共通性"作为借款人构成共同正犯的标准。[③] 该标准引起了学界的强烈反响,也在很多案件中被直接援用。然而,在"石川银行事件"中,原本该案一审也以"利害共通性"为由肯定借款人的共同正犯性,但上告至最高裁判所之际,最高裁判所法官却没有提及这一点,而是指出借款人在融资过程中不是单纯提出贷款申请,还实施了一系列谋议、协助行为,进而评价借款人因实施了"积极的参与行为"得以成立共同正犯。[④] 据学者评价,在当前日本司法实践中,以上判例确定的标准被整合地使用,即原则上,只要能够评价为"积极的参与行为",就可以肯定借款人成立共同正犯;"利害共通性"不是独立、分别判断的要素,而是与"积极的参与行为"相关的要素;至于"不当协助行为",则属于"积极的参与行为"的一部分。[⑤]

在笔者看来,日本司法实务只考虑借款人构成共同正犯,不考虑教唆犯、帮助犯的问题,核心主旨在于刑罚公正性的考虑。一方面,《日本刑法》第 61 条规定对教唆者处以正犯之刑,在信贷融资过程中,借款人请求、劝说贷款人员发放贷款的确是常见行为,而这些行为本身不一定有违法内涵。倘若轻易肯定成立教唆犯则可能不当扩大处罚范围。另一方面,不考虑构成帮助犯,是因为帮助犯的构成要件不定型,凡是对构成要件实现有因果性的,都可能认定为帮助犯。借款人单纯申请贷款的行为,也与贷款人员做出违法放贷决定有因果关系,所以也不能轻易肯定帮助犯的成立。

然而必须注意的是,日本最高裁判所在"石川银行事件"中最终将共同正犯的标

---

① 二审参见东京高判昭和38・11・11公刊物未登载。芝原邦尔『ケースブック経済刑法』(有斐阁,2010年)84 頁参照。终审参见最判昭和四十年三月十六日裁判集刑事 155 号 67 页。品田智史『不正融资と背任』松原芳博编『刑法の判例各論』(成文堂,2011 年)184 頁参照。

② 此种从主观方面限定共同正犯成立范围的观点,合理性在于借款人和贷款人员是对立关系,贷款人员违背任务进而侵犯其所在单位的财产,一般借款人是没有确定认识的。但是,此种观点仍然在理论上遭受了批评。主要理由在于共同正犯终归是客观的违法形态,以主观认识程度划定共犯范围,在逻辑上是说不通的。而且在能够确定借款人与贷款人员有共谋的情况下,认定借款人具有确定认识也不是困难的事情。

③ 该案事实为:住宅金融专门公司 JHL 公司的融资担当者 B 等人通过迂回融资以及承担连带保证债务的不正当融资方法,提供贷款给不动产公司 A。在这一过程中,为了使 JHL 公司发放不正当贷款更为容易,A 公司两名被告人积极协助关联公司进入迂回融资程序。而且经查明,A 公司对 JHL 公司还存在未偿还的大额贷款,对 B 等人来说,如果不追加融资,A 公司面临破产的危险,JHL 公司最终无法收回全部贷款,B 等人会因此被追究行政和民事责任。B 等人为了保全自身不得不决定提供贷款,这一点恰好为被告人所利用。法官判决 A 公司两被告人构成背任罪的共同正犯,在判旨中显示的理由是:(1)被告人对 B 等人的背任行为、JHL 公司的财产损害后果是有确定认识的,对 B 等人以及自己具有图利目的的事实也是有认识的;(2)利用了 B 等人不得不提供贷款的窘迫状况(利害共通性),并且协助了 JHL 公司采取迂回融资等(不当协助)行为。芝原邦爾『ほか』『ケースブック経済刑法』(有斐阁,2010 年)156 頁参照。

④ 参见最决平成二十年五月十九日刑集 62 卷 6 号 1623 页。芝原邦爾『ほか』『ケースブック経済刑法』(有斐阁,2010 年)163 頁参照。

⑤ 青柳勤『判解』ジュリスト1390 号(2001 年)139 頁参照。

准确立为“积极的参与行为”,其实已经有暗度陈仓的意味。因为这一标准明显是比较宽泛的,一些帮助犯的行为也可能被评价为积极的参与行为。这反映的事实是,日本判例虽然摆明只处罚共同正犯,不处罚借款人单纯的教唆、帮助行为,但是有一些在概念上本身属于帮助犯的行为,也不会完全放过,所以对共同正犯的标准就做了缓和的处理,以实现处罚的机能性。这种处罚模式,笔者归纳为共同正犯中心说。

不得不说,共同正犯中心说具有很强的技巧性、目的性,但笔者不认为这种做法可以为我国实务所接受。首先,这种做法在刑法体系上的不融洽令人难以忍受。日本多数学者坚决主张,一概不处罚借款人的共犯行为,很大程度上要归功于实务的“诡异”做法。在学者看来,将借款人的刑事责任以“共同正犯 VS. 无罪”的形式加以讨论,而不是按“共同正犯→狭义共犯→无罪”的顺序予以考虑,显得太过具有跳跃性。而且,既然不考虑借款人构成狭义共犯的话,根据当然的逻辑推论,也就不应考虑其构成共同正犯。① 倘若我国采取这种做法,必定会给学者乃至民众留下口实,引起麻烦。其次,在日本考虑借款人的共犯问题,是在背任罪的层面而言的。背任罪属财产实害犯,成立条件相对严格,而我国的违法发放贷款罪属于危险犯(数额较大)和实害犯(造成重大损失)的复合犯,在危险犯层面成立条件相当宽松。所以,我国违法放贷罪正犯的范围本身要广于日本的背任罪,共犯的范围也肯定更广。由于共同正犯中心说事实上也会处罚帮助行为,结局上对借款人而言仍然非常不利。

2. 帮助犯中心说的倡导

与日本判例的立场相反,笔者提倡帮助犯中心说,即借款人的贷款欺诈手段可以按违法放贷罪的共犯处理,但应尽可能只按帮助犯处理,特别情形才按共同正犯处理。这样做的好处是,一方面,宣示要处罚借款人的立场,以规范借款人的行为,实现对金融机构财产权和其他借款人机会利益的周延保护;另一方面,违法放贷罪的法定刑较重,按帮助犯处理不至于导致处罚不协调,而且根据我国《刑法》第 27 条的规定也为不处罚借款人留下余地,由此避免过分干涉借款人的经济活动自由。

什么场合下借款人构成帮助犯,但可以不处罚?结合我国司法实务的现状,笔者认为可以考虑以下因素。

第一,谁最终取得贷款。如果双方串通目的是借款人取得贷款,那么这种场合借款人一般会积极做许多准备工作。借款人越积极,贷款人员实现违法放贷罪的构成要件也就越容易。反之,如果最终是为了贷款人员取得贷款,借款人通常比较消极,仅仅表现为提供自己的身份证、银行账户等材料或者参与贷款审查,其他工作由贷款人员自己完成。这种场合借款人的作用相对较小,就不必要加以处罚。以上文吕某玺案为

① 島田聡一郎『対向的取引行為と背任罪の共同正犯』山口厚編著『クローズアップ刑法各論』(成文堂,2007 年)347 頁以下参照。

例,吕某玺作为信用社主任享有放贷审批权,为自己取得贷款,一共找了40多名借款人申请借款。这40多名借款人中有的可能参与了贷款审查,有的可能只提供身份证、银行卡。但无论如何,吕某玺最终是为了自己取得贷款,这些名义借款人的行为即使被评价为实施了欺诈手段,作用相对较小,所以该案法官一概不认定借款人构成共犯,其实无可指摘。

第二,贷款人员的职权大小。如果与借款人串通的贷款人员是没有审批权的信贷员,而信贷员本身在贷款发放中的作用较小,要使信贷员实现违法放贷罪的构成要件,借款人的协助作用就不可或缺。这种场合,借款人的帮助行为就应当被处罚。相反,如果贷款人员是审批权人,那么一般来说借款人欺诈行为起到的作用就较小,借款人的行为虽构成帮助犯,但不必要处罚。如上文的沈某案,整个过程中李某2都是按照审批权人沈某行事。李某2的行为虽然可能导致前置程序的信贷员陷入了错误,为沈某实现违法放贷罪的构成要件提供了便利,但李某2起到的作用对沈某而言比较小,所以不必处罚李某2。法院不处罚李某2是正确的,但不应否认李某2不构成帮助犯。

第三,借款人的欺诈手段是否使得其他工作人员陷入错误。本文没有限定借款人的欺诈手段必须是导致审批权人错误的行为,也没有要求必须是导致其他工作人员陷入错误的行为。但是,倘若借款人的欺诈手段没有使得任何贷款人员陷入错误,意味着借款人的行为对正犯人违法放贷行为不起到明显的帮助作用。特别是在借款人与审批权人勾结的场合,如果借款人的欺诈行为没有使得前置环节的信贷员陷入错误,虽然可以认为成立帮助犯,但这种帮助作用太小,完全不必要加以处罚。如上文的何某案,李某1虽然实施了欺诈行为,但由于审批权人何某指示下属不对其审查,这表明李某1冒用身份、伪造材料的欺诈手段没有使得前置环节的信贷员陷入错误。款项贷出完全由何某一手操办,李某1相当于只是提出贷款申请然后被动地接受贷款而已,所以不必要处罚李某1。此意义上,该案法院判决应被否定。

3. 共同正犯的认定标准

刑法理论一般认为,身份犯之共同正犯必须具备一定的身份才能构成。① 此处先要回答的一个问题是,违法放贷罪属于身份犯,而借款人不具备贷款工作人员的身份,这是否意味着借款人自始不能构成违法放贷罪的共同正犯?笔者给予否定回答。理由在于,所谓身份犯之共同正犯必须具备一定身份才能构成,其实是把共同正犯等同于正犯,但事实上,国内外刑法理论都认为,共同正犯仅仅是一种参与(共犯)类型而

① 参见周光权:《刑法总论》,中国人民大学出版社2016年版,第361页。

不是纯粹的正犯类型,[1]这意味着正犯的成立要求不必然约束共犯的成立范围。我国《刑法》第26条规定在共同犯罪中起主要作用的就是主犯,主犯当然包括了共同正犯(但共同正犯不必然是主犯),这说明我国刑法其实是以实质作用区分共犯与正犯。所以,只要认为共同正犯本质是共犯而不是正犯,就不必要求共同正犯的成立条件中必须包含正犯要求的身份要素,只要"当非身份者在犯罪中起主要作用,与有身份者'共同'引起了构成要件结果时",就能够成立共同正犯。[2]

因此,借款人完全有可能成立违法放贷罪的共同正犯。但问题是,什么场合下借款人的欺诈手段才构成共同正犯?对于共同正犯的一般界定标准,我国[3]和日本学界[4]的有利说采取了克劳斯·罗克辛的犯罪事实支配理论,认为正犯是构成要件实现的事实过程中处于中心角色的人物,共犯是边缘人物。犯罪事实支配分为三种,共同正犯属于其中的功能性支配,[5]即是,行为人基于共同的犯罪计划,分担不可欠缺的因果贡献,呈现"没有该行为人的贡献,犯罪计划就不可能实现"的意义,以此支配构成要件的实现过程。[6] 这种假言式的标准,表明功能性支配非常强调共同正犯的"正犯性",将共同正犯与单独正犯、间接正犯完全等同起来,认为共同正犯人也对犯罪事实具有"支配"作用。但是,共同正犯事实上不可能如单独正犯、间接正犯那样,凭自身单独的行为就可以完全实现构成要件,而是表现为利用其他参与人的行为,以间接性地引起犯罪事实,这一点本身与狭义共犯较为一致。所以,不应该忽略共同正犯的"共犯性"一面。

根据桥爪隆教授的看法,如若兼顾正犯性与共犯性,共同正犯的成立标准应在于:[7]其一,因果贡献的重要性。由于共同正犯具有帮助犯的特征但不是按帮助犯那样减轻刑罚,为了肯定共同正犯的成立,第一个标准应在于,行为人实施了不能按帮助犯那样可以减轻刑罚程度的、对结果引起产生了重要影响的犯罪参与行为。其二,共犯人间的一体性。仅仅根据因果贡献的重要性还不能肯定共同正犯的正犯性,还必须考虑到,共同正犯是数人一体,在紧密关系的相互影响下更容易克服犯罪反制动机,也

---

① 例如,松原芳博明确指出,共同正犯仅仅是一种参与类型,而不是正犯类型。松原芳博『刑法総論』(日本评論社,2017年)360頁参照。而德国的学说判例之所以主张共同正犯需要具备身份,是因为《德国刑法》第28条的明文规定,但《德国刑法》第25条第2款又专门规定了共同正犯,即表明共同正犯本身与第1款的正犯有所不同。换言之,在刑法没有明文规定共同正犯必须具备身份要素的前提下,其实是不必将正犯的要求附加在共同正犯上。

② 这一点,张明楷教授有更深刻的分析,笔者表示赞同。参见张明楷:《共同正犯的基本问题》,载《中外法学》2019年第5期。

③ 参见张明楷:《刑法学》,法律出版社2016年版,第392页。

④ 町野朔『刑法総論』(信山社,2019年)376頁参照。

⑤ 参见[德]克劳斯·罗克辛:《德国刑法学总论》(第2卷),王世洲等译,法律出版社2013年版,第10页以下。

⑥ 井田良『講義刑法学・総論』(有斐阁,2008年)506頁参照。

⑦ 桥爪隆『刑法総論の悩みところ』(有斐阁,2020年)330-331頁参照。

更容易实现犯罪的构成要件。正是一体性理由的存在,相比单独正犯而言,虽然共同正犯人在参与的重要性或者结果支配的程度上更低,但是按照"正犯"处罚是能够得以正当化的。

由于笔者采取帮助犯中心说的立场,对借款人构成帮助犯的条件做了严格限定,构成帮助犯的贷款欺诈手段已经达到了因果贡献的重要性标准。若要肯定借款人构成共同正犯,就应当着重考虑借款人与贷款人员的共犯人一体性标准。

在日本的"住专事件中",日本法官以"利害共通性"作为共同性标准,笔者认为我国实务可以考虑借鉴这一标准,即"借贷"双方是否呈现一种捆绑状态,借款人不取得贷款,贷款人员就处于骑虎难下的状态,贷款人员不得不与之合作。此外,还可以考虑借款人与贷款人员是否有制约关系,贷款人员在犯罪前或者犯罪中拒绝借款人的要求有明显的障碍。我国司法人员在有些案例中的做法已经暗合了这一判断逻辑。

例如,在上文的刘某新案中,法官认定刘某新成立共同正犯的主要理由在于,刘某新发起了犯罪意思,制订了犯罪计划,并且实施了欺骗行为(不当协助行为)。但是在类似的案例,有些借款人也实施了与刘某新相同的犯意发起、不当协助行为,但法官没有判决借款人构成共同正犯,而只是认定为帮助犯。① 其实,该案刘某新被认定为共同正犯,更为实际的理由在于刘某新与贷款人员马某平都属爱建集团下的工作人员,双方利益一致,相比一般借款人,刘某新能够更容易与马某平达成犯罪意思,而且刘某新也可以利用自身的地位、职权对马某平施加影响力,马某平拒绝其要求有一定障碍。此种情形认定双方具有共犯人一体性就属当然之理。

结语

借款人与贷款人员内外勾结的案件,在实践中不仅多发而且案件事实也较为复杂。借款人在何种场合构成违法放贷罪共犯,以何种路径予以处罚,这涉及刑法在金融领域的介入限度这一根本问题,也是考验刑法理论技艺的良好样本。因而,往后刑法学者也有必要持续追踪、慎重检讨该类案件。或许会有学者认为,本文观点似乎扩大了对借款人的刑事责任范围。但本文的主旨意在强调:处理这类案件,应当兼顾金融机构的信贷资产安全和借款人的贷款活动自由;借款人违法取得贷款,但不构成骗取贷款罪的行为,并非完全逸脱刑事法网,还应考虑借款人是否构成违法放贷罪共犯;但即使照此考虑,也应秉持克制立场,不仅处罚范围应从严把握,且量刑当予从轻判处。唯此,方能展现刑法在金融社会的应有姿态。

---

① 参见黑龙江省木兰县人民法院刑事判决书,(2015)木刑初字第4号。

金融犯罪案:对向犯与目的犯的法理诠释

魏　东*

【内容摘要】违法发放贷款罪、贷款诈骗罪、骗取贷款罪是较为典型的对向犯。金融犯罪中目的犯的“目的”要素主要包括非法占有目的、骗取并占有使用目的、流通或者诈骗目的、高利转贷牟利目的等。因此金融犯罪案在司法实践中应当结合对向犯、目的犯等刑法教义学原理和具体个案进行融贯解释,以获得刑法解释结论的整体有效性。小额贷款公司作为行为主体时,不构成违法发放贷款罪;小额贷款公司作为行为对象时,不构成金融犯罪。

【关键词】金融犯罪　对向犯　目的犯　小额贷款公司

金融犯罪案所涉法理问题主要有对向犯、目的犯等刑法教义学问题,在违法发放贷款罪、骗取贷款罪、贷款诈骗罪等金融犯罪的解释适用中还涉及小额贷款公司的刑法主体地位审查。

【案例】山东省邹某某违法发放贷款案①

2016年5月至7月,被告人冉某某(山东某银行成都分行行长)与被告人邹某某(成都某集团公司实际控制人)事先商议将申请的部分贷款用于转贷获利,成都分行集体研究同意后,违法向邹某某实际控制的成都某集团公司发放贷款人民币6.8亿元,其中2亿元贷款在成都分行某支行的监管下用于转贷。对此,山东省莱西市人民法院判决认定被告人冉某某和邹某某犯违法发放贷款罪(共同犯罪)。

本案被告人冉某某作为银行行长构成违法发放贷款罪没有问题,但是成为问题的是被告人邹某某是否构成违法发放贷款罪共犯,因为邹某某本来就不是银行职员而是公司实际控制人,他向银行申请贷款、同行长商议并获得银行同意获得贷款。那么,在银行行长冉某某构成违法发放贷款罪的条件下,邹某某构成违法发放贷款罪共犯吗?

欲回答这个问题,需要弄清对向犯、目的犯等刑法原理。基于研究内容的关联性考虑,本文还将结合违法发放贷款罪、骗取贷款罪、贷款诈骗罪等金融犯罪展开相应的

---

* 魏东,法学博士,四川大学法学院教授、博士生导师。

① 参见山东省莱西市人民法院刑事判决书,(2019)鲁0285刑初112号。

刑法解释论分析。

一、对向犯及其归责原理

对向犯,是共同犯罪理论中的一个重要问题,所以,必须结合共犯论来研究对向犯。根据我国《刑法》第25条第1款的明确规定,所谓共同犯罪,是指二人以上共同故意犯罪。在德日刑法理论中,共犯概念有最广义、中间意义、狭义三种含义。最广义的共犯,是指二人以上共同实现犯罪的情形,包括任意的共犯(刑法总则规定)与必要的共犯(刑法分则规定);中间意义的共犯(刑法总则规定),是指二人以上故意实现犯罪的情形;狭义的共犯,是指相对于正犯(共同正犯)的教唆犯和帮助犯。

任意的共犯,即刑法总则规定的共犯、中间意义的共犯,是二人以上共同实行刑法分则规定的单独犯而成立共犯的情形。亦即刑法分则中规定的一人能够单独实施的犯罪,当二人以上共同实施时所构成的共同犯罪的情形,就可以成立任意的共犯。一般认为,任意的共犯又分为共同正犯、教唆犯、帮助犯三种形态,这种意义上的任意的共犯又称为广义的共犯(广义的中间意义的共犯)。

必要的共犯,即刑法分则直接规定的、必须由二人以上共同实行的犯罪。必要的共犯的特点是:一个人不可能单独构成此种犯罪,必须是二人以上共同参与实施才能构成必要的共犯,其中多众犯(包括犯罪集团)必须是三人以上共同参与实施才能构成;必要的共犯只能直接适用刑法分则的相关规定,而不能适用刑法总则所规定的共犯处罚原则。在德日刑法理论中,必要的共犯一般可以再区分为对向犯与多众犯。在我国传统刑法理论中,必要共同犯罪可以再区分为对合犯与众合犯,或者区分为对行犯与众行犯;我国也有学者将必要共同犯罪区分为聚合性共同犯罪、对向性共同犯罪与集团性共同犯罪三种。

(一)对向犯的概念与分类

所谓对向犯,又称为对合犯,是指二人以上的行为相互依存,并且相互以对方的行为为要件的犯罪。例如,违法发放贷款罪与骗取贷款罪(以及贷款诈骗罪)、重婚罪、贿赂罪(行贿罪与受贿罪),就属于对向犯。

对向犯包括三种较为典型的情形:一是双方均可能成立犯罪并且罪名与法定刑相同,如重婚罪;二是双方均可能成立犯罪但是罪名与法定刑都不同,如行贿罪与受贿罪;三是双方中可能只有其中一方成立犯罪并且只处罚其中一方(片面的对向犯或者非纯正的对向犯),如买卖淫秽物品行为中只处罚贩卖一方(贩卖淫秽物品罪)、而不处罚购买者一方,再如,违法放贷行为中只处罚违法发放贷款一方、而不处罚贷款一方。

根据对向犯的可罚性是同时及于双方还是仅限于其中一方的特点,对向犯可以区分为两种规范类型:一是纯正的对向犯,是指双方均具有可罚性并成立犯罪(既可能是同种罪名也可能是不同罪名)的对向犯;二是片面的对向犯(非纯正的对向犯),是指双方中仅有其中一方具有可罚性并且成立犯罪,但是另一方不具有可罚性从而不成立犯罪的情形。

可见,金融犯罪中,违法发放贷款罪同贷款诈骗罪、骗取贷款罪(骗取贷款、票据承兑、金融票证罪)是较为典型的对向犯。违法放贷行为所形成的对向犯中,有时只处罚其中一方的行为。例如,发放贷款一方构成违法发放贷款罪,而贷款方可能不构成骗取贷款罪或者贷款诈骗罪(第一种情形);反之,贷款方构成骗取贷款罪或者贷款诈骗罪时,发放贷款一方可能不构成违法发放贷款罪(第二种情形)。但是,有时双方都处罚并且双方的罪名与法定刑都不同,申言之,可能存在双方同时构成各自的犯罪,违法发放贷款一方构成违法发放贷款罪(在被骗的同时仍有违法发放贷款的行为时)、骗取贷款一方构成骗取贷款罪(在部分隐瞒贷款真相时),这是第三种情形。前两种情形属于片面的对向犯(非纯正的对向犯),第三种情形属于纯正的对向犯。

(二)对向犯的归责原理

关于对向犯的归责原理,主要是需要讨论以下问题:对向犯中,对于必要的共犯之内的相对方,在刑法分则没有规定给予处罚的时候,以及在刑法分则特别规定了独立罪名的时候,能否根据刑法总则规定的任意共犯原理对相对方予以定罪处罚?

例如,在出售淫秽物品牟利的场合,刑法分则规定只处罚贩卖淫秽物品的行为人(传播淫秽物品牟利罪)。那么,能否根据刑法总则对任意共犯的规定,将购买淫秽物品的行为人作为教唆犯或者帮助犯处罚?

再如,在违法发放贷款的场合,刑法分则规定只处罚违法发放贷款的行为人(违法发放贷款罪),以及在申请贷款人存在骗取时对申请贷款人可以构成另外的罪名(如骗取贷款罪与贷款诈骗罪)。那么,在借贷双方存在共同商议的情形下,当金融机构工作人员的行为构成违法发放贷款罪,获得贷款的行为人的行为不成立骗取贷款罪时,能否根据刑法总则关于任意共犯的规定,将申请贷款人作为违法发放贷款罪的教唆犯或者帮助犯进行处罚?

对此,理论上存在立法者意思说、实质说、可罚的规范目的说、角色决定说等不同学说。

立法者意思说,主张笼统地从立法者意思的立场来说明片面的对向犯的参与行为不具有可罚性,认为在具有对向犯性质的 A、B 两个行为中,立法者仅将 A 行为作为犯罪类型予以规定时,当然预想到了 B 行为,既然立法者没有规定处罚 B 行为,就表明立法者认为 B 行为不具有可罚性。①

实质说,主张个别地说明片面的对向犯的参与行为的不可罚性的实质根据,认为参与行为因缺乏实质的违法性或者责任(如不具有期待可能性)而不可罚。

① 参见张明楷:《外国刑法纲要》(第 3 版),法律出版社 2020 年版,第 259 页。

可罚的规范目的说,主张从规范目的上审查片面的对向犯的参与行为,认为参与行为因缺乏可罚的违法性、可罚的责任以及刑事政策上的处罚必要性等规范目的而不可罚。因此,可罚的规范目的说与实质说具有关联性,“实质说所列举的缺乏违法性与缺乏责任之例,并不是完全没有违法与责任,只是缺乏可罚的违法性与可罚的责任。将参与行为排除在构成要件之外,本来是立法性的政策的当罚性判断”①。

角色决定说,是对德国和日本判例的理论归纳,认为在对向犯的场合,只要必要的参与人没有逾越自己的角色,其行为就不可罚,但是必要的参与人逾越自己的角色进行了教唆时则可能构成相关犯罪的教唆犯。例如,在被羁押人员被监管人员私自放走的场合,被羁押人员不构成私放在押人员罪的共犯。但是,如果被羁押人员教唆监管人员放走自己,则可能构成私放在押人员罪的教唆犯。日本的购买淫秽物品案判例,②强调对向性的参与行为的定型性与通常性判断,可以说实质上采用了角色决定说的立场。

综上可见,对于必要的共犯之内的相对方(对向犯的向对方),在刑法分则没有规定给予处罚的时候,原则上不能根据刑法总则规定的任意共犯予以定罪处罚。对向犯的双方各自的行为定型由刑法立法上进行了“封闭”(刑法分则性封闭条款),在刑法中,对向犯、目的犯、法条竞合犯等立法规定,均可以解释为“刑法分则性封闭条款”。在必要的参与人逾越自己的角色(角色决定说),并且符合可罚的规范目的(可罚的规范目的说)之时,才可以例外地对必要的共犯之内的相对方(对向犯的向对方)定罪处罚,但是仍然应注意对向犯的罪名适用。申言之,对向犯的归责原理,主要采用的是角色决定说和可罚的规范目的说。

(三)金融犯罪中的对向犯归责问题

如前所述,金融犯罪中的对向犯,值得讨论的重要问题是:在借贷双方存在共同商议的情形下,当金融机构工作人员的行为构成违法发放贷款罪,获得贷款的行为人的行为不成立骗取贷款罪时,获得贷款的行为人能不能构成违法发放贷款罪的共犯?笔者认为,通常情况下应依法认定获得贷款的行为人不构成违法发放贷款罪的共犯。

张明楷教授指出,当金融机构工作人员的行为构成违法发放贷款罪,获得贷款的行为人的行为不成立骗取贷款罪时,获得贷款的行为人依法不能构成违法发放贷款罪的共犯,具体理由有以下几点:(1)既然刑法仅将骗取贷款的行为规定为犯罪,那么,如果对没有采取欺骗手段的违法申请、接受贷款的行为以违法发放贷款罪的共犯论处,就有违反罪刑法定原则之嫌。(2)将不构成骗取贷款罪的行为以违法发放贷款罪的共犯论处,也违反罪责刑相适应原则。根据《刑法》第186条的规定,犯违法发放贷

---

① 张明楷:《外国刑法纲要》(第3版),法律出版社2020年版,第260页。

② 参见张明楷:《外国刑法纲要》(第3版),法律出版社2020年版,第259页。

款罪的,“处五年以下有期徒刑或者拘役,并处一万元以上十万元以下罚金;数额特别巨大或者造成特别重大损失的,处五年以上有期徒刑,并处二万元以上二十万元以下罚金”。根据《刑法》第175条之一的规定,犯骗取贷款罪的,“给银行或者其他金融机构造成重大损失的,处三年以下有期徒刑或者拘役,并处或者单处罚金;给银行或者其他金融机构造成特别重大损失或者有其他特别严重情节的,处三年以上七年以下有期徒刑,并处罚金”。如果申请贷款的行为人并没有采取欺骗手段,只是唆使金融机构工作人员向自己发放贷款,却被认定为违法发放贷款罪的教唆犯,其所受到的刑罚处罚完全可能重于使用欺骗手段骗取贷款的正犯(可能重于骗取贷款罪单独犯),这明显导致处罚的不协调。(3)银行等金融机构原本就是向不特定人发放贷款的,任何人都可以向金融机构申请贷款,即使申请人明知自己不完全符合贷款条件,也可以向金融机构申请贷款,至于金融机构是否同意贷款,则由金融机构审查,而不能因为金融机构违法发放贷款之后再反过来对获得贷款人追究违法发放贷款罪。申请是“权利”,银行批不批准是“权力”,二者不可混为一谈。(4)对要求、唆使金融机构违法向自己发放贷款的行为之所以不能认定为违法发放贷款罪的共犯,总体上是因为基于立法原意、违法实质以及《刑法》第13条“但书”的判断,均可以作为获得贷款人依法不构成违法发放贷款罪的充分根据。①

笔者赞同张明楷教授的观点。在此基础上,笔者认为,根据犯罪构成论、共犯论、对向犯归责的角色决定说和可罚的规范目的说,对于借贷双方存在共同商议的违法发放贷款行为,应具体区分以下三种情形分别进行定性处理:

其一,在借贷双方存在共同商议的情形下,当金融机构工作人员的行为构成违法发放贷款罪,获得贷款的行为人主观上不具有非法占有目的(但是具有骗取并占有使用目的)时,获得贷款的行为人依法不能构成违法发放贷款罪的共犯(也不构成骗取贷款罪)。主要理由是:对向犯归责的角色决定说和可罚的规范目的说、骗取贷款罪原理、《刑法》第13条“但书”的规定。因此,前述案例中邹某某的行为依法不构成违法发放贷款罪(共犯)。

但是这里还有一种特殊情况值得研究,即是否需要区分形式的申请贷款人(帮助别人申请贷款的人)与实质的申请贷款人?

【案例】山东省邹某某违法发放贷款案②

2017年2月至3月,被告人冉某某(山东某银行成都分行行长)与被告人邹某某(成都某集团公司实际控制人)事先商议,由邹某某向成都分行提供空壳公司资料,成都分行将空壳公司分别组成T集团、L集团、J集团作为贷款主体,集体研究同意后,

---

① 参见张明楷:《对向犯中必要参与行为的处罚范围》,载《比较法研究》2019年第5期。

② 参见山东省莱西市人民法院刑事判决书,(2019)鲁0285刑初112号。

违法向该三个集团发放贷款人民币13亿元,后将该贷款转借给四川省某市HD置业有限公司。该笔贷款已于2018年3月全部偿还。对此,山东省莱西市人民法院判决认定被告人冉某某和邹某某犯违法发放贷款罪(共同犯罪)。

按照对向犯归责的角色决定说和可罚的规范目的说,本案邹某某是形式的申请贷款人(帮助别人申请贷款的人),HD置业有限公司才是实质的申请贷款人。那么,邹某某作为形式的申请贷款人是否符合角色决定说的要求?这是值得研究的问题。不过就本案而言,对《刑法》第13条"但书"规定考量,从而,对邹某某不定违法发放贷款罪的共犯更合理。

其二,在借贷双方存在共同商议的情形下,当金融机构工作人员的行为仅构成违法发放贷款罪(但是不知道对方有非法占有目的),而获得贷款的行为人主观上具有非法占有目的时(但是没有将非法占有目的告知金融机构人员),获得贷款的行为人依法构成贷款诈骗罪。主要理由是:第一,获得贷款的行为人的行为,超出了对向犯的对向行为(以非法占有目的实施的诈骗银行财产的行为,超出了申请贷款的"角色"行为),依法应评价为欺骗了银行人员的行为。第二,获得贷款的行为人的行为,由于仅获得了银行人员的不完全认知(仍有诈骗行为),符合贷款诈骗罪的犯罪构成,因而应依法定性为贷款诈骗罪。第三,对于这类行为完全做出无罪处理,不符合法秩序统一原理。

其三,在借贷双方存在共同商议的情形下,当金融机构工作人员的行为既构成违法发放贷款罪、又构成贪污罪(或者职务侵占罪),即金融机构人员和获得贷款的行为人主观上均具有非法占有目的时(包括金融机构人员独占所骗贷款、申请贷款人独占所骗贷款或者双方人员分占所骗贷款等三种情况),获得贷款的行为人依法构成贪污罪(或者职务侵占罪)的共犯。主要理由是:双方行为完全符合贪污罪(或者职务侵占罪)的法律规定。

二、金融犯罪中的目的犯

目的犯,是指行为人基于主观上某种特定目的而实施的行为,才能构成犯罪,如果没有这个特定目的则不构成犯罪(或者不构成某个特定的犯罪)。

目的犯论中,应当特别注意以下内容。

(一)目的犯的分类与认定

目的犯有多种类型,可以从形式标准、内容标准和混合标准来分类,可谓是目的犯三分法(三种标准分类法)。(1)目的犯的形式分类,是指按照"目的"要素的形式特征来进行的分类,主要包括以下两种类型:法定的目的犯与非法定的目的犯,断绝的目的犯与短缩的二行为犯(短缩的目的行为犯)。目的犯的这些形式分类,在金融犯罪中都存在。(2)目的犯的内容分类,是指按照"目的"要素的内容来进行的分类,包括

“非法占有目的”“占有使用目的”“流通使用目的”“牟利目的”“谋利目的”“毁坏目的”“出卖目的”等众多(内容)目的犯。目的犯的这些内容分类,在金融犯罪中也有一部分。(3)目的犯的混合分类,是指按照“目的”要素的形式和内容进行的综合分类,例如,非法定的短缩的二行为犯(如虚开增值税专用发票罪,伪造、变造金融票证罪等)。

金融犯罪中的目的犯,主要有四种类型(混合分类):一是诈骗类金融犯罪中的非法占有目的(以非法占为己有为目的),属于断绝的目的犯;二是骗取类金融犯罪中的骗取目的(骗取并占有使用的目的),属于非法定的目的犯;三是伪造类金融犯罪中的流通目的(流通或者诈骗目的),属于短缩的二行为犯;四是高利转贷罪中的以转贷牟利为目的,属于法定的目的犯。

目的犯的认定,必须坚持刑法教义学原理和刑法解释学原理,如犯罪构成论、共犯论、竞合论(刑法教义学原理),以及刑法解释的合法性、合理性、合目的性、整体有效性等法律解释原则(刑法解释学原理)。

目的犯构成论,关键在于“目的”要素的规范解释、规范功能。目的犯中的“目的”要素,又称为“主观目的”要素,在刑法教义学的犯罪论中属于“主观的构成要件要素”“主观违法要素”,是指目的犯中行为人主观上所具有的主观目的。金融犯罪中目的犯的“目的”要素,主要包括非法占有目的、骗取并占有使用目的、流通或者诈骗目的、高利转贷牟利目的等。目的犯构成论应特别注意几点:(1)基本犯。基本犯构成论中的“目的”要素,是与行为要素相并列的必备要素。一方面,“目的”要素是必备要素,它直接影响行为性质(行为定型)、违法类型,因此,需要进行规范判断,也需要进行侦查取证、公诉举证、法律解释;另一方面,“目的”要素是与行为要素相并列的要素,二者不能混同,也不能相互取代,必须进行平行的规范判断和功能判断。以贷款诈骗罪为例,“目的”要素(非法占有目的)是必备的主观要素,诈骗行为是必备的行为要素,二者之间的关系是并列关系、缺一不可的关系。(2)竞合论。目的犯竞合论,必须按照竞合论原理进行规范判断。以贷款诈骗罪为例,银行等金融机构工作人员利用职务上的便利实施贷款诈骗为,涉及贷款诈骗罪与贪污罪(或者职务侵占罪)之间的竞合关系,到底应该定什么罪、是否构成数罪并罚,需要按照竞合论原理进行定性处理。(3)共犯论。目的犯共犯论,必须根据共犯论、对合犯论等刑法教义学原理进行规范判断。以贷款诈骗罪为例,二人以上进行贷款诈骗行为,必须符合目的犯、共同犯的原理,才能成立目的犯共犯。因此,有身份主体与无身份主体共同实施的贷款诈骗(或者骗取贷款)犯罪的定性处理问题,需要谨慎判断。再以违法发放贷款罪为例,借款人与银行人员相勾结串通获取贷款,银行人员可能构成违法发放贷款罪,那么,借款人是否构成违法发放贷款罪的共犯?这也是司法实践中经常遇到的问题,需要谨慎判断。

以上问题中,基本犯的定性处理,关键在于"目的"要素的认定;竞合论和共犯论的定性处理,关键在于相关法理的运用。

(二)非法占有目的与金融诈骗罪的定性处理

非法占有目的要素的规范含义,是指以非法占为己有为目的,非法占有目的犯通常都属于断绝的目的犯。如果行为人主观上具有非法占有目的,就构成金融诈骗罪(如贷款诈骗罪、票据诈骗罪、金融凭证诈骗罪、信用证诈骗罪、信用卡诈骗罪、有价证券诈骗罪、保险诈骗罪等)。因此,如何认定非法占有目的,成为金融诈骗罪认定中的关键问题,也是争议较多的核心问题。

非法占有目的(金融诈骗目的)的认定,通常是采用证立规则(证立非法占有目的规则,推定准许反证规则),只能在有确实、充分的证据证实行为人主观上具有非法占有目的,并且能够排除合理怀疑的时候,才能证立非法占有目的。

证立非法占有目的规则(推定准许反证规则):司法解释、学者方案。

1. 司法解释方案(推定准许反证规则)

司法解释方案,例如,最高人民法院《全国法院审理金融犯罪案件工作座谈会纪要》(2001年)规定:"金融诈骗犯罪都是以非法占有为目的的犯罪。在司法实践中,认定是否具有非法占有为目的,应当坚持主客观相一致的原则,既要避免单纯根据损失结果客观归罪,也不能仅凭被告人自己的供述,而应当根据案件具体情况具体分析。根据司法实践,对于行为人通过诈骗的方法非法获取资金,造成数额较大资金不能归还,并具有下列情形之一的,可以认定为具有非法占有的目的:(1)明知没有归还能力而大量骗取资金的;(2)非法获取资金后逃跑的;(3)肆意挥霍骗取资金的;(4)使用骗取的资金进行违法犯罪活动的;(5)抽逃、转移资金、隐匿财产,以逃避返还资金的;(6)隐匿、销毁账目,或者搞假破产、假倒闭,以逃避返还资金的;(7)其他非法占有资金、拒不返还的行为。但是,在处理具体案件的时候,对于有证据证明行为人不具有非法占有目的的,不能单纯以财产不能归还就按金融诈骗罪处罚。"①

2. 学者方案(推断准许反证规则)

学者方案(以贷款诈骗罪为例),例如,张明楷的《刑法学》(第6版)认为:"在判定非法占有目的时,除考察行为手段外,还需要考虑以下因素:取得贷款后是否按贷款用途使用;是否使用贷款进行违法犯罪活动;是否携款潜逃;到期后是否积极准备偿还贷款等。对于具有下列情形之一的,应认定为具有非法占有目的:(1)假冒他人名义贷款的;(2)贷款后携款潜逃的;(3)未将贷款按贷款用途使用,而是用于挥霍致使贷款无法偿还的;(4)改变贷款用途,将贷款用于高风险的经济活动造成重大经济损失,致使无法偿还贷款的;(5)为谋取不正当利益,改变贷款用途,造成重大经济损失,致

① 刘志伟编:《刑法规范总整理》(第12版),法律出版社2021年版,第488页。

使无法偿还贷款的;(6)使用贷款进行违法犯罪活动的;(7)隐匿贷款去向,贷款到期后拒不偿还的;等等。对于不能证明行为人具有非法占有目的的,不能以贷款诈骗罪论处。例如,因不具备贷款的条件而采取了欺骗手段获取贷款,案发时有能力履行还贷义务,或者案发时不能归还贷款是因为意志以外的原因,如因经营不善、被骗、市场风险等,只能认定为骗取贷款罪。此外,对于合法取得贷款后,没有按规定的用途使用贷款,到期没有归还贷款的,既不能以贷款诈骗罪论处,也不能以骗取贷款罪论处。"①

再如,周光权的《刑法各论》(第 4 版)认为:"有下列情形之一的,可以认定行为人存在非法占有目的:(1)以支付中间人高额回扣、介绍费、提成的方式非法获取贷款,并由此造成大部分资金不能返还的;(2)将贷款大部分用于弥补亏空、归还债务的;(3)没有经营、归还能力而大量骗取贷款的;(4)将贷款大量用于挥霍、行贿、赠与的;(5)将贷款用于高风险营利活动造成亏损的;(6)将贷款用于违法犯罪活动的;(7)携资金潜逃的;(8)抽逃、转移、隐匿资金,有条件归还而拒不归还贷款的;(9)隐匿、销毁财务账目或搞假破产、假倒闭逃避返还贷款的;(10)为继续骗取贷款,将资金用于亏损或不营利的生产经营项目的。"②

3. 非法占有目的证立规则

司法解释方案(推定但准许反证规则)、学者方案(推断但准许反证规则)的共同规则,都是准许反证、实质审查判断,这是刑法解释的实质化和功能化的突出特点。因此,推定与推断必须结合起来进行证据的综合审查、实质审查,然后进行综合判断是否成立非法占有目的。基于非法占有目的推定与推断的共同特点,可以在司法解释推定规则的基础上吸纳学者提出的推断规则,归纳出非法占有目的证立规则。

非法占有目的证立规则,即下列情形可以推定或者推断行为人具有"非法占有目的"(但准许反证规则):(1)明知没有归还能力而大量骗取资金的;(2)非法获取资金后逃跑的;(3)肆意挥霍骗取资金的;(4)使用骗取的资金进行违法犯罪活动的;(5)抽逃、转移资金、隐匿财产,以逃避返还资金的;(6)隐匿、销毁账目,或者搞假破产、假倒闭,以逃避返还资金的;(7)假冒他人名义贷款的;(8)改变贷款用途,将贷款用于高风险的经济活动造成重大经济损失,致使无法偿还贷款的;(9)为谋取不正当利益,改变贷款用途,造成重大经济损失,致使无法偿还贷款的;(10)以支付中间人高额回扣、介绍费、提成的方式非法获取贷款,并由此造成大部分资金不能返还的;(11)将贷款大部分用于弥补亏空、归还债务的;(12)没有经营、归还能力而大量骗取贷款的;(13)为继续骗取贷款,将资金用于亏损或不营利的生产经营项目的;(14)其他非法占有资金、拒不返还的行为。

---

① 张明楷:《刑法学》(下)(第 6 版),法律出版社 2021 年版,第 1029 页。

② 周光权:《刑法各论》(第 4 版),中国人民大学出版社 2021 年版,第 324 页。

上列证立规则的具体运用,请注意括号里的"但准许反证规则",其重要性在于:若反证成功,则不能认定非法占有目的;若反证失败,则应认定非法占有目的。

非法占有目的要素的侦查取证的要求是全面取证。所谓全面取证,包括结果证据与过程证据、客观性证据与主观证据(口供类证据)、综合性证据、证据质量的综合判断,其中,主要的主观证据是口供(广义的口供),包括被告人(或者犯罪嫌疑人)供述与辩解;被害人陈述;其他证人证言。

【案例】辽宁省吴某某贷款诈骗案①

被告人吴某某系辽宁省盖州市镁厂厂长、营口佳友铸造有限公司总经理,分别于1997年12月8日用盖州市镁厂1404平方米厂房和机器设备作抵押向盖州市城建信用社贷款250万元,于12月24日用盖州市镁厂2214平方米厂房作抵押、以营口加油铸造公司名义向盖州市辰州城市信用社贷款310万元,并分别签订贷款合同。上述两个贷款合同到期后,经两个信用社多次催要,吴某某均没有偿还借款。1998年9月3日,吴某某擅自将镁厂的全部建筑物及厂区土地(包括上述两项贷款抵押物在内)作价400万元,一次性转让给盖州市亚特塑料制品厂厂长王某某,并对王某某隐瞒了镁厂已有部分建筑物抵押给信用社的事实(一审、二审法院均认定吴某某向王某某隐瞒抵押的事实,但是吴某某声称其转让镁厂时已告知王某某并由王某某代为偿还贷款,王某某否认代为还贷款一事,1998年10月17日吴某某以转让合同无效为由向法院起诉了王某某,法院不支持吴某某诉求)。吴某某在收到王某某支付转让款300万元现金后,并未用于偿还贷款,直接造成信用社不能通过抵押的财产收回贷款,从而案发。

一审法院(辽宁省营口市中级人民法院)判决认定吴某某犯贷款诈骗罪,判处有期徒刑10年,并处罚金50万元。

二审法院(辽宁省高级人民法院)改判吴某某无罪。理由是:吴某某在贷款当时没有采取欺诈手段,只是在还贷的过程中擅自将抵押物卖掉,如果该抵押是合法有效的,信用社可随时采取法律手段将抵押物收回,不会造成贷款不能收回的后果;并且吴某某在转让抵押物后,确也采取了诉讼的手段欲将抵押物收回,因人民法院认定抵押合同无效才致使本案发生。故认定吴某某主观上不具有非法占有目的(二审期间已由吴某某弟弟全部代为还清贷款),不构成贷款诈骗罪,撤销预案一审判决中对吴某某犯贷款诈骗罪的定罪量刑及数罪并罚部分(吴某某还犯有其他罪,本文略)。

本案对于贷款诈骗罪非法占有目的的判决认定问题值得重视,可以说涉及结果证据与过程证据、客观性证据与主观证据、综合性证据、证据质量的综合判断诸方面。例

---

① 参见陈兴良、张军、胡云腾主编:《人民法院刑事指导案例裁判要旨通纂》(上卷),北京大学出版社2013年版,第141-142页。

如,结果证据(最终归还了全部贷款),过程证据(贷款过程中没有欺诈和虚假、转让厂房于民事诉讼),主观证据在口供上从来没有承认过有还款意愿,综合判断上不能排除吴某某在转让厂房时要求王某某代为偿还贷款的合理怀疑等,均成为必须考量的因素,最终认定指控非法占有目的和贷款诈骗罪的证据不足、事实不清,最终判决吴某某不构成贷款诈骗罪。

针对本案,张明楷教授指出,行为人以完全合法的形式获得贷款后,因情势发生变化而产生了非法占有目的,并实施了转移、隐匿贷款行为的,依法不构成贷款诈骗罪,也不构成侵占罪;但是可能构成诈骗罪(或者合同诈骗罪)。① 不过,笔者认为,本案吴某某也难以构成诈骗罪(或者合同诈骗罪),原因在于相关的指控证据不足,即不能排除吴某某在转让厂房时要求王某某代为偿还贷款的合理怀疑。

4. 非法占有目的与贷款诈骗行为的定性处理

非法占有目的,只是目的犯(如贷款诈骗罪、贪污罪、职务侵占罪等)的必要条件,但不是充分条件,更不是充要条件。理论上争议的主要问题有两个。

第一个问题,基于非法占有目的,一般主体与金融机构工作人员相互勾结串通,共同实施了贷款诈骗行为,到底是构成作为目的犯的贷款诈骗罪还是贪污罪(或者职务侵占罪)?

对此,目前理论上存在以下几种观点:(1)均构成贷款诈骗罪共犯,因为这类犯罪中一般主体通常起了主要或者关键作用;②(2)区分具体情形定罪处理,如果一般主体与金融机构负责贷款的所有人员串通,或者与金融机构的贷款最终决定者串通,非法获取贷款的行为,只能认定为贪污罪或者职务侵占罪共犯,因为“不管谁起主要作用,都不可能符合诈骗罪的基本构造,因而不可能符合贷款诈骗罪的构成要件”;如果一般主体与金融机构中没有处分权限的信贷员或者部门审核人员串通,共同欺骗分管领导,使得分管领导陷入了认识错误并处分财产(核准贷款),只能认定为贷款诈骗罪共犯,因为“在这种情形下,一般主体的行为是贷款诈骗罪的正犯行为,而金融机构信贷员或者部门审核人员的行为成立贷款诈骗罪的共同正犯”。③

笔者认为,一般主体与金融机构工作人员相互勾结串通,共同实施了贷款诈骗行为,无论所骗取贷款由金融机构人员独占所有,或者由申请贷款人独占所有(以金融机构人员明知为限),或者由金融机构人员和申请贷款人共同占有,均只能构成作为目的犯的贪污罪或者职务侵占罪,而不能构成作为目的犯的贷款诈骗罪。理由是:贪污罪或者职务侵占罪是特别条款、封闭条款,利用职务上的便利窃取、侵吞、骗取或者

---

① 参见张明楷:《诈骗犯罪论》,法律出版社 2021 年版,第 682 - 687 页。

② 参见刘贤权、卢勤忠:《金融犯罪理论专题研究》,复旦大学出版社 2002 年版,第 560 页。

③ 参见张明楷:《刑法学》(下)(第 6 版),法律出版社 2021 年版,第 1033 页。

其他方法非法占有公共财产或者本单位财产的行为,已经由刑法特别地、封闭地规定为职务犯罪,[①]即使在所骗取贷款全部归申请贷款人独占时也应构成贪污罪(或者职务侵占罪)共犯,因为金融机构人员对所骗贷款的处置方式特殊。

第二个问题,非金融机构的单位人员利用职务上的便利,假冒本单位进行贷款诈骗的行为,应定性为贷款诈骗罪还是贪污罪与职务侵占罪?

此类案件具有一定特殊性,为论述说理方便,先看一则真实案例。

【案例】陈某以本单位名义贷款并私吞[②]

四川省眉山市某驾校以土地使用权作抵押申请银行贷款,授权该校会计陈某办理信贷等事宜。驾校法定代表人张某与银行签订抵押额度为500万元的贷款合同。不久,张某与陈某一起到银行借款300万元。张某在银行工作人员出具的空白《银行公司贷款(手工)借据》《小企业额度借款支用单》上签字、盖章备用。陈某得知张某已签字,便伪造驾校财务报表、建筑施工合同,将张某签名扫描在建筑合同上并加盖驾校公章,使用上述材料申请银行放贷余下的200万元。银行将200万元贷款转入驾校对公账户过账后,划入陈某指定的廖某账户。陈某将200万元贷款挥霍。本案公诉机关指控陈某犯贷款诈骗罪,而人民法院判决认定陈某犯职务侵占罪。

在本案生效判决作出之后,《检察日报》发表文章对本案定性处理提出了异议,认为陈某的行为构成贷款诈骗罪。理由是:陈某以本单位名义骗取贷款并私吞的行为侵害的客体并非驾校财产所有权,而是银行对贷款的所有权和国家金融管理制度。[③]

本案很特殊,行为人主观上具有非法占有目的、客观上实施了贷款诈骗行为,这些案情事实在本案中并不存在争议,那么,为什么在具体适用罪名上存在争议?笔者认为,本案表面上的争议是贷款诈骗罪与职务侵占罪之间的罪名适用争议,而实质上的争议在于被害人认定上的争议,并且由被害人争议引发了罪名适用争议。

在被害人争议案件中,需要特别注意基于犯罪被害人"他人"的实质化审查。就本案而言,如果被害人是银行,即认定银行的实质所有权受到侵犯,可能就应当定性为贷款诈骗罪(或者骗取贷款罪);如果被害人是行为人本单位"驾校",即认定驾校的实质所有权受到侵犯,则可能应定性为职务侵占罪。

笔者认为,从实质上看,陈某在驾校贷款额度之内向银行贷款并且提供了真实的"以土地使用权作抵押"的贷款担保,相关贷款文件上还盖有驾校的真实印章,银行贷款是"依约"转账给驾校对公账户上的,因而在法律上应当认定银行依约贷款给了驾校,银行并没有成为作为侵犯财产罪被害人的"他人",因而本案依法不应当定性为贷

---

① 参见魏东:《职务侵占的刑法解释及其法理》,载《法学家》2018年第6期。

② 参见四川省眉山市中级人民法院刑事裁定书,(2013)眉刑终字第60号。

③ 参见唐斌、罗关洪:《利用职务便利骗得贷款如何定性》,载《检察日报》2015年4月17日,第3版。

款诈骗罪(或者骗取贷款罪)。至于其后银行“依约”将驾校对公账户上的贷款“划入陈某指定的廖某账户”,出现了“陈某将200万元贷款挥霍”的情况,属于陈某利用职务上的便利将本单位财物(驾校财物)非法占为己有,从而驾校成为作为侵财罪被害人的“他人”,即实质上是驾校的财产所有权被侵犯,或者说陈某的行为侵害的客体是驾校的财产所有权。根据侵财罪保护法益的实质所有权说,综合分析陈某的行为性质,应当认定陈某构成职务侵占罪,而非贷款诈骗罪。[①]

本案对于我们的启发意义在于:影响贷款诈骗罪的要素很多,并非只要行为人主观上具有非法占有目的、客观上实施了贷款诈骗行为,就一定应当定性为贷款诈骗罪。因为,行为人的主体身份、行为是否利用职务上的便利、实质的受害人是不是银行等因素,也是影响行为人的行为最终是否应当定性为贷款诈骗罪的重要因素。

(三)骗取目的与骗取类金融犯罪的定性处理

骗取类金融犯罪(主要指骗取贷款、票据承兑、金融票证罪)不同于金融诈骗罪的关键,就是行为人主观上仅具有骗取目的(骗取并占有使用目的),但是不具有非法占有目的。如果行为人主观上具有非法占有目的,就构成金融诈骗罪。可以说,骗取目的要素具有区分骗取类金融犯罪与金融诈骗罪的界限功能。因此,骗取类金融犯罪的定性处理中,如何认定骗取目的(骗取并占有使用目的)的问题值得研究。

由于逻辑上可以说:骗取贷款、票据承兑、金融票证的行为,只要能够证明其主观上不具有非法占有目的,或者说只要指控行为人主观上具有非法占有目的的指控证据达不到“证据确实、充分”“犯罪事实清楚”的证明标准,就可以直接推断行为人主观上具有骗取目的,因为骗取行为的骗取目的在逻辑上不需要正面进行重复证明。可以说,骗取贷款罪等类型的骗取类犯罪的骗取目的要素,在证明逻辑(证明方式)上具有不同于金融诈骗罪(非法占有目的要素)的特殊性。如果说非法占有目的(金融诈骗目的)通常是采用证立规则(证立非法占有目的规则,推定但准许反证规则),只能在有确实、充分的证据证实行为人主观上具有非法占有目的,并且能够排除合理怀疑的时候,才能证立非法占有目的;那么相应地,骗取目的(骗取并占有使用目的)通常都是采用“无法证立规则”(“无法证立非法占有目的”规则)来认定,最终还是通过“无法证立规则”来进行某种解释性循环。

“无法证立规则”具体有两个规则:一是有证据证明行为人主观上没有非法占有目的;二是推定但是准许反驳(反证)的规则,反证成立即否定非法占有目的,反证失败即肯定非法占有目的。当然,这两个规则在逻辑上存在一定程度的交织,甚至是一体两面的问题。

“无法证立规则”的具体路径有以下三种:结果证据审查(含功能主义审查)、过程

---

① 参见魏东:《刑法分则解释论要》,北京大学出版社2020年版,第144页。

证据审查(包括交易习惯与领域审查)、证据质与量和举证责任的综合审查。其中,结果证据审查,通常可以分为以下两种情况:一是案发前的结果证据审查,如果案发前归还了全部资金,通常只能认定为骗取并占有使用目的,而不能认定为非法占有目的;二是案发后的结果证据审查,案发后归还了全部资金的,通常难以认定为非法占有目的(难以排除合理怀疑),在司法实践中很容易引起争议。

【案例】成都市毛某涉嫌信用证诈骗案①

被告人毛某,系天津TZ贸易有限公司、香港M集团公司的实际控制人。2020年1-3月,毛某代表天津H国际贸易有限公司(国企)与四川NT集团(国企)签订协议,约定由天津H公司委托四川NT集团代理进口900吨电解铜业务;天津TZ公司与天津H公司签订《采购合同》,约定最终由天津TZ公司向天津H公司购买该批电解铜,《采购合同》约定天津TZ公司在"进口信用证承兑后85个日历日内向卖方支付全额款项"(最后期限为同年7月9日);香港M集团与四川NT集团签订了电解铜的进口协议,约定四川NT集团"向梦集团有限公司开具90天的远期信用证"。天津TZ公司代天津H公司向四川NT集团付了保证金450万元后,四川NT集团对香港M集团开具了信用证。同年4月15日香港M集团从香港某银行贴现419余万美元。M集团通过银行给四川NT集团交了单据,四川NT集团发现单据有问题后报案。同年7月7日,成都市公安机关立案侦查并对毛某采取刑事拘留措施。案发后,毛某亲属代为支付了信用证贴现的全部资金。

本案的公诉机关指控,毛某涉嫌信用证诈骗罪。本案的一审法院判决认定毛某犯伪造、变造金融票证罪,即适用《刑法》第177条"(三)伪造、变造信用证或者附随的单据、文件的",判处毛某有期徒刑5年并处罚金。

从法理上看,笔者倾向于,将本案定性为骗取票据承兑罪(该罪名全称是骗取贷款、票据承兑、金融票证罪)可能更合理。理由是:(1)毛某及其公司所获得信用证是真实、有效的,没有进行伪造、变造,而只是通过伪造信用证的附随单据(如提单等)以获取信用证兑现资金,应当说属于比较典型的骗取票据承兑罪。(2)对于主观上不具有非法占有目的、客观上针对真实有效的信用证的附随单据、文件(如提单等)进行伪造、变造的行为,依法理不宜定性为伪造、变造金融票证罪。这里涉及《刑法》第177条"(三)伪造、变造信用证或者附随的单据、文件的"解释适用,对于已开立的信用证没有伪造、变造,而只是对该真实有效的信用证的附随单据、文件(如提单等)提供了虚假材料,在行为人主观上不具有非法占有目的(诈骗目的)时依法不认定为伪造、变造金融票证罪更合理。反之,在行为人主观上具有非法占有目的时认定为伪造、变造金融票证罪更合理。因为,伪造、变造金融票证罪在实质上是作为信用证诈骗罪的预

① 参见四川省成都市锦江区人民法院刑事判决书,(2021)川0104刑初6号。

备犯(预备行为实行行为化、独立罪名化),法定刑配置完全等同于信用证诈骗罪(最高法定刑为无期徒刑),对预备犯和既遂犯配置同等重量的法定刑本来就不太合理,更何况,不具有非法占有目的的伪造、变造行为依法不能解释为信用证诈骗罪的预备犯,从而,不能将主观上不具有非法占有目的、客观上针对真实有效的信用证的附随单据、文件进行伪造、变造的行为解释为伪造、变造金融票证罪。需要说明的是,从证据角度看,人民法院认定毛某主观上不具有非法占有目的的重要原因是,本案“过程证据”中毛某有还款意愿和行为,相对人报案和公安立案侦查的时间在远期信用证到期时间之前的事实(在远期信用证到期日之前抓人),本案“结果证据”中毛某在案发后有归还全部资金的行为,对证据能力和证明力的综合审查后认为不能排除合理怀疑(不具有非法占有目的的合理怀疑)。(3)对于主观上具有非法占有目的,客观上针对真实有效的信用证的附随单据、文件进行伪造、变造的行为,依法理可以定性为伪造、变造金融票证罪,但是应当按照比例原则、罪刑均衡原则进行从宽处罚,即按照信用证诈骗罪(实际上是伪造、变造金融票证罪,因为两罪的法定刑相同)的预备犯的处罚原则进行处罚(《刑法》第22条“对于预备犯,可以比照既遂犯从轻、减轻或者免除处罚”)。(4)从立法完善立场看,今后应当修改伪造、变造金融票证罪,明确规定“基于金融流通或者诈骗目的”这一限定条件,并且应当适当降低规定其法定刑(相较于金融诈骗罪的法定刑而言)。

(四)流通或者诈骗目的与伪造类金融犯罪的定性处理

伪造类金融犯罪中的流通或者诈骗目的,属于短缩的两行为犯的范畴。例如,伪造货币罪,伪造、变造金融票证罪,伪造、变造国家有价证券罪,伪造、变造股票、公司、企业债券罪,这些罪名均要求行为人主观上必须具有流通或者诈骗目的(以及目的行为)才能构成犯罪。这是不容忽视的问题。

以伪造、变造金融票证罪为例,这方面的案例不少,需要引起我们重视。目的犯中“参与非规范目的行为”的分则性封闭规定与实质违法性判断,伪造金融票证罪的主观(目的)制约行为定型与违法性特点,应注意按照短缩的两行为犯原理审查其主观目的、行为定型与违法性判断,仅在行为人具有违法流通目的时候,才可以评价为伪造金融票证罪、票据诈骗罪、合同诈骗罪的行为定型与违法性,否则不能评价为相应犯行及其违法性,但可能评价为欺诈发行股票罪的行为定型与违法性。

【案例】张某某伪造金融票证案(教学案例)

2008年9月至2009年8月,为了达到上市目的,成都某公司负责人张某某安排付某、郑某等人伪造银行回执单,包括银行进账单、支票存根联、银行支付系统专用凭证等,票面价值高达数亿元,用于会计注账,以此虚构公司的资金实力和盈利假象,骗取中国证券监督管理委员会和相关部门信任并获得上市资格。公诉机关指控:张某某等人构成欺诈发行股票罪(第160条)、伪造金融票证罪(第177条)。

问题:张某某构成伪造金融票证罪吗?为什么?

笔者认为,张某某的行为依法不应认定为伪造金融票证罪,而只构成欺诈发行股票罪。主要理由在于:伪造金融票证罪属于刑法理论中的非法定目的犯,要求主观上必须以投入金融交易与流通使用为目的。伪造、变造金融票证罪,是指行为人违反金融票据管理法规,以投入金融交易与流通使用为目的,仿照金融票据的式样、形状、色彩、文字等要素制作假的金融票据或者对真实的金融票据进行改制的行为。立足实质刑法观,从伪造金融票证罪保护的法益入手,并考察该罪的立法背景及其刑罚设置,可以看出,伪造金融票证罪应属于刑法理论中的非法定的目的犯,行为人主观上应以投入金融交易与流通使用为目的,否则不宜构成该罪。

首先,从本罪侵害的法益考察。《刑法》分则第三章"破坏社会主义市场经济秩序罪"之第四节"破坏金融管理秩序罪"中的"伪造金融票证罪",其侵害的法益应该是金融管理秩序、金融交易安全和信用。存折、信用证、信用卡等金融票证之所以有别于其他票证,正是因为其承担了金融交易凭证的职能。一般而言,这些金融票证是以投入金融活动为目的的,也只有其投入金融交易活动才真正发挥特殊作用。也正因如此,刑法对伪造此类票证行为另行规定于金融犯罪之中,并科以重刑,其当然结论是,伪造这些票证必须是用来下一步实施相关犯罪的。反过来说,如果不以投入金融活动为目的而伪造此类票证,实施根本不会也不可能投入金融交易使用的伪造行为,并不当然侵害本罪所保护的法益,故不宜纳入本罪规制范畴。

其次,从本罪的立法背景和立法过程考察。为维护金融票证的真实性、有效性和便宜性,1995 年 6 月 30 日,全国人大常委会颁行《关于惩治破坏金融秩序犯罪的决定》,将伪造、变造金融票证行为首次明确规定为犯罪。该决定第 11 条明确将 1979 年《刑法》规定的伪造对象扩大至本票、委托收款凭证、汇款凭证、信用证或附随单据、文件、信用卡等,并增加了变造行为。1997 年修订并颁布实施的《刑法》基本沿用了该决定规定的内容,实施至今。[①] 可见,本罪诞生于严惩破坏金融秩序的大背景下,其立法原本指向的是以实施金融诈骗等犯罪行为为目的的伪造行为,将不具备此目的的伪造行为纳入本罪,错误地理解了立法原意,不适当地扩大了刑法打击范围。

最后,从罪刑相适应原则角度考察。法定刑是该罪社会危害性的重要体现,如果不是危及金融交易安全、金融管理秩序这样重要的法益,就不宜认定为伪造金融票证罪。

综上可以认为,《刑法》第 177 条所规定的伪造金融票证罪属于非法定目的犯,构成该罪除了有客观的伪造行为之外,主观上必须以投入金融交易使用为目的,且这里的"使用"仅限于遵循作为金融交易工具和凭证的使用,即将伪造的票证投入金融交

---

① 参见高明暄、赵秉志编:《中国刑法立法文献资料精选》,法律出版社 2007 年版,第 470 - 473 页。

易与流通使用的行为。换言之,不以投入金融交易与流通使用为目的的伪造金融票证行为不构成伪造金融票证罪,不以作为金融交易工具使用的伪造行为亦不构成伪造金融票证罪。①

(五)以转贷牟利目的与高利转贷罪的解释适用

高利转贷罪中以转贷牟利为目的(高利转贷牟利目的)是必备的构成要件要素,这表明高利转贷罪是目的犯;同时,高利转贷罪还必须具备"违法所得数额较大的"要素,这表明高利转贷罪也是结果犯、数额犯。因此,高利转贷罪必须作为目的犯、结果犯、数额犯来分析。

【案例】成都市罗某高利转贷案②

原一审判决书第237页认定,"结合审计报告及资金往来,对转贷资金数额的认定综合分析如下:鑫某小贷公司在2014年3月28日收到卡某公司转入的1500万元时资金余额已达2346.29万元(期初余额846.29万元+卡某公司转入1500万元)。在3月28日至4月11日收入资金869万元,即使不考虑此时段的实际支出584余万元,鑫某小贷公司出借2000万元给潮某公司时,仍存在资金缺口284.71万元(2000万元-846.29万元-869万元)。

"鑫某小贷公司接收欣某某公司转入的500万元,是为其他借款对应准备的,未产生资金的混同效应,不应将其剔除出转贷金额。真正起到混合作用,应剔除的因素为上述参与1500万元流转的新某集团下属公司各控制账户的相关余额:剔除汉某商贸公司账户资金余额10.76万元、楷某公司账户资金余额21.81万元、卡某公司账户资金余额2.02万元,故可确认的转贷金额为750.12万元(284.71万元+500万元-10.76万元-21.81万元-2.02万元)"。

人民法院判决罗某犯高利转贷罪,判处有期徒刑1年,并处罚金。

本案没有将卡某公司贷款1500万元和欣某某公司打款500万元合计2000万元全部认定为高利转贷罪,而是采取锁定同期鑫某小贷公司的资金余额,分别计算鑫某小贷公司向外出借资金2000万元时的资金缺口(扣除自有资金余额和同期收入金额)、向外出借资金500万元时的资金缺口(扣除自有资金余额)的办法,来最终确定高利转贷的资金数额750.12万元。

本案这种判决逻辑与法理可以分析如下:(1)在没有证据证实贷款时就具有以高利转贷牟利目的的情况下,以实施转贷行为为节点来判断高利转贷牟利目的,换言之,高利转贷牟利目的即使不是在套取贷款之时,而是在套取贷款之后(但是在高利转贷

---

① 参见喻名峰:《伪造类犯罪的扩张现实与限缩适用——以伪造金融票证罪司法实践为视角》,载《政治与法律》2014年第12期。

② 参见四川省成都市金牛区人民法院刑事判决书,(2020)川0106刑初343号,第237页。

牟利行为之际)才产生高利转贷牟利目的,仍然可以构成高利转贷罪。(2)在套取贷款的资金与自有资金余额产生资金混同时,如果可以锁定同期套取贷款人自有资金余额,就可以通过计算资金缺口来计算高利转贷的资金数额,而不是将套取贷款的全部资金直接认定为高利转贷的资金数额。

高利转贷罪认定中,以下四个问题值得进一步思考。

第一个问题,在套取贷款的资金与自有资金余额产生资金混同时,如果可以锁定同期套取贷款人自有资金余额并且不存在资金缺口时(自有资金余额完全可以覆盖同期向外出借的资金数额时),还能不能认定为高利转贷罪?

按照上列案件的判决逻辑,应当认定为不构成高利转贷罪。因为资金是种类物,两者混同时难以认定高利转贷数额,或者说指控高利转贷罪的证据不足、无法排除合理怀疑。

第二个问题,如果有证据证明行为人在套取贷款之际即具有高利转贷牟利目的,但是尚未转贷给他人(从而尚未实际获利),是否构成高利转贷罪?

按照《刑法》第175条规定"违法所得数额较大的",本罪不但属于目的犯(高利转贷牟利目的),而且属于结果犯、数额犯(产生了结果"违法所得数额较大的"),依法也不能构成高利转贷罪。

更进一步的问题是:如果有证据证明行为人在套取贷款之际即具有高利转贷牟利目的,但是尚未转贷给他人(从而尚未实际获利),是否可以按照高利转贷罪(未遂)论处?笔者认为通常不可以,理由是:《刑法》第175条规定"违法所得数额较大的"要素,是犯罪构成要件要素,而且是犯罪成立的必备要素(必备的结果要素、数额要素、作为结果的数额要素),缺少它就不符合犯罪构成,就不能定罪(包括不能认定为犯罪未遂等)。但是,在某些特殊情况下,例如,如果有证据证明行为人在套取贷款之际即具有高利转贷牟利目的,已经着手实施高利转贷行为并且约定了高额利息(所约定的高额利息达到了"违法所得数额较大的"标准),但是尚未实际收取到高额利息(从而尚未实际获利),是否可以按照高利转贷罪(未遂)论处?笔者认为可以,其法理如同诈骗罪(未遂)一样,只是应当谨慎地认定处理。

第三个问题,如果有证据证实行为人套取贷款后"非高利转贷"(而是同等利率转贷或者低利率转贷),行为人是否构成高利转贷罪?

按照刑法的文义解释,行为人在这种情况下的"非高利转贷"行为不属于高利转贷行为,也无法计算"违法所得"(不具备"违法所得数额较大的"要素),也不能构成高利转贷罪。

第四个问题,小贷公司是否属于金融犯罪中的金融机构?

从逻辑上讲,小贷公司如果是金融机构,则小贷公司就可以作为金融机构进行同业拆借、吸收存款,但是金融法律法规似乎没有赋予小贷公司这样的业务资格,由此可见“小贷公司是否属于金融机构”的问题值得深入研究。这个问题下面专门进行具体讨论。

三、小额贷款公司与金融犯罪

先看几个案例。

【案例】张某骗取贷款案①

张某伪造房产证,以虚假房产证和购房手续作为抵押向天源小额贷款公司贷款150万元,案发时尚有本息加滞纳金共116.53万元未还。

人民法院判决认定:小额贷款公司不是金融机构,被告人不构成骗取贷款罪。

【案例】上海首例小额贷款公司被骗案②

粮油公司负责人方某以公司向某超市的送货单作为应收账款质押担保,向科诚小额贷款公司贷款1,313,728.60元。经查送货单中真实货款为386,271.40元,其余为虚增销售。

人民法院判决认定:小额贷款公司是金融机构,被告人粮油公司和方某构成骗取贷款罪。

【案例】温某违法发放贷款案③

温某为金某小额贷款公司经理。陶某、杨某先后三次向其贷款,温某未严格审查,前后发放贷款共1200万元。后查明三次贷款提供的抵押房屋实为一处房屋,所有权人为杨某之女且房屋已出售给他人。

人民法院判决认定:小额贷款公司是非存款类金融机构,被告人构成违法发放贷款罪。

上列三个案例,都涉及小额贷款公司,罪名涉及骗取贷款罪、违法发放贷款罪两个,其中,第一案例认定小额贷款公司不是金融机构,后两个案例认定小额贷款公司是金融机构,明显矛盾。可见,对于类似案件的定性处理,小额贷款公司是否认定为金融机构是关键。

关于小贷公司是否可以作为其他金融机构来认定的问题,我国刑法学界存在不同认识,有的持肯定说,有的持否定说,直接导致司法审判,尤其是刑事审判中出现了许多同案不同判现象。

肯定说认为:从业务范围上看,贷款业务属于金融机构传统业务,小额贷款公司具有金融机构的本质属性;④从运营监管看,小额贷款公司与银行等金融机构一样受到

---

① 参见山西省忻州市中级人民法院刑事裁定书,(2017)晋09刑终360号。

② 参见上海市杨浦区人民法院刑事判决书,(2012)杨刑初字第192号。

③ 参见山西省太原市中级人民法院刑事裁定书,(2017)晋01刑终253号。

④ 参见罗欢平:《从小贷公司的法律属性看其监管主体的确立》,载《金融理论与实践》2012年第9期。

金融监管部门的特殊监管，中国人民银行《金融机构编码规范》、财政部《地方金融企业财务监督管理办法》等均将小额贷款公司涵盖在内，且国务院、中国人民银行和原中国银行业监督管理委员会(以下简称银监会)的文件都没有明确否认小额贷款公司的金融机构定位；[①]与商业银行相比，小额贷款公司只贷不存，也不能提供转账、结算服务，这与开放性财务公司极为相似，因此建议将小额贷款公司明确为非银行类金融机构；[②]小额贷款公司已经具备金融机构的某些属性，只是欠缺法定形式而已，刑法应进行实质判断，给予其与金融机构同等的保护。[③] 张明楷教授持肯定说，认为："在支付宝账户所有人未开通花呗时，被告人冒用账户所有人名义开通花呗后进行消费的，花呗服务商当然受到了欺骗，并且陷入了被告人即支付宝账户所有人的认识错误，进而基于认识错误与被告人签订了合同，处分了财产……花呗是服务商为支付宝账户所有人提供的在线消费金融服务，包括授信付款和保理付款服务。授信服务是小额贷款公司向支付宝账户所有人提供仅限于日常消费用途的融资服务及分期功能……只要授信服务商、保理服务商属于金融机构(本书持肯定回答)，就应当认定为贷款诈骗罪。"[④]

否定说认为：小额贷款公司是公司法上的主体，只不过经营的商品具有特殊性，小额贷款公司对外提供的资金名为贷款，实为民间借贷；[⑤]小额贷款公司不能吸收存款，不具有系统重要性；[⑥]小额贷款公司无"金融机构法人许可证"，欠缺金融机构形式要件的金融实体只能属于金融企业。[⑦]

笔者认为，小额贷款公司依法不宜认定为金融犯罪中的金融机构(作为金融犯罪主体或者犯罪对象的金融机构)。主要理由是：基于小额贷款公司"三不三小""半截金融业务的公司法人"特点的分析，将小额贷款公司认定为金融犯罪中的金融机构(作为金融犯罪主体或者犯罪对象的金融机构)，不符合金融犯罪的规范保护目的。

(一)基于小额贷款公司"三不三小""半截金融业务的公司法人"特点的分析

小贷公司的特点可以概括为"三不三小"，即不具备金融许可证，不吸收公众存款，不能向社会提供转账与结算功能，经营小额贷款业务，相比于真正的金融机构而言总体上具有小规模、小占比的特点。

---

① 参见施景新、金涛：《小额贷款公司金融机构主体资格的确认与刑法保护》，载《西南政法大学学报》2013年第4期。

② 参见陈斌彬：《完善我国小额贷款公司法律监管的思考》，载《南方金融》2009年第12期。

③ 参见刘宪权、吴波：《骗取小额贷款公司贷款行为的定性研究》，载《中国刑事法杂志》2012年第9期；赵意奋：《论小额贷款公司的法律规制》，载王保树主编、中国法学会商法学研究会编：《中国商法年刊：金融法制的现代化》，北京大学出版社2009年版，第544页。

④ 张明楷：《刑法学》(下)(第6版)，法律出版社2021年版，第1032页。

⑤ 参见马颖：《小额贷款公司的法律困境分析》，载《湖北经济学院学报(人文社会科学版)》2012年第8期。

⑥ 参见俞燕：《小额贷款公司案件适用骗取贷款罪的问题探析》，载《中国检察官》2014年第6期。

⑦ 参见卢勤忠：《涉典当犯罪的法教义学分析》，载《法学》2016年第3期。

追溯源头可以发现,2009 年中国人民银行和银监会联合发布《关于小额贷款公司试点的指导意见》规定:小额贷款公司是“由自然人、企业法人与其他社会组织投资设立,不吸收公众存款,经营小额贷款业务的有限责任公司或股份有限公司”。之后,中国人民银行印发的《金融机构编码规范》将小额贷款公司纳入其中。但是值得注意的是,小额贷款公司无法取得金融机构所必需的金融许可证,不能吸收公众存款,不能向社会提供转账与结算功能,只能经营小额贷款业务。由此可以认为,小额贷公司所具有的这种“三不三小”特点,已充分表明它实质上缺乏金融机构的关键要素,充其量只能是“半截金融业务的公司法人”。对于“半截金融业务的公司法人”有关“小额贷款”业务的管控,当然需要执行金融法律法规以及中国人民银行和中国银行保险监督管理委员会管控规定,但是除此以外的部分则不宜适用金融法律法规和有关规定。

(二)将小额贷款公司认定为金融犯罪中的金融机构,不符合金融犯罪的规范保护目的

基于金融机构的系统重要性,刑法特别地防控金融系统风险以确保金融系统安全,这是金融犯罪的(刑法)规范保护目的。换言之,涉及金融机构犯罪的保护法益是整个金融市场的系统性安全(金融系统安全),只有具有系统重要性的金融机构才是刑法意义上的金融机构。在金融学上,系统性风险是指“金融体系作为一个整体可能存在的风险及实体经济造成的不利影响”。[①] 只有具有系统重要性的金融机构才能带来系统性风险,才可能侵害涉金融机构犯罪所保护的资金安全和系统性安全。系统重要性金融机构是指“那些具有一定规模、市场重要性以及相关度,以至于破产或者出现问题会对全球或本国金融体系造成严重紊乱和经济后果的金融机构”,[②]系统重要性金融机构在系统性风险产生、积累以及在金融危机触发、演进、升级中都发挥着重大作用。

小额贷款公司并不具有金融机构所独具的金融系统重要性,小额贷款公司的资金安全性并不具有引发金融系统风险并危害金融系统安全的性质。如果把小额贷款公司法放在金融市场中考察,由于小额贷款公司相较于真正的金融机构所具有的“只贷不存”“小规模、小占比”特点(例如,根据中国人民银行发布的《2019 年三季度小额贷款公司统计数据报告》,“截至 2019 年 9 月末,全国共有小额贷款公司 7680 家。贷款余额 9288 亿元”[③]),其资金来自股东出资和不超过两个银行业金融机构的融入资金,资金风险被封闭在公司内部,不具有负外部性,不可能带来金融系统性风险。因此,刑法对小额贷款公司的(刑法)规范保护目的应当仅限于刑法对普通公司一样的(刑法)

① 参见王永巧、蒋学伟:《基于时变 Copula 的金融系统性风险度量》,中国经济出版社 2016 年版,第 2 页。

② 参见钟震:《系统重要性金融机构的识别与监管研究》,经济管理出版社 2014 年版,第 12 页。

③ 中国人民银行:《2019 年三季度小额贷款公司统计数据报告》,载 http://www.pbc.gov.cn/goutongjiaoliu/113456/113469/3908333/index.html,2021 年 10 月 8 日访问。

规范保护目的,不应将刑法对小额贷款公司的(刑法)规范保护目的提升为金融犯罪的(刑法)规范保护目的。正如我国有学者指出:就高利转贷罪、违法发放贷款罪、骗取贷款罪、贷款诈骗罪而言,刑事立法目的是打击以贷款方式侵害金融机构资金安全的行为;但是,行为人套取小额贷款公司资金高利转贷的行为、小额贷款公司工作人员违法发放贷款的行为、行为人骗取小额贷款公司贷款或者诈骗小额贷款公司资金行为会给小额贷款公司造成损失,甚至导致破产,实际上,小额贷款公司的经营风险始终由小额贷款公司自身承担,这一封闭的风险不会给整个金融市场稳定带来威胁,因此不具有系统重要性。[①] 如果说小额贷款公司在近几年中发生了较大规模的群体性事件,有的还冲击了金融安全,那么,值得注意的是,恰恰是部分小额贷款公司违规进行高利转贷、非法吸收公众存款甚至集资诈骗所导致的,而这些犯罪行为恰恰不需要、也无法将小额贷款公司作为金融犯罪中的"金融机构"来解释。

(三)目的解释:实施与小额贷款公司相关的金融违法行为的定性处理

因此,按照刑法的目的解释,实施与小额贷款公司相关的金融违法行为的定性处理,应当区分以下几种情形。

1. 小额贷款公司作为行为主体时,不构成违法发放贷款罪

小额贷款公司作为行为主体时,小额贷款公司及其工作人员实施违法发放贷款行为的,单位和个人均不构成违法发放贷款罪(但是可能构成行政违法或者其他犯罪)。

2. 小额贷款公司作为行为对象时,不构成金融犯罪

具体可以分为三种情况:

第一种情况是,行为人针对小额贷款公司实施的高利转贷行为、骗取贷款行为,依法不应解释为高利转贷罪、骗取贷款罪。在这些行为不构成其他犯罪时则应依法作出无罪处理;但是,在这些行为构成其他犯罪时可以定性为其他犯罪。

第二种情况是,行为人针对小额贷款公司进行的贷款诈骗行为,只能依法解释为诈骗罪或者合同诈骗罪,但是依法不能解释为贷款诈骗罪。

第三种情况是,行为人针对小额贷款公司进行的抢劫行为,依法不能适用《刑法》第263条"(三)抢劫银行或者其他金融机构的"(加重法定刑情节)。

---

① 参见张福英:《小额贷款公司的刑法定位问题之探讨》,载《研究生法学》2020年第2期。

“轻罪与新罪的法理检讨”学术研讨综述

梅传强　陈　伟　等

【编者按】“第十八期刑法创新论坛·轻罪与新罪的法理检讨”研讨会于2022年5月20日在四川大学法学院2023会议室隆重举行，来自西南政法大学法学院、四川大学法学院、西南财经大学法学院、四川师范大学法学院等十多所高校的五十余名刑法教师、博士研究生、硕士研究生采取线上线下相结合的方式参加会议。本次论坛由四川省法学会刑法学研究会、四川大学法学院、西南财经大学法学院、四川师范大学法学院、西南石油大学法学院、西南科技大学法学院、西南民族大学法学院、成都大学法学院主办，由四川省法学会刑法学研究会、四川大学法学院、四川大学刑事政策研究中心共同承办，由四川蜀鼎律师事务所、蜀鼎刑事法律研究院协办。论坛举行了简单的开幕式和闭幕式。开幕式由四川大学法学院魏东教授主持，西南政法大学法学院梅传强教授、西南财经大学法学院胡东飞教授、四川大学法学院党委副书记兼纪委书记悦洋副教授等三名代表在开幕式上致辞。闭幕式由四川大学法学院向朝阳教授主持，西南财经大学法学院胡启忠教授、西南政法大学法学院陈伟教授、四川师范大学法学院党委书记唐稷尧教授等三名代表在闭幕式上致辞。本次论坛主题分为“轻罪的法理检讨”“新罪的法理检讨”两个单元分别进行了学术研讨。

为便于广大刑法学同人了解、交流本次论坛的研讨内容，本次论坛两个单元的学术研讨内容综述如下（根据现场录音整理）。

第一单元　轻罪的法理检讨

报告人：梅传强（题目《犯罪分层与轻罪制度的系统构建》）
与谈人：胡启忠、向朝阳、洛桑东洲、钟凯、悦洋、李侠、郑莉芳
主持人：魏东

梅传强教授(报告人):

今天的主旨报告是一个老话题,由于时间关系,我主要从三个方面就"犯罪分层与轻罪制度的系统构建"进行展开。

一是犯罪分层与轻罪制度建构的必要性。具体而言其包括三个方面。其一,从立法方面来看,在积极主义刑法观的影响下,从《刑法修正案(八)》《刑法修正案(九)》《刑法修正案(十一)》开始,大量的最高刑为拘役的此类轻罪入刑,有必要在以后的《刑法》修正中,在刑法规范上对轻罪与重罪进行区分,通过犯罪分层分类治理来提升犯罪治理能力和治理水平。其二,从司法方面来看,对于大量的轻罪仍然采用的是重罪程序来追究,浪费了司法资源,导致司法资源的分配不均衡,司法机关案多人少、不堪重负的状况也必须予以改变。其三,从轻罪犯罪人方面来看,犯罪的附随后果太重,不利于社会的和谐稳定。以危险驾驶罪为例,不仅行为人要承担刑事责任和相应的附随后果,而且还会殃及子女等直系亲属,比如,子女因父亲犯危险驾驶罪而无法参加公务员考试。因此,有必要在将来的刑事立法中对轻罪的附随后果作出修改,以体现罪刑相当、罚当其罪。

二是犯罪分层与轻罪制度建构的可行性。其可以从四个方面具体展开。首先,社会观念的变化。近年来,大量轻罪的设立带来的大量轻罪犯罪人产生,社会观念上对于轻罪的可谴责性已经大大减轻,人们对于某些轻罪的看法已经发生根本性的改变,尤其是与传统重罪相区别,如果轻罪的附随后果仍然过于严重,那么将无法适应这种社会观念的变革。其次,理论研究的准备。从《刑法修正案(八)》,尤其是劳教制度废止开始,关于犯罪分层和轻罪制度建构话题一直是刑法研究的热点问题,这些年研究成果丰硕,为相关制度的建构奠定了理论基础。再次,司法实践的探索。近年来,为了应对大量轻罪的增设,司法实践进行了相应的改革探索,如刑事速裁程序、认罪认罚制度等,为轻罪程序改革提供了实践经验。最后,将来可能的刑法典纂修,为轻罪制度建构提供了契机。《民法典》通过以后,标志我国法治建设进入法典化时代,刑法典的全面纂修已经成为理论研究的热点,按照国家发展远景规划,刑法典的全面纂修可能成为我国2035年基本实现社会主义现代化的标志性事件。接下来的刑法理论研究和刑事立法研究,刑法典的全面纂修可谓势在必行,那么在刑法典全面纂修中,增设轻罪制度、采取犯罪分层制度是可行的。

三是中国特色轻罪制度建构的具体构想。其主要包括两个方面,即实体法和程序法系统修正配套进行。在实体法部分,应当有以下五个方面的修正:其一,对犯罪概念进行修正。主要针对现行《刑法》第13条犯罪概念进行修正,如果可能应当直接增设对轻罪的规范定义。其二,对轻罪范围的界定。轻罪范围学界争议颇多,有学者主张轻罪为最高刑拘役以下,也有学者主张轻罪为最高刑一年有期徒刑以下,还有学者主张轻罪为最高刑三年有期徒刑以下。从我国现行《刑法》对刑罚档级的规定来看,应当说以最高刑为三年以下有期徒刑、拘役或管制划定轻罪的范围是合适的。一方面,最高刑为三年以下有期徒刑、拘役或管制说明犯罪情节比较轻微、犯罪人的主观恶性较小。另一方面,这些罪在我国《刑法》罪名总数中占比60% ~70%,如果能够辅之以程序法上的修改,可以合理分配司法资源,用现有的30%资源足以应对以上60% ~70%的轻罪,用剩余的70%的资源集中应对重罪,可以实现更好的社会治理效果。其三,明确轻罪的性质。关于轻罪的性质,在劳教制度废止前后就有系列争议,我的观点是,轻罪应当属于刑事处罚制度,还是应当按照正当程序通过司法判决来进行,这样更符合人权公约的要求。如果不纳入司法程序,那么当年劳教制度的教训可能重演。因此,避免走回头路,应当将轻罪纳入刑法典考虑。其四,对轻罪的附随后果做相应的调整,可以考虑对轻罪实行前科消灭,以降低犯罪标签对犯罪人的不利影响。其五,对轻罪刑罚的执行进行修正。对轻罪刑罚的执行可以采取轻缓的处遇方式,或者采取刑罚的替代措施,例如,对于危险驾驶罪,可以让犯罪人义务指挥交通或者其他社会公益活动来实现对其的处罚。在程序法部分,从程序分流的角度,应当有两个方面的考虑:一方面,对于犯罪事实清楚、证据确实充分、行为人认罪认罚、积极赔礼道歉、赔偿损失、被害人有谅解的轻罪案件,检察机关可以通过训诫、责令具结悔过、赔偿损失等方式处理,而无须提起公诉的尽量不提起公诉。另一方面,对于必须要进行起诉的轻罪案件,由于通常轻罪案件事实比较清楚、证据充分,而同时如果行为人对此部分犯罪事实又没有异议的,那么可以采取书面起诉,检察院无须派员到法庭参与诉讼,法院则采取书面审理,而无须组成合议庭进行审理。通过程序分流,提高轻罪案件的审理效率,将节省下来的司法资源集中用于处理重罪,提高社会治理效益。同时,这种程序设计对于轻罪犯罪人而言,同样也受到了谴责,但是,这种谴责不是现有的轻重罪不分的谴责,而是轻罪的犯罪附随后果大大减轻,这样更能提高轻罪犯罪人及其家属对司法裁判结果的认可,有利于社会的和谐。

魏东教授(主持人):

谢谢梅传强教授的精彩报告!梅传强教授以《犯罪分层与轻罪制度的系统构建》为题,主要讨论了犯罪分层与轻罪制度建构的必要性、可行性以及中国特色轻罪制度建构的具体构想等三个方面的内容。梅老师对于中国特色轻罪制度建构的讨论尤其具有启发性,提出了实体法和程序法系统修正、配套进行的理论设想,比较详细地讨论了实体法部分的五个方面的修正意见。例如,对犯罪概念的修正、对轻罪范围的界定、明确轻罪的性质、对轻罪的附随后果作相应的调整、对轻罪刑罚的执行进行修正等,这些观点对于当前我们研究刑法典的修改完善都具有重要意义。

梅传强教授的许多观点我都赞成,但是,我觉得有些问题还需要进一步研究和审慎处理。例如,我国“轻罪”立法近年来大幅度扩张,较充分地体现了积极刑法立法观的立场,但是同时也可能带来了刑法结构的变化以及制度性困境,要把这些问题解决好,才能为当下和将来的轻罪立法与司法改革确定发展方向。我也曾撰文指出,我国应当在传统理性主义刑法观与当下积极主义刑法观二者之间寻求适当平衡,既要正视当下社会有效防控非传统重大风险的现实需求,又要考虑如何控制风险刑法过度化的问题,为轻罪立法划定有所为有所不为的边界。针对轻罪扩张化趋势,既需要谨慎审视非传统重大风险预防性轻罪立法扩张的正当根据,又需要深刻检讨传统风险预防性轻罪立法扩张的妥当性问题,这些问题都值得反思检讨。因此,在确定我国轻罪立法的改革发展方向时,应当理性审查轻罪的立法政策,深化改革轻罪的司法政策,尽快启动并实现治安拘留的法治化改造。

作为主持人,我的议论就此打住,希望把更多时间留给与谈人发表意见。

胡启忠教授(与谈人):

对于轻罪问题,我讲一些具体的想法。以酒驾问题为例,在与司法实务人员的接触中,实务人员对于很多酒驾案件的行为人抱有极大的同情心,严重的附随后果使得酒驾的处理结果可能与实际危害相比存在失衡。由此,反思犯罪概念背后所蕴含的中西方冲突问题,我国与西方国家对于犯罪的认识及其附随后果的不同设置,使得我国不应照搬西方国家的犯罪概念及相关罪名,如酒驾,犯罪概念以及与之相关的罪名设置和司法程序应当更加注重我国的本土实际。

向朝阳教授(与谈人):

犯罪分类的讨论在刑法理论中一直存在,在实践中,我国实际上存在犯罪分类,通过立法设置法定刑的方式将犯罪分为重罪和轻罪,但应当说,这里的轻罪、重罪划分其实更多的是借鉴英美法系和大陆法系的重罪、轻罪的思路。我认为,考虑到我国刑事司法一直以来的效率不高的现实,从程序法的角度对犯罪类型进行划分从而提高司法效率是应当的。但进入到实体法领域,我国社会对于犯罪的重刑观念以及行政权范围极大的现实,将大量的本属于行政违法的行为纳入犯罪圈,既可能会冲击原本的社会对于犯罪的重刑认识,也会直接造成司法系统压力骤升。所以,对于轻罪制度的构建,应当首先解决的是如何划定犯罪圈的问题,并且是如何在回应我国作为社会意识的犯罪观的现实基础之上,解决犯罪圈的范围界定问题。

洛桑东洲博士(与谈人):

对于犯罪分层与轻罪制度,我有以下三点思考。第一,无论如何进行犯罪分层,首先应当明确的是,我国的犯罪的标准是否发生变化。如果要对轻罪进行划分,那么轻罪和重罪与我国现行《刑法》的犯罪标准有无区别,什么样的行为才能成为刑法处罚的对象,轻罪是否意味着犯罪标准的降低?对此我认为,还是应当坚持从法益保护的角度出发,思考某些法益危害性较轻的行为是否需要动用刑法加以保护。第二,如果要建立犯罪分层制度,轻罪内部也应当进行再进一步细化区分。比如,当认为轻罪是最高刑三年有期徒刑以下时,三年以下有期徒刑与一年以下有期徒刑所对应的犯罪行为,其危险程度显然具有区别,而一年以下有期徒刑与拘役又有显著区别。由此,引出是否应当进一步划分微罪的问题,如果认可微罪的存在,那么又应当进一步讨论微罪的入罪问题。第三,对于轻罪问题,我认为更多的不在于刑法领域,而在犯罪附随后果。就本人观点,如果当前我国的犯罪附随后果的处理方式没有改变,贸然地进行大量的轻罪微罪立法实际上是不太慎重的,而这样的改变无法通过刑法立法实现,更应当期待行政法相应的积极改革。

钟凯副教授(与谈人):

对于犯罪分层的讨论其实是一个历史悠久的问题,在1790年的《法国刑法典》中,就有相关的明文规定,而后在大陆法系和英美法系中都有对重罪、轻罪、违警罪的讨论。在具体展开我国的犯罪分层制度及轻罪划分之前,对比我国与域外国家对犯罪概念的认知,可以发现我国对于犯罪的认知与其他国家有重大区别,在外国法语境中被认为是犯罪行为,在中国法语境下可能只是治安管理违法的行为。回到我国的现实,我国犯罪分层制度的讨论需要考虑如何面对我国"小刑法"的现实。当前我国学界对于犯罪分层和轻罪制度的讨论更多的是偏向一种大犯罪圈的构建,但是这种大犯罪圈模式的建设可能导致将原本在中国法意义上属于违反《治安管理处罚法》的行为纳入《刑法》的范畴,将我国的《刑法》由原本的"小刑法"转型为"大刑法"。当然,治安管理处罚法规范的行为和责任形式与刑法规范有内在的逻辑关联,但是这种《治安管理处罚法》的刑法转型忽视了以下两个方面的问题:其一,《治安管理处罚法》和《刑法》的规范保护目的存在典型差异。《治安管理处罚法》所表现出的价值取向是构建一种高度道德自律和秩序化的社会,在《治安管理处罚法》中强调这种价值取向是以效率和秩序优先或许没有问题,但是将这种价值取向移植到以公平和自由优先的《刑法》中则并不必然妥当。从而,不得不反过来思考"大刑法"的构建所可能存在的基础价值认知障碍。其二,《治安管理处罚法》和《刑法》的立法技术之间也存在矛盾。《治安管理处罚法》即使与《刑法》存在内在的逻辑关联,但《治安管理处罚法》在行为模式的表现方式上往往呈现一种类型化,而《刑法》在行为模式上的表现上则更加强调精确的定性。这实际上是《刑法》背后有罪刑法定原则的支撑,而《治安管理处罚法》欠缺相关原则的支撑。最终,不得不反思当前学界大犯罪圈的思考确实并不是一种很妥当的方案,而在刑法内的小犯罪圈界分方法或许更符合我国实践。

悦洋副教授(与谈人):

关于轻罪立法与犯罪的问题,我有以下两点的思考。第一点,轻罪制度设立确实有其必要性,但是存在诸多困难。这些困难除了之前谈到的关于犯罪圈的界定疑难,还体现在以下两个方面。一方面是按照我国的犯罪追诉机制,一旦进入刑事追诉程序,出罪的可能性极其小,这种犯罪追诉机制并不有利于轻罪制度的设立。另一方面则是社会对于犯罪负道德的传统观念认知,与延伸至对犯罪人及其家属的负道德评价,一时之间难以改变,都是轻罪制度设立的观念障碍。第二点,轻罪制度的设立即使存在诸多困难,也不可否认其必要性。首先,社会发展出现很多新的需要保护的法益,对于此类法益可以通过轻罪的设立加以保护。其次,其可以通过轻罪遏制重罪,通过轻罪的增设使得司法机关不必对于需要用刑法加以规制处罚的行为因不存在合适罪名而适用重罪罪名。最后,针对性地设立新罪可以防止兜底条款的滥用,有效提高司法效果。

李侠博士(与谈人):

对犯罪分层与轻罪的系统构建的讨论,实际上是讨论后劳教时代对于大量的轻犯罪行为如何处理,是放回《行政诉讼法》还是纳入《刑法》?而犯罪分层制度的构建实际上是将这些轻犯罪行为纳入《刑法》。对此,其理由主要是从人权保障,以及节约司法资源提高司法效率角度考虑。在此之外,我认为构建犯罪分层制度带来的轻罪破案率提升、轻罪犯罪人的社区刑处遇以及重案率下降还有利于提升国家形象。在犯罪分层和轻罪制度的构建已经成为刑事法治的发展趋势的现实之下,更应考虑随之而来的问题。其一,我国犯罪附随后果过于严厉,非常有必要在犯罪附随后果上区分重罪与轻罪。其二,轻罪制度的构建需要对现有的重罪制度进行调整,改变当前刑事政策"又严又厉"的现实。

郑莉芳副教授(与谈人):

我国刑法对于犯罪分类的规定一直以来都是比较粗疏的,并没有特别明确的犯罪圈层次划分,不管是犯罪分层和轻罪制度的讨论实际上指向当前刑事立法的思路转变,还是传统的重刑观念和犯罪的概念认知,都使得犯罪分层制度的构建很有必要。我国犯罪分层制度的构建存在一些挑战,我国对于犯罪圈的界定与西方国家存在体系区别,例如,西方各国对于轻罪的划分不一样,而导致不同的犯罪分层所启动的刑事追诉程序不一样,但我国并没有这种对于轻罪重罪的区别追诉程序。由此带来我国犯罪分层应当要解决犯罪圈的界定问题,及不同犯罪分层的刑事追诉程序的建设问题。不过在轻罪制度构建的同时还应当思考,大量轻罪入刑是否妥当,入罪范围扩张的同时是否存在相应的出罪机制以维持司法平衡?

梅传强教授(报告人回应):

建立轻罪制度是否意味着犯罪圈的扩大,把原本属于行政违法的行为纳入刑法制裁体系?我认为这种担忧并不存在,可以通过两条路径实现。其一,在立法程序上,对于轻犯罪行为如果是能够不纳入刑法即可进行规制,那么则在立法程序中堵住此种行为被纳入刑法的可能。其二,对于不得不纳入刑法的轻犯罪行为,可以通过其他方式实现限制处罚,这并不意味着犯罪圈的扩大。

第二单元　新罪的法理检讨

报告人：陈伟（题目《自洗钱入罪的立法根据及其教义适用》）

与谈人：郑自飞、韩骁、田维、尹怡、李芳芳、莫晓宇

主持人：唐稷尧

陈伟教授（报告人）：

会议标题虽是“轻罪和新罪的法理检讨”，但是严格意义上来讲洗钱罪还不是一个新罪，因为这个罪名在1997年《刑法》就已经有了。洗钱罪有很大程度上的特殊性。实际上从《刑法修正案（一）》到《刑法修正案（十一）》中相当部分的新罪是关系到社会民生层面的，如高空抛物罪、拒不支付劳动报酬罪、危险驾驶罪以及催收非法债务罪等。但洗钱罪在某种意义上或者说在形式层面上有一点“高大上”，因为本罪的设立是为了与国际接轨，洗钱罪最开始在实践中适用得很少，但最近这几年洗钱罪的适用却是在高速增长，所以值得我们去反思洗钱罪修订的立法根据和规范性适用的一些具体问题。

《刑法修正案（十一）》对洗钱罪的修订不仅仅是此处提到的自洗钱问题，还有一些相关的修订跟自洗钱也会有一些关联，例如，删掉了主观上“明知是”这三个字，在第2项、第3项、第4项里面删掉了“协助”这两个字，从立法上对客观行为进行了限定。在支付结算方式里面把“结算方式”改为“支付结算方式”，把“汇往境外”改为“跨境转移资产的”，这样的表述更周严一些，因为修改以前只涉及从境内向境外的转移资产。再一个就是调整了罚金刑，把原有的数额比例删掉了，修改了单位犯罪里面关于单位犯罪下面的主管人员和直接责任人员的独立法定刑，直接按照针对自然人犯罪的法定刑来进行处罚等。当然，实际上最主要的或者最典型的立法修改，应该是自洗钱的入罪。这意味着，行为人实施了上游犯罪的事前行为，在事前行为之下实施的事后的掩饰、隐瞒犯罪所得及其收益的来源、性质的行为也构成洗钱罪。这引发了对立法修订背后的立法根据的思考。在1997年到2021年如此长的一个时间范围，自洗钱都没有作为犯罪，为什么通过《刑法修正案（十一）》的修订把它作为犯罪处理？我们说《刑法修正案（十一）》虽然是积极主义刑法观、功能主义刑法观的立法体现，但这样的理由是比较笼统的，还需要在精细化层面去寻找立法的根据。我个人认为可以从三个层面，即政策根据层面、实践根据层面以及规范根据层面去寻找自洗钱入罪背后的立法根据。

自洗钱的具体适用，实际上可能是我们所面临的最大的现实性问题。相关问题主要集中于如下方面：第一，自洗钱入罪之后，这个行为是一罪还是数罪问题。第二，就

是我刚才提到的将“明知是”删掉之后所带来理论纷争。第三,自洗钱入罪之后事后不可罚的行为变成可罚行为,对于这一规定是不是要泛化或者照搬到普通赃物犯罪。第四,在自洗钱入罪情形之下,《刑法》第191条第5项存在兜底性条文,由此,思考其是否会带来刑法泛化适用的问题。第五,涉及自洗钱入罪之后的一个管辖问题。这个问题是监察体制改革带来的,这个问题虽然不是具体的定性问题,但必然会涉及我们的具体的适用环节过程中,会带来具体适用中的模糊性。

由于时间关系,我主要提出这些问题,相关的思考和认识也尚不成熟,希望大家也多多地去思考,并提出批判性的建议。谢谢大家。

唐稷尧教授(主持人):

谢谢陈伟教授的精彩报告!陈伟教授以《自洗钱入罪的立法根据及其教义适用》为题,对《刑法修正案(十一)》有关自洗钱入罪的规定做了抽丝剥茧式的教义学分析。我听了之后觉得受益匪浅。尤其是陈伟教授报告中有关自洗钱刑法规范背后的法益流变、自洗钱行为入罪后的罪数问题、洗钱罪主观要件的具体内容是否需要排除特定的“明知”的分析,对于我们理解自洗钱行为入罪的根据,正确适用修正后的洗钱罪新规范都具有较大的启发性。不过,在刑法理论界与实务界,对于自洗钱的刑法规定,目前依然存在一些尚未达成共识之处。我想,对于陈伟教授在报告中所提出的观点,诸位与谈人也会有自己的立场、观点甚至疑惑。接下来,我们把时间交给各位与谈人。

郑自飞博士(与谈人):

对于洗钱罪我有三点问题跟陈伟教授做一个简单的沟通,然后也希望陈伟教授能够回答一下学生的一些困惑。

第一,《刑法修正案(十一)》把洗钱罪“明知”要件删除,将自洗钱纳入本罪。自洗钱入罪之前刑法没有把它单独作为一个犯罪来认定,实际上通过普通的赃物犯罪可以对这类行为进行规制,比如说掩饰、隐瞒犯罪所得、犯罪所得收益罪,以及窝藏、转移、隐瞒毒品、毒赃罪。从这个角度来讲,我认为单独把自洗钱纳进来,更多的应该是迎合国际合作的趋势以及满足国内国家安全建设需求。

第二,因为自洗钱和上游犯罪有很强的关联性,其依托于上游犯罪。在定罪量刑过程中,我们都认可其侵害了新的法益,数罪并罚,那么数罪并罚的过程中,是否可以认为基于自洗钱对于上游犯罪的依附性,行为人本身有概括的故意,从而减轻对下游犯罪的量刑?

第三,行为人在实施这种关联性犯罪的过程中会出现一个问题,例如在认定自首时行为人要如实供述自己的罪行,那么至于自洗钱的自首,我认为行为人只是简单地供述洗钱行为可能不够,还需供述上游犯罪。如果涉及供述上游犯罪,那么一个自首行为可否在两个罪中都成立吗?还是说只能在一个罪里成立?

韩骁博士(与谈人):

关于自洗钱入罪的立法根据,应当是上游犯本犯的洗钱行为具有了独立的法益侵害性,这在国内学界应当没有什么太多的争议,陈伟教授也强调,应当立足于事后行为去考察法益的流变性,看自洗钱是否超越了事前行为的法益内容。我认为自洗钱入刑,不仅仅牵扯《刑法》第 191 条狭义洗钱罪的法律适用问题,实际上还涉及狭义洗钱罪与其他洗钱犯罪类罪的区分问题,此处的类罪主要是指《刑法》第 312 条掩饰、隐瞒犯罪所得、犯罪所得收益罪,其承担了我国规制洗钱犯罪活动的主要工作任务。那么,二者界分的现实情况如何?学说理论上是能够区分的,前面陈伟教授也提到了,如果实施上游犯罪后的掩饰隐瞒行为属于事后的一种物理的自然延伸,显然并未超出传统的赃物罪,但若是动态的“漂白”行为,致使犯罪所得和犯罪收益呈现“化学反应”,切断了其来源和性质,就应当认为超出了传统赃物罪,成立洗钱罪,这是学界的共识。然而,在司法实务中这两个罪名的不法行为类型却开始趋同化,国内已经有部分学者开始关注。而这种行为趋同化随着虚拟货币等新兴技术的出现,变得越发严重。近年来,“两卡”洗钱犯罪猖獗,被告人因倒卖虚拟货币为他人犯罪转移资金,从中赚取好处费的,通常会被认定为帮助信息网络犯罪活动罪。问题在于,掩饰、隐瞒犯罪所得、犯罪所得收益罪实际上也是帮助型犯罪,为了区分两罪,法院当前的处理思路是行为人必须更深度地接触掩饰、隐瞒过程,不仅提供了自己的银行卡用于接收上游犯罪资金,还将接收到的犯罪资金进行拆分,并用犯罪资金购买虚拟货币,以此掩饰、隐瞒犯罪所得,法院才会将其认定为赃物罪。但是,这种不法类型跟洗钱罪已完全趋同,只是限于上游犯罪的原因,两罪变成了一般法条和特别法条的竞合关系。这种情况下,如果自洗钱入罪的立法根据被认可,那么自窝赃这种国内学界普遍认为是属于典型的不可罚的事后行为,若导致资金被重新投入流通领域,从而破坏了金融管理秩序,自窝赃是否亦应当入罪?刑事政策上,最终是否存在这样一种方案,即彻底解除洗钱罪的上游犯罪罪名限制,然后让第 312 条回归到传统赃物罪。

田维博士(与谈人):

陈伟教授从自洗钱的立法的目的、司法适用的认定、管辖归属和赃物型犯罪泛化的问题进行分析。那么,在此基础之上,我想就上述问题发表一下自己的感想。

首先,陈伟教授提出的关于前行为和后行为如何认定、如何划分其中的“法益增量”的概念,我认为是研究自洗钱犯罪非常重要的、值得深入研究的一个概念。

其次,就自洗钱行为入罪而言,其立法目的是比较明确的。在过去由于洗钱罪被规定在破坏金融管理秩序类犯罪里,对于其所侵害的另外一个更为本质性的类型化的法益——司法机关正常的工作秩序,在学理上是存有争议的。但是自洗钱的入罪就更加坚定了我们对于自洗钱行为的本质以及侵害的法益的认定,即认为洗钱罪侵害了司法机关正常的工作秩序这一法益。而且,我个人认为,随着自洗钱的入罪和后续的发展,我们很可能会将本罪保护的法益更多地聚焦于司法机关正常的工作秩序,而并非过去主流观点所认为的本罪保护的第一法益是金融管理秩序,这是因为现有的司法实践越发地展现出洗钱犯罪的行为模式正在发生非常大的变化,例如韩骁博士所提到的利用数字货币进行洗钱的行为。实际上司法实践中关于自洗钱行为所涉及的一些新型问题,确实值得我们关注。我们在司法实践当中就曾经遇到过,有国家机关的工作人员贪污了单位的财物之后,将其在网上利用网络平台,通过直播打赏的行为打赏给了女主播,在为女主播争取了流量的同时,行为人和女主播通过私下约定,在平台抽取相关提成和扣除她的收益提成之后,要求女主播将进行分配之后的财物重新转回给他。这种行为在过去的实践中是不好认定的,但是现在通过关于自洗钱行为的教义学分析,上述行为模式是一个比较典型的自洗钱行为,这提示我们未来在关注自洗钱的司法适用过程当中,应当适当地关注目前的一些新兴领域,例如我们所提到的网络经济行为以及后续可能出现的涉及新的数字产品行为。因此,我个人认为对于自洗钱行为的认定,我们应当关注当前涉及具有支付结算功能的数字货币和金融产品的一些犯罪行为,将此类行为纳入未来自洗钱的重点打击范围之中。当然,上述行为也可以被涵摄到《刑法修正案(十一)》中关于洗钱罪的最后一款兜底性的条款中。

最后,对于陈伟教授所提到的关于洗钱罪的主观认定标准,我个人非常赞成。“明知”的认定要素虽然从洗钱罪的法条规定当中删除了,但是我们必须注意到此犯罪是一个非常明确的故意犯罪。因此对于“明知”的认定是非常重要的,尤其是当自洗钱行为当中出现了其他共犯的时候,更应当通过对总则所规定的故意的认定来限缩自洗钱共犯的认定。

尹怡副教授(与谈人):

《刑法修正案(十一)》是继《刑法修正案(三)》和《刑法修正案(六)》之后,对1997年《刑法》的洗钱罪的第三次修改。关于自洗钱入罪,我和其他老师的观点一样,最重要原因和根据就是自洗钱侵犯了新的法益,所以我就主要讲三点。

第一,洗钱罪和其他犯罪的关系。我国洗钱犯罪体系三个罪名分别是《刑法》第191、312条和第349条。《刑法修正案(十一)》规定自洗钱独立构成犯罪,但并没有对第312条作出相似的规定,而且没有删除第349条的相关规定。所以,我认为有必要重新来审视第191条和第312、349条的区别。第191条和第312条的关系到底是想象竞合还是法条竞合?第312条规定的上游犯罪是除了第191条规定的7类上游犯罪以外的犯罪还是包括这7类上游犯罪的所有犯罪?第191条为什么只把这7类罪规定为上游犯罪?这些都非常值得思考。

我认为,第191条规定的洗钱罪和第349条规定的窝藏、转移、隐瞒毒品、毒赃罪是针对特定上游犯罪类型所制定的特殊条款,尤其是第191条,它承担了我国打击洗钱犯罪的核心的功能。所以第312条作为传统的赃物犯罪应该是属于一般的条款,在司法适用中起到了对无法适用特殊洗钱罪名的行为规制的补漏作用。总体来说，第191、349条和第312条是特殊与一般的关系。

在罪状方面，第191条所规定的行为起到的是化学作用，即把“黑钱”洗“白”，第349条和第312条规定的行为起到的是物理作用，它没有改变钱的性质。所以就有一种观点就认为将第312条规定的7类上游犯罪以外的所有的赃物犯罪应通过第191条规制，也就是通过上游犯罪来区分第191条和第312条。问题是，为什么《刑法》只规定了这7类犯罪为洗钱罪的上游犯罪？其他的犯罪涉及的钱是不是“黑钱”？我们认为洗钱罪破坏了金融管理秩序，那么如果其他犯罪逃脱了金融监管，钱被成功洗“白”而进入了流通的领域且数额较大，是不是也会破坏金融管理秩序？

第二，主观罪过的问题。洗钱罪，无论是自洗钱还是他洗钱，都是故意犯罪。问题是该罪的主观的罪过形态是不是包括间接故意？在他洗钱的犯罪里面，如果行为人持放任的心态，我们认为是可以成立洗钱罪的。例如，行为人明知自己的亲戚在贩毒，行为人仍然送一张自己的银行卡给亲戚，这就是放任的心态。在自洗钱的犯罪中，我认为也是可以包括间接故意。例如，张三和李四是好朋友，他们共同去贩毒，赃款在张三的卡上，在计税以后李四才打算通过转移支付的方式去取钱，张三明知李四实施这样的行为，但张三也没有去参与也没有阻止李四。此时张三对洗钱就是放任。因此在洗钱罪的主观罪过形态，我认为是包括间接故意的。

另一个是关于定罪量刑的问题。例如在贩毒案件中，乙负责将贩毒所得的收益转移到国外，但乙并没有参与贩毒，给乙定洗钱罪是没有问题的，但乙是否构成上游犯罪的共犯，从而数罪并罚？我的观点是，如果在贩毒行为既遂以后乙才知道并且实施了赃款的行为，只能定洗钱罪；如果在赃款转移之前乙和贩毒人员就有联络的话，那么还是可以定上游犯罪的共犯，数罪被并罚。

第三，洗钱罪的客观方面。我认为这也是这个罪在司法认定中最值得去思考的地方。2020年修正的《刑法》第191条，除了规定了4种行为方式之外，还有一个兜底条款。我举一个发生在广西的真实案例：为了逃避公安机关打击，掩盖毒品交易痕迹，犯罪嫌疑人用出租车司机的账号收取了毒资4800元，出租车司机用微信或者是支付宝再转给犯罪嫌疑人。那么犯罪嫌疑人是否构成自洗钱？其行为是否破坏了金融管理秩序呢？我认为是没有的。该犯罪嫌疑人的客观行为其实比较简单，就是找人代收账后将赃款转入了自己微信或支付宝，很明显洗钱罪所保护的法益没有受到侵害，但实际上在实践中法院还真的定了其犯洗钱罪，而且还不止这一例。所以，我在思考是所有的掩饰、隐瞒行为都构成自洗钱吗？是不是存在有些轻微的掩饰、隐瞒的行为可以被吸收到上游犯罪中？说到这里就必然涉及刑法解释观的问题了，我觉得实质解释观在这里就可以为这类行为的出罪奠定正当基础。洗钱是一种将非法所得合法化的行为，根据实质解释的观点，还应该考察行为是否侵害了该罪所保护的法益，而上述案例中行为人仅仅是通过出租车司机的账号周转了一下,实际上没有改变毒赃的性质,没有发生"化学反应",没有让它披上合法的外衣,也没有破坏金融管理秩序以及司法机关正常的工作秩序,并且情节显著轻微,所以我认为是不构成洗钱罪的。

另外还有一个问题,如犯罪人用犯罪所得的收益用于消费,比如买车买房,这是正常的犯罪人处理犯罪所得还是洗钱?实务当中,很多法院对此判了自洗钱而数罪并罚。那这就意味着上游犯罪既遂以后,行为人对犯罪所得的处分都是洗钱。站在行为人的角度来说,行为人之所以从事财产犯罪,无非就是想通过非法手段不劳而获,最终的目的也就是为了个人和他人现在或者将来进行消费或者挥霍。从期待可能性的角度来讲,这种处理方式并不具有合法性。我认为,单纯的占有、使用和藏匿犯罪所得及其产生的收益并不属于洗钱行为,判断的关键就在于行为人有没有改变赃物的性质。所以客观方面的认定,一定要尊重刑法的谦抑原则,不能完全地抛弃事后不可罚、期待可能性的理论,对无法使上游犯罪的所得及其产生的收益形成合法外观的单纯的持有、占有、藏匿或者消费行为不能作为犯罪来处理。

李芳芳博士(与谈人):

关于自洗钱问题,谈一下我的基本观点。第一,我认为,自洗钱入罪是必要的,但是新罪行的司法适用必须注意出罪的可能,也就是说要避免自洗钱行为被宽泛无边地入罪,这是我的一个基本观点。第二,我从两个具体方面来谈一下我的看法。

一方面,关于"明知"的理解,我的观点可能跟陈伟教授有所不同,也请陈伟教授指正。在构成要件当中,"明知"其实是发挥的是限定性的作用,使缺乏"明知"的这些行为能够从构成要件当中予以排除而不是从故意当中予以排除。一方面,《刑法》第191条虽然删除了"明知是",但我认为《刑法》总则当中关于"明知"的规定,同样是可以涵摄于本条当中所有行为类型的。另一方面,大多数学者认为之前规定"明知是"是为了排除自洗钱行为入罪,现在自洗钱入罪了,所以删掉了"明知是",但是我想"明知是"与自洗钱的主观方面二者不是完全对立的。自洗钱行为和上游犯罪的犯罪行为的主观方面,虽然在实务判断当中二者不可割裂,甚至有的时候是浑然一体的,但是不能够当然得出自洗钱与"明知是"相冲突的结论,只是说删除"明知是"之后明显降低了司法机关的证明责任。所以对于"明知"的理解,我的观点是自洗钱的行为人也应当具有"明知"。另外还有一个补充的理由,2009年的司法解释的第1条第3款也提到了行为人"明知"的内容,该款指出行为人对"明知"内容的理解有偏差不影响"明知"的成立。可见,本罪的"明知"不要求具有明确的主观内容。当然也有一种质疑的观点提出,是否真的存在自洗钱行为主观是"明知"的案例?我认为,对这一点,可以从司法现实的发展性来回答。司法情状本身是万象的,虽然在当前当然没有办法提出来一个非常典型的案例来说明"明知"必须存在的必要性,但是如果在规范的意义上直接排除了"明知"存在的可能性,那就意味着在主观方面直接堵死了出罪的空间,我觉得这是值得商榷的。

另一方面,关于构成要素的理解。刚才陈伟教授对洗钱罪第2、3、4项的修改都提及了,那么我就只谈一下我对这三项的修改后的文本的理解。第2项其实删除了"协助",所以行为方式没有改动,这一点我跟陈伟教授的观点是一样的。第3项删除了"协助",将"结算方式"修改为"支付结算方式",结算和支付结算的文本外观并非完全相同。支付结算在民法当中其实是一个要式行为,必须具备一定的法律特征,必须符合中国人民银行发布的支付结算办法当中的相关规定。因此,支付结算比结算的范畴要小,这意味着,立法者在将自洗钱的行为纳入犯罪的同时,在某些行为范式上其实是作了限缩的界定。这是我对于第3项的一个理解。第4项删除了"协助",把"将资金汇往境外的"改为"跨境转移资产的",后一修改明显是将他洗钱和自洗钱的行为方式都扩大化了,以前是单向的,只能往境外转,现在是双向的,境外往境内、境内往境外都可以。从文义解释的角度看,"汇"指的是通过银行或者邮局等固定的方式把钱款投放到别处。但是修改后变成了"转移",它似乎更加趋向于日常用语性的表述。"转移"意味着只要行为人把犯罪所得从A处转到B处就算完成了该行为。所以从这个角度上来说,他洗钱的行为方式很大程度上扩张了。作为新罪行的自洗钱行为,与他洗钱行为同时放在本项当中,对其解释适用应当比照他洗钱行为作限缩解释。从第4项来看,该项的其他概念都相当周延,如果作限缩解释的话,可以从"转移"这个概念来展开。

莫晓宇副教授(与谈人):

陈伟教授的这篇主旨演讲对我们在《刑法修正案(十一)》之后更有效地理解自洗钱行为以及正确适用很有现实意义。

我认为,无论是自洗钱还是他洗钱,我们都有必要回到法益来把握。洗钱行为属于赃物犯罪,但是在《刑法》的体系安排上,它是被安排在破坏社会主义市场经济秩序这一章的第四节破坏金融管理秩序罪这一节之中,而司法机关通常作为兜底适用的掩饰、隐瞒犯罪所得及其收益罪(二者存在竞合关系),是被安排在《刑法》第六章妨碍社会管理秩序罪的第二节妨害司法罪中。两个罪本质上都是掩饰、隐瞒赃物行为,具有同质性,但是立法体系安排迥然不同,而且刑罚的差别相当大,洗钱罪法定最高刑是10年有期徒刑,而掩饰、隐瞒犯罪所得及其收益罪法定最高刑是7年有期徒刑。所以,我认为,一个犯罪的识别,一个行为的理解,还是得回到它的原点,就是犯罪行为到底侵害的是什么法益?

关于洗钱犯罪,《刑法》之所以把它放在破坏金融管理秩序罪这一节中,是因为它的法益应该是国家对金融管理体系的一种安全感、秩序感和稳定感的保护,希望金融体系达到一种稳定状态。而掩饰、隐瞒犯罪所得、犯罪所得收益罪破坏的法益是司法机关的正常活动,比如追赃、取证,正因为行为人掩饰、隐瞒了犯罪所得,使得公安机关、监察委无法有效追赃、取证。所以,从这个角度讲,我们在判断到底是洗钱罪还是掩饰、隐瞒犯罪所得、犯罪所得收益罪的时候还要回到原点上,看这个犯罪到底侵犯了什么法益,给什么秩序造成冲击。

我也注意到,关于掩饰、隐瞒犯罪所得、犯罪所得收益罪,最高人民法院的刑事审判参考有这样一个案例。江某某是某国家工作人员的妻子,在有关部门调查初期,她明知自己老公已经涉嫌巨额受贿,还帮助老公把大量的款项转到其他亲戚朋友的账户里。因为上游犯罪是受贿,所以一审法院认定是洗钱罪,但是二审法院改判为掩饰、隐瞒犯罪所得、犯罪所得收益罪。最高人民法院把该案列为审判参考案例,其实也彰显了最高人民法院的一个立场,即将江某某的行为认定为赃物的转移行为而非洗钱意义上的性质转换行为,这类物理意义上的转移行为没有给金融体系造成一个冲击,如果以掩饰、隐瞒犯罪所得、犯罪所得收益罪所得来处罚,可以体现出刑法的谦益性,也可以更好地体现罪责刑相适应原则。

陈伟教授(报告人回应):

对于各位老师提出的一些问题,我简单地说明一下。其实我这里主要是讨论的洗钱罪修改以后如何规范适用的问题,包括对“明知”的理解和《刑法》第312条的关系、洗钱罪的行为方式及其认定等。实际上,在自洗钱入罪过后,整体层面上洗钱罪的适用更加泛化了,实践中可能把一些不是洗钱的行为全都往洗钱罪里面装,而且洗钱罪没有数额的限制,就会使人更加担心洗钱罪的泛化适用。另外田维老师刚才提到的要关照一些新兴领域的犯罪,比如数字货币领域等,最高人民检察院其实已经注意到并已发布了一例利用比特币洗钱的典型案例。由于洗钱的手段方式是无穷的,所以我认为现有阶段我们应该把重心放在解决一些刚才提到的争议性比较大的问题,提供一些解决思路。感谢各位与谈人提出的一些思考,也帮助我在后续完善对于洗钱罪的教义适用的思考。谢谢大家。

整理:何　强、张龙游

校对:周树超

审核:魏　东

不作为犯中作为义务的层级关系与理论建构

魏　东　谢　铠*

【内容摘要】在不纯正不作为犯中，数个保证人共存会导致“保证人抉择困境”，确立作为义务的层级关系是解决此问题的一条有效路径。可在作为义务的概念中引入“即时性”限制条件，确定保证人地位与保证人义务区别说是构建作为义务层级关系论的体系定位。形式义务论的形成逻辑已经决定其不可能成为区分作为义务层级关系的理论基础，实质义务论与作为义务层级关系的区分契合。基于实质义务论，贯彻法益保护、功利主义、风险社会与集体安全观的基本立场，抽象出作为义务层级关系实质判断标准，即支配力标准、风险标准、自然与社会联系标准。在整合、循环、融贯的视域融合中运用实质标准，确证“保证人抉择困境”中数个作为义务优先性顺序的合法性、合理性、可行性、可接受性的“四性统一体”最佳结论。

【关键词】不作为犯　作为义务　形式义务论　实质义务论　层级关系

引言：问题的提出

不纯正不作为犯，一个“最难且未令人满意地解决的难题”①。作为其前提的作为义务，历为学界所重视，就作为义务的来源或发生根据，历经形式义务论、实质义务论，再到形式与实质相结合的二元论嬗变，学术成果不可谓不丰富。然而正因对作为义务的发生根据难以达成共识，关于不纯正不作为犯的作为义务的研究长期滞于其发生根据的探索上，就作为义务概念本身，大多仅止于对其定义的界定，鲜有目光进一步关注更细致的问题。诚然，若未厘清作为义务的发生根据，进一步的探索将会丧失逻辑前提，或许正是因此逻辑理性，让作为义务本身的具体问题探讨成为无人问津之地。事实上，如今对作为义务发生根据的理论已足够丰富，足以支撑进一步探讨，而关注具体之处亦能为不作为犯理论的完善提供细微碎片拼图，对作为义务发生根据的既存理论

---

* 魏东，法学博士，四川大学法学院教授、博士生导师；谢铠，四川大学法学院2021级刑法专业硕士研究生。

① ［日］木村龟二：《不作为犯中的作为义务》，载《牧野教授还历祝贺论集》，有斐阁1938年版。转引自黎宏：《不作为犯研究》，武汉大学出版社1997年版，第10页。

有验证、反馈之用。正是这样的思考,给予笔者畅想之勇气,基于既存之理论,对不作为犯中作为义务的层级关系进行反思与建构。

在不作为犯中,无论就作为义务的发生根据采取何种学说,数个主体同时对某一法益具有作为义务的情形总不可避免。例如,夫妻双方与丈夫年迈的母亲共同生活,基于社会的一般观念,在母亲生病或者摔倒时,夫妻双方均对母亲具有救助义务。基于这一类特殊情形,便产生以下追问:在存在数个主体同时对同一法益具有作为义务时,何者具有超越其他作为义务的优先地位?该作为义务的优先地位对其他作为义务的存灭有何影响?是否存在次要作为义务对优先作为义务的跃迁以致次要作为义务获得优先地位的情形?而若否认数个作为义务存在优先性的命题,则需解决当不作为造成侵害法益的结果时,该结果责任在具有同等地位作为义务的数个主体间该如何分担、法理何在的问题。然而,囿于理论上对作为义务发生根据的论争,学界对此长期忽视。张明楷教授虽注意到了此问题,却未对此作出说理性的回答,反而提出更具争议的命题。他认为,在有些情况下,虽然数个主体均有作为义务,但可能存在强弱之别或者层级关系,也可能存在主体优先履行义务而导致其他主体作为义务消灭。但是,必然争议的是,丈夫杀害自己的母亲时,妻子不阻止是否成立不作为的故意杀人罪?[①] 理论上,将能够被期待实施某种作为义务即一定"作为义务"的人称为保证人。[②] 因此,在不作为犯中,由于存在数个具有作为义务的主体(保证人)所导致一系列理论与实务的争议问题,或可称为"保证人抉择困境"。

保证人抉择困境,是理论上亟待解决而又长期被忽视之问题。笔者认为,解决保证人抉择困境的有效路径是通过构建适宜的作为义务层级关系论,厘清多个作为义务共存时其优先性竞存问题,以此为基石,确定保证人在抉择困境中何者对不作为的法益侵害结果承担责任或者数个保证人对结果责任的分担。但是,这一解决路径首先便面临以下问题:一是作为义务是否具有层级关系?二是若作为义务具有层级关系,如何构建其理论体系?

针对前者,目前肯定说与否定说并存。否定说如学者许玉秀认为的,只要是能被刑法认同,因而产生刑法效果的义务,层级都是相同的,一般人一旦被法律认定为有救助义务,就和保证人相同,因为这就是法律规定的保证人义务,违反义务的效果之所以不同,是因为实现的构成要件不同所致,而不是因为义务层级不同所致。[③] 亦有少数

① 参见张明楷:《刑法学》(上)(第6版),法律出版社2021年版,第205页。

② 参见高铭暄、马克昌主编,赵秉志执行主编:《刑法学》(第7版),北京大学出版社、高等教育出版社2016年版,第67页。

③ 参见许玉秀:《春风煦日论坛——刑法的问题与对策》,1999年自版,第97页。转引自李金明:《不真正不作为犯研究》,中国政法大学2005年博士学位论文,第99页以下。

学者持否定说观点。[①] 然而,否定说观点存疑,其关注已经产生的刑法效果,忽视未产生刑法效果前的共存的数个作为义务之间的关系,进行事后判断而忽视事前的选择,未将数个共存的作为义务置于同一时空考量,思虑未必周全。而肯定说赞成者甚众,诸如张明楷[②]、大塚仁[③]、平野龙一[④]、韩忠谟[⑤]等。然而,肯定说亦落入与否定说相同的窠臼,未关注数个共存的作为义务之间的层级关系,仅阐述同一作为义务程度上的差异,如张明楷教授曾指出,作为义务源于相同的法律规定或法律事实,由于作为义务程度的差异,也可能构成性质不同的犯罪。[⑥] 例如,母亲将婴儿弃于闹市,则构成遗弃罪,若弃于荒郊野岭,则构成不作为的故意杀人罪。然而,若作为义务存在的层级或者程度上的差异,那么,该层级关系就应当在数个作为义务共存时就理当有所体现,肯定说未将理论延伸至这一领域,理论亦不周延,无怪会被论者批判,"纯正不作为犯的作为义务与不纯正不作为犯的作为义务之间的差异难道仅仅是一个程度问题而不是一个性质问题吗"[⑦]? 这正是由于肯定说适用性缺陷所导致的疑问。针对后者,作为义务层级关系的理论体系,目前理论并无构建,本文将予以详述,兹不赘述。

综上所述,本文的核心问题是:论证作为义务层级关系的存在将理论延伸至数个保证人竞存的领域,构建作为义务层级关系的理论体系以解决保证人抉择困境。

一、基本范畴的厘清

"概念是我们解决法律疑惑的必备前提工具,若无严谨、精确的概念,那么试图清楚地而又理性地思考法律问题是不可能的。"[⑧]欲论证不作为犯中作为义务的层级关系,解决本文之核心问题,作为义务与保证人二者的性质界定是基本的逻辑前提。

(一)作为义务

不作为犯中作为义务的性质何以界定? 在我国现有对作为义务概念的研究中,通常并不区分纯正的不作为犯与不纯正的不作为犯。陈兴良教授认为,"不作为之作为义务,是一种特定的法律义务",其强调作为义务的特定性,认为作为义务是特定的人应该履行且附有某种条件的特殊义务。[⑨] 黎宏教授与曲新久教授均认同作为义务的

---

① 参见李金明:《不真正不作为犯研究》,中国政法大学 2005 年博士学位论文,第 100 页。

② 参见张明楷:《刑法格言的展开》,法律出版社 2003 年版,第 142 页。

③ 参见[日]大塚仁:《刑法概说(总论)》(第 3 版),冯军译,中国人民大学出版社 2003 年版,第 138 页。

④ 参见[日]平野龙一:《刑法总论 I》,有斐阁 1972 年版,第 157 页以下。转引自张明楷:《刑罚格言的展开》,法律出版社 2003 年版,第 148 页。

⑤ 参见韩忠谟:《刑法原理》,北京大学出版社 2009 年版,第 79 页。

⑥ 参见张明楷:《刑法格言的展开》,法律出版社 2003 年版,第 142 页。

⑦ 陈兴良:《不作为犯论的生成》,载《中外法学》2012 年第 4 期。

⑧ [美]E. 博登海默:《法理学——法律哲学与法律方法》,邓正来译,中国政法大学出版社 1999 年版,第 486 页。

⑨ 参见陈兴良:《规范刑法学》,中国人民大学出版社 2008 年版,第 57 页。

特定性,强调其是一种特定积极作为的义务。[①] 赵秉志教授指出行为人所负有的实施某种积极行为的特定义务,是刑法赋予行为人的义务,而不是普通的道德上的义务。[②] 马克昌教授观点与赵秉志相似,差异在于认为作为义务不止于刑法赋予,是法律义务即可。[③] 周光权教授强调作为义务的限定功能,认为作为义务是命令性规范赋予行为人实施特定积极行为的具有法律性质的而非单纯道义上的义务。[④] 张明楷教授的观点与上述学者并无明显差异,均指出作为义务是法律上的而非道义上的,是防止结果发生的特别义务。[⑤]

从上述学者对作为义务的概念界定中可以看出,作为义务是法律义务而非道德义务,是积极的作为义务而非消极的不作为义务,是特定的义务而非一般的义务,属于一种防果义务,此已达成共识。存在之争议主要是对作为义务是法律义务的外延和内涵界定不清。既存理论,似乎已对作为义务的概念作了相当清晰、明确的界定,然而,批判性地看待通说理论,有助于将理论深入发展。笔者认为,现有对作为义务概念的界定,均不够健全深入,不足以成为支撑作为义务层级关系的逻辑推导的前提。例如,诸多学者均赞同作为义务是实施某种积极行为的特定义务,以此为前提,论证母亲弃婴儿于闹市或者荒郊野岭分别定遗弃罪与不作为的故意杀人罪,作为义务具有程度或者层级上的差异时,母亲的作为义务均是对婴儿照顾义务;接着引申,与祖父共同生活的幼儿孙子女,祖父不供应婴幼儿奶粉,不共同生活的亲生父母知道而不阻止,致婴儿死亡的,祖父对婴儿的照顾义务与父母对婴儿的照顾义务以现有对作为义务概念的界定看,亦难以区分出层级上的分别,因为以既有概念观之,此两种作为义务均是实施照顾婴儿积极行为的特定义务,可依照一般社会观念,父母比祖父更具有照顾婴儿的义务;而在丈夫杀害自己母亲,共同生活的妻子不阻止的情形中,丈夫对母亲的义务与妻子对母亲的义务依照社会一般观念仍是具有层级或者优先性的区别,可现有作为义务的概念对此还是无能为力。

正是由于现有对作为义务概念界定的缺陷,导致有的学者在无法通过现有概念解决作为义务事实上具有的层级关系,无法解决保证人抉择困境时,转而直接否定作为义务层级关系的存在,然后通过处罚所有具有作为义务的保证人(在具有作为可能性与结果回避的可能性的前提下)或者仅处罚某些关系更直接的保证人的方式回避保证人抉择困境。然而,这种方式是不可取的,前者未免会不当扩大处罚的范围,不当限

---

① 参见黎宏:《刑法学总论》(第2版),法律出版社2016年版,第82页;曲新久主编:《刑法学》(第5版),中国政法大学出版社2016年版,第86页。

② 参见赵秉志主编:《刑法总论》,中国人民大学出版社2007年版,第235页。

③ 参见马克昌主编:《刑法》(第4版),高等教育出版社2017年版,第53页。

④ 参见周光权:《刑法总论》(第3版),中国人民大学出版社2016年版,第108页以下。

⑤ 参见张明楷:《刑法学》(上)(第6版),法律出版社2021年版,第195页。

制公民自由，有悖自由原则，后者则会忽视被害法益的保护，如此“一刀切”的处理方式根本不能适应复杂的社会。因此，笔者认为，有必要在现有作为义务的概念的基础上，引入新的更具灵活性的限制条件以突出作为义务的层级关系。笔者认为这个新的限制条件选择“即时性”较为适宜，不作为犯中的作为义务还应当是一种即时义务。

笔者所称即时义务，是指在不作为犯中行为人与被保护的法益具有时空上的紧密联系时才即时产生的义务。申言之，笔者认为不作为犯中的作为义务是即时产生的，产生于不作为对法益侵害的那个时刻。比如，父母对孩子具有照顾义务，当孩子在水库边玩耍时，无论孩子是否失足落水，父母的照顾义务均存在，若承认这一命题，则显而易见，民法上规定的父母对孩子的照顾义务根本不是刑法上所言的不作为犯中的作为义务，民法规定的照顾义务是照顾孩子避免其落水的义务，而刑法上不作为犯中的作为义务是孩子落水后才产生的救助义务，民法所规定的照顾义务，充其量是刑法上作为义务产生的前提条件之一，而非作为义务本身，不履行作为义务与刑法效果直接关联，而不履行民法上的照顾义务则与刑法效果无直接关系。正因强调时空上的紧密联系与作为义务的即时产生，时空紧密联系的程度等弹性的因素便给了作为义务层级关系的讨论余地，而前述所言的保证人抉择困境中的一些情况就可以通过作为义务并未产生予以否定或者通过时空的紧密联系的程度和其产生的特定条件予以区分层级，确定作为义务的优先性顺序。在此要特别强调，笔者所称时空的紧密联系，勿做形式僵化的理解。

概言之，可以将不作为中的作为义务定义为：行为人在特定条件下所负有的实施某种积极行为的特定的即时法律义务。需要特别指出，笔者之定义，与既存定义并不矛盾，均强调作为义务的是法律的而非道德，是积极作为而非消极不作为，是特殊义务而非一般，并认为不作为中的作为义务是基于特定的条件、事实、时空的紧密联系而即时产生，并随着这些特定的条件、事实、时空的紧密联系的改变而产生变化并因此而存在层级关系。

（二）保证人

保证人简言之就是具有一定作为义务的人。这一概念源于德国刑法学家纳格勒提出的“保证人说”，其提出之目的是说明不纯正不作为犯的犯罪构造及可罚性的依据。[①] 所谓保证人，是指在发生某种犯罪结果的危险状态中，负有应该防止其发生的特别义务的人，保证人能够尽其保证义务，却懈怠而不作为时，就能成为基于不作为的实行行为。[②] 在不纯正不作为犯中，如同行为人通过积极作为引起该结果发生一样，

① 参见郝艳兵：《不纯正的不作为犯的作为义务适用论》，法律出版社 2015 年版，第 33 页。

② 参见陈兴良：《作为义务：从形式的义务论到实质的义务论》，载《国家检察官学院学报》2010 年第 3 期。

构成要件该当的结果应当由没有避免该结果发生的保证人负责。[①] 因此,最初的保证人说将不作为犯中的作为义务视为一种构成要件要素。然而,若在研究不作为中作为义务的层级关系中采用保证人说,则会遇到极大的理论障碍,因为根据该说,保证人属于阶层论中构成要件的该当性阶层,不作为的作为义务则属于一种构成要件要素,而构成要件的该当性是有无、是否符合的问题,而不能讨论程度或层级上的符合,其是事实判断而非价值判断。若如此,不作为犯中作为义务只能讨论有无,即该当性问题,而非讨论层级或者程度。随着学说的发展完善,德国学者阿敏·考夫曼和威尔泽尔在保证人说的基础上又提出了区别说,这种学说仍在保证人说的框架内,是对保证人说的发展,其内容是将保证人区分为保证人地位和保证人义务,认为保证人地位是构成要件问题,而保证人义务是违法性问题。[②] 根据此说,保证人地位就是"为赋予这种义务(是指作为一种作为义务的结果避免义务——引者注)奠定基础的情况",[③]将奠定作为义务的基础的条件事实与作为义务本身的价值判断分离。然而,区别说亦面临以下批判:有论者言将保证人地位与保证人义务区别分别归属于犯罪论体系的不同阶层,将会导致不纯正的不作为犯的构成要件丧失违法性推断机能。[④] 又有论者言不应将保证人义务从保证人地位中剥离出去,如此过于抽象且与一般社会观念相背离。[⑤]

区别说虽然也面临批判,但笔者以为其理论对不作为犯中作为义务的层级关系论的构建具有里程碑式的意义。正如前文所述,构成要件该当性属于是或否的事实判断,保证人说未给作为义务的层级关系留下理论上讨论的余地,而作为义务的层级关系在社会的一般观念中又事实存在。区别说将保证人地位留于构成要件该当性的阶层,这给予了数个保证人共存的情形留下充足的讨论余地,因为行为人是否具有保证人地位属于事实判断,数个保证人共存是实务中的客观存在;而将保证人义务归属于价值判断的违法性阶层,与对作为义务层级关系的价值判断相契合。概言之,区别说与不作为中作为义务的层级关系论的构建天然契合,是构建不作为犯中的作为义务的层级关系理论的重要理论根基。

二、作为义务层级论的理论基础

上述对作为义务与保证人的概念的厘清,仅是为作为义务层级论的探讨贯通了理论空间,并未确立切实可行的判断标准。概念本身固有之抽象性在一定程度上消解了

---

① 参见[德]汉斯·海因里希·耶塞克、[德]托马斯·魏根特:《德国刑法教科书》,徐久生译,中国法制出版社2017年版,第818页。

② 参见陈兴良:《作为义务:从形式的义务论到实质的义务论》,载《国家检察官学院学报》2010年第3期。

③ 参见[日]山口厚:《刑法总论》(第3版),付立庆译,中国人民大学出版社2018年版,第80页。

④ 参见[日]山口厚:《刑法总论》(第3版),付立庆译,中国人民大学出版社2018年版,第80页。

⑤ 参见[日]大塚仁:《刑法概说》(总论)(第3版),冯军译,中国人民大学出版社2003年版,第157页。

其于实务中的适用性,而欲析出作为义务层级论的判断标准,必须回到作为义务的来源即发生根据本身。目前学界关于不作为中的作为义务的发生根据的学说,历经形式义务论到实质义务论,再到形式与实质的二元论的嬗变。笔者认为,寻找作为义务的层级关系的判断标准,首要是应当从形式义务论与实质义务论中寻求理论支撑,寻找作为义务层级论所在的立场。以下详述。

(一)形式义务论与作为义务层级关系

关于作为义务的来源,形式义务论是我国刑法学界的通说,而在形式义务论内部,又存在形式的三分说、形式的四分说、形式的五分说[①]三种观点。按三分说的观点,作为义务的来源包括法律明文规定、职务或业务上的要求、先行行为三者,而四分说则加入法律行为这一来源。[②] 至于由马克昌教授所倡导的五分说,则是在前四者上加入了“在特殊场合下,公共秩序和社会公德要求履行的特定义务”这一来源。[③] 目前,形式的四分说占据通说地位,为许多形式义务论者和二元论者所支持,如陈兴良、黎宏、赵秉志、曲新久等。五分说在国内并无市场,其倡导者马克昌教授亦转向了四分说的立场。[④] 笔者认为,形式义务论内部,作为义务的层级关系具有十分明显的体现,然而其形成逻辑却导致其无法成为区分层级关系的理论基础,难以析出准确的判断作为义务层级关系的标准,仅能得出一些辅助判断的逻辑,论述如下。

形式义务论的发展史,可谓是作为义务的类型化史,其蕴含着深刻的总结性类型化思维,而这样的理论形成逻辑导致其并无成为区分作为义务层级关系理论基础的可能。形式义务论最先是由费尔巴哈在总结威斯特法观点的基础上提出的,而威斯特法是在凭借分析过去的感觉和经验而处罚的不作为犯的案例的基础上,得出不作为犯成立的前提是行为人具有特别的作为义务的结论。后续斯鸠贝尔将先行行为引入形式义务论,更是从他生活的实际感觉及法感情中归纳出了这个结论。[⑤] 从此便可以看出,在一定程度上,与其说形式义务论是不作为犯的作为义务的发生根据,不如说形式义务论是作为义务的不同类型的总结。由于形式义务论是由不同的学者归类总结的汇总,各自归类的标准并不统一,以不同标准归类的作为义务类型内部可能存在交叉,这必然导致以形式义务论为基础区分作为义务的层级关系时会出现混乱。

例如,在形式的四分说中,法律规定、职务或业务、法律行为、先行行为四项作为义务的来源,存在极其复杂的交叉与包含关系,这直接导致若以形式义务论区分作为义务的层级关系,则会不可避免地陷入无休止的争议。形式的四分说对作为义务的分

---

① 参见马克昌主编:《犯罪通论》,武汉大学出版社 1991 年版,第 170 – 173 页。

② 参见陈兴良:《刑法哲学》(修订 3 版),中国政法大学出版社 2009 年版,第 242 页以下。

③ 参见马克昌主编:《犯罪通论》,武汉大学出版社 1991 年版,第 172 页。

④ 参见马克昌主编:《刑法》(第 4 版),高等教育出版社 2017 年版,第 53 页以下。

⑤ 参见黎宏:《不作为犯研究》,武汉大学出版社 1997 年版,第 123 页。

类,并非非此即彼的确定性分类,四项作为义务往往互相包含。法律规定的作为义务可能同时是职务或业务上要求的义务,比如正在执勤的警察有义务制止其支配范围内的行为人杀人,若有能力制止而不制止导致受害人死亡的,应对受害人的死亡承担责任,此项作为义务既是职务的要求,也是法律的规定;先行行为有时也被法律规定所包含,比如父亲带孩子去水库边玩耍,其作为义务的来源可以同时源于法律规定与先行行为。因此,正是这种错综复杂的关系的存在,导致以形式义务论为基础区分作为义务的层级关系不现实亦不可能。概言之,形式义务论的形成逻辑已经决定其不可能成为区分作为义务层级关系的理论基础,不足以支撑作为义务层级论的构建,充其量只能解析出一些形式的辅助判断标准。

(二)实质义务论与作为义务层级关系

实质义务论是在批判形式义务缺陷的基础上逐渐形成的,该说从不作为者与危害结果或不作为者与被害人之间的特殊关系出发来确认不作为犯的作为义务的实质根据,目前在德国和日本已占据通说地位,而在中国也为许多学者所认同,是一种有力说。但是,在实质义务论内部,各种学说百花齐放,可谓立场相同,观点相异。在此特别指出,在此部分梳理实质义务论的部分学说观点,目的非是为批判不同学说的缺陷,而是意图通过对不同学说的对比,分析出各自学说根本的刑法立场,然后寻找公因式,以此公因式构建更有普适性的作为义务层级论。以下就主要学说进行简要论述。

1. 机能的二分说

在德国,通说是采用实质义务论中的机能的二分说,其源于德国学者阿明·考夫曼创建的功能理论。该说将保证人义务区分为对特定法益的保护机能(保护义务),和保证人对危险源的监督义务(维护义务和管理义务),其中前者关于对特定法益的保护义务可产生于与法益主体的自然联系、密切的共同体关系、自愿接受,后者关于保证人对危险源的监督义务又可细分为三种情况:一是因危险的先期的行为产生了对他人有危险的情形,二是存在自己的社会领域的危险源可导致保证人义务的产生,三是保证人对受其监督之人的行为进行监督的义务。[①] 分析机能的二分说,笔者认为其学说的根本要素有二:一曰法益保护,二曰支配,对结果的原因与领域的支配。对特定法益的保护机能直接体现了法益保护的立场导向,是基于行为人与法益的脆弱状态的特殊关系方产生的特殊的保护义务,而当被害法益处于脆弱状态时,行为人自然便会对法益产生支配力。对于危险源的监督义务,体现为对危险源的支配。概言之,笔者认为机能的二分说最根本的立场是法益保护立场,最重要的因素是对被害法益的支配力。

---

① 参见[德]汉斯·海因里希·耶塞克、[德]托马斯·魏根特:《德国刑法教科书》,徐久生译,中国法制出版社2017年版,第835-841页。

2. 危险支配三分说

在实质义务论被引入中国后，中国学者有的赞成德国的机能二分说，有的则提出各具特色的新说。张明楷教授采取实质义务论，认为不作为犯的作为义务产生于以下三个方面：其一，由危险源产生的危险—危险增大—实害结果发生，即基于危险源的支配产生的监督义务（结果发生原因支配）；其二，由于某种原因（如人为的或者法益主体自身的原因等）使法益处于无助（或者脆弱）状态，因而出现危险—危险增大—实害结果的发生，在这一过程中，法益的保护具体依赖于特定人时，特定人就具有保护义务（结果发生进程支配）；其三，基于某种（他人或者法益主体自身的）原因，在特定领域法益出现危险—危险增大—实害结果的发生，在这一过程中，法益的保护依赖特定领域的管理者，该特定领域的管理者负有阻止义务（结果发生领域支配）。[①] 张明楷教授的观点明显吸收了机能二分说的见解，又独特的体现了风险升高理论在不作为犯的作为义务在实质发生根据中的运用。显而易见的是，张明楷教授的观点仍然是建立在法益保护的根本立场之上，支配力仍然是其学说最重要的因素。再以风险升高理论审视机能的二分说，容易发现，其与该说意料之内的契合，无论是特定法益的保护义务还是对危险源的监督义务，以风险的视角观之，均是对可能升高的风险的支配与控制，两种学说在立场上并无实质区别。

3. 排他支配设定说

黎宏教授是二元论者，在实质义务论的方面，其提出了“排他支配设定说”，认为不纯正不作为犯的作为义务的实质根据在于，行为人主动设定了对法益的排他性支配，“只有在行为人主动设定了对法益的排他性支配时，才可以消除不作为和作为之间的结构性差异，进而将该不履行作为义务的行为视为作为，按照作为犯的条款处罚。这种排他性支配的设定，既可以通过行为人的中途介入面向结果的因果进程的方式，也可以表现为行为人制造并支配面向结果的潜在危险的方式”[②]。这种观点极具特色，在延续实质义务论法益保护的立场前提下，强调对法益排他性支配，这种“排他性”的直接结果就是产生作为义务的实质根据必须是一种强支配，此项属性极大地削减了多个保证人共存的情形。然而，对法益的支配是否需要排他则存在疑问。比如，孩子生病或者摔倒，父母均在场却不救助导致孩子死亡的，二人共同才可对孩子的生命法益形成排他性支配，根据该说，则孩子的父母均因无法单独对孩子的生命法益形成排他性支配而无作为义务，这种结论显然与社会一般观念相悖。将此争议暂且搁置，容易发现，该说与上述其他学说在刑法的根本立场上相似，均强调法益保护与法益

---

① 参见张明楷：《刑法学》（上）（第6版），法律出版社2021年版，第198页；张明楷：《刑法原理》（第2版），商务印书馆2017年版，第107页。

② 黎宏：《排他支配设定：不真正不作为犯论的困境与出路》，载《中外法学》2014年第6期。

支配,而由于这种学说对排他性支配设定的要求,又体现了较为深刻的自由主义立场,即严格限制不作为犯的成立范围,以保障公民的一般自由。

4. 危险前行为说(先行行为说)

先行行为说认为某种行为有造成法益侵害的高度危险时,该行为的实施者有义务防止结果的发生。周光权教授是此说的有力支持者,其认为先行行为是作为义务的唯一来源,强调彻底贯彻实质义务论。根据先行行为说,无论是特定的亲近关系人还是危险共同体成员,抑或对危险源的管理都是在不同程度抽象地讨论作为义务的有无,只有他人与义务人具有现实的依存关系,先行行为造成危险时,才有讨论的空间。比如保姆某日因事迟到,在这期间婴儿死亡的,虽然有书面合同,但保姆并未在场,未有先行行为,谈不上作为义务。甚至该说认为父母对未成年子女的作为义务也是产生于父母很可能将子女置于危险境地的危险前行为。① 将先行行为视为作为义务的唯一发生根据,限制了不作为犯的成立范围,如此便贯彻了刑法的自由主义立场,相应地,先行行为主体的明确性亦有效地限制了保证人范围,在一定程度上减轻了保证人相互推诿不履行作为义务的情况,利于保护被害法益。同时,先行行为说强调他人与义务人的现实的依存关系,所谓依存,亦是支配。

5. 其他学说

实质义务论内部学说可谓丰富,除上述列举的学说外,比较有代表性的还有:支配行为说,该说主要观点是行为人为防止结果的发生而自愿实施了具有支配力行为的场合,该不作为与作为等价;②具体的依存说,在法益的维持具体依存于某人时,不作为者与结果之间具有依存关系,即事实上支配法益维持的人,就产生作为义务;因果经过支配说,为了保证不作为与作为的等价性,要求不作为者具体现实地支配因果经过。③以上学说,虽表述存在差异,但有一核心因素贯穿所有学说的始终,这一因素即支配,因作为义务是一种防果义务,这种支配最终的表现形式均是对法益损害结果是否发生的支配,而最终的立场均落实到法益保护的侧面。

概言之,通过综合考察实质义务论内部各学说,笔者认为实质义务论是构建作为义务层级关系论的坚实理论基础。理由如下:其一,实质义务论内部学说虽众,却具有一以贯之的实质立场,即法益保护。正是由于其立场的统一,在构建作为义务层级论时不会出现如形式义务论那样混乱的包含交叉关系,在同一立场下构建的作为义务层级论,亦能与实质义务论各学说相契合,能规避因采用不同的实质义务论学说而导致作为义务层级关系的判断标准的适用性降低的障碍,增加构建理论之普适性。其二,

---

① 参见周光权:《刑法总论》(第3版),中国人民大学出版社2016年版,第113页以下。

② 参见冯军:《刑事责任论》(修订版),社会科学文献出版社2017年版,第45页以下。

③ 参见张明楷:《外国刑法纲要》,法律出版社2020年版,第83页。

实质义务论内部众学说间具有共同的因素，即支配力因素。从上便可看出，实质义务论有一个共同的特点，就是将不履行作为义务的行为转为“引起”或者“支配”侵害法益结果的客观事实，以消除作为是引起因果流向，而不作为只是放任因果流向的结构性差异，从而实现二者之间的等价。① 因此，虽然各学说对支配力因素的表述侧面有所差异，但不可否认的是不作为犯的作为义务产生的最终目的是防止法益损害结果的发生，而无论是对原因的支配，还是对因果经过的支配，抑或对领域的支配，这些支配因素的最终导向均是对是否发生结果的支配，而支配力存在强弱之别，这种特性便使得存在多个保证人时，区分作为义务的层级关系存在了可能。

三、作为义务层级论的构建

作为义务层级关系论是不作为犯理论的一环，其应当与不作为犯的基本法理相适应，互不矛盾。笔者认为，合适的作为义务层级关系论应当与作为义务发生根据的理论一脉相承，如此方有应用之价值，而一种刑法观点若无法找到刑法实质立场的支撑，无异于空中楼阁，难以汲取足够的理论依据而丧失持久的生命力。因此，本文构建的作为义务层级关系论，首先论述作为义务层级论构建的任务；其次进行实质立场的选择，力求与实质义务论保持高度的一致性，并寻找其独特的面相；最后，根据实质立场的选择与前文对实质义务论与形式义务论的剖析，抽象出作为义务层级关系的实质判断标准与形式的辅助判断标准。

（一）作为义务层级论的任务

如前文所述，本文之目的是为解决保证人的抉择困境，而构建作为义务层级关系论是解决这个问题之路径方法。因此，作为义务层级关系论的理论任务是确立合适的判断标准以区分多个共存的作为义务之间的优先性地位顺序。

（二）作为义务层级论实质立场的选择

1\. 法益保护是作为义务层级论最根本的立场

刑法的目的是保护法益，不是保护伦理道德与法规范本身的效力，而这正是作为义务层级论最根本最实质的立场。② 首先，作为与不作为之间存在结构性的差异，在实务中，大部分犯罪均是以作为的形式实施，不作为仅是作为的补充形式，刑法处罚不作为犯，最初的考量便是为了保护被害人的法益。正如前文所述，实质义务论的所有学说均贯彻了法益保护的立场，而作为在其基础上建立的作为义务层级论，理应延续其根本的实质立场。其次，作为义务层级关系论的理论目的与法益保护立场契合。确定作为义务的层级关系的目的之一便是确定在存在多个保证人的情况下应当对不作

---

① 参见黎宏：《刑法学总论》（第 2 版），法律出版社 2016 年版，第 82 页。

② 参见张明楷：《也论刑法教义学的立场》，载《中外法学》2014 年第 2 期。

为结果承担责任的保证人,以此使优先保证人积极履行作为义务,保护被害人法益。

2. 实现自由主义向功利主义的转向

显而易见,并非所有具有结果回避可能性的主体对被害法益均有作为义务,否则便与刑法的自由保障机能相背离,甚至会有损社会活力。比如,当某孩子不慎落水,岸边存在多个会游泳的主体,刑法不能要求所有会水之人均有救助孩子的义务,若不如此,直接导致的结果是会水的人可能再也不去水边,结出行为萎缩的恶果,因为他不能肯定这是否会给自己带来具有生命的救助义务负担。因此,在确定保证人地位时,实质义务论均蕴含深刻的自由主义。自由主义的核心表述是:"在作为犯的场合,除不实施引起结果的行为之外,一切行为皆可实施,而在不作为犯的场合,除实施避免结果的行为之外,一切行为皆不允许。"[①]正是因为在不作为犯中要求行为主体必须实施一定的行为,其外皆不允许,故实质义务论等学说在确立保证人地位时,均对不作为犯抱着极大的警惕,唯恐其对自由造成不成比例的侵害,造成法益保护与人权保障的失衡,不当限制公民自由。概言之,确定作为义务发生根据的实质义务论,其理论蕴含了极其深刻的自由主义。然而,在构建作为义务层级关系论的层面,继续采用自由主义便有所不当。理由如下:其一,行为主体是否具有保证人地位属于事实判断,严格限制保证人的范围以保障公民自由确有必要,而在构建作为义务层级关系论的层面,其理论前提是多个保证人共存,即保障公民自由应当是作为义务层级论的理论基础即实质义务论解决,而非作为义务层级论的任务;其二,根据前文论述,作为义务层级论的理论根基之一是保证人地位与保证人义务的区别说,显然,作为义务的层级关系属于保证人义务的范畴,即属于价值判断,进行价值判断的基础便是比较,其蕴含较为深刻的功利主义根基。因此,笔者认为,构建作为义务层级关系论要实现自由主义向功利主义的转向。功利主义主要强调效率和利益衡量。在此需特别强调,此处之功利主义与前述法益保护的根本立场并不矛盾,笔者认为构建作为义务层级论应在多个保证人中,功利主义地进行比较选择,确立有利于法益保护的保证人优先顺序。

3. 风险社会与集体安全观

当下之社会是风险社会,许多具有风险的行为因其是社会的必需而成为被允许的危险,为顺应时代的发展,刑法理论应当处理好风险社会时代刑法安全治理与权利保障之间的关系。[②] 尤其中国特殊的改革开放背景下,中国正经历"压缩的现代化",面临第一现代性和第二现代性"双重强制"的共时性困境,社会的风险特征较之其他国

---

① [日]山口厚:《刑法总论》(第3版),付立庆译,中国人民大学出版社2018年版,第89页以下。转引自周啸天:《保证人地位事实论的重构与应用》,载《中外法学》2021年第2期。

② 参见刘艳红:《刑法理论因应时代发展需处理好五种关系》,载《东方法学》2020年第2期。

家更为显著。① 快速现代化创造了许多难以预知的社会风险，带给人们一定的不确定性和不安全感，而社会风险也导致行为人以不作为的方式侵犯被害人法益的情形日益增加，数个保证人共存的现象屡见不鲜，因此，构建作为义务层级关系论应当重视当下风险社会的现实。为应对社会风险，笔者认为应当重视集体安全，注重社会连带关系，在构建作为义务层级关系论时，应将对风险社会的控制与集体安全的保障纳入理论构建的基本立场。理由如下：其一，针对风险社会现实导致的数个保证人共存的不作为侵害法益与日俱增的情形，作为义务层级论本质上是以给保证人增加义务负担的方式救济法益，通过减损保证人的自由权益以保护可能通过不作为的方式侵害法益，守住社会安全底线，因此，作为义务层级关系论的立场选择对于集体安全保护而言具有现实的必要性。其二，解决不作为犯中的"保证人抉择困境"，事实上是一个在集体中选择最应当且最适合保证人的问题，而作为解决此问题的作为义务层级论，本身便是在风险社会中寻求安全的尺度，其可谓是实现集体安全观的手段之一，这具有明显的风险社会中刑法由罪责刑法转向安全刑法的意味，因此，作为义务层级关系论的立场选择与集体安全观具有理论的一致性。

（三）作为义务层级关系的判断标准

根据前文所述，作为义务具有"即时性"的性质，保证人地位与保证人义务区别说是构建作为义务层级关系论的重要理论根基，形式义务论不能成为作为义务层级关系论的理论基础，而实质义务论与作为义务层级关系论却天然契合。本文对作为义务层级关系的判断标准，正是基于前文这些论述与作为义务层级论的实质立场抽象得出的。笔者认为，作为义务的层级关系具有实质与形式的两重标准，其中实质标准占据主导，形式标准仅是辅助判断而无独立运用的价值，因此应以二者进行综合判断。

1. 实质标准

根据本文所确立之作为义务层级关系论的实质立场以及对实质义务论的分析，笔者认为，作为义务的层级关系应当坚持以下三条实质判断标准：支配力标准、风险标准、自然与社会联系标准。在具体进行作为义务层级关系判断时，理应结合三条标准进行实质判断，以前两条为主，以第三条进行修正。

其一，支配力标准。所谓支配力，是指保证人对法益损害结果的支配力。支配力越强，保证人的义务便具有更高的优先层级，而这也正是作为义务"即时性"的体现，因时空的紧密联系程度往往直接与支配力关联。再者，根据前文所述，支配力是实质义务论所共有的因素，以此为作为义务层级关系的首要判断标准，跟各学说均能保持

① 参见[德]乌尔里希·贝克、邓正来、沈国麟：《风险社会与中国——与德国社会学家乌尔里希·贝克的对话》，载《社会学研究》2010年第5期。

良好的契合性。因此这是一条普适性标准。值得注意的是,选择支配力作为实质的判断标准,也是由法益保护的根本立场所决定的,保证人对法益损害结果的支配力越强,则其保护法益不受损害的可能性越强,越有利于被害法益的保护;而且,对被害法益具有更强支配力的保证人(前提是具有保证人地位)不救助被害法益,比支配力弱之保证人更具可罚性。因此,支配力标准或可称为“最有利于被害人标准”。

其二,风险标准。所谓风险标准,基于功利主义的考量,笔者认为有两个侧面:第一个侧面是创造被允许的风险的保证人较之其他保证人应当具有更优先的地位;第二个侧面是保证人履行作为义务所面临的风险,在存在多个保证人的情形中,履行作为义务面临风险越大的保证人优先层级越低,反之越高。就前者而言,创造被允许的风险的保证人的作为义务理应具有更优先的地位,可谓是“行为与责任同在”法理的体现,也与社会的一般观念与功利主义的选择符合,如非必要,我们不能也不应奢望国民为他人的行为后果负责,而若是行为人创造的危险本来就是不被允许的危险导致了法益的损害结果,笔者认为不应以不作为犯处理,而应按作为犯处理,此不在作为义务层级论讨论的范围;就后者而言,保证人履行作为义务面临的风险越大,即意味着其履行作为义务的成本越高,同时也意味着保证人履行作为义务的期待可能性越小,在功利主义的视域下,理应将履行作为义务面临风险较小的保证人置于更优先的地位,此更有利于保护被害人法益,也更符合风险社会的现实。

其三,自然与社会联系标准。笔者认为,确定作为义务的层级关系时,不能过分背离公民的一般法感情,因此有必要选择一条标准对前两条得出的结论标准进行修正,进行补充适用,而以自然与社会联系作为这一修正标准较合适,与被害法益自然与社会联系越紧密者,优先地位越高。所谓自然与社会联系,指父母与子女的关系、夫妻关系等。在作为义务层级论中强调自然与社会的联系是必要的,仅依靠前两条标准得出的结论可能是最有利于被害人法益保护的,却未必是最符合国民一般法感情的。例如前例,与夫妻共同生活的丈夫的年老的母亲摔倒,在二人对救助母亲的支配力与风险相同时,何者对救助母亲具有优先作为义务?若仅依前两条标准,则若二人均不救助导致母亲死亡的,夫妻二人均需对母亲死亡结果负责。但是,这必然会引起血亲的儿子竟与非血亲的媳妇具有相同的作为义务的突兀感。因此,在作为义务层级论中引入自然与社会联系标准,既是对实质义务论的现实根据“不作为者与危害结果或不作为者与被害人之间的特殊关系”的延续,也是提高作为义务层级论的理论可接受性的必需。

2. 形式标准

如前所述,形式义务论并不能成为不作为犯中作为义务层级论的理论基础,但这并不意味着其对作为义务层级关系的判断毫无意义。笔者认为,以下三条形式的标准能辅助作为义务层级关系的判断。

其一,特别法优于一般法、上位法优于下位法规则。笔者认为,法律明文规定的义务内部存在形式的层级关系。所谓法律明文规定,是指由刑法规定的或者由其他法律规定而被刑法所认可,既指刑法的规定,也指其他法律的规定,具有法律规定的双重性。作为义务是一种法律义务而非道德义务,这在学界已经取得共识,但法律义务是否必须是法律明文规定则有所争议。将作为义务限制为法律明文规定本是为贯彻罪刑法定原则,可问题在于人们对法律义务的理解并不一致,严格者将法律义务仅限于法律明文规定,而宽松者甚至将超法规的义务扩大解释为法律义务。在此提出此争议,旨在说明这种争议本身便会直接导致作为义务的层级关系。若将法律义务限于法律明文规定,则刑法明文规定之义务与其他法律规定之义务是否处于同一层级?一般法与特别法规定的作为义务是否处于同一层级?上位法与下位法规定的作为义务是否处于同一层级?若将超法规的义务扩大解释为法律义务,必然导致的疑问是:在存在数个保证人的情形下,一者之作为义务源自法律明文规定,另一者为超法规的作为义务,何者具有优先的作为义务?笔者认为,在数个保证人共存时,若其义务均来自法律规定,则刑法明文规定之义务优先于其他法律的规定,特别法优先于一般法,上位法优先于下位法。

其二,成文优于不成文。在形式四分说的四种作为义务发生根据中,除第一项来源法律的明文规定是成文的以外,其他几项作为义务均无成文法的明确规定(这并不是说这些作为义务与罪刑法定原则相背离,此处的成文与不成文当作形式理解)。笔者之所以将成文与否作为一条辅助的判断标准,原因在于成文的作为义务更容易被行为人所了解,在存在数个保证人共存的情况下,由成文法规定具有作为义务的行为人显然更容易确定其具有作为义务,更有利于对被害法益的保护。

其三,时空的紧密性。前文对作为义务的概念进行梳理时,笔者曾指出,作为义务也应当是一种即时义务,这种即时性是指行为人与被害法益具有时空上的紧密联系。在多个保证人共存时,可对时空的紧密联系的程度作形式的理解,以形式地判断作为义务的层级关系,即无论作为义务源于形式的四分说中的哪一项,与被害法益时空联系越紧密者,往往具有更优先的地位。

在此笔者要特别指出,作为义务层级关系的形式标准仅是辅助,仅在进行实质判断时进行补充性或初步的辅助,且运用时当采取整全与融合的视角,依此三条辅助标准,难以直接得出作为义务层级关系的结论。

(四)作为义务层级论判断标准的内部关系

在确定作为义务层级关系的实质判断标准与形式判断标准后,多个标准之间的关系成为问题,即如何合理且科学地运用多个标准确证作为义务层级关系的有效性。若不能解决这一问题,则构建之作为义务层级关系论的体系是不完备的,将会在实务适用中遇到障碍。因此,为将作为义务层级论变成司法适用中“活的法”理论,有必要对作为义务层级关系的判断标准的内部关系进行阐释与构建。

1. 实质标准内部的整全性与融贯性

作为义务层级关系中的支配力标准、风险标准、自然与社会标准,三者的关系并非简单的竞争关系论或平行论,而是注重整全性与融贯性的共生融合关系论。在数个保证人竞存的情形中进行作为义务层级关系判断确证结论的有效性时,各个标准均有其独特的价值:首先需要进行数个保证人对被害法益的支配力判断,确证作为义务层级关系合理性价值层级空间,支配力越强者优先履行作为义务则越合理;其次进行风险标准判断,在支配力标准确证的合理性价值层级空间中考察作为义务层级关系的可行性价值(或称成本价值),确证优先保证人履行作为义务是具有可行性的;最后进行自然与社会联系标准判断,这是在支配力标准与风险标准确立的合理性与可行性价值层级空间中,进一步求证包容前述二者的具有可接受性的作为义务层级关系顺序,使结论与一般的社会观念相符合。因此,通过作为义务层级论的三条实质标准得出的数个保证人的作为义务优先性顺序,是合理性、可行性、可接受性的"三性统一体"。值得注意的是,作为义务层级关系论不探讨其顺序的合法性问题,因为保证人是否具有作为义务(合法性的问题)已经在作为义务发生时根据实质义务论或者形式义务论得到解决,确定作为义务的层级关系本身便是在合法性空间中调整的。故此,若从不作为犯理论的层面来说,通过作为义务层级论确定的作为义务层级关系优先性顺序理应是合法性、合理性、可行性、可接受性的"四性统一体"。

如上所述,仅依赖支配力标准所得出的结论也许是合理的但未必是可行且可接受的;仅依赖风险标准也许可行但未必合理可接受;仅依赖自然与社会联系标准则可接受但未必合理可行。因此,在运用作为义务层级论确证作为义务的层级关系时,需要兼具整全性与融贯性,为实现其理论功能,可进行整合、循环、融贯三步,进行综合判断。其一,整合:必须整体运用三条标准进行判断,三者缺一不可,在整合共生的视域下寻求最适合的作为义务层级关系优先顺序;其二,循环:通过整合的判断得出最初的结论后,复盘前述整合判断过程,再次运用三条标准进行循环论证,作为义务的层级关系判断,本质上是属于可回溯的价值判断,循环论证有利于进行结论检讨;其三,融贯:作为义务的层级关系并不局限于数个保证人内部,其应当与整个刑法秩序贯通。所谓作为义务关系的融贯,旨在强调要注意审查作为义务层级关系论得出的结论与整体法秩序的一致性与协调性,其与刑法的基本原则、目标、立场等是否存在冲突,以确保作为义务层级关系论的确证过程与结论的逻辑一致、协调并相互证立。

2. 实质标准与形式标准的表里关系

在作为义务层级关系论中,实质标准是主要的、本质的,形式标准是辅助的、形式的。在一定意义上,实质标准与形式标准的关系可谓之表里,前者为里,后者为表,前者对后者具有决定作用,后者对前者具有辅助功能。如前所述,形式义务论的形成逻辑已经决定了其不可能成为作为义务层级论的理论基础,那么,从中抽象出的形式标准也在源头上决定了其不可能成为判断作为义务层级关系的主要标准，单依靠形式标准得出的结论有些不是最佳的。那么，确立形式标准的价值何在？其在作为义务层级关系论中如何运用？依本文见解，形式标准对于作为义务层级关系论的价值在于提高效率，使得在司法实务的适用中能尽快得出初步的结论，再依此结论进行实质标准的循环论证。如此，作为义务层级关系论对于解决司法实务案多人少、时间紧张的矛盾具有更强的适应性，是“活的法”理论，而非仅落于纸面的“死板教条”。

四、作为义务层级关系论的具体适用

在保证人抉择困境中，适用作为义务层级关系论后对各保证人的作为义务会产生什么影响，这是作为义务层级关系论不能回避的问题。本文认为，当通过上述实质标准与形式标准确定数个保证人的优先性顺序后，若数个保证人均不履行作为义务导致法益损害的结果出现的，该损害结果由具有优先地位的保证人负责或者负主要责任，而不具有优先地位的保证人则不负责或者不负主要责任，其中所谓“负主要责任”“不负主要责任”则是在可能成立共同犯罪的情形下需要进一步讨论的问题。需要重点讨论以下特殊情形。

（一）数个保证人作为义务层级与意思联络的关联判断适用

这种关联判断适用，可以具体分为数个保证人作为义务层级相当、作为义务层级不相当、数个保证人之间有无意思联络等三种情况。

其一，数个保证人作为义务层级相当。在保证人困境中，经过上述标准判断，仍然无法判断各保证人的优先性，则此时，可认为数个保证人作为义务层级相当。在这种情况下因不作为而出现侵害被害法益的后果的，则此结果理应由数个保证人共同负责。在此情形中，若数个保证人无意思联络或者互不知其他保证人存在，则按同时犯处理，数个保证人对不作为的法益损害结果承担相当的责任；若数个保证人存在意思联络，则属于共同犯罪的范畴，按共同正犯处理，下文再予以具体阐述。

其二，保证人作为义务层级不相当。在这种情况下，若客观上所有保证人均不履行作为义务导致法益侵害结果出现的，主观上数个保证人无意思联络或者互不知其他保证人存在，则应当归责于优先保证人。优先保证人在以作为的方式侵害被害法益的情况下，通常不能苛求以作为的方式侵害法益的人又去救助被害法益。因此，此时其他保证人的优先地位依次向前顺延。

其三，数个保证人存在意思联络的。在这种情况下，通常应当按共犯处理，数个保证人同时对法益损害结果负责，并依据作为义务层级关系论进一步确定其中哪些人“负主要责任”“负次要责任”的问题。事实上，作为义务层级关系论在数个保证人存在意思联络的情形中的应用，不是只让最高层级的保证人“个人”担责，而是可能让同一层级甚至是不同层级的保证人共同担责，本质上已经可被共同犯罪的范畴涵摄。就前者,数个保证人存在意思联络但作为义务层级相当的情况,前文已表,按共同正犯处理;就后者,若根据作为义务层级论判断出存在意思联络的数个保证人存在优先性顺序,则优先保证人应当负主要责任,次保证人负次要责任,可类比帮助犯中“心理上的帮助”的情形处理。无论是否存在其他保证人,优先保证人理应履行作为义务,而次保证人与优先保证人对不履行作为义务的意思联络向优先保证人施加了心理影响,促进了优先保证人不履行作为义务,是故,次保证人对法益损害的结果负次要责任。简言之,次保证人不是为自己的不作为担责,而是为其促进优先保证人不作为的心理帮助担责,其负次要责任的轻重,与其心理帮助的大小直接相关。

(二)家庭内部见危不救的场合与作为义务层级论的具体适用

家庭内部因共同生活而形成家庭共同体或者密切的生活关系时,会产生抚养义务、扶养义务、相互扶助的义务,因家庭是多人共同生活,常常会产生多保证人共存的情形。例如,夫妻二人与丈夫年老残疾的母亲共同生活。此时,妻子生病,母亲与丈夫基于家庭共同体关系均有救助义务,二人均不救助致妻子死亡的,二者优先顺序如何确定?根据支配力标准,丈夫身强力壮,对救助其妻子避免其死亡的支配力明显更强,而救助的风险标准同等,则丈夫是第一保证人,母亲是第二保证人,因优先保证人的存在,则妻子的死亡结果通常由丈夫负责即可。若是母亲生病,丈夫与妻子二人均不救助导致母亲死亡的,则作为义务的层级关系如何确定?笔者认为根据支配力标准,丈夫与妻子二人均具有同等支配力(至少在请求救援这一点上并无差异),而本案例中不存在风险标准的差异,再根据自然、社会联系标准,儿子与母亲的联系较之儿媳与婆婆的关系,前者更紧密,故通常应当将母亲死亡归责于丈夫。

(三)危险共同体的场合与作为义务层级论的具体适用

危险共同体是危险活动的参与者以相互协助与关照为目的而结成的共同体。[①]危险共同体是典型存在多位保证人的情形,而当共同体中的某一成员发生危险时,如何确定各保证人的层级关系。例如,甲、乙、丙与游泳教练丁四人基于合意去水库学习游泳,形成了一个危险共同体,此时甲不慎掉入深水区,其他人均不救助导致甲死亡,此时乙、丙、丁作为义务的层级如何确定?根据支配力标准,丁作为游泳教练,对避免甲死亡结果的支配力大于乙、丙二人,根据风险标准,救助甲带给乙、丙的风险大于带给丁的风险。因此,游泳教练丁是优先保证人,而乙、丙作为义务的层级关系相当,甲的死亡结果应当归责于丁。

(四)来源不同的作为义务竞合的场合与作为义务层级论的具体适用

依据形式义务论,可能存在来源不同的多作为义务竞合的情形。比如,保安与正在执勤的警察在小区内同时撞见歹徒持刀追杀小区居民,二者均不阻止导致小区居民

① 参见黎宏:《刑法学总论》(第2版),法律出版社2016年版,第84页。

死亡的,除歹徒外,何人该为其不作为负责?保安的作为义务源自其与物业公司签订的物业合同,属于法律行为与职业,而警察的义务来自法律的规定与职业,在这种情形下,根据实质标准中的支配力标准,一般情况下可知警察对死亡结果的支配力大于保安,而根据形式的标准,警察的义务是成文法规定,而保安的作为义务源自合同的约定,成文优于不成文,也可知,警察是优先保证人,通常应当认定警察为其不作为担责。

结　语

在不纯正不作为犯中,探讨数个保证人共存情形下的作为义务的层级关系,归根结底还是在探讨法益保护与人权保障之间的界限问题。当数个保证人共存时,数个保证人均不作为导致法益侵害的结果发生,将法益侵害的结果归责于某个或某几个保证人的数量直接反映法益保护与人权(自由)保障之间的权重。如果强调法益保护,则数位保证人均应当为不作为的结果承担责任,如此最有利于作为义务的履行;如果强调自由保障,则不应归责于任何一个保证人,构建作为义务层级关系论,便是在二者之间寻找平衡。

作为义务层级关系论,应当适当地嵌于不作为犯理论中,不破坏不作为犯理论的体系性完整。因此,在不作为的作为义务的概念中加入与既存概念并不相矛盾的“即时性”“层级性”因素,从概念的最初贯通作为义务层级关系理论讨论空间,而保证人地位与保证人义务的区别说,给予作为义务层级论构建的根基,使得作为义务层级论在现有犯罪论中找到自己的体系地位,而又根据实质义务论,作为义务层级关系论找到了厚植的土壤。如此,作为义务层级论较为良好的融合进了不作为犯的理论体系。基于实质义务论与法益保护的根本立场,运用功利主义的思路,注重风险社会的现状,抽象出支配力、风险、自然与社会联系三条标准,其中前两条标准为主导,第三条标准为修正,能较好地适应实务的需要,解决保证人抉择困境。

对不作为的正当防卫

张龙游[*]

【内容摘要】我国学者在论及正当防卫之成立条件时，大多是以作为的不法侵害为防卫起因进行展开，对于不作为的侵害是否属于正当防卫意义上的不法侵害通常只在论述防卫起因部分简要地提及。应当认为，不作为无论是不真正不作为，还是真正不作为，都可以成为正当防卫意义上的不法侵害，但对于单纯不履行民事债务的不作为原则上不能进行正当防卫。考虑到不作为与作为的构造不同，认定不作为的不法侵害的开始与结束时间应与作为的不法侵害有所差别。成立对不作为的正当防卫，应当在我国正当防卫成立要件的基础上结合不作为犯理论加以把握。

【关键词】正当防卫　不作为　不法侵害　真正不作为　紧迫性

引　言

近年来，"于欢案""于海明案"等产生巨大争议的社会热点案件引起了我国刑法学界对正当防卫制度的重视，激起了学界对正当防卫制度的研究热情，学者们对正当防卫制度从多方面进行了深入的探讨。在论及正当防卫之成立条件时，学者们大多是以作为的不法侵害为防卫起因进行展开，对于不作为的侵害是否属于正当防卫意义上的不法侵害通常只在论述防卫起因部分简要地提及，尚缺乏深入地论述。但是在实践中，不乏由不作为的侵害引发的案例。例如，在商场的地下车库中，由于车位紧张，两女子在车位入口处站着不动，试图为其尚未到达的同伴车辆提前抢车位。随后一男子驾车强行向车位缓缓倒车，两女子试图用手撑住车尾部以阻拦该车辆倒入，终因人车力量悬殊，男子驾车成功占据车位。事后，两女子报警。① 又如，1997 年 8 月，史某某要求被告人陈某某向其供货 154 公斤虫草，双方约定 1997 年 10 月 25 日付清货款人民币 78 万元，并出具了欠条。期满后，史某某未给付货款且下落不明，陈某某经多次追讨未果。1999 年 9 月，陈某某得知史某某仍在做虫草生意，即与其女婿李某某商定，由李某某假装卖主，通过中间人张某某联系与史某某进行交易。交易当天上午，被

---

* 张龙游，四川大学法学院 2021 级刑法学专业硕士研究生。

① 参见杨璐嘉：《"人肉占车位"事件暴露法治意识缺位》，载《检察日报》2022 年 1 月 19 日，第 4 版。

告人陈某某和其亲友、债主十余人提前埋伏等候，在史某某等三人携带现金人民币55万元驾车到达交易地点后，陈某某带领数人到现场，出示史某某写的欠条要其归还欠款。史某某声明所携货款是别人的，且得到了同行的朱某等二人的证实。陈某某要求对方出示相应的凭证未果后，即以语言对史某某进行威胁并打其两耳光，令司机打开车门，从汽车内拿出现金人民币55万元。让史某某点数后，陈某某给史某某写了一张"收到55万元还款"的收条，又令史某某写下"还欠陈某某23万元货款"的欠条后离开现场。当天，陈某某将所得款项大部分归还债主，并到派出所备案。史某某等人离开现场后，也即向公安机关报案。次日，陈某某被公安机关刑事拘留。① 在类似案件中，都有必要讨论行为人是否具有正当防卫的防卫前提或者是否成立正当防卫。对于不作为能否实行正当防卫或者对于何种范围的不作为能够实行正当防卫的问题的不同立场会导致不同的法律后果。

刑法理论认为，进行正当防卫的前提条件是不法侵害客观现实地存在，对于不作为的侵害能否成为正当防卫意义上的不法侵害，刑法学界主要有以下三种不同观点。

一是否定说。否定说认为，只能对作为的侵害实行正当防卫，对不作为的侵害不能实行正当防卫。例如，日本刑法学者大场茂马认为："自文义上观之，侵害二字，仅指积极的侵害行为而言，然则以实力使侵入住居之人，退出宅外，当然不能称之为正当防卫，应称之为自救行为。"②德国刑法学者李斯特将可以进行正当防卫的"不法攻击"理解为每一个以积极的作为而危害现有的受法律保护的状态，因而否定对不作为的正当防卫。③ 我国刑法学者陈兴良教授持否定说，提出的理由是："不作为犯罪之所以不能引起正当防卫，就在于它不能形成侵害的紧迫性。因为不作为犯罪的因果关系不同于作为犯罪。作为犯罪，不法侵害是造成危害结果的直接原因，只要对不法侵害人实行正当防卫，就可以防止危害结果的发生。而不作为犯罪，其原因力在于违反特定的作为义务而使事物向着危险的方向发展，以致造成危害结果；不作为的行为人能防止危害结果的发生而不加防止。所以，对不作为犯实行正当防卫，造成其人身伤亡，并不能免除正在进行的不法侵害。至于采用威胁、强制的方法迫使不作为犯实施其所应当实施的行为，并不能认为是正当防卫。因为威胁和强制不是我国刑法上所规定的犯罪，没有犯罪的外观，也就无所谓不负刑事责任，所以不是正当防卫。"④

二是肯定说。肯定说认为，对作为和不作为都能实行正当防卫。例如，日本刑法学者大谷实教授认为："所谓'侵害'，是对他人的权利造成损害或危险的行为。……

---

① 参见四川省高级人民法院刑事判决书，(2002)川刑终字第907号。

② 参见陈兴良：《正当防卫论》(第3版)，中国人民大学出版社2017年版，第75页。

③ 参见[德]弗兰茨·冯·李斯特：《德国刑法学教科书》，徐久生译，法律出版社2000年版，第221页。

④ 陈兴良：《刑法适用总论》(上卷，第2版)，中国人民大学出版社2017年版，第297页。

不作为行为引起的情况也是侵害。”[①]德国刑法学者乌尔斯·金德霍伊泽尔承认可以将不作为认定为是可以进行正当防卫的攻击。[②] 中国刑法学家王觐在《中华刑法论》中指出:“对消极的侵害得行使防卫权者,如乳母以饿死婴儿之意思,绝乳儿之食,为保护婴儿之生命计,于危害迫切之际,以腕力强之哺乳者是。又对于无故侵入人之住宅受退去要求而不退去之人,以实力使之退出住宅外去,亦同。”[③]张明楷教授认为:“不法侵害不限于作为的不法侵害。对不作为的不法侵害,如果只能由不作为人履行义务的,也可以进行正当防卫。例如,对进入自己的住宅、要求其退出而拒不退出的人,使用强力将其推出门外,导致其轻伤的行为,成立正当防卫。”[④]黎宏教授、周光权教授认为,能否对不作为的不法侵害实行正当防卫,取决于不作为的不法侵害的紧迫性,如果不作为的不法侵害具有紧迫性,就可以对其实行正当防卫。[⑤]

三是区分说。区分说主张对真正不作犯不可以实行正当防卫,对不真正不作为犯可以实行正当防卫。例如,日本刑法学者泉二新熊认为:“不以真正的不作为为正当防卫之原因,是为通说,非谓对一切不作为,皆不能行使正当防卫权也。”[⑥]德国刑法学家罗克辛同样认为,应当区分真正的不作为和不真正的不作为,真正的不作为不能作为法益损害而应受刑事惩罚,也不能为法益的攻击提供任何理由,据此,使用暴力的方法强迫肇事司机将被撞伤的被害人送往医院救治的行为不构成正当防卫;而不真正的不作为只有在保证人能够以防止不作为发生结果是作为法益侵害而归责的场合,才能成为正当防卫的对象。[⑦]

上述各种学术见解表明,对于不作为的不法侵害能否实行正当防卫的问题,在中外刑法学界都存在争论,学者们众说纷纭,并没有达成共识。我国司法实务界对正当防卫的成立标准持严格限制态度,通常只将作为的不法侵害视为正当防卫之起因。为了扭转司法上对正当防卫认定过严的现状,最高人民法院、最高人民检察院和公安部于2020年8月28日联合印发了《关于依法适用正当防卫制度的指导意见》(以下简称《指导意见》),指出:“正当防卫的前提是存在不法侵害。不法侵害既包括侵犯生命、健康权利的行为,也包括侵犯人身自由、公私财产等权利的行为;既包括犯罪行为,也包括违法行为。不应将不法侵害不当限缩为暴力侵害或者犯罪行为。对于非法限

---

① [日]大谷实:《刑法总论》,黎宏译,法律出版社2003年版,第212页。

② 参见[德]乌尔斯·金德霍伊泽尔:《刑法总论教科书》(第6版),蔡桂生译,北京大学出版社2015年版,第160页。

③ 陈兴良:《正当防卫论》(第3版),中国人民大学出版社2017年版,第75页。

④ 张明楷:《刑法学》(第6版),法律出版社2021年版,第262页。

⑤ 参见黎宏:《刑法学总论》(第2版),法律出版社2016年版,第128页;周光权:《刑法总论》(第4版),中国人民大学出版社2021年版,第205页。

⑥ 参见陈兴良:《正当防卫论》(第3版),中国人民大学出版社2017年版,第75页。

⑦ 参见[德]克劳斯·罗克辛:《德国刑法学总论》(第1卷),王世洲译,法律出版社2005年版,第428页。

制他人人身自由、非法侵入他人住宅等不法侵害,可以实行防卫。”可以看出,《指导意见》并没有将正当防卫意义上的不法侵害仅限制为作为的不法侵害,反而是通过肯定对非法侵入他人住宅的侵害的正当防卫而承认了对不作为的侵害的正当防卫。但是,在对于不作为的侵害的正当防卫的理论供给不足的情况下,法院在处理某些不作为的不法侵害而引起的案件时会无所适从,基于司法实践中的习惯,法院通常不愿或不敢认定正当防卫的成立。[①] 这种处理方式与《指导意见》之意旨背道而驰,导致《指导意见》的精神不能被贯彻到司法实践中。因此,为了回应司法实践的理论需求,以及完善我国正当防卫制度,有必要对不作为的正当防卫从理论层面进行深化。本文尝试结合我国正当防卫的成立要件,主要探讨对不作为的正当防卫的以下几个问题:一是不作为是否属于“不法侵害”,以及真正不作为和单纯不履行民事责任的不作为能否成为“不法侵害”? 二是对不作为的正当防卫的“紧迫性”的认定。三是对不作为的正当防卫的特殊问题的讨论。

一、不作为属于“不法侵害”

正当防卫成立的前提,即防卫起因,是不法侵害的客观现实存在。本文认为,不作为也可以成为正当防卫意义上的不法侵害,前述否定说和区分说的主张并不合理,本文持肯定说。通过对否定说的批判,肯定不作为属于“不法侵害”,然后再进一步讨论真正不作为、单纯不履行民事债务的不作为是否属于“不法侵害”。

(一)对否定说的批判

1. 基于否定说理由的反驳

首先,否定说从文义的角度将“侵害”解释为仅指积极的侵害行为,从而否定对不作为可以实行正当防卫行为,此见解并不妥当。这是因为:第一,将“侵害”解释为仅指积极地侵害是受部分德国学者的影响。《德国刑法典》第 32 条第 2 款规定,为使自己或他人免受正在发生的不法“攻击”(Angriff)而实施的必要防卫行为,是正当防卫。由于“攻击”行为从外观上看通常是行为人的积极的作为,所以,部分德国学者才主张只能对作为的不法侵害进行正当防卫,[②]而我国《刑法》第 20 条在规定正当防卫时采用的是不法“侵害”的表述。文义上,“侵害”一词有两个含义:一是侵入而损害,二是用暴力或非法手段损害。[③] 前者是指积极作为的情形,后者则不局限于作为的情形。第二,对于刑法条文的理解,不能仅从按照条文的字面意思进行解释,还应当从实质方面进行考察。刑法的目的是保护法益,作为防卫对象的“侵害”是指对法益的侵害或

---

① 参见劳东燕:《正当防卫的异化与刑法系统的功能》,载《法学家》2018 年第 5 期。

② 参见王钢:《论正当防卫中不作为的不法侵害》,载《法学》2020 年第 2 期。

③ 参见中国社会科学院语言研究所词典编辑室编:《现代汉语词典》(第 7 版),商务印书馆 2016 年版,第 1056 页。

者威胁。刑法之所以将某些行为规定犯罪并予以处罚,其原因在于这些行为具有了一定程度的法益侵害性,虽然刑法理论上将犯罪分为作为犯和不作为犯,但是这并不意味着不作为犯在侵害法益方面与作为犯的不对等。作为犯和不作为犯都可以对法益造成侵害。所以,从实质上理解,只要对法益造成了一定程度的侵害,无论是作为的侵害还是不作为的侵害,都可能成为正当防卫意义上的不法侵害。第三,对于不作为犯中的不真正不作为犯的处罚,以其可以与作为犯等价为必要。在刑法上既然对于不真正不作为犯是可以和作为犯同等看待的,那么至少不应该把不真正不作为犯排除在正当防卫的不法侵害的范围之外,所以也就没有理由完全否定对不作为的正当防卫。因此,仅从文义的角度否定对不作为的正当防卫的观点缺乏说服力。

其次,否定说认为不作为不能形成侵害的紧迫性,因此对不作为不能实行正当防卫。有论者认为,侵害的紧迫性一般是指那些带有暴力性和破坏性的不法行为,对我国刑法所保护的国家、公共利益和其他合法权益造成的侵害具有一定的紧迫性。[①] 这种说法旨在限缩正当防卫意义上的不法侵害的范围,防止私权力的滥用,具有一定合理性。但是其首先将紧迫的侵害行为限定为暴力性和破坏性行为,然后认为其他非暴力和非破坏性的侵害行为不具有紧迫性,有循环论证的嫌疑。换言之,该观点只是从行为的外观角度将暴力性和破坏性等同于紧迫性,而不是通过对紧迫性的实质内涵的考察从正面将具有暴力性特征和破坏性特征的行为纳入紧迫的不法侵害的范围内。侵害的紧迫性应当是指法益侵害现实存在或者已经迫近,[②]现实中并不是只有暴力性和破坏性的不法侵害行为才能造成法益侵害的紧迫性。例如,扳道工在列车驶来前,意图使列车倾覆而故意不扳铁轨,这时扳道工的不作为从外观上看并不具有暴力性和破坏性,但事关整列列车上的人的生命,具有侵害的紧迫性。母亲故意不哺乳刚出生不久的婴儿导致婴儿快要饿死的例子也能说明造成侵害的紧迫性不以行为的暴力性和破坏性为前提。因此,不能将具有侵害的紧迫性的行为限定为暴力性行为和破坏性行为,不作为的侵害也完全能够形成侵害的紧迫性,不能以紧迫性为由完全否定对不作为的正当防卫。

最后,否定说认为不作为和作为的因果关系不同,对不作为的不法侵害实行正当防卫不能防止危害结果的发生。因为,在这种场合下,如果对不作为实行正当防卫造成不法侵害人人身伤亡的,并不能免除正在进行的不法侵害。如果以威胁、强制迫使不作为的行为人履行作为义务,由于威胁和强制并不是我国刑法上规定的犯罪,这没有犯罪的外观,所以不是正当防卫。[③] 该主张同样存在疑问。对不作为的不法侵害实

---

① 参见陈兴良:《正当防卫:指导性案例以及研析》,载《东方法学》2012 年第 2 期。

② 参见[日]山口厚:《刑法总论》(第 3 版),付立庆译,中国人民大学出版社 2018 年版,第 128 页。

③ 参见陈兴良:《刑法适用总论》(上卷,第 3 版),中国人民大学出版社 2017 年版,第 297 页。

行正当防卫旨在要求不法侵害人履行其作为义务，如果造成不法侵害人人身伤亡而丧失履行作为义务的能力，正当防卫的目的也就不能实现，这种行为当然不能被视为正当防卫，所以应该以更为轻缓的方式，如威胁、强制迫使行为人履行作为义务，这是没有疑问的。[①] 然而，论者继而以威胁、强制没有犯罪外观为理由，否定对不作为的正当防卫，其根据在于，在我国的犯罪论体系中，正当防卫的体系定位是作为一种犯罪排除事由，而威胁和强制不作为人履行作为义务的行为并不是犯罪行为，所以这种行为不是正当防卫，这是存在疑问的。具有犯罪外观的防卫行为既然都可以成立正当防卫，那么又有何理由否定没有犯罪外观的、侵害程度更轻的防卫行为成立正当防卫？如果要求防卫行为必须构成犯罪才能成立正当防卫，一方面，防卫人在行动前要仔细考虑自己即将实施的行为是否构成犯罪，这就要求防卫人熟知刑法理论，这对防卫人过于严苛；另一方面，本来以较为轻缓的方式便可以制止不法侵害，但是防卫人为了满足正当防卫的要求而必须采取更为凌厉的具有犯罪外观的手段，正当防卫制度设置诸多限制条件的目的就在于保障不法侵害人免受重大损害，而这种做法反而将不法侵害人置于更危险的地位。正当防卫是公民的一种权利，其目的是通过防卫行为制止不法侵害以保护合法权益，至于这种防卫行为在外观是否达到犯罪的程度，并不重要。[②] 退一步讲，我国虽然并没有专门针对威胁和强制设立罪名，但是威胁和强制的行为如果对负有作为义务的不作为人造成了损害，也同样可能符合犯罪构成。例如，防卫人为了强制扳道工在列车驶来之前扳正铁轨而对其拳打脚踢造成扳道工轻伤，但扳道工仍然在列车驶来之前扳正了铁轨，这时防卫行为符合故意伤害罪的构成。

2. 基于对正当防卫制度立法精神的考察

正当防卫是我国刑法中的一项重要制度，旨在鼓励公民见义勇为，与不法侵害行为作斗争，以保护国家、公共利益以及公民的合法权利。通过对正当防卫制度立法沿革的梳理以及对有关刑事政策的考察，应当认为不作为可以成为“不法侵害”。

中华人民共和国成立之后，1950 年《刑法大纲草案》第 9 条第 1 款规定：“因防卫国家政权、国家财产或自己、他人正当权利的不法侵害，而未超过必要限度者不成为犯罪。”1963 年《刑法草案》第 33 次稿第 17 条规定：“为了使公共利益、本人或者他人的人身和其他权利免受正在进行的不法侵害，采取的正当防卫行为、不负刑事责任。正当防卫超过必要限度造成不应有的危害的，应当负刑事责任，但是可以减轻或免除处罚。”1963 年《刑法草案》对正当防卫重新进行了表述，并规定了防卫过当应当负刑事责任和量刑规则。1979 年《刑法》第 17 条规定：“为了使公共利益、本人或者他人的人

① 需要说明的是，并不是只要造成了不作为的不法侵害人人身伤害就不能制止不法侵害，如果防卫人对不法侵害人造成了人身伤害但不法侵害人仍然具有履行作为义务的能力，这种防卫行为就有实现正当防卫目的的可能。但是造成不作为的不法侵害人死亡的情况肯定不能成立正当防卫。

② 参见彭卫东：《正当防卫论》，武汉大学出版社 2001 年版，第 52 页。

身和其他权利免受正在进行的不法侵害,而采取的正当防卫行为,不负刑事责任。正当防卫超过必要限度造成不应有的危害的,应当负刑事责任;但是应当酌情减轻或者免除处罚。"1979年《刑法》对正当防卫制度的修改主要是将防卫过当的量刑规则从"可以"减轻或免除处罚修改为"应当"酌情减轻或者免除处罚。由于1979年《刑法》对于正当防卫的防卫限度的规定过于笼统,"必要限度"是一个弹性标准,"不应有的危害"是一个范围宽泛的主观标准。[①] 因此,如何把握认定正当防卫的限度缺乏具体的认定标准,理论界各种学说众说纷纭,司法实践中也是各行其是。法院在认定成立正当防卫时的标准普遍偏向严苛,防卫人成立正当防卫的空间极其狭小,极大地挫伤了人民群众同违法犯罪行为作斗争的积极性。基于1979年《刑法》施行后所产生的问题,1997年《刑法》在1979年《刑法》的基础上对正当防卫制度进行了重大修订。1997年《刑法》第20条规定:"为了使国家、公共利益、本人或者他人的人身、财产和其他权利免受正在进行的不法侵害,而采取的制止不法侵害的行为,对不法侵害人造成损害的,属于正当防卫,不负刑事责任。正当防卫明显超过必要限度造成重大损害的,应当负刑事责任,但是应当减轻或者免除处罚。对正在进行行凶、杀人、抢劫、强奸、绑架以及其他严重危及人身安全的暴力犯罪,采取防卫行为,造成不法侵害人伤亡的,不属于防卫过当,不负刑事责任。"与1979年《刑法》相比,1997年《刑法》在防卫限度方面,主要有三处修改:一是在"超过必要限度"前增加"明显"二字;二是将原来"不应有的危害"修改为"重大损害";三是将防卫过当的量刑规则从"应当酌情减轻或者免除处罚"修改为"应当减轻或者免除处罚"。此外,1997年《刑法》还增加了"无限防卫权"的规定。

从正当防卫的立法沿革来看,在立法上扩张正当防卫成立的空间、缩小防卫过当的范围主要表现在以下几个方面。

第一,1997年《刑法》中"明显超过必要限度造成重大损害"的表述。何为"必要限度"?理论上对此提出了不同学说,主要是基本相适应说、必需说和适当说。基本相适应说认为,正当防卫的必要限度,是指防卫行为必须与不法侵害相适应,相适应并不意味着二者完全相等,而是指防卫行为所造成的损害从轻重、大小等方面来衡量大体相适应。[②] 必需说认为,应从防卫的实际需要出发进行全面衡量,将有效地制止不法侵害的客观实际需要作为防卫的必要限度。只要在客观上有必要,防卫强度就可以大于、也可以小于、还可以相当于侵害强度。[③] 适当说认为,防卫的必要限度,是指防卫人的行为正好足以制止侵害人的不法侵害行为,而没有对不法侵害造成不应有的危

① 参见梁华仁、刘为波:《评新刑法对正当防卫制度的修改》,载《政法论坛》1998年第1期。
② 参见张明楷:《刑法学》(第6版),法律出版社2021年版,第274-275页。
③ 参见张明楷:《刑法学》(第6版),法律出版社2021年版,第275页。

害，并且认为应将基本相适应说与必需说结合起来进行判断。① 在“超过必要限度”前增加“明显”二字，这样就突破了理论上基本相适应说的局限，更倾向于必需说。② 只要防卫行为是为了制止不法侵害、保护法益所必需的行为，就是必要限度之内的行为，就不能认定为防卫过当。这样一来，防卫过当的认定范围被缩小，相应地，防卫人成立正当防卫的空间在一定程度上得到扩张。而将“不应有的危害”修改为“重大损害”，这一举措也有相似的效果。“不应有的危害”的规定过于宽泛，到底什么样的防卫结果才是“不应有的危害”？不同的法官对于同一案件会得出不同结论。这就导致认定标准视人而定，成为一个主观的标准。在严格限制认定正当防卫成立的司法实务中，“不应有的危害”刚好为法官否定正当防卫的成立提供了合法理由。将“不应有的危害”修改为“重大损害”旨在对防卫结果的认定标准变得相对明确、客观，缩小防卫过当的范围，只要防卫行为造成的损害不重大，就不属于防卫过当。

第二，1997 年《刑法》增加“无限防卫权”的规定。1997 年《刑法》第 20 条第 3 款确立了对严重侵害人身安全的暴力性犯罪的无限防卫权，这在当时是我国刑事立法的一项重大突破。增加无限防卫权的原因主要是由于：一方面，1979 年《刑法》施行以后，司法机关对正当防卫及其限度条件掌握过严，本来应作为正当防卫处理的案件，作为防卫过当处理并追究了刑事责任；本来应当作为防卫过当处理的案件，作为一般犯罪处理而未得到酌情减轻或者免除处罚。另一方面，当时社会治安混乱，车匪路霸猖獗，这种局面引起了人民群众的极大不满。③ 因此，为了扭转正当防卫的司法乱象，扩大正当防卫的范围，鼓励人民见义勇为，1997 年《刑法》增加了无限防卫的规定。例如，王汉斌同志在《关于〈中华人民共和国刑法（修订草案）〉的说明》中就提道：“由于对正当防卫超过必要限度的规定太笼统，在实际执行中随意性较大，出现了不少问题。比如，受害人在受到不法侵害时把歹徒打伤了，不仅得不到保护，反而被以防卫过当追究刑事责任。为了保护被害人的利益，鼓励见义勇为，草案增加规定：‘对正在进行行凶、杀人、抢劫、强奸、绑架以及其他严重危及人身安全的暴力犯罪，采取防卫行为，造成不法侵害人伤亡和其他后果的，不属于防卫过当，不负刑事责任。’”④

第三，减轻防卫人过当防卫的刑事责任表现在：1979 年《刑法》将防卫过当的量刑规则从“可以减轻或免除处罚”修改为“应当酌情减轻或者免除处罚”，即防卫过当的量刑规则从酌定减免刑罚转变为法定减免刑罚。需要注意的是，这里的“酌情”并不意味着防卫过当是酌定减免情节，“酌情”是在应当减轻或者免除处罚的前提下综合

---

① 参见高铭暄主编：《中国刑法学》，中国人民大学出版社 1989 年版，第 152 页。

② 参见梁华仁、刘为波：《评新刑法对正当防卫制度的修改》，载《政法论坛》1998 年第 1 期。

③ 参见陈兴良：《论无过当之防卫》，载《法学》1998 年第 6 期。

④ 王汉斌 1997 年 3 月 6 日在第八届全国人民代表大会第五次会议上《关于〈中华人民共和国刑法（修订草案）〉的说明》。

考虑案件的性质、情节、损害后果,防卫人的主观因素等方面以进一步确定在何种程度上减免刑罚,但由于这本来是减免刑罚的应有之义,“酌情”二字就显得多余,并且还容易造成误解。因此,1997年《刑法》为了表述更加规范,删掉“酌情”二字,实质上量刑规则并没有变化。防卫过当从酌定减免情节到法定减免情节的转变,表明了国家对于正当防卫的大力鼓励和支持。

可以看出,中华人民共和国成立以来,正当防卫制度经历了一个较长的发展过程,并逐渐趋于规范、科学、完善。基于以上对我国正当防卫制度立法沿革的梳理,纵观我国正当防卫制度的嬗变历程,可以看出,国家为了鼓励人民群众同违法犯罪行为作斗争,在立法上整体呈扩张正当防卫成立的空间、缩小防卫过当的范围、减轻防卫人过当防卫的刑事责任的趋势。但是从司法实践来看,正当防卫的空间被不当压缩,大量应当作为正当防卫处理的案件被认定为犯罪,造成了正当防卫的司法与立法背道而驰的异化现象,立法者对正当防卫制度的良好期待落空。[①] 随着“邓玉娇案”“王文军案”“于欢案”“于海明案”等案件引起社会热议,对正当防卫把握过严的司法处理方式广遭诟病,于是最高人民法院、最高人民检察院和公安部于2020年8月28日联合印发了《关于依法适用正当防卫制度的指导意见》,随后不久,最高人民法院、最高人民检察院相继发布了涉正当防卫的典型案例,以期扭转正当防卫的不当司法倾向。

从正当防卫制度的立法精神来看,需要在原有的基础上适当扩大正当防卫成立的空间,如果将不作为排除在“不法侵害”之外,反而会不当压缩正当防卫成立的空间,这与立法精神不相吻合。因此,应当肯定不作为亦属于“不法侵害”。

(二)对区分说的证伪

区分说虽然承认对不真正的不作为的正当防卫,但是却否定对真正不作为的正当防卫。该说的理由主要有以下几点[②]:其一,真正的不作为犯基于社会团结义务产生,其经常只是行为犯,不以相应的不作为确实威胁或损害法益,或者具体的法益损害结果能够以被归责于该不作为为成立前提。因此,对真正不作为的反击只是在保障社会团结义务的履行,不能起到保护法益的效果,有悖正当防卫的主旨。其二,在真正不作为的场合,应当从事前的角度确认行为人是否具有作为义务,但是,对于认定正当防卫而言,却应当从事后的角度考察是否在防卫时确实存在不法侵害。肯定对真正不作为的正当防卫就可能导致在事前看来违反作为义务、事后却查实不存在法益侵害的情形中,也能够对不作为的行为人进行正当防卫,造成价值评价上的冲突。其三,真正不作为犯的法定刑往往较低,这就表明,真正不作为犯所违反的是较为轻微的法律义务,并不足以扰乱社会安宁。若允许对之进行正当防卫,就可能导致不作为的行为人遭受相

① 参见周光权:《正当防卫的司法异化与纠偏思路》,载《法学评论》2017年第5期。
② 参见王钢:《论正当防卫中不作为的不法侵害》,载《法学》2020年第2期。

比刑罚严重得多的损害,甚至可能有在防卫中被杀害的危险,显失公平。

本文不赞同上述见解。首先,认为真正不作为犯通常是行为犯,是因为德国通说对于真正不作为犯和不真正不作为犯的采取实质的区分标准。在这一标准之下,真正不作为犯是指仅仅没有履行法律所要求的义务的犯罪行为,立法者并没有将避免结果规定为不作为犯的义务,也没有将特定结果的发生规定为构成要件要素,而是认为单纯不履行义务这一事实就符合构成要件。因此,德国部分学者才认为真正不作为犯不负有避免结果的义务,不能将法益侵害的结果归责于真正不作为犯,所以对真正不作为犯的正当防卫并不能够保护法益。与之相对,不真正不作为犯则要求"保证人"履行结果回避义务,结果的发生属于构成要件要素。因此,在德国,真正不作为犯与行为犯相对应,不真正不作为犯与结果犯相对应。[①] 然而,我国在区分真正不作为犯和不真正不作为犯时,采取的是与日本相同形式的标准,即真正不作为犯与不真正不作为犯的区别在于刑法是否将不作为规定为构成要件要素。因此在我国《刑法》中,真正不作为犯不限于行为犯,也包括结果犯。例如,我国《刑法》第 286 条之一规定的拒不履行信息网络安全管理义务罪,就要求行为造成违法信息大量传播、用户信息泄露、刑事案件证据灭失等危害结果。再如,我国《刑法》第 313 条规定的拒不履行判决、裁定罪,要求达到"情节严重",而 2002 年 8 月 29 日全国人大常委会《关于〈中华人民共和国刑法〉第三百一十三条的解释》规定"情节严重"的情形要求达到"致使判决、裁定无法执行"的后果。既然我国的不真正不作为犯并不将具体的法益侵害结果排除在构成要件之外,就不能因为部分不真正不作为犯不要求发生具体的危害结果或者危害结果不能归责于该真正不作为就否定对真正不作为犯的正当防卫。此外,也不能认为不真正不作为犯没有确实威胁或损害到了法益。保护法益是刑法的目的和任务,对法益没有威胁或侵害的行为不在刑法的规制范围之内。处罚真正不作为犯,也必须基于保护法益的目的。即便是作为行为犯的真正不作为犯,也是因为不法侵害人的不作为引起了法益的危险而被处罚。

其次,既然真正不作为犯也是旨在要求行为人实施行为以防止对法益的特定危险,那么在事前看来违反了义务并具有客观导致法益损害结果的可能时,[②]就能肯定真正不作为违反了保护法益的行为规范,因此也就不会发生事后查实不存在法益侵害而导致价值评价冲突的情况。

最后,认为真正不作为犯法定刑较低,属于轻微的不法侵害,若允许对之进行正当防卫,就可能导致不作为的行为人遭受相比刑罚严重得多的损害,就完全否定对真正不作为犯的正当防卫,这种见解也难言具有合理性。理由在于,正当防卫是一项权利

① 参见张明楷:《刑法学》(第 6 版),法律出版社 2021 年版,第 193 页以下。
② 参见王钢:《论正当防卫中不作为的不法侵害》,载《法学》2020 年第 2 期。

而不是对不法侵害人的刑罚。法律赋予公民正当防卫权是为了制止不法侵害而保护合法利益,虽然正当防卫制度考虑到对侵害人的利益的保护而设置了一定限制条件,但是在这种“正对不正”的关系中,防卫人的利益是需要首要保护的。在正当防卫中,防卫人相对不法侵害人的利益具有质的优位性,[①]所以防卫人没有从侵害中退避的义务,即使防卫行为造成的损害大于不法侵害者造成的损害,也是由于防卫人所处的本质的优越地位导致的,而不成立防卫过当。[②] 因为防卫行为可能使不法侵害人遭受更严重的损害而否定防卫人的正当防卫权,这无异于承认不法侵害者处于更为优越的地位,“法不得向不法让步”就只是一句单纯的口号。承认防卫人的本质优越地位,也并不意味着放弃正当防卫必要限度的限制。罗克辛教授在论述轻微攻击中防卫权的限制时提道:“在一种轻微攻击中,无论如何都必须小心攻击者的生命。……自然人生命的高等级,不准许为了防卫轻微的攻击而杀害或严重伤害自然人。”[③]然而,罗克辛教授并不是否定针对轻微的不法侵害的防卫权,而是认为针对轻微的不法侵害的防卫手段应该受到必要的限制。防卫行为造成的损害与不法侵害行为可能造成的损害的衡量,应当是防卫限度部分的议题,而不应该在正当防卫的前提条件中予以讨论。

综上,本文认为,真正不作为亦可以成为“不法侵害”,对真正不作为犯也可以实行正当防卫。

(三)单纯不履行民事债务的不作为原则上不是“不法侵害”

一个值得讨论的问题是,对于单纯不履行民事债务的不作为能否实行正当防卫?这一问题在理论上存在争议。具体而言,我国学界主要有以下两种观点:一是否定说,认为对单纯不履行民事债务的不作为不能进行正当防卫。二是肯定说,认为对于单纯不履行民事债务的作为可以实行正当防卫。

肯定说的论者主要有以下理由[④]:(1)正当的强制与自由权利如影随形,符合普遍法则的自由权利必然使得捍卫自身的强制行为合法化,而不能通过合法的强制行为加以维护的,就不称其为自由权利。基于正当防卫的规范目的,既然民事请求权也是权利人所享有的正当权利,就理应可以以强制方式予以执行。在国家不能及时介入的场合,允许权利人采取措施防卫自己的民事权利,正是正当防卫制度的题中应有之义。(2)公力救济的可能性并不排斥正当防卫权。在对不履行民事债务的债务人进行防卫时,需对防卫行为的必要限度进行更为严格的审查,而不能据此否定成立正当防卫的可能性。即便在民事关系中,也难以认为权利人必然能够通过国家的公力救济后实

① 参见[日]山口厚:《刑法总论》(第3版),付立庆译,中国人民大学出版社2018年版,第117页。

② 参见张明楷:《正当防卫的原理及其运用——对二元论的批判性考察》,载《环球法律评论》2018年第2期。

③ [德]克劳斯·罗克辛:《德国刑法学总论》(第1卷),王世洲译,法律出版社2005年版,第450页。

④ 参见王钢:《论正当防卫中不作为的不法侵害》,载《法学》2020年第2期。

现债权。(3)民法自助行为赋予权利人救济债权的手段非常有限，不能完全满足权利人保护自身正当权益的诉求。(4)权利人事后能够获得补偿这一点，也不构成否定其防卫权的理由。正当防卫制度原本就并不关心被侵害人事后是否能得到足够的补偿或赔偿、是否能恢复其受到侵犯的法益，而是旨在事前制止不法侵害行为，据此预防对合法权益的损害并向国民彰显自由权利的界限。

本文认为，肯定说的见解难以成立。首先，如康德所言，"权利是与强制的权威相结合的"，如果在某种程度上，行使自由的本身就是自由的妨碍，那么根据普遍法则，这是错误的，反对这种做法的强迫或强制，则是正确的，因为这是对自由的妨碍的制止，所以权利伴随着强制的权威，对侵犯权利的任何人可以施加强制。① 每一个人拥有强制他人尊重自己行使并不妨碍他人自由的自由。但是，不妨碍他人的普遍自由作为"唯一的原初权利"是不可以让渡和委托的，而"强制他人尊重与维护每个人的普遍自由的权威"是可以让渡和委托的。正是每个公民对于"强制的权威"的让渡和委托而形成了接受这一委托的载体，即国家。② 考虑到国家的强制并不是无处不在的，于是一部分"强制的权威"又通过法律被分配给公民，公民被允许以自己的力量实施这一部分强制，即正当防卫权。这也同时说明了正当防卫权的有限范围。因此，虽然如论者所说的只有通过合法的强制加以维护的才是自由权利，但是由于"强制的权威"已经让渡和委托给国家，便只有国家才能实施这一强制，除国家以外的主体实施的强制并不具有正当性。因此，正当防卫尽管是在国家公力机关不在场的情况下允许公民对抗不法侵害以保护正当权利的手段，但并不是所有的正当权利受到侵害时都可以实行正当防卫。

其次，虽然公力救济的可能性并不排斥正当防卫权，而且从公力救济与私力救济的历史来看，公力救济本来也不可能完全排斥私力救济，私力救济的存在固然具有其合理性，如实效性高、成本低等优势，但在现代法治社会中，私力救济始终是一种补充性的权利救济手段，允许私力救济应当视情况而定，手段越是"凌厉"的私力救济方式的发起就越应当受到严格限制。在保护民事债权时，应当给予国家性法律的保护以优先权，私力救济手段是在国家公权力不能及时介入时的一种补充性的救济方式，这从我国《民法典》对自助行为的规定可以看出。《民法典》第 1177 条规定了自助行为："合法权益受到侵害，情况紧迫且不能及时获得国家机关保护，不立即采取措施将使其合法权益受到难以弥补的损害的，受害人可以在保护自己合法权益的必要范围内采取扣留侵权人的财物等合理措施；但是，应当立即请求有关国家机关处理。"从"情况紧迫""难以弥补的损害""必要范围""合理措施"以及受害人实施自助行为后"应当

① 参见[德]康德：《法的形而上学原理》，沈叔平译，商务印书馆 2009 年版，第 44 - 45 页。

② 参见黄裕生：《自由与权利——论康德的政治哲学》，载《江苏行政学院学报》2005 年第 5 期。

立即请求有关国家机关处理”这些规定,可以看出自助行为的定位是作为公力救济的补充性手段,凸显出国家对自助行为的谨慎态度。“在一个法治社会中,社会为公民提供了足够的法律保护,因此,公民利用自己的力量来实现自己的请求权,即使这种请求权是成立的,也只能是一种例外,而且还有特殊的和极其严格限制的前提条件的约束。”①因此,对于民事债权的实现,应当优先采用公力救济,如果在特殊情况下需要公民使用自己的力量保护民事债权时,这种情况下一般允许自助行为已经足够,更为“凌厉”的正当防卫原则上应当被禁止。

再次,民法赋予权利人救济债权的手段以自助行为的同时又增添了许多限制条件,虽然压缩了债权人通过私力合法实现债权的空间,但这些限制正是考虑到了使用强制手段进行私力救济实现债权的行为会给债务人人身权益带来不必要的损害,以及会对稳定的经济秩序产生冲击。“如果一般情况下都允许人们采取自助措施,那么,法律的安全性就会消失,就会导致公共秩序的极大危险,导致法律和平的消失,最后,它还会凌驾于强权之上”。②

最后,诚如论者所言,正当防卫本不关心被侵害人事后能够得到足够的补偿或赔偿的问题,而是旨在制止不法侵害。但即使承认对单纯不履行民事债务的不作为能够进行正当防卫,恐怕防卫人最关心的还是实现自己的债权,而且只有债权人实现了其债权方能消除债务人对债权人的不法侵害。显然,无论正当防卫的规范目的考不考虑被侵害人事后能否够获得救济,被侵害人的行动的目的始终指向债权的实现。通过事后公力救济的方式通常能够有效实现债权,就不必通过正当防卫这样一种可能造成额外损害的更为凌厉的方式去实现债权。在这里,有必要说明的是,在实现民事债权的手段中,前面我们说公力救济、自助优先于正当防卫,可以通过公权力和自助救济债权时就没有必要实行正当防卫,并不是表明正当防卫是“不得已而实施”的或者“法向不法让步”了,而是“法不得通过不法实现”。债权只是一种请求权,它“仅是民法赋予其的请求债务人履行债务的权利,而非直接剥夺债务人对财物所有权的权利”,③通过强制和暴力实现债权的行为反过来也侵犯了债务人受法律保护的财产法益,也是一种不法的行为。在一个法治社会中,正当的利益只能通过合法的手段实现,侵害债权本来就是一种“不法”,再用另一种“不法”与之对抗,虽然具有目的的正当性,但却缺乏手段的正当性。

---

① [德]卡尔·拉伦茨:《德国民法通论》(上册),王晓晔等译,法律出版社2013年版,第371页。

② [德]卡尔·拉伦茨:《德国民法通论》(上册),王晓晔等译,法律出版社2013年版,第370页。

③ 参见简爱:《权利行使行为的刑法评价——以违法相对论为立场的分析》,载《政治与法律》2017年第6期。

此外,承认对单纯不履行民事债务的不作为实行正当防卫,还会导致诸多问题[①]:(1)打破清偿顺序,扰乱正常法律秩序。例如,在民间借贷合同中,倘若存在多个清偿顺序不同的担保行为,实行正当防卫的担保人可能会侵害具有优先受偿权的担保人的债权,扰乱正常法律秩序。(2)利益分配上引发不公。例如,民间借贷中,如果某一债务人同时对应多个债权人,且各债权人清偿顺序相同时,选择正当防卫救济债权的债权人在完全取回自己的债权后,若债务人剩余财产不足以完全清偿剩余债务,其他债权人就不能得到应受清偿的数额。(3)消解国家暴力和司法公信力、严重破坏社会经济秩序。允许对单纯不履行民事债务的行为进行正当防卫,债权人往往会不愿再进入需要付出更多时间成本和金钱成本的烦琐的诉讼中,而是更青睐于寻求时效性更高、成本更低的私力救济,私力救济将成为民事权利救济的主流。长远来看,国家的暴力被消解在泛滥的私力救济的潮流之中,司法的裁判权被搁置一旁,会导致司法公信力的下降。司法作为维护社会正义的最后一道屏障,一旦被救济权利的私人力量戳得"千疮百孔",那么通过长期的司法建立起来的稳定的社会经济秩序将会功亏一篑。

私力救济的历史演进是一个从积极推崇到合理规制的曲线发展过程,随着暴力在私力状态下的淡化,私力救济制度的理性回归是立法的必然趋势。[②] 在民事债权领域,绕开司法程序以私力救济手段如委托催债公司非法催收债务、暴力讨债等已经引发了一系列重大问题,在此时引入正当防卫,无异于为某些不合法的私力救济手段披上了合法的外衣。因此,笔者认为对单纯不履行民事债务的不作为,应当优先寻求公力救济,特殊情况下可以进行自助,原则上不能实行正当防卫。[③]

二、不作为的不法侵害之"紧迫性"

正当防卫的时间条件,是不法侵害正在进行,是指不法侵害已经开始并且尚未结束。关于不法侵害的开始时间与结束时间的认定,理论上有不同看法,考虑到不作为与作为的构造不同,不作为的不法侵害的开始与结束时间的认定与作为的不法侵害有所差别,还需要专门讨论。

(一)不作为的不法侵害之开始

如何认定不法侵害已经开始,我国刑法理论上有不同看法。具体而言,有以下几种观点:(1)进入侵害现场说。此说认为,侵害者进入侵害现场即为不法侵害已经开

---

① 参见赵忠奎:《债权实现中的私力救济现象研究——以民间借贷纠纷为视角》,载《海南大学学报(人文社会科学版)》2015 年第 5 期。

② 参见沃耕:《民事私力救济的边界及其制度重建》,载《中国法学》2013 年第 5 期。

③ 例外情况下可以实行正当防卫:只有在因战乱、灾害等极端事件导致公力救济可能已完全消失的例外情况下,债权人才能行使正当防卫权直接实现债权。参见陈璇:《正当防卫中公力救济优先原则的适用——以暴力反抗强拆案和自力行使请求权案为例》,载《法学》2017 年第 4 期。

始。(2)着手说。此说认为,不法侵害行为的开始就是不法行为的"着手",正当防卫是在不法侵害着手时进行的。(3)直接面临说。此说认为,不法侵害的开始应该指合法权益已经直接面临不法侵害的侵害危险。具体包括两种情况:一是不法侵害已经着手实行,合法权益正在遭受不法侵害;二是不法侵害的实行迫在眉睫,合法权益将要遭受不法侵害。(4)综合说。此说认为,一般应以不法侵害着手实施为不法侵害的开始,但在不法侵害的现实威胁已十分明显,不实行正当防卫就会立即发生危害社会的结果时,也应认为不法侵害已经开始。① 首先,进入侵害现场说存在缺陷。进入侵害现场并不意味着紧迫的不法侵害已经开始,这是因为:第一,侵害人有可能是进入侵害现场一段时间过后才产生实施侵害行为;第二,侵害人进入侵害现场后实施的侵害行为可能并没有对法益造成紧迫的威胁。其次,着手说、直接面临说和综合说并无本质上的不同。直接面临说将在"不法侵害的实行迫在眉睫,合法权益将要遭受不法侵害"时认为是不法侵害的开始和综合说所谓的"在不法侵害的现实威胁已十分明显,不实行正当防卫就会立即发生危害社会的结果时,也应认为不法侵害已经开始",本质上是没有区别的,可以理解为都要求侵害达到了紧迫性程度的情况。持着手说的学者也认为这种情况下应该认为不法侵害已经着手,可以实行正当防卫。② 因此,可以认为着手说、直接面临危险和综合说都是以实行行为的着手来认定不法侵害已经开始。

问题是,如何判断不作为犯实行行为的着手?对此,刑法理论上也存在争议。一种观点认为,不作为犯的着手时期,不管是真正不作为犯的场合还是不真正不作为犯的场合,都应当被认为是作为义务的发生时期。③ 这一标准可能会导致认定不作为的着手过于提前。例如,在母亲不哺乳婴儿的案例中,如果采用这一标准,母亲第一次不喂奶时就会被认定为着手。另一种观点认为,只有当违反作为义务具有法益侵害的现实危险性时,才能认定为实行着手。④ 本文认为,后一标准具有合理性。

由于不作为犯与作为犯的构造不同,不作为犯是行为人违反作为义务,没有实施法所期待的行为,因此认定不作为犯的实行着手,在考虑我国刑法理论对于实行行为的一般理论的基础时,也必须考虑不真正不作为犯实行行为的特殊性。对于不作为犯的处罚,在真正不作为犯的场合通常没有疑问,成为问题的是对不真正不作为犯的处罚是否违反罪刑法定原则?通说认为处罚不真正不作为犯并不违反罪刑法定原则。因为不真正不作为犯是以不作为的方式实现了通常是由作为方式构成的犯罪,处罚不真正不作为犯的实质根据是这种不作为所引起的法益侵害与作为引起所引起的法益

---

① 参见赵秉志主编:《刑法原理与实务》,高等教育出版社2002年版,第156页。

② 参见陈兴良:《正当防卫论》(第3版),中国人民大学出版社2017年版,第99页。

③ 参见何荣功:《论实行的着手》,载《刑法论丛》2008年第1期。

④ 参见钱叶六:《不作为犯的实行行为及其着手之认定》,载《法学评论》2009年第1期。

侵害具有等价性。立足于此,只有当行为人负有作为义务,并且具有作为可能性,行为人违反作为义务对法益构成了现实紧迫的危险时,才能认定不作为犯的着手,此时才可以对作为义务人进行正当防卫。例如,母亲故意不哺乳出生不久的婴儿的案例,不能一律将母亲作出不哺乳的决定时或者第一次不哺乳婴儿时就认定为不法侵害的开始,而是要判断婴儿的生命健康是否处于紧迫的危险之中。再如,铁路扳道工意图使列车倾覆而不扳铁轨的案例,如果扳道工作出不扳铁轨的决定之时与列车通过之时的时间间隔长达数个小时,也不宜将扳道工作出决定之时就认为不法侵害已经开始。在类似的场合,虽然行为人已经作出不作为的决定,但是对法益的危险还没有达到紧迫的程度。对于不作为的不法侵害的正当防卫,旨在要求义务人履行作为义务以回避结果的发生,并不是要遏制其不法思想。只要义务人在关键时刻履行了作为义务即可,而不需要义务人时时待命。在法益处于紧迫的危险之前的不作为,并没有创设法律所不容许的风险,这时不允许实行正当防卫。因此,判断不作为的不法侵害是否开始,要根据具体情况判断不作为是否对法益造成了紧迫的危险。

(二)不作为的不法侵害之结束

如何认定不法侵害已经结束,我国刑法理论上也有不同观点。具体而言,主要有以下几种观点[①]:(1)结果形成说。此说认为,不法侵害行为结束的时间,应该是不法侵害的危害结果已经实际形成的时间。(2)排除危险说。此说认为,不法侵害的终止应以不法侵害的危险是否排除为其客观标志。(3)不法侵害制止说。此说认为,不法侵害被制止时就是结束时间。(4)具体说。此说认为,对不法侵害的结束时间应具体情况具体分析,没有统一标准。(5)法益侵害不能说。此说认为,法益不再处于紧迫、现实的侵害或威胁之中,或者说不法侵害行为已经不可能(继续)侵害或者威胁法益时就是结束时间。[②] 结果形成说的缺陷在于片面地将物质性结果的出现作为防卫时间终止的标准,此标准不能适用于非结果犯。排除危险说以是否排除不法侵害的危险为标准,没有考虑危险的紧迫程度,因而不合理。不法侵害制止说也有失片面,即使不法侵害的行为被制止,不法侵害的状态仍有可能在继续。具体说的缺陷则是不能形成统一标准,或者是没有标准。笔者赞成法益侵害不能说。因为从不法侵害的本质来说,不法侵害正在进行,就是不法侵害正在对法益造成紧迫的侵害或威胁,如果不法侵害行为已经不可能侵害或威胁法益,通常就可以认定不法侵害已经结束。

以法益是否处于紧迫、现实的侵害之中为标准判断不法侵害的结束时点,对于作为的不法侵害的场合和不作为的不法侵害场合通常没有问题,但是,在不作为的不法侵害的一些特殊场合,认定不作为的不法侵害的结束时点不应过于推迟。对于不法侵

---

① 参见张明楷:《刑法学》(第6版),法律出版社2021年版,第264页。

② 参见张明楷:《刑法学》(第6版),法律出版社2021年版,第264页以下。

害的正当防卫,旨在制止不法侵害以保护法益,但是,在作为的不法侵害中,危险的状态是由不法侵害人亲自创设并支配的,一般只要不法侵害人停止实施积极的作为便可以消除危险、保护法益,而在不作为的不法侵害中,危险的状态是由不法侵害人持续的不作为加以维持并逐渐升高的,制止侵害、保护法益有赖于不法侵害人积极地实施作为义务以避免危害结果发生,一旦这种危险升高到难以避免危害结果的地步,尽管此时仍然存在紧迫的危险,甚至说此时的危险的紧迫性程度更高,也不能再进行正当防卫。例如,母亲故意不哺乳出生不久的婴儿,已经导致婴儿奄奄一息,通过哺乳的方式难以挽救婴儿的生命时,这时虽然婴儿的生命处于紧迫的危险中,也不能通过正当防卫强迫母亲进行哺乳。再如,铁路扳道工意图使列车倾覆而不扳铁轨,在被发现时距离列车经过只有三分钟,但是完成整个扳正铁轨的工作需要花费五分钟,此时不能再通过正当防卫强迫扳道工去扳正铁轨。此外,防卫人实行防卫行为后,不法侵害人履行了作为义务但并没有有效地排除紧迫的危险,在不法侵害人仍有可能排除或减少这种危险时,应当认为紧迫的不法侵害仍在继续,此时防卫人仍可以继续实施防卫行为。

三、对不作为的正当防卫的特殊问题

一个值得讨论的问题是,防卫人在自己具有替代作为义务人履行作为义务从而制止不法侵害的能力时,防卫人对作为义务人实施了防卫行为,这时候能否成立正当防卫?

有一种观点认为,如果他人能够直接防止危害结果的发生,就没有必要进行正当防卫,只有在没有防止危害结果发生的专门技术和能力的情况下,才能实行正当防卫。[①] 应当说这一结论欠缺妥当性。防卫人具有替代履行能力的情况下不允许防卫人进行正当防卫而要求防卫人自己直接实施积极的行为以制止不法侵害,是一种基于经济效益的考虑。因为正当防卫的规范目的是制止不法侵害防止危害结果的发生,如果防卫人本可以通过替代履行就能够轻松地制止不法侵害时,那么防卫人替代履行比实行正当防卫更为经济并且更有效率,就没有必要进行正当防卫。但是,这种情况下要求防卫人替代履行相当于给防卫人施加了作为义务。不作为的不法侵害状态本来是由作为义务人引起的,相应地,法律也只能要求作为义务人履行作为义务以消除危险避免危害结果的发生,将消除由作为义务人引起危险的义务施加给本不具有作为义务的防卫人,缺乏法律规定和实质的根据。第一,不允许具有替代履行能力的人实行正当防卫,相当于给对不作为的正当防卫的成立添加了一个“不得以而实施”的要件,但是我国法律并没有相关规定。这种情况下具有替代履行能力的人以自己的行为制止不法侵害的行为性质应当属于(非正当防卫的)见义勇为,关于见义勇为的立法模

① 参见陈兴良:《正当防卫论》(第3版),中国人民大学出版社2017年版,第77页。

式有“好撒玛利亚人法”和“坏撒玛利亚人法”两种，我国采用的是“好撒玛利亚人法”的立法模式，即通过法律规定公民实施救助行为造成损害的不负赔偿责任，以此鼓励公民实施见义勇为行为。也就是说具有替代履行能力的人不具有法律上的救助义务，其不制止不法侵害并不会承担相应的法律后果。如果此时不允进行正当防卫，会挫伤公民同违法犯罪行为作斗争的积极性，因为基于承担风险的考虑，具有替代履行能力的人极有可能袖手旁观，不利于制止不法侵害。第二，这样做无异于剥夺了具有替代履行能力的人的防卫权，但是为什么相同情况下不具有替代履行能力的人却具有防卫权？具有替代履行能力的人为什么需要向不法让步？这一结论显然违背了“法无需向不法让步”的正当防卫的基本思想，恐怕难以从经济效益的角度获得正当性。既然并没有防卫人替代履行作为义务的实质根据和法律规定，就不应该将作为义务施加给防卫人，反而应当允许具有替代履行能力的人进行正当防卫，以鼓励公民同违法犯罪行为作斗争。

承认具有替代履行能力的人的防卫权后，需要进一步讨论几种具体情况下防卫人能否成立正当防卫。具有替代履行能力的防卫人实施防卫行为，但是不法侵害人没有履行作为义务或者已经答应履行但未来得及履行，因而导致了危害结果的发生；或者不法侵害人正在履行作为义务甚至已经履行完成，危害结果还是发生了。在这些情况下防卫人能否成立正当防卫？有学者认为，应当综合考虑防卫效果和防卫意图。如果不考虑防卫效果容易导致防卫权的滥用，同时在上述情况下，防卫手段从效益上看不够妥当，因此不能认定为成立正当防卫。但是由于防卫人具有防卫意图，防卫行为具有目的上的正当性，让其负刑事责任也不妥当。所以，根据刑法的谦抑性，这些情况下防卫人不能成立正当防卫，但是不负刑事责任。[①] 笔者认为，上述情况下只要防卫行为没有明显超过必要限度并造成重大损害并且具有防止危害结果发生的可能时，就不能以未产生防卫效果为由否定成立正当防卫。防卫效果并不是正当防卫成立的必需要件。在某些场合，即便防卫行为没有产生防卫效果也能阻却其违法性。如果将产生防卫效果作为成立正当防卫的必要要件，会对防卫人提出过于苛刻的要求，背离了正当防卫作为国家赋予公民紧急权的意旨。正如山口厚教授所说：“由于正当防卫行为本身尚未发生防卫效果，以此为理由，就能肯定通过正当防卫对于这样的行为加以阻止，这样就淹没了我们之所以要认定正当防卫的旨趣。”[②]换言之，如果成立正当防卫以产生防卫效果为必需，我们就可以对没有产生防卫效果的防卫行为进行防卫。

另一个值得探讨的问题是，防卫人没有替代履行能力的情况下，在实施防卫行为

---

① 参见赵秉志、刘志伟：《正当防卫理论若干争议问题研究》，载《法律科学（西北政法学院学报）》2001 年第 2 期。

② ［日］山口厚：《刑法总论》（第 3 版），付立庆译，中国人民大学出版社 2018 年版，第 131 页。

前不法侵害人明确表示不会履行作为义务,防卫人仍然实施防卫行为造成不法侵害人损害,但最终不法侵害人没有履行作为义务,导致危害结果发生,此时防卫人是否有成立正当防卫的可能。有学者认为,这种情况也是防卫效果考虑的问题,防卫人不能成立正当防卫。① 本文认为,这种情况不能一概而论,断然否定成立正当防卫的可能性,应当视具体情况而定。在防卫人实施防卫行为前以言语催促的方式劝说不法侵害人履行作为义务,如果不法侵害人仅以言语表示不会履行作为义务,防卫人仍然可以对其实行正当防卫。因为不法侵害人不履行作为义务的言语表示是其实施不法侵害的意志的外在化表现,仅通过言语难以否定不法侵害人继续不作为的意志足够坚定到通过防卫行为也无法扭转的程度,这时进行防卫行为仍然具有避免危害结果发生的可能,即使最终没能避免危害结果的发生,防卫人也能成立正当防卫。但如果不法侵害人经劝说以言语表示不会履行作为义务,并通过一些过激的行为如拿刀以死相威胁、准备工具在防卫人实行防卫行为时顽强反抗等以表示其不作为的决心,这时应当认为不法侵害人的不作为的意志难以通过防卫行为进行扭转,实施防卫行为避免危害结果发生已经没有可能性或者可能性极小,防卫人如果此时实施防卫行为而没有避免危害结果发生的,不能成立正当防卫。

四、余论

成立对不作为的正当防卫,应当在我国正当防卫的成立要件的基础上结合不作为犯理论加以把握。上文主要是从防卫起因和防卫时间两个方面进行的探讨,此外,还需要从防卫意图、防卫对象、防卫限度几个方面进行把握。

在不作为的不法侵害的场合,把握正当防卫的意图条件应当重点把握认识因素。因为防卫认识是防卫意志的前提,没有防卫认识就不能产生防卫意志。在大多数场合,行为人只要认识到了不法侵害正在进行并实施行为加以制止,就能够认定行为人具有防卫意图。只是在少数场合,行为人在具有防卫认识过后,出于保护合法权益的意志以外的其他意志而实施了行为。对于不作为的不法侵害的正当防卫,旨在要求不作为人履行其作为义务以避免危害结果的出现,这要求防卫人对于不作为的侵害的进行、不作为造成法益威胁或侵害的程度、作为义务的存在、保证人地位、作为的可能性、结果避免的可能性具有认识。

防卫对象是保证人,在保证人欠缺作为可能性的场合,不能对其实行正当防卫。例如,即便是肯定了应该哺乳婴儿的母亲的保证人地位,也不能强制要求因身体受到束缚而无法喂养婴儿的母亲履行其作为义务;即便是肯定了应该救助落水的孩子的人

---

① 参见赵秉志、刘志伟:《正当防卫理论若干争议问题研究》,载《法律科学(西北政法学院学报)》2001年第2期。

的保证人地位，也不能强制要求不会有游泳的保证人去游泳救人。

防卫行为必须没有明显超过必要限度造成重大损害。所谓“必要限度”，应以制止不法侵害的合理需要为标准。在不作为的不法侵害的场合，正当防卫的目的实现要依赖于不法侵害人，因此对不作为的不法侵害的正当防卫的防卫手段应当较为严格限制。应当区分法益侵害轻微和法益侵害重大的场合，并注意以下几点：(1)在法益侵害轻微的场合，应优先选择比较缓和的手段进行防卫。如果采用缓和的手段如威胁的方法就能使侵害人有效履行作为义务，就不必对侵害人施加暴力。(2)在法益侵害轻微的场合，如果采用缓和的手段不足以使侵害人有效履行作为义务，则允许对其施加暴力，但施加暴力的程度以能够使侵害人有效履行作为义务的合理需要为标准。(3)在法益侵害重大的场合，可以直接对侵害人施加暴力，但要确保侵害人能够有效履行作为义务。(4)无论是在法益侵害轻微还是法益侵害重大的场合，均不允许对侵害人造成重大人身伤害，即不允许造成侵害人重伤或死亡。因此对不作为的正当防卫不适用我国《刑法》第 20 条第 3 款关于无限防卫权的规定。根据具体情况，对行为人造成重大人身伤害的，可能成立故意或过失犯罪，同时成立防卫过当。

片面帮助犯的法教义学省思

何　强*

【内容摘要】片面帮助犯与我国刑法的共同犯罪制度存在体系不协调的困境，从而有必要针对我国刑法的特殊语境，系统性地解读片面帮助犯，明确其在我国刑法中的法律地位。按照传统刑法理论，从构成要件层面厘清片面帮助犯整体的教义学形象。遵循德日刑法共犯教义学的研究范式，在片面帮助犯的处罚根据上，肯定无论是一般的片面帮助犯，还是正犯化的帮助犯的片面帮助情形，其处罚根据都应当是其行为本身的不法和来自正犯的不法。在片面帮助犯的处罚路径上，通过转换德日刑法话语体系以区分制解读我国刑法的共同犯罪制度，突破我国刑法处罚片面帮助犯的理论和制度障碍，从而完成片面帮助犯处罚路径的建构。

【关键词】片面帮助犯　片面共犯　共同犯罪　共犯教义学

引　言

来源于大陆法系刑法的帮助犯及片面帮助犯概念，在我国刑法的共同犯罪相关条文中并无直接的体现，但片面帮助犯的客观存在，使我国司法实务又必须要面对片面帮助犯。而以从犯认定片面帮助犯的实务做法不仅停留在概念置换的层面，其背后更存在需要系统讨论的实质内涵。以一则实务案件为例：①

林某将被害人殷某拉入 KTV 卫生间强行发生性关系，在林某并未授意的情形下，林某龙主动守在卫生间门口阻拦他人解救，林某强奸既遂。一审法院认为林某龙明知他人强奸而提供帮助，系强奸罪的片面帮助犯，是从犯，构成强奸罪，但依法予以减轻处罚。二审上诉中林某龙以“林某龙与林某之间无共同犯罪的意思联络不构成强奸罪共同犯罪，不成立片面帮助犯”为由，进行抗辩。二审法院审理后，维持原判。

结合我国刑法中的共同犯罪规定，本案的判决结果认定本案强奸罪的片面帮助犯成立，且适用从犯条款，必然有以下三个方面的意涵：其一，对犯罪行为的单方面帮助完全具备刑事可罚性；其二，行为人之间没有共同犯罪的意思联络不阻碍共同犯罪的

---

* 何强，四川大学法学院 2022 级刑法学专业博士研究生。

① 莆田市中级人民法院刑事裁定书，(2017)闽 03 刑终 587 号。

成立;其三,帮助犯或者片面帮助犯与从犯有某种逻辑关联可以等同。可以看出,在我国刑法的共同犯罪制度之下处理片面帮助犯,并不能如德日刑法一般直接认定,而是存在一个从单个概念到整个共同犯罪体系的逻辑转换过程。这种转换过程实际上包含着,我国刑法与德日刑法在理论和制度上的结构性冲突。因此,在我国要想解决片面帮助犯问题,有必要针对当前区别于德日刑法的特殊语境对其进行体系性梳理。

一、片面帮助犯的教义学形象

我国刑法语境下解读片面帮助犯,清晰的教义学形象是讨论的逻辑起点,并且在构成要件外,具有规范性和概念逻辑性的片面帮助犯概念也应当是清晰的教义学形象的一个侧面。

(一)片面帮助犯的概念

1.片面帮助犯的概念逻辑梳理

就片面帮助犯在我国刑法犯罪论体系中的归属而言,由于我国《刑法》总则部分没有帮助犯条款,传统刑法理论通过在实质概念层面把起辅助作用的从犯理解为帮助犯,从而使帮助犯概念可以为现行刑法体系所容纳。[①] 由此,在片面帮助犯的概念体系上形成了“共同犯罪—帮助犯—片面帮助犯”这一概念层级体系。[②] 由此引出片面帮助犯在概念运算层面存在的一个逻辑问题,即帮助犯作为共犯或者共同犯罪的下位概念,自然应当具备共同的属性,同时片面帮助犯本身又具有片面属性,一个概念如何同时具备共同和片面属性?与此相对应的,德日刑法虽然在犯罪参与的体系安排与我国刑法存在差异的情形下,仍能按照以上概念层级进行划分,但是无论是德国刑法犯罪参与体系最上位的概念“参与”,[③]还是日本刑法的“共犯”,[④]都不具有实质内涵,从而使片面帮助犯在共同犯罪体系内的概念层面存在逻辑冲突,成为我国刑法的特有问题。

从词语构造来说,片面帮助犯是“片面 + 帮助犯”,就“帮助”这个词单独来说,词义本身仅描述行为所具有的支援属性,并未包括行为对象的描述。无论是何种行为人还是何种帮助方式,只要是提供支援的行为,不管主客观情形如何,都在帮助的概念范畴内,片面帮助或者片面帮助犯自然也不例外。那么,又应当如何解释前文提出的片面帮助犯与其上位概念共同犯罪的逻辑冲突呢?应当说,这里所指的概念冲突实际上是包含着行为主体双向性的共同犯罪概念和不包括行为主体描述的帮助犯概念之间

---

① 参见高铭暄、马克昌主编:《刑法学》,北京大学出版社、高等教育出版社2019年版,第169–173页。

② 我国刑法领域通常将共犯与共同犯罪在概念上等同,此处的“共同犯罪”可与“共犯”置换。

③ 参见[德]克劳斯·罗克辛:《德国刑法学总论》(第2卷),王世洲译,法律出版社2013年版,第98–99页。

④ 参见[日]山口厚:《刑法总论》,付立庆译,中国人民大学出版社2018年版,第331–335页。

的冲突,换言之,共同犯罪概念包括行为对象和行为属性描述,而帮助犯只描述行为属性。从这个角度来说,共同犯罪与帮助犯并非完全的上下位概念关系,而是一种交叉关系,符合共同犯罪对象描述的帮助犯才是共同犯罪概念的外延。但问题仍然存在,不符合共同犯罪对象描述的片面帮助犯在共同犯罪的概念体系之下如何放置?考虑到刑法概念在纯粹的语言逻辑之外,还具有实质的法律内涵,从而将以上的概念冲突问题导向整体讨论片面帮助犯而需要探讨的法律地位和处罚路径问题。

2. 片面帮助犯的概念内涵

以上讨论的片面帮助犯概念的逻辑冲突并不影响对其进行概念厘定。就帮助犯而言,来源于大陆法系的帮助犯概念即使在有共同理论基础的大陆法系内部,对其概念表述也存在明显差异。如德国刑法侧重于帮助的故意属性;①日本刑法既不对帮助的主观要素进行任何限制,也不使帮助犯代之以从犯;②我国台湾地区刑法对帮助的对象行为提出了实行的要求。③ 可以看出,具有刑法实质意义的帮助犯在概念表述上更加侧重于描述帮助对象,而对帮助行为本身并未着墨更多,同时得出帮助犯概念的争议主要体现在以下两个方面:其一,帮助犯的对象是正犯、违法行为或者故意的违法行为?其二,帮助犯是否应当限定为故意犯?

在法律范畴内界定法学概念,既要遵守概念归纳的一般规律,也要明确法学概念所具有的法律效果赋予功能,④从而使得法律概念的描述应当在抽象性与法律性之间寻求平衡。因此,无论是对帮助犯的对象和帮助犯的本身加入主观要素描述,还是对帮助犯提出必然包含某种结果(如在共同犯罪中起辅助作用⑤)的要求,都是对帮助犯概念进行限定,使得概念表述缺乏抽象性。但由此把帮助犯归纳表述为对正犯的帮助⑥或者促进正犯⑦则需要面对两个直接的问题,即不同于德国和日本刑法,我国刑法并无正犯的规定,以及帮助帮助犯、教唆帮助犯是否属于帮助犯。出于概念的法律性和抽象性考虑,借鉴德国刑法不将帮助犯的对象限定为正犯,同时与我国刑法有明确规定犯罪概念相结合,将帮助犯定义为“对他人实施的犯罪行为予以帮助的”或许更为合理。

---

① 《德国刑法典》第27条第1款规定:“对他人故意实施的违法行为,故意予以帮助的,是帮助犯。”参见《德国刑法典》,徐久生译,北京大学出版社2019年版,第13页。

② 《日本刑法典》第62条第1款规定:“帮助正犯的,是从犯。”参见《日本刑法典》,张明楷译,法律出版社2006年版,第27页。当然,此处的从犯并不同于我国现行刑法和通常意义理解上的从犯,其是帮助犯的另一种表述。

③ 中国台湾地区2006年所谓新“刑法”第30条第1款规定,“帮助他人实行犯罪行为者,为帮助犯”。参见陈子平:《论共犯之独立性与从属性》,载《刑事法评论》2007年第2期。

④ 参见[德]卡尔·拉伦茨:《法学方法论》,陈爱娥译,商务印书馆2003年版,第319页。

⑤ 参见高铭暄、马克昌主编:《刑法学》,北京大学出版社、高等教育出版社2019年版,第171页。

⑥ 参见张明楷:《刑法学》,法律出版社2021年版,第564页。

⑦ 参见周光权:《刑法总论》,中国人民大学出版社2021年版,第368页。

帮助犯之外厘定片面帮助犯概念的另一个部分是如何理解“片面”。在共犯领域讨论共犯的成立，往往是从因果论的角度，要求共犯与最终的正犯结果之间应当具有因果性，并且这种因果性应当是主客观两个层面的因果，从而将共犯行为与构成要件结果之间欠缺主观上的心理因果而仅有客观的物理因果的情形称为片面共犯。① 因此，如果将共犯行为与正犯结果之间具有主客观两个层面的因果性认为是一般的、全面的共犯，那么仅有客观上的物理因果的情形就是特殊的、片面的（不全面）共犯。此外，主观上的心理性的因果关系只是一种结果评价，此种结果体现在行为上则是共犯对正犯通过意思传递引起或者促进实施犯罪的心理②，即从行为这一个侧面来说，片面共犯中的片面是指共犯与正犯之间没有意思联络，并且是包括进行犯罪在内的所有意思交流活动。将此种在片面共犯中的片面投射到片面帮助犯的片面上来，自然就是指帮助者与被帮助者之间没有意思联络。那么从这个角度来看，我国有学者将此种缺乏意思联络的片面概括为帮助者与被帮助者之间缺乏共同故意，③或者概括为暗中提供帮助，④实际上并不能准确揭露出片面的实质内涵。一方面，就缺乏共同故意来说，当帮助者与被帮助者之间存在没有故意内容的意思交流时，比如存在共同行为的交流但没有共同故意犯罪的交流，也是缺乏共同故意，但是将此种具有明显心理因果性的情形称为片面显然不合理。换言之，意思联络比共同故意的范围更广，有意思联络不一定有共同故意，但是有共同故意必定存在意思联络，从而不能以缺乏共同故意来概括片面帮助犯。另一方面，就暗中帮助来说，“暗中”一词作为法律概念的规范性和准确性本身就值得商榷，而更重要的是，暗中帮助可以是缺乏意思联络的单方面帮助，也可以是有过充分交流之后而不让外人知晓的帮助，“暗中”一词同样不能概括片面帮助犯的根本特征。

综合上述对帮助犯和共犯领域的片面内涵的探讨，可以将片面帮助犯的概念归纳为，行为人对他人实施的犯罪行为单方地予以帮助，而行为人之间没有意思联络的情形。

（二）片面帮助犯的构成要件

1. 客观方面要件：帮助行为

按照通常理解，把行为抽象到客观的构成要件层面，片面的帮助犯与一般的帮助犯并无区别，都应当是对“帮助他人实施犯罪”行为进行描述。

帮助犯一般被认为是使正犯实行更为容易的行为，但即使是在刑法意义上，这种描述也不具有构成要件意义。学界对于帮助行为的构成要件描述基本上都是从形式

---

① 参见［日］山口厚：《刑法总论》，付立庆译，中国人民大学出版社2018年版，第362－363页。

② 参见［日］山口厚：《刑法总论》，付立庆译，中国人民大学出版社2018年版，第318页。

③ 参见韩广道：《论片面帮助犯的成立要件》，载《中国刑事法杂志》2002年第1期。

④ 参见田鹏辉：《片面共犯的理论与实践》，科学出版社2013年版，第90页。

与实质两个层面进行,典型的如日本刑法通说所认为的,帮助行为在形式层面隔绝于构成要件之外,在实质层面又融合在实行行为之中(促进其实行),此外,于实行行为而言又不必是不可或缺(如果不可或缺则并不适合以次要地位评价)。[①] 将这种对帮助犯的行为描述进行构成要件拆解,除了帮助行为本身的形式与实质内涵,帮助行为的非构成要件行为性要求帮助犯的成立应以构成要件行为存在为前提,帮助行为对正犯实行的促进作用则要求帮助行为与构成要件行为之间存在因果性。从而得出,帮助犯在客观层面的三个方面要件,即帮助行为、正犯实行以及二者之间应当具有因果性。[②]

在形式和实质内涵两个层面来讨论帮助犯,其形式特征将帮助行为限定在构成要件行为之外,即行为本身如果属于构成要件行为,即使其并不支配整个犯罪事实而仅有帮助作用也不应评价为帮助行为。其实质特征从结果评价的角度对帮助行为提出结果要求,当构成要件行为之外的其他行为参与犯罪,但并未在最终的实质效果作用上于正犯实行有促进时,也不可将其评价为帮助行为。如果是正犯完成实行行为所不可或缺的行为,则超出帮助的作用而走向支配,也不可将其评价为帮助行为。在帮助犯本身的形式和实质内涵解读上学界并无太多争议,争议在于帮助行为衍生出的存在正犯的实行以及对帮助行为提出的因果性要求。

对帮助犯的成立要求、正犯实行的争议在于,此处所指的正犯行为是否应当是完整的构成要件行为,对此似乎可以明确的是,根据通说共犯对正犯的限制从属理论,只要正犯行为能够充实构成要件符合性和违法性这两个阶层上,即使有责性缺失也不阻碍帮助犯成立。随着共犯理论的发展,共犯对正犯的从属程度争议实际上由整体的阶层从属与否,转向了具体的要素从属与否,更直接的就是共犯对正犯在故意要素上是否从属。通常来说,把故意视为纯粹责任要素的结果无价值论者倾向于共犯不必从属于正犯故意,共犯要求的正犯实行仅止于其该当且违法这两个阶层,至于是否有责则无须考虑,故意作为纯粹的责任要素自然不在共犯的从属范围内。[③] 与之相反,行为无价值论者因其在违法要素中加入主观考量,在共犯是否应当从属于正犯故意这个问题上倾向于肯定观点,认为即使共犯对正犯的从属停留在不法阶层而不是责任阶层,但由于存在主观的不法要素,那么故意作为主观不法要素,共犯仍然要从属于正犯。[④]

---

① 参见[日]山口厚:《刑法总论》,付立庆译,中国人民大学出版社 2018 年版,第 333 - 334 页;[日]大塚仁:《刑法概说(总论)》,冯军译,中国人民大学出版社 2003 年版,第 273 页;[日]大谷实:《刑法讲义总论》,黎宏译,中国人民大学出版社 2008 年版,第 402 页。

② 参见张明楷:《刑法学》,法律出版社 2021 年版,第 564 - 569 页;韩广道:《论片面帮助犯的成立要件》,载《刑事法评论》2002 年第 1 期。

③ 参见张明楷:《共犯对正犯故意的从属性之否定》,载《政法论坛》2010 年第 5 期。

④ 参见蔡桂生:《共犯之成立不必从属于正犯故意吗?——兼论故意在正、共犯不法中的意义》,载《当代法学》2021 年第 6 期。

因此，即使在基础理论立场上针锋相对的结果无价值与行为无价值在共犯对正犯的具体的要素从属（故意从属）问题上存在些许不同观点，但在帮助犯成立所依靠的正犯是否应当完整充实各个阶层这一问题上，也存在不必具备的共识。

对帮助犯的成立要求帮助行为与正犯之间存在因果性的质疑主要有两点：其一，对帮助行为提出因果性要求混淆了客观归责和帮助行为本质上是两个不同层面的问题；其二，将帮助犯的因果关系纳入帮助行为中考察，既与通说认为的因果关系从属于危害结果的体系地位相冲突，也无法处理不以危害结果为构成要件要素的举动犯、行为犯。① 然而以上质疑都无法否认对帮助行为提出因果性要求。一方面，客观归责和帮助行为本质确系不同层面的问题，但这个不同层面的问题却并不互相否定；犯罪的本质是法益侵害，将基本构成要件之外的帮助行为评价为犯罪并加以处罚必然意味着其具有法益侵害性；而将不属于构成要件行为的帮助行为作为犯罪评价时在规范层面其也就具备了构成要件行为属性，此时无论是给予客观归责何种理论地位，②在帮助犯的构成要件层面进行因果关系或者客观归责考察也是应有之义。另一方面，如果认为因果关系只存在于结果犯而不应对帮助犯提出因果性要求，则无法处理未遂的帮助，直接导致帮助的未遂与既遂无法区分。③ 事实上，对帮助行为提出实质特征要求时，这种实质内涵必然要求从结果的角度做事后考察，从而自然连带出因果性要求。并且，从限制刑罚过度扩张避免更多的非实行行为受到处罚的角度出发，要求二者之间具有因果性也是合理的。

因此，无论是帮助犯还是片面帮助犯，在客观层面应当具备帮助行为、正犯实行以及以上二者之间具有因果性这三个方面的要件。

2. 主观方面要件：帮助故意

通常所说的犯罪主观方面，在传统刑法理论中被认为应当包括罪过（故意与过失）、目的、动机等，④但由于目的和动机并非犯罪一般所具备的要素，以及通常否定过失帮助刑法地位的理论共识，⑤将片面帮助犯主观方面的讨论限定在帮助故意是合适的。同时结合片面帮助犯中帮助者与被帮助者无意思联络的主观特征，片面帮助犯主观构成要件并不应当包括意思联络，而只应从认识内容与意志因素两个方面讨论故意内容。

---

① 参见张伟：《帮助犯研究》，中国政法大学出版社 2012 年版，第 80－81 页。

② 因果关系理论的客观归责，是实质的构成要件理论的客观归责。参见张明楷：《也谈客观归责理论——兼与周光权、刘艳红教授商榷》，载《中外法学》2013 年第 2 期。

③ 参见张明楷：《刑法学》，法律出版社 2021 年版，第 566 页。

④ 参见高铭暄、马克昌主编：《刑法学》，北京大学出版社、高等教育出版社 2019 年版，第 100 页。

⑤ 参见［日］大塚仁：《刑法概说（总论）》，冯军译，中国人民大学出版社 2003 年版，第 272－273 页；［日］山口厚：《刑法总论》，付立庆译，中国人民大学出版社 2018 年版，第 334 页；王鑫磊：《帮助犯研究——以大陆法系为视角的展开》，吉林人民出版社 2016 年版，第 147 页。

可以明确的是,就具体认识方面的内容来说,应当包括帮助者认识到正犯行为,以及其所进行的帮助行为相对于正犯行为而言具有促进作用,①即我国刑法通说所主张的帮助故意的双重认识。问题在于,两种认识应分别达到何种程度才可认定为具有帮助故意。首先,就帮助者对正犯行为的认识应达何种程度来说,学界共识是无须对犯罪时间、地点及被害人具体身份等非构成要件事实有认识,分歧在于是否需要认识到正犯的基本构成要件。有学者认为帮助犯的故意应当仅限于直接的情形,对于正犯者所实施的构成要件事实行为人应当有直接的认识。② 更多的观点则倾向于不要求帮助者对正犯基本构成要件有认识,只要求帮助者认识到正犯行为人是在实行犯罪。帮助犯的本质是对不属于基本构成要件行为之外行为的扩张处罚,因而其共同性本就欠缺,要求帮助者对正犯构成要件有高度认识与其扩张处罚本质相冲突。至于有学者主张借鉴英国刑法判例确定的要求从犯认识到他人实施犯罪的类型这一犯罪类型规则,③则实无必要,一方面是类型划分标准确定困难,另一方面是认识到犯罪类型的本质还是不要求对正犯基本构成要件有认识,额外增加犯罪类型认识反而不必要地增添了判断难度。在认为一般帮助犯的帮助故意中对正犯行为的认识仅限于认识到正犯实行犯罪时,对于缺乏意思联络的片面帮助犯故意更不应当提出超过此种认识程度的标准。其次,就帮助者对正犯促进作用的认识来说,日本学者主要是从处罚"未遂的帮助"的角度肯定帮助者应当具有对正犯促进作用的认识,④然而当在构成要件的客观层面对包括片面帮助犯在内的帮助犯提出因果性要求时,在主观层面必然对应着对这一因果关系的认识,以及如果不要求对正犯促进作用的认识则存在故意认定漏洞,比如明知他人犯罪却认为自己的行为没有帮助作用,但事实上对犯罪起到了促进作用,这种因未认识到自身行为的危害性本应属于过失却被评价为故意。因此,应当肯定对片面帮助犯故意内容的促进认识要求,肯定片面帮助故意在认识层面也应具备双重认识。

在帮助故意的意志因素方面,争议主要在两个方面,其一,意志因素的希望或放任对象在正犯实行之外时还是否应当包括正犯结果;其二,是否应当将帮助故意限于直接故意。⑤ 就帮助故意的意志对象争议来说,当认为帮助故意对正犯行为的认识程度

---

① 比如日本学者前田雅英认为,"在帮助中,作为故意,必须认识到使得正犯行为变得容易"。日本学者大塚仁认为,"从犯故意是表象正犯者的实行行为,而且,表象认容帮助者自身的行为使正犯者的实行行为容易进行"。我国学者周光权认为,"帮助故意具有双重性,即一方面,帮助犯必须知道他人在实行犯罪;另一方面,帮助犯知道自己的行为会给他人的实行行为提供便利或者心理支持"。参见[日]前田雅英:《刑法总论讲义》,曾文科译,北京大学出版社2017年版,第287页;[日]大塚仁:《刑法概说(总论)》,冯军译,中国人民大学出版社2003年版,第272页;周光权:《刑法总论》,中国人民大学出版社2021年版,第370页。

② 参见刘凌梅:《帮助犯研究》,武汉大学出版社2003年版,第65页。

③ 参见张伟:《帮助犯研究》,中国政法大学出版社2012年版,第96页。

④ 参见[日]大塚仁:《刑法概说(总论)》,冯军译,中国人民大学出版社2003年版,第272页。

⑤ 参见张伟:《帮助犯研究》,中国政法大学出版社2012年版,第100-102页。

只需要达到对正犯实行的认识时，作为建立在认识内容基础上的意志因素，[①]自然无法提出追求结果的要求。至于把帮助故意限于直接故意实无必要，无论帮助者或者片面帮助者就其帮助行为促进正犯实行持放任态度，还是间接故意与直接故意对法益保护消极否定的共同本质，[②]都使得将间接故意排除在帮助故意之外，缺乏合理性。

二、片面帮助犯的处罚根据

（一）片面帮助犯的处罚原理

刑法处罚共犯本质上是处罚的扩张，无论何种刑法理论体系都必须要回答处罚基本构成要件行为之外的共犯行为的理由。作为共犯类型之一的片面帮助犯，同样如此。同理，刑法理论出于对处罚共犯的不同回答发展出的共犯处罚根据理论也适用于回答片面帮助犯的处罚根据。但片面帮助犯区别于一般共犯的特殊性，也使得有必要从片面帮助犯的角度重新梳理审视共犯处罚根据理论。

共犯处罚根据在德日刑法理论中大致有三种，责任共犯论、不法共犯论和因果共犯论。就责任共犯论而言，该理论之下处罚共犯在于其行为人制造了犯罪人，行为的法益侵害效果通过制造的犯罪人来间接实现。[③] 但且不说责任共犯论所面临的诸多批评，导致其几乎没有得到支持，[④]就其不能解决片面帮助犯的处罚依据来说，该观点在本文也无法得到支持。原因有二，其一，责任共犯论之下处罚共犯在于其行为人制造了犯罪人，此种观点在教唆犯这种犯意引起的场合或许能够适用，但是在帮助犯，尤其是片面帮助犯场合，无论是从形式侧面还是实质侧面都很难讲是正犯由帮助犯引起；其二，责任共犯论必然使得在共犯成立的从属问题上采取极端从属说，要求共犯的成立需要正犯充足从不法到有责的全部阶层，而要求共犯对正犯的从属是客观、主观层面的全面从属，则会极大地压缩共犯的成立空间，对于主观层面故意从属性缺乏的片面帮助犯自然也会被压缩。因此，即使仅就片面帮助犯而言，责任共犯论也并不值被提倡。

通过对责任共犯论修正而来的不法共犯论，将共犯处罚根据从犯罪人的制造修正为不法行为的制造，除了将共犯对正犯的从属限制在构成要件符合性和违法性层面而不必充足所有阶层外，其他方面的主张与责任共犯论并无太大区别。[⑤] 相应地，在其无法为片面帮助犯提供可罚性支撑上，自然面临同责任共犯论一样的批评，此处不再

---

① 参见高铭暄、马克昌主编：《刑法学》，北京大学出版社、高等教育出版社 2019 年版，第 105 页。

② 参见张明楷：《刑法学》，法律出版社 2021 年版，第 334 页。

③ 责任共犯论的经典表述为，“正犯实行了杀人行为，教唆犯制造了杀人犯”。参见张明楷：《刑法学》，法律出版社 2021 年版，第 548 页。

④ 参见［日］山口厚：《刑法总论》，付立庆译，中国人民大学出版社 2018 年版，第 308 页。

⑤ 参见周光权：《刑法总论》，中国人民大学出版社 2021 年版，第 357 页。

赘述。应当说,不法共犯论在共犯的从属性问题上较于责任共犯论有所缓和,但是这种缓和只是形式上的缓和,在绝对的违法连带性之下共犯成立的空间仍然是被压缩的,具有明显法益侵害的片面帮助行为会因正犯行为不具有违法性而欠缺可罚性,显然不具有合理性。

对于责任共犯论和不法共犯论的否定,究其原因在于,二者都将共犯的可罚性视为对正犯可罚性的借用,这种在理论层面将对法益的侵害结果和共犯的行为之间原本紧密的关系隔绝开来,并且基于此产生出的共犯可罚性理论,[①]既不满足犯罪侵害法益的根本属性,也在片面帮助犯这个问题上,同样无法合理解释部分行为的可罚性,从而将共犯处罚根据导向因果共犯论。

因果共犯论(惹起说)认为,处罚共犯在于其惹起了正犯的侵害法益的事实,在此种理论观点的内部,对共犯与正犯在不法是不是相互彼此独立的这个问题上,其回答不同又产生了包括纯粹惹起说、混合惹起说和修正惹起说在内的三种理论分歧。[②]

纯粹惹起说之下,之所以处罚共犯在于其惹起了侵害法益的结果,并且这种对法益侵害结果的惹起在违法性上与正犯没有必要的联系。从这个角度出发,共犯与正犯的不法相互独立,共犯处罚与否仅取决于共犯与最终不法结果之间是否具有因果关系,这就使得在整个共犯判断过程中正犯仅具有连接共犯与结果的事实意义。[③] 纯粹惹起说的这种构造最终在理论效果上导致架空了对正犯的构成要件的判断,使得无须经过正犯即可确定共犯,从而能够直接肯定片面帮助犯的可罚性。然而,这种脱离构成要件的共犯判断与发端于构成要件理论的共犯论根本上相矛盾。脱离正犯不法的共犯不法,必然导致共犯可罚性的无序扩张,使得纯粹惹起说面临背离罪刑法定原则的质疑。[④] 因而,即使纯粹惹起说能为本文所支持的片面帮助犯可罚提供理论支撑,但是这种放弃罪刑法定原则而无序扩张的共犯可罚性理论也并不可取。

修正脱离正犯不法的纯粹惹起说得出修正惹起说,将共犯的处罚根据归结于其参与正犯而间接引起法益侵害。因此,共犯的不法完全不独立而是来自正犯,对共犯的处罚与否取决于正犯是否不法,正犯违法则共犯当然违法。[⑤] 不难发现,在绝对的违法连带性之下,即使修正惹起说与不法共犯论的理论基础不同,但最终的理论效果却走向一致,以否定不法共犯论的理由同样可以用来否定修正惹起说。

在共犯与正犯的不法这个问题上,全面地肯定或者否定正犯与共犯的不法是连带

---

① 参见钱叶六:《共犯处罚根据再思考》,载《环球法律评论》2021 年第 1 期。

② 参见张明楷:《刑法学》,法律出版社 2021 年版,第 548 页。

③ 参见钱叶六:《共犯处罚根据再思考》,载《环球法律评论》2021 年第 1 期。

④ 参见[日]高桥则夫:《共犯体系和共犯理论》,冯军、毛乃纯译,中国人民大学出版社 2010 年版,第 121 页。

⑤ 参见钱叶六:《共犯处罚根据再思考》,载《环球法律评论》2021 年第 1 期。

的,都不可取时,必然走向处于中间的位置的混合惹起说,将共犯的不法归结于来自正犯的不法及其本身的不法。具体而言,共犯的固有不法和来自正犯不法的从属不法混合构成了共犯的不法。① 整体而言,混合惹起说相较于纯粹惹起说坚持了在构成要件范围内讨论共犯的可罚性,相较于修正惹起说坚持了作为犯罪同样的法益侵害本质,释放了对共犯可罚的不合理压缩,明显具有合理性。因此,跟随德日刑法理论的主流观点②在基于构成要件理论的共犯论范畴内,从混合惹起说为片面帮助犯的可罚性寻找理论支撑是合理的。

(二)帮助行为正犯化下的处罚根据问题

1. 问题提出

对于刑法分则没有明文规定的共犯通过基于构成要件理论的共犯论明确其处罚根据,是可行的。但因刑法分则明确规定,而使得作为共犯的帮助犯独立成为正犯,原本依靠共犯理论对其进行有限评价的帮助犯,此时直接根据分则条文规定的犯罪构成进行定罪处罚。对于此类被正犯化的帮助犯,其成立和处罚不依赖于正犯,对应的片面帮助犯的成立和处罚空间完全存在。但就理论层面而言,正犯化的帮助犯在处罚根据上至少存在以下疑问。

正犯化后的帮助犯成立不要求正犯行为该当构成要件且不法,并且此时被正犯化的帮助犯的不法不是源于共犯的独立性说,而是其本身符合分则条文规定的构成要件,处罚根据是罪刑法定原则。然而,即使抛开共犯理论,也存在逻辑悖论导致被正犯化的帮助犯的刑事可罚性存疑。比如,刑法分则将容留吸毒和卖淫的行为规定为犯罪,其中吸毒和卖淫行为并非刑法规定的犯罪行为,此种帮助他人进行不具有法益侵害性的行为(吸毒或卖淫)却被认为具有法益侵害性应如何解释。

2. 帮助犯正犯化的三种解释路径

对于帮助犯正犯化或者说更广义的共犯正犯化的解读,我国学界大致有三种思路,即量刑规则说、最小从属性说以及法益理论说。

首先,所谓量刑规则说,是指刑法分则规定的特殊帮助犯条款并非将原本的帮助行为升格为正犯,只是对该帮助犯的处罚做特别规定。具体而言,在此情形之下,帮助犯依然是帮助犯,该条款存在的意义只是表明原本作为共犯的帮助犯在处罚原则上从总则的从犯条款独立出来。③ 比如,分则直接规定的对信息网络犯罪活动这一类犯罪

① 参见[日]高桥则夫:《共犯体系和共犯理论》,冯军、毛乃纯译,中国人民大学出版社 2010 年版,第 126 页。

② 参见陈洪兵:《共犯处罚根据论》,载《刑事法评论》2008 年第 2 期。

③ 参见张明楷:《论帮助信息网络犯罪活动罪》,载《政治与法律》2016 年第 2 期。

行为的帮助独立成罪,就是量刑规则,①本罪成立的实质要件仍然要求客观上帮助行为存在、帮助对象(信息网络犯罪)实行以及主观上具有帮助的故意。只是基于网络共同犯罪的行为方式的复杂性、强隐蔽性以及主观共同故意认定的困难性,导致往往无法认定帮助犯,②从功利主义的角度,通过该条文缓和在网络共同犯罪中对正犯的认定要求,降低帮助犯的入罪门槛,而根本上仍是从帮助犯的角度考虑本罪。因此,即使是分则条文直接规定了的帮助犯,本质上仍未取得正犯地位,其处罚根据只是形式上来源于分则条文(罪刑法定原则),实质上仍应用共犯理论(混合惹起说)诠释。但同时针对确实存在的无须正犯实行即可成立的帮助犯(如帮助恐怖活动罪),量刑规则说论者也承认确实存在完全被正犯化的帮助犯,③对于这部分被正犯化的共犯,量刑规则说并不能回答上文提出的处罚根据问题。

其次,所谓最小从属性说,其思路源于我国刑法将原本的帮助犯独立成罪,更多的是出于对某些犯罪的特殊性打击犯罪的需要,在帮助犯的认定上降低对正犯认定标准,④而此种放宽共犯对正犯的从属以达到对共犯的扩张处罚思路,内在契合了日本学者提出的,存在正犯不具有不法的同时,共犯反而可以具有不法(如不具有防卫意思者以伤害的故意教唆他人正当防卫),即为共犯违法提供合理性依据所提出的最小从属性说;⑤以此种不法可以不需要同时具备为出发点,在共犯的从属性这个问题上,自然可以得出,共犯对正犯的从属不需要充实到该当构成要件和违法的程度,而只需对构成要件符合性从属,即作为共犯的成立前提,正犯实行只需要该当构成要件即可,而不必一定要具有违法性。⑥ 以帮助信息网络犯罪活动罪为例,通说的限制从属性说无法解释本罪作为帮助犯却在罪名独立之后内含着不必要求正犯(相应的网络犯罪)完全成立,那么以最小从属的观点将原本对正犯的要求从实行且违法缓和到(网络犯罪的)实行行为存在即可,以此解释本罪的合理性更为妥当。

最小从属性说放弃了在违法性上对共犯从属于正犯的要求,也就意味着必须对限制从属性说的理论基础混合惹起说进行修正,即所谓的新混合惹起说,将共犯的处罚

---

① 参见黎宏:《论"帮助信息网络犯罪活动罪"的性质及其适用》,载《法律适用》2017 年第 21 期;张明楷:《论帮助信息网络犯罪活动罪》,载《政治与法律》2016 年第 2 期。

② 参见赵秉志主编、全国人大常委会法工委刑法室编著:《〈中华人民共和国刑法修正案(九)〉释解与适用》,人民法院出版社 2016 年版,第 165 页。

③ 参见张明楷:《论帮助信息网络犯罪活动罪》,载《政治与法律》2016 年第 2 期;张明楷:《协助组织卖淫罪的重要问题》,载《中国刑事法杂志》2021 年第 5 期。

④ 比如帮助信息网络犯罪活动罪。参见最高人民法院、最高人民检察院《关于办理非法利用信息网络、帮助信息网络犯罪活动等刑事案件适用法律若干问题的解释》第 12 条。

⑤ 参见平野龙一『刑法總論Ⅱ』(有斐阁,1975 年)358 頁参照。

⑥ 参见王昭武:《论共犯的最小从属性说——日本共犯从属性理论的发展与借鉴》,载《法学》2007 年第 11 期;阎二鹏:《从属性观念下共犯形态论之阶层考察——兼议构成要件符合形态论之提倡》,载《法学论坛》2013 年第 4 期。

根据归结于,其引起相对其本身能该当构成要件且具有违法性的结果。[①] 此时即使仍然要求此种结果也应当是正犯行为的结果,但是此时的这种对正犯的要求仅具有形式意义,正犯行为的法益侵害与否与共犯行为没有实质关联,共犯的违法性在于其本身的法益侵害性而与正犯的法益侵害性无关,正犯在此过程中只是充当了共犯实现法益侵害的中介,并且构成要件本身很难说只具有形式意义,其实质的违法侧面在构成要件判断时不容忽视。[②] 因此,新混合惹起说背离了混合惹起说的基本立场,实质上走向了纯粹惹起说,即使其可为正犯化的帮助犯及对应的片面帮助犯提供处罚根据。但如同纯粹惹起说一样,其可能导致共犯可罚性的无序扩张,必然面临背离罪刑法定原则的质疑,合理性存疑。

最后,无论是量刑规则说试图在坚持传统共犯教义学诠释帮助犯正犯化实践,还是最小从属性说试图在修正共犯教义学的基础上合理化帮助犯正犯化问题,其诠释结果的说服力都欠缺时,另一种可行的办法则是放弃共犯教义学,在更广阔的刑法教义学范围内诠释共犯正犯化。在刑法的谦抑处罚本能之下、共犯教义学之外探讨(原本的共犯)行为的可罚性,作为探讨犯罪本质的法益理论自然是最亲近的选择。因此,帮助犯正犯化或者共犯正犯化的讨论从共犯论转向法益论。从法益理论出发、以类型化思考,依据帮助行为的法益侵害类型,对我国刑法分则中的正犯化的帮助犯进行类型划分,[③]从而事实上将正犯化的帮助犯的处罚根据归结于帮助行为本身的法益侵害危险性,只是不同类型的正犯化后的帮助犯其法益侵害危险类别有差别。

以法益理论解读共犯正犯化有其理论意义也能够一定程度上实现其预设的理论效果,但结论同样存疑。在笔者看来,以此种方式诠释共犯正犯化最需要回答的一个问题便是,传统共犯教义学尤其是因果共犯论从不否认共犯行为本身应当具有法益侵害性,[④]作为多数观点的混合惹起说把共犯的可罚性归结于共犯本身不法和从属于正犯的不法,当把不法在法益论的角度视为法益侵害时,[⑤]那么越过共犯论直接从法益论寻找正犯化共犯的处罚根据,其必要性何在?此外,法益论仍然不能回答前文提出的,在共犯正犯化的场合如何解释对不被认为是对法益侵害的行为(如卖淫和吸毒)的促进却反而可罚?

3. 诠释帮助犯正犯化对共犯理论的坚持与缓和

德日刑法理论对于共犯不法是否存在独立地存在于正犯之外的讨论,衍生出在共

---

① 参见王昭武:《共犯处罚根据论的反思与修正:新混合惹起说的提出》,载《中国法学》2020年第2期。

② 参见邓毅丞:《共犯正犯化背景下的从属性困境及理论应对》,载《中外法学》2019年第3期。

③ 参见熊亚文:《从共犯论到法益论:帮助行为正犯化再审视》,载《法学》2021年第8期。

④ 参见张明楷:《刑法学》,法律出版社2021年版,第549页。

⑤ 当然在不法(或者说违法性)的本质上存在行为无价值和结果无价值的对立,此处存在观点选择不涉及观点争论。

犯不法上存在一种相对性的观点,承认共犯在不法上具有相对性也就意味着对通说的共犯理论的颠覆,包括共犯处罚根据的混合惹起说、延伸自混合惹起说的限制从属性说,而通常对于共犯与正犯之间“不法是连带的,责任是个别的”[①]关系的理解自然也不再适用。尤其是在我国刑法分则存在不需要依赖于正犯不法的(正犯化了的)帮助犯的现实之下,跳出传统共犯理论诠释这一部分帮助犯似乎极具现实意义。因为,依据罪刑法定原则,可以直接得出这样的结论,即当帮助犯被刑法分则所规定,那么该行为就不应被视为依附于正犯行为的帮助犯,而是独立的正犯。[②] 作为独立的正犯,即使其分则条文仍然包括帮助、资助、协助等用语,其意义也止于对该正犯行为的构成要件描述。在此种前提之下讨论正犯化后的共犯的处罚根据,原本作为共犯的处罚根据自然转向作为正犯的处罚根据,即是刑法将该行为规定为犯罪的原因,落入犯罪本质的学说争议,[③]前文所述的“以法益理论解读共犯正犯化”则是一种选择。但是将正犯化的共犯直接视为完全的正犯,不仅仅是意味着对共犯教义学的放弃,此种立场的贯彻走向的也不是共犯独立性说,而是实质走向单一正犯体系,放弃区分正犯与共犯。[④]当原本作为共犯的行为因分则的直接规定而被视为正犯时,正犯行为与共犯行为的界限消失。这与主张从纯粹的因果关系角度看待共犯问题的单一制没有本质区别。[⑤]更加现实的问题是,越过共犯理论解读共犯正犯化并不能合理理解上文对部分共犯正犯化的处罚根据的质疑。

否定通过放弃共犯教义学来解读正犯化的共犯也并不意味着能够直接回归到通说的共犯教义学,如前所述,严格坚持混合惹起说及其衍生出的限制从属性说不仅导致将原本作为定罪标准的分则条文异化为“量刑规则”,而且当量刑规则无法完全概括所有的共犯正犯化条款时必然面临承认被完全正犯化的共犯,事实上无法做到对传统共犯教义学的彻底坚持。再结合越过共犯教义学解读共犯正犯化可能导致共犯体系的崩塌,似乎可以得出这样一个结论:即使是共犯正犯化仍然需要遵守共犯教义学,但是必须对通说的共犯理论进行修正。比如,前文所述中提出的新混合惹起说用来修正混合惹起说作为通说的共犯处罚根据,在此基础上,进一步用最小从属性说取代作为通说理论的限制从属性说。然而,最小从属性说放弃共犯对正犯不法的从属,一方面,这种事实上背离了传统共犯教义学“违法是连带的”这一基本原则,从而使其在是

① 张明楷:《共同犯罪的认定方法》,载《法学研究》2014 年第 3 期。

② 参见刘艳红:《网络犯罪帮助行为正犯化之批判》,载《法商研究》2016 年第 3 期。

③ 参见周光权:《刑法总论》,中国人民大学出版社 2021 年版,第 6 – 8 页。

④ 参见王兵兵:《“共犯正犯化”立法质疑——以帮助信息网络犯罪活动罪的增设为视角》,载《苏州大学学报(法学版)》2017 年第 1 期。

⑤ 参见刘明祥:《论中国特色的犯罪参与体系》,载《中国法学》2013 年第 6 期。

否坚持共犯论上存在质疑；[①]另一方面，放弃了对正犯不法的要求会使得，在如何回答对不被认为是对法益侵害的行为（如卖淫和吸毒）的促进却反而可罚这一问题上，依旧存在疑问。

通过梳理我国刑法分则中的共犯正犯化立法例，可以发现，被正犯化的共犯基本上其原本作为共犯对应的正犯同样都规定在刑法分则中，即使少部分被正犯化的共犯其对应正犯未被规定为犯罪，也因被规定在治安管理处罚法中而可被视为广义的犯罪。[②] 从立法机关的立法目的来看，将某些帮助犯独立成罪是考虑司法现实打击犯罪的目的，通过降低对正犯成立的要求来降低对应帮助犯的入罪标准，[③]这也能表明即使是在立法层面，立法机关也并未放弃独立成罪的共犯对正犯不法的从属，以及在应然层面刑法不应当处罚对不具有刑事违法性的行为的促进（帮助或教唆），那么又可以得出这样的结论：即使是对传统共犯教义学的修正，也不应放弃共犯对正犯不法的从属。此种对共犯从属正犯不法的坚持不应被视为教条主义的保守，而是由共犯在应然与实然两个层面的特性决定的，即刑法并未处罚对不具有刑事违法性的行为的促进（帮助或教唆），刑法也不应处罚对不具有刑事违法性的行为的促进（帮助或教唆）。在此意义上，即使存在共犯正犯化现实，也应当坚持共犯处罚根据的混合惹起说。具体而言，即使是被独立成罪的共犯，其处罚根据也应当来自其固有不法和从属于正犯的不法。

共犯正犯化在客观上产生了降低共犯成立对正犯的要求的事实效果，这必然使得需要缓和原本的限制从属观点。但通过前文分析可以看出，对构成要件和违法性从属的缓和走向共犯独立性说，事实上有滑落至单一制的危险，对违法性从属的缓和使得限制从属性说退到最小从属性说，二者均不可取。这一点在我国刑法中反而能够得到合理解决，我国刑法区别于德国和日本等国，在犯罪构成中除了对行为性质考察外，还包括量的成分，也就是通说的犯罪概念的定量因素，[④]这就使得在我国刑法体系内坚持对正犯违法性的从属前提之下，存在从犯罪的量的角度降低共犯成立对正犯罪量要求的可能。[⑤] 将共犯对正犯构成要件和违法的从属从满足犯罪构成要件的程度缓和到具有整体法秩序意义上的规范悖反，仍然要求共犯从属于正犯的不法，但此时的不法不要求满足构成要件的不法而只需满足对整体法秩序的悖反，从而具有抽象的法益

---

① 参见谭堃：《共犯的限制从属性说之坚持——以共犯违法相对性的扩张为视角》，载《法律科学（西北政法大学学报）》2019 年第 5 期。

② 比如“引诱、容留、介绍卖淫罪”对应的“正犯行为”卖淫行为未被规定为犯罪，但规定在《治安管理处罚法》中，以刑罚与治安处罚并立的二元制裁体系的视角来看，将卖淫行为视为广义的犯罪也未尝不可。参见何显兵：《二元制裁体系视角下“卖淫”新解》，载《法治研究》2019 年第 2 期。

③ 参见喻海松：《新型信息网络犯罪司法适用探微》，载《中国应用法学》2019 年第 6 期。

④ 参见储槐植、汪永乐：《再论我国刑法中犯罪概念的定量因素》，载《法学研究》2000 年第 2 期。

⑤ 参见郭旨龙：《网络犯罪共犯行为的正犯化与定量评价》，载《科技与法律》2014 年第 6 期。

侵害危险即可。

最终在共犯正犯化领域内维持混合惹起说,得出即使是被独立成罪的共犯(包括帮助犯和片面帮助犯),其处罚根据也应当来自其固有不法和从属于正犯的不法。

三、片面帮助犯的处罚路径

(一)片面帮助犯的处罚困境及传统解释路径

1. 片面帮助犯的处罚困境

承接前文对共犯可罚性的探讨,传统共犯教义学从因果论的角度肯定帮助犯的可罚性,即使是我国刑法的共犯正犯化实践使得在正犯化后的帮助犯的可罚性问题上必须对传统共犯理论进行缓和修正,也能够维持被通常理论所认可的混合惹起说(因果共犯论)作为正犯化共犯的处罚根据。作为强调帮助行为与构成要件结果之间仅具有物理因果性的片面帮助犯,理论上具有刑事可罚性自然也是成立的。但理论上的可罚并不能支撑刑法上的能够处罚,至少在我国学界对于能否依据刑法共同犯罪制度处罚片面帮助犯存在争议。[①]

具体而言,我国刑法通常是将帮助犯作为共同犯罪类型来理解的,而共同犯罪在我国一般的社会认知上被视为是多个人共同塑造一个"犯罪作品"的社会现象,同时结合刑法对共同犯罪的概念规定,投射到在构成要件层面上将共同犯罪解读为有着共同实现一个犯罪的意志的两个以上的行为人以各自的方式共同完成了一个符合构成要件的行为,从而区别于单行为主体完成全部行为。[②] 换句话说,在我国语境下,无论从什么角度解读共同犯罪,都必须承认其所内涵的"共同"意蕴,并且这种"共同"还应当是主客观相统一的共同。[③] 那么从这种对共同犯罪的理论认知来看,片面帮助犯这种基于一方对另一方单方面的意思加担而形成的纯粹客观层面的共同犯罪行为,不符合共同犯罪成立所要求的主客观层面的共同,片面帮助犯在共同犯罪范畴内也没有存在空间。

2. 片面帮助犯的传统解释路径

对于共同犯罪,我国传统刑法理论更加注重从整体上讨论共同犯罪的概念和成立要件,即使是传统理论也会讨论共同犯罪的具体类型(包括主犯、从犯、胁从犯和教唆犯),但这种讨论也是在共同犯罪成立之后对整体行为内部各部分的功能性划分。[④] 延续这种共同犯罪整体性思考,在传统刑法的四要件理论之下,从共同犯罪的整体概念出发探讨片面帮助犯在共同犯罪成立要件之内有没有存在空间。这里的讨论集中

---

① 参见王志远:《我国现行共犯制度下片面共犯理论的尴尬及其反思》,载《法学评论》2006 年第 6 期。

② 参见何庆仁:《归责视野下共同犯罪的区分制与单一制》,载《法学研究》2016 年第 3 期。

③ 参见王志远:《我国现行共犯制度下片面共犯理论的尴尬及其反思》,载《法学评论》2006 年第 6 期。

④ 参见高铭暄、马克昌主编:《刑法学》,北京大学出版社、高等教育出版社 2019 年版,第 159－175 页。

在片面帮助犯这种行为人之间没有意思联络的主观情形,能否满足共同犯罪成立应当具有共同故意这一主观方面要件。传统理论主要是通过解释论的方法对共同故意所内含着的意思联络的概念进行扩充来解决这个问题。将意思联络划分为双向和单向两种,[①]那么无论何种形式的意思联络都可以满足共同犯罪成立要求行为人之间具有意思联络,只不过前者是全面的,而后者是片面的。[②] 由此,片面共犯问题即使是在四要件理论内也能够得到妥当解决。

然而,这种片面帮助犯的讨论有从刑法文本的字里行间为片面共犯的存在寻找可能的语义空间之感,研究范式实际上是偏向语言学而非规范刑法学的,难免在直观上给人一种文字游戏的感觉,并且就语义解释本身来说,其结论也并非完全没有疑问。意思联络中存在意思传达与接受的双方,其语义就内含着双方主体的信息互动,又如何存在单向的意思联络呢?更重要的是,此种语义解释方法在日益强调刑法教义学化的当下并不会具有更强的说服力。

以上这种纯粹从传统刑法理论的视角讨论共犯问题在我国刑法学界比较多地出现在20世纪末和21世纪初,随着我国刑法学界深入借鉴吸收德日刑法理论充实我国刑法理论体系的研究模式逐步展开,片面帮助犯解读开始在结合中外两种视角下展开。综合来看,基于我国刑法共同犯罪的体系安排与德日刑法不同,结合德日刑法理论,学界在解决片面帮助犯问题(及其他片面共犯问题)又呈现单一制和区分制两种研究路径。

(二)片面帮助犯处罚路径的构建

1. 以单一制构建片面帮助犯处罚路径之否定

承接上文,在否定了传统理论在四要件体系之下通过语义解释扩大意思联络的内涵来解决片面帮助犯的处罚问题,就意味着面临着走向单一制还是区分制的抉择。所谓单一制,基本观点是在犯罪参与中不区分正犯与共犯,所有提供条件促进犯罪的行为人都是正犯人,犯罪的成立和刑罚的适用都是个别地独立地讨论,[③]单一正犯体系代表立法例为意大利刑法[④]和巴西刑法[⑤]。我国刑法对共同犯罪的概念描述或者范围限定的规定更类似于被公认为单一制的《意大利刑法典》第110条对共同犯罪的规定,以及单一制对于共同犯罪的单独认定模式能够直接解决行为人之间无意思联络的

---

① 参见马克昌主编:《犯罪通论》,武汉大学出版社1999年版,第510、516页。

② 参见田鹏辉:《片面共犯根据论》,载《当代法学》2004年第6期。

③ 参见[日]高桥则夫:《共犯体系和共犯理论》,冯军、毛乃纯译,中国人民大学出版社2010年版,第5-7页。

④ 《意大利刑法典》第110条规定,“当数人共同实施同一犯罪时,对于他们当中的每一个人,均处以法律为该犯罪规定的刑罚。”参见黄风译注:《最新意大利刑法典》,法律出版社2007年版,第42页。

⑤ 《巴西刑法典》第29条规定,“以任何方式共同加工于犯罪的人,根据他们的责任大小,按照法律对该罪规定的刑罚追究刑事责任。”参见《巴西刑法典》,陈志军译,中国人民公安大学出版社2009年版,第13页。

片面帮助犯(及其他片面共犯类型),都使得我国部分学者选择以单一正犯体系解读我国刑法的共同犯罪制度。尤其是对于本文所讨论的片面帮助犯而言,单一正犯体系之下无须借助复杂的教义学阐释即可解决片面帮助犯的处罚问题,对于单一制的倾向似乎也更具有功利性。但本文认为,就目前国内对单一制的讨论来说,单一正犯体系的理论缺陷使得其很难被提倡。

(1)单一正犯体系的基本立场缺陷

就单一制本身的基础理论建构来说,传统的单一正犯体系理论在犯罪参与体系上采取的是形式的单一正犯观点,在此之下,不区分正犯与共犯,所有不同行为形式的参与者均被视为性质相同的共同犯罪人,行为形式区别仅有量刑的意义。[①] 形式的单一正犯体系不区分正犯与共犯的观点,当然受到来自区分制论者对其丧失构成要件的定型机能,[②]进而受到违背依法治国原则的批判。[③] 为了回应上述批评,单一制论者把区分制以构成要件类型区分不同行为形式的思考纳入单一正犯体系中,发展出两种与之相区别的理论观点。第一种,以我国刑法通常对共同犯罪人进行行为类型区分(如区分组织、实行以及帮助教唆等)确实存在于构成要件层面,同时在量刑层面以进行主犯与从犯区分为由,主张我国刑法的犯罪参与体系相较于单纯的形式体系来说,更加倾向于加入了不同参与形态区分思考而体现出构成要件功能的功能单一正犯体系。[④] 第二种,则是对形式的单一制和区分制进行折中,而产生的二元的形式单一正犯体系。具体来说,一方面,刑法在总则部分以"整体行为"评价所有的在形式的构成要件上确有不同的犯罪参与行为,维持其理论的单一制基本立场;另一方面,因为分则条文无法将构成要件之外的教唆和帮助包容评价,所以只能承认分则条文是针对单个人直接犯罪既遂样态的规定,再借助修正的构成要件理论将教唆和帮助概括进分则条文,以实现在单一制体系内对区分制的折中。由此,得出我国刑法的单一正犯体系是"总则部分的形式单一正犯体系+分则部分的正犯与共犯区分体系",这样一种特殊的二元的形式单一正犯体系。[⑤]

但无论是功能单一正犯,还是二元的形式单一正犯,都是通过在单一制体系内加入区分制考量的方式来回应区分制论者的批判,最终理论效果并不理想,也无法回应其被认为存在的缺陷。一方面,功能单一正犯体系论同样受到来自二元的形式单一正犯体系论者的批判,认为在构成要件层面区分行为类型既不影响定罪又于刑罚而言无

---

① 参见刘明祥:《论中国特色的犯罪参与体系》,载《中国法学》2013年第6期。

② 参见谭堃:《单一制正犯体系之质疑——兼论我国犯罪参与体系的归属》,载《法治研究》2013年第2期。

③ 参见江溯:《关于单一正犯体系的若干辩驳》,载《当代法学》2011年第5期;袁国何:《功能单一正犯体系的理论脉络及其检讨》,载《中外法学》2019年第1期。

④ 参见江溯:《单一正犯体系的类型化考察》,载《内蒙古大学学报(哲学社会科学版)》2012年第1期。

⑤ 参见黄明儒:《二元的形式单一正犯体系之提倡——犯罪参与体系问题二元论研究的新思考》,载《法学》2019年第7期。

关轻重，就仅具有形式意义，[①]而无实质内涵。另一方面，二元的形式单一体系论者同样也没有回答其在分则部分加入区分思考的意义，在肯定“整体行为”的概念之下，认为形式的单一正犯体系能够完成构成要件的定型功能不至于损害其明确性之后，仍然引入区分制对构成要件的理解以修正的构成要件概括教唆、帮助行为，似乎也只具有形式意义，并且在“整体行为”之后，又混合进“区分（构成要件）行为”，两次构成要件判断会造成构成要件的认定混乱问题。[②] 当在单一正犯体系内加入区分制思考反而使得单一制体系基本立场混乱时，必然使得单一制论者重新思考应当在坚持单一制基本立场的基础上回应区分制的批评，比如扩充构成要件行为的内涵，将教唆行为、帮助行为乃至预备行为包括在内，同时借助《刑法》第13条但书规定限制单一制可能造成的处罚扩张，[③]来回应区分制对其破坏构成要件定型性而造成处罚扩大的批判。但这种通过扩充构成要件行为内涵和借助额外的刑法条款的方式来限制处罚不当扩张，其实就已经承认了单一正犯体系对构成要件的行为定型功能的破坏，以至于需要扩张在理论上时已有明确限定范围的构成要件的内涵来将原本不在其范畴内的行为概括到内。同时也承认这种构成要件内涵的扩张会带来处罚不当的后果，并且单一正犯体系本身无法解决扩张处罚的问题，从而需要借助《刑法》第13条但书条款来限制可能的不当处罚。最终呈现的效果是，没有在其理论体系内部回应区分制对其破坏构成要件定型机能，从而不当扩大处罚的质疑。

（2）单一正犯体系下片面帮助犯的处罚路径缺陷

在单一制无法回应对其基本立场问题的质疑之外，就本文所讨论的片面帮助犯来说，单一制立场下构建的片面帮助犯处罚路径同样存在诸多疑问。

单一正犯体系之下，所有对最终侵害结果有加工贡献的行为，无论是否在一般理解意义上的构成要件范围之内，都是被视为是正犯行为，其对应的行为人自然就是正犯行为人。[④] 由此，共犯的成立并不依赖于正犯，无须考虑区分制下共犯对正犯不法连带所带来的构成要件的从属性问题，共犯的定罪量刑只取决于参与者的行为（无论行为形式怎样）与最终侵害的因果事实的有无。[⑤] 从而，参与者之间有无意思联络对于犯罪成立并无任何影响，而片面帮助犯本身又强调帮助行为与侵害结果仅存在物理因果，使得在此种体系之下处罚片面帮助犯因不需要考虑共同犯罪成立中“共同”的问题而得到解决。

---

① 参见黄明儒：《二元的形式单一正犯体系之提倡——犯罪参与体系问题二元论研究的新思考》，载《法学》2019年第7期。

② 参见刘明祥：《再论我国刑法采取的犯罪参与体系》，载《法学评论》2021年第4期。

③ 参见刘明祥：《论中国特色的犯罪参与体系》，载《中国法学》2013年第6期。

④ 参见阎二鹏：《扩张正犯概念体系的建构——兼评对限制正犯概念的反思性检讨》，载《中国法学》2009年第3期。

⑤ 参见刘明祥：《单一正犯视角下的片面共犯问题》，载《清华法学》2020年第5期。

但以上思路仍然需要面对《刑法》第25条,依据本条文字面含义,犯罪参与的共同是整体的共同,是犯罪成立从不法到责任所有方面的共同。① 即使单一制立场不需要考虑共同犯罪的共同性问题,本条的存在仍然对其成立提出了行为人之间需要存在共同行为的意思交流的要求,这就使得行为人之间不存在意思交流的片面帮助犯依旧没有存在空间。对此,单一制论者并不试图通过复杂的逻辑运算解释《刑法》第25条为所有的共犯类型寻找解释空间,而是直接承认传统观点认为的,本条规定共同犯罪的成立所要求的多个行为人之间应当是从行为到故意以至于在责任能力等全方位的共同。但在此之外,又提出本条款只是对二人以上共同故意实施犯罪这种较为狭义的犯罪参与类型的规定,②其目的在于突出刑法对此类犯罪的打击力度。因此,本条只是针对二人以上共同故意犯罪这一类特殊的犯罪参与情形的规定。由此,一方面,无须以复杂的解释方法在"共同故意"中寻找所有共犯类型可能的存在空间;另一方面,对于"二人以上共同故意"之外的犯罪参与情形直接以单一正犯体系立场进行处理。③最终,在维持《刑法》第25条原意不变的情形下,以单一制解决片面帮助犯及其他片面共犯类型问题。

将包括片面帮助犯在内的其他不具有共同故意的犯罪参与情形排除在刑法总则的"共同犯罪"章节之外,也就意味着在片面帮助犯场合无法适用总则对从犯进行减缓处罚条款,此时单一制论者需要解决如何维持对片面帮助犯的均衡处罚。同时,在这种情形下,单一制论者仍然需要回应区分制论者对其不借助规范的构成要件理论而可能导致处罚失衡的批判。对此,单一制论者在维持其基本立场的前提之下,引入《刑法》第63条和第13条来实现对片面帮助犯的减轻或者免除处罚,而当存在对犯罪的实现起到决定性作用的片面帮助犯时,则单独评价,并处以与实行犯相当甚至更重一些的处罚,④从而保证对片面帮助犯的处罚不至于失衡。

然而,单一制论者对以上质疑的回应仍然存在缺陷,将片面帮助犯排除在刑法总则规定的共同犯罪之外,意味着无法给予片面帮助犯以从犯身份,即使可以通过其他总则条款在实质上维持对片面帮助犯的均衡处罚,但仍然存在形式上违反罪刑法定原则的问题。应当说,单一正犯体系的理论缺陷使得其在犯罪参与的体系构建上存在诸多难以回应的质疑,并且这种基本立场上的理论缺陷延伸到片面帮助犯的处罚路径上,就意味着单一正犯体系难以值得提倡。

---

① 参见张明楷:《共犯的本质——"共同"的含义》,载《政治与法律》2017年第4期。

② 对于犯罪参与(共犯)的含义概括,可以划分为三个层次:其一,最广义的共犯,指二人以上共同实施犯罪,不论何种犯罪参与类型和主观意识形态;其二,中间意义的共犯,指二人以上故意共同实施犯罪,即我国刑法意义上的共同犯罪;其三,狭义的共犯,仅指帮助犯与教唆犯。参见张明楷:《刑法学》,法律出版社2021年版,第493页。

③ 参见刘明祥:《论犯罪参与的共同性:以单一正犯体系为中心》,载《中国法学》2021年第6期。

④ 参见刘明祥:《单一正犯视角下的片面共犯问题》,载《清华法学》2020年第5期。

2. 区分制视角下片面帮助犯处罚路径之构建

否定了在单一制视角下展开片面帮助犯的合理性,能否当然得出我国刑法理论对共同犯罪的研究要跟随德日刑法共犯教义学理论的结论?而德日刑法的共犯理论来自其各自刑法制度的共犯制度,反过来说,跟随德日共犯理论即意味着我国刑法的共同犯罪制度也要能够与德日刑法共犯制度相契合。

应当明确的是,无论是刑法条文分别规定正犯、共犯,还是刑法理论一般的研究习惯都是就正犯、共犯分别讨论,这实际上就是意味着正犯与共犯本质上是不同的。[①]换言之,正犯与共犯事实上的不同决定了共犯制度及理论要区分正犯与共犯,而非不加区分地整体讨论。犯罪的实体是不法与责任,[②]认为正犯与共犯是两种不同的行为,即指二者在不法与责任的形式和认定路径上是不一样的。在不法层面,无论是从形式上的构成要件标准来看还是从行为的实质作用标准来看,正犯与共犯的不法形式都是不同的,正犯的不法在于直接实现了不法,而共犯的不法从属于正犯,其依赖于正犯的不法而不能够独立存在。[③] 然后在责任层面,不同于正犯的"直接责任"、对自己行为的责任,共犯的责任是"间接责任"、对他人(正犯者)行为的责任。整体上来看,从不法到责任的判断都遵循从正犯到共犯这样一个先后顺序。因此,得出正犯与共犯是本质不同的两种犯罪形式的结论并无问题。[④] 即使正犯与共犯之间确有紧密的关联,也不是否定区分正犯与共犯的理由。由此,反思我国刑法理论大多将数个行为人"共同"犯罪这一现象整体概括为"共同犯罪"加以讨论,并借鉴德国和日本的经验将我国刑法的共同犯罪制度以区分制进行解读,从而在德日刑法共犯理论中解决片面帮助犯及相关共犯问题。

(1)德日刑法共犯话语体系的转换

由于刑法条文差异,我国刑法中并无正犯、共犯规定,那么能否将我国刑法规定的共犯制度解读为区分制,指向的是正犯与共犯能否为我国刑法所容纳。换言之,以区分制解读我国刑法共同犯罪制度涉及对德日刑法共犯相关概念进行转换,把德日刑法中的正犯、共犯概念与我国刑法中的共同犯罪类型——主犯、从犯概念相联结。

这种话语体系的转换主要是共犯人分类标准问题,一般认为正犯与共犯的区分是以行为人参与的犯罪行为是否符合构成要件为标准,其中完全或者部分实施了构成要件所规定的行为的是正犯,实施构成要件行为以外的行为的是共犯。[⑤] 我国刑法却并

---

① 日本学者小野清一郎甚至从伦理和道义的角度认为正犯行为与教唆、帮助行为有着伦理性的、类型性的区别。参见[日]小野清一郎:《犯罪构成要件理论》,王泰译,中国人民公安大学出版社2004年版,第162页。

② 参见[德]乌尔斯·金德霍伊泽尔:《论犯罪构造的逻辑》,徐凌波、蔡桂生译,载《中外法学》2014年第1期。

③ 参见陈兴良:《教义刑法学》,中国人民大学出版社2017年版,第664页。

④ 参见张明楷:《共犯的本质——"共同"的含义》,载《政治与法律》2017年第4期。

⑤ 参见陈兴良:《共同犯罪论》,中国人民大学出版社2017年版,第155页。

不与此类同,而是按照行为人各自行为的不同功能性效果为类型划分的标准,[①]由此,两种共犯体系中正犯、共犯与主犯、从犯在概念上是交叉的。于是有学者提出双层次区分说,对定罪和量刑在构成要件的意义上进行双层次区分,在第一个层次区分正、共犯和组织犯,在第二个层次区分主、从犯,来解决我国的共犯体系的区分制解读问题。[②] 此种观点的不足之处在于,一方面,正犯、共犯与主犯、从犯概念上的交叉关系理解,对于我国刑法的区分制解读意义有限;另一方面,最直接的问题是在构成要件层面认为我国刑法区分正犯、帮助犯和教唆犯并无法律依据,因为我国刑法总则就没有规定正犯、共犯(帮助犯)。因此,想要通过一个中间桥梁来将德日刑法与我国刑法这两种具有完全不同内涵的区分制相联结并不合适。那么,拿掉中间环节直接将正犯等同于主犯,帮助犯等同于从犯(包括胁从犯),再加上我国刑法原本就有的教唆犯,[③]能否使我国的共犯制度回归区分制?不过这种联结仍需借助中间桥梁,但不同于前文提到的"双层区分制"这种对构成要件进行层次划分的体系安排,更合适的是直接在实质的概念层面将两种概念体系等同。具体而言,德日刑法理论对传统的以形式性的构成要件标准区分正犯与共犯进行反思,[④]而发展出以是否支配犯罪行为为标准区分正犯与共犯的实质客观说,[⑤]与我国刑法理论以行为人在共同犯罪中所起的作用大小为标准区分主犯与从犯本质上是相通的。由此,以犯罪支配为核心而实质化的正犯与共犯概念,与原本就从实质角度解读共犯关系的主犯与从犯概念分别对应地合二为一。从而可得出,我国刑法的区分制与德日刑法的区分制只是术语的使用不同,本质是一致的。由此,完成了我国刑法共同犯罪制度向类似德日刑法共犯区分制回归。[⑥]

不可否认,借助在德日刑法中本就存在的实质共犯概念,可将我国的共同犯罪制度与德日刑法犯罪参与体系的术语相联结。但想要借助完整的德日共犯教义学来解决复杂的片面帮助犯及相关片面共犯问题,仍然需要回答我国刑法的共同犯罪条文与德日刑法共犯条文存在的形式差异问题。

其一,德日刑法中并不存在对共犯的概念规定条款,因此,想要将我国刑法的共同犯罪制度解读为区分制,首先需要面对如何解释《刑法》第25条的问题。以上疑问与

---

① 参见高铭暄、马克昌主编:《刑法学》,北京大学出版社、高等教育出版社2019年版,第168-169页。

② 参见钱叶六:《双层区分制下正犯与共犯的区分》,载《法学研究》2012年第1期。

③ 参见杨金彪:《分工分类与作用分类的同一——重新划分共犯类型的尝试》,载《环球法律评论》2010年第4期;周光权:《"被教唆的人没有犯被教唆的罪"之理解——兼与刘明祥教授商榷》,载《法学研究》2013年第4期。

④ 主要是德国刑法中,形式客观说难以使那些虽未实行犯罪但在共同犯罪中起主导作用的行为人受到严厉处罚。参见陈兴良:《教义刑法学》,中国人民大学出版社2017年版,第669页。

⑤ 参见何庆仁:《德国刑法学中的义务犯理论》,载陈兴良主编:《刑事法评论》(第24卷),北京大学出版社2009年版,第241-244页;[德]乌尔斯·金德霍伊泽尔:《刑法总论教科书》,蔡桂生译,北京大学出版社2015年版,第400页;[日]前田雅英:《刑法总论讲义》,曾文科译,北京大学出版社2017年版,第288页。

⑥ 参见何庆仁:《归责视野下共同犯罪的区分制与单一制》,载《法学研究》2016年第3期。

本文针对的片面帮助犯处罚路径直接相关，因为在《刑法》第25条之下，即使将我国的共同犯罪制度作区分制理解，各类共犯也需要满足《刑法》第25条的规定，也就意味着片面共犯这种不具有“共同故意”的特殊共犯类型没有存在空间。因此，为使共犯的讨论最终不受统一共同犯罪概念的限制，还需要借鉴德日刑法不讨论犯罪参与体系的最上位概念并为其赋予构成要件内涵的做法，不把《刑法》第25条理解为对共同犯罪整体概念的规定，淡化其作为共同犯罪概念规定的存在，[①]而结合本条两款规定将其视为强调行为的共同而排除过失参与共同行为成立共犯的规定，即把本条第1款理解为“共同的行为+分散的故意”，[②]或者“一致的行为+各自的故意”，[③]强调共同犯罪中各自行为的故意性质而不需要故意本身就是共同的，将此条款的意义限定在排除过失参与成立共犯。并且这种理解也有德国刑法作对比。德国刑法在规定教唆犯和帮助犯的时候，强调了教唆、帮助需要由行为人故意实施。最终，将共犯理论从统一的共同犯罪制度下解放出来。

其二，在共犯类型条款的解释上，如果按照正犯与帮助犯分别对应地等同于主犯与从犯(包括胁从犯)，那么，正犯与帮助犯就可以分别地对应到我国刑法中的主犯条款和从犯条款，区分制之下的所有共犯类型都可以为我国刑法共同犯罪条款所容纳。[④] 但按照以上观点解读我国刑法相关条文仍然存在以下疑问：首先，德日刑法犯罪参与体系中更重要的“共同正犯”规定并不存在；其次，把主犯条款视为对正犯的规定，而与此同时又认为分则条款也是对正犯的规定，[⑤]若结合德日刑法并不在总则规定正犯，主犯条款则成为无意义的重复；最后，《刑法》第29条只是规定了教唆犯的处罚原则，并未定义教唆犯，[⑥]那么如何理解本条第1款包含的可能被视为主犯的教唆犯和可能被视为从犯的教唆犯，[⑦]以及第2款包含了教唆犯具有的独立性含义明显区别于与德日区分制之下的共犯从属性。[⑧]

由此，以区分制解读我国刑法共同犯罪制度条文时，单纯的概念置换仍然不够。

---

① 参见张明楷：《共同犯罪的认定方法》，载《法学研究》2014年第3期。

② 比如“二人以上共同地故意地犯罪”。参见李强：《片面共犯肯定论的语义解释根据》，载《法律科学》2016年第2期。

③ 比如“二人以上共同在故意犯罪”。参见张明楷：《刑法学》，法律出版社2021年版，第496页。

④ 具体而言，《刑法》第26条是对正犯的规定，第27条和第28条是对帮助犯的规定，第29条是对教唆犯的规定。参见杨金彪：《分工分类与作用分类的同一——重新划分共犯类型的尝试》，载《环球法律评论》2010年第4期。

⑤ 参见周光权：《“被教唆的人没有犯被教唆的罪”之理解——兼与刘明祥教授商榷》，载《法学研究》2013年第4期。

⑥ 参见张明楷：《共犯人关系的再思考》，载《法学研究》2020年第1期。

⑦ 参见高铭暄、马克昌主编：《刑法学》，北京大学出版社、高等教育出版社2019年版，第174－175页。

⑧ 参见刘明祥：《“被教唆的人没有犯被教唆的罪”之解释》，载《法学研究》2011年第1期。

还需要,以总则不必规定正犯为由,把《刑法》第26条视为对共同正犯的规定,[①]以此回应对主犯概念正犯化的质疑;将作为主犯的教唆犯视为共谋共同正犯,作为从犯的教唆犯仍然是狭义共犯意义上的教唆犯,[②]同时将《刑法》第29条第2款解释为被教唆者着手但未既遂以维持共犯从属性,[③]回应对第29条教唆犯条款的质疑。这既弥补我国刑法没有规定共同正犯概念的缺陷,厘清了教唆犯条款所应当包含的两种内涵,也解决了区分制解读我国刑法共同犯罪制度下可能存在的条文理解混乱问题,能够最大限度地忠诚于我国刑法条文,同时实现区分制解读共同犯罪制度。

(2)对可能存在的问题的回应

既然可以将我国刑法共同犯罪体系解读为与德日刑法一样的区分制,那么我国刑法的共犯(包括片面帮助犯)理论也可以如同德日刑法中的共犯基本原理直接从具体的共犯类型展开,无须受统一的共同犯罪概念和传统刑法理论约束,片面帮助犯的处罚也应当如同德日刑法,不存在制度和理论障碍。但仍然有两个问题需要厘清,其一,共犯领域存在的犯罪共同说与行为共同说的争议应当限定在共同正犯领域。其二,我国的区分制建构是借助实质化的正犯、共犯概念完成的,使得我国刑法语境下共犯的具体展开上与德日刑法仍然存在差异。

第一个问题:从共同正犯和狭义共犯的构造来说,将犯罪共同说与行为共同说的争论放置在共同正犯领域更加合适。对于共同正犯,刑法需要回答为什么共同的正犯行为人要对彼此的行为及结果承担责任,而行为人之间的不法与责任都是连带的,所以需要进一步回答共同正犯在什么层面的共同这一问题。但狭义的共犯则不同,在不法的构造上,共犯的不法除了从属正犯的不法外,其行为本身也具有不法。在责任的构造上,共犯者承担责任的原因是共犯行为引起或者促进了正犯行为,共犯者的责任是"二次责任"、对正犯者行为的责任、单向的责任,正犯者不需要对共犯行为承担责任,不存在讨论共犯与正犯在什么层面共同的问题。换言之,狭义共犯不存在共同的问题,只有从属的问题。[④] 如果将犯罪共同说或者行为共同说的共同性问题引入狭义共犯领域,不管何种层面的共同,这种共同性要求反而限制了片面共犯的成立空间。

第二个问题:主要涉及在否定片面共同正犯而肯定片面帮助犯的日本刑法中,将片面共同正犯降格为片面帮助犯进行处理,由此带来其是否妥当的问题。[⑤] 应当说,

---

① 参见金光旭:《日本刑法中的实行行为》,载《中外法学》2008年第2期;张明楷:《共犯人关系的再思考》,载《法学研究》2020年第1期。

② 参见张明楷:《共犯人关系的再思考》,载《法学研究》2020年第1期。

③ 参见周光权:《"被教唆的人没有犯被教唆的罪"之理解——兼与刘明祥教授商榷》,载《法学研究》2013年第4期。

④ 参见张明楷:《共同正犯的基本问题——兼与刘明祥教授商榷》,载《中外法学》2019年第5期。

⑤ 参见刘明祥:《单一正犯视角下的片面共犯问题》,载《清华法学》2020年第5期;[日]山口厚:《刑法总论》,付立庆译,中国人民大学出版社2018年版,第364页。

在我国以实质共犯概念构建的共犯区分制中,此问题更容易理解。具体而言,将片面共同正犯评价为片面帮助犯并非降格处理,反而使其回到本位。在不具有意思联络的正犯加入场合,后加入者往往不会对整个犯罪中起支配作用,即使其实施了符合构成要件的行为。比如甲正在强奸乙,丙暗中拉住乙的腿脚,甲既遂,这种情况把丙这种明显没有支配犯罪的行为评价为片面的帮助更合理。但如何理解虽然是正犯加入,但是直接造成了犯罪结果这种情形?比如A正在远处用枪杀C,B想“帮”A一把,掏出枪瞄准C后,A、B同时开枪,C死亡,事后查明只有B的子弹击中C。这里其实还是实质理解正犯与共犯的问题。无论是纯粹的帮助犯还是以片面帮助犯处理的片面共同正犯实质上都存在行为人利用正犯人行为实现自己犯罪目的这一客观事实,当行为人B以“帮助”的意思加入A的犯罪并直接造成了C的死亡结果,就意味着B以自己的行为直接实现了自己的犯罪目的而并未利用正犯人A的行为,那么B的行为就是直接正犯,其“帮助”的心理对正犯行为的认定没有影响(可以视为一种犯罪动机)。换言之,这种单方正犯意思加入直接造成危害结果就是一个完整的单独正犯行为,与原本的(未造成危害结果的)正犯构成同时犯,“加入者”承担全部责任。

最终,厘清以上问题后,在我国刑法制度内处罚片面帮助犯,应当如同德日刑法,不存在制度和理论障碍。

结　语

区别于德日刑法共犯制度的共同犯罪制度,使得在我国刑法语境下解读片面帮助犯有其特殊之处。在厘清片面帮助犯的教义学形象之前,需要解决共同犯罪的概念层级体系内含着片面帮助犯与共同犯罪的概念冲突,将问题导向片面帮助犯的法律地位和处罚路径探讨。但总体而言,片面帮助犯的讨论仍然应当遵循德日刑法的共犯教义学研究范式。一方面,无论是一般的片面帮助犯,还是我国刑法目前讨论较多的正犯化的帮助犯的片面帮助情形,其处罚根据都应是行为本身的不法和来自正犯的不法。另一方面,在片面帮助犯处罚路径的建构上,区分正犯与共犯作为建立在二者本质不同的客观事实基础之上的直觉感知,以及区分制基础上德日共犯教义学的现有理论方案,否定单一制路径,通过转换德日共犯话语体系以区分制解读我国刑法的共同犯罪制度,从而借鉴共犯教义学在我国刑法制度内完成对片面帮助犯的处罚路径建构。最终,在既注重我国共同犯罪的制度现实,又尽可能地维持共犯教义学的基础上,完成我国刑法语境下合理化片面帮助犯的解读。

共同犯罪中的犯意联络研究

汤　磊*

【内容摘要】学理建构的缺失致使犯意联络理论在我国存在明显的“被边缘化”趋向。犯意联络的内涵与外延必须置于和犯罪故意以及片面共同犯罪的对照中予以确定。犯意联络通过对共同犯罪本质理论的修正，使得各共犯人的行为被视为一个整体，并且在“共犯关系”的主导下实现构成要件的符合与结果归属。通过对域外共犯理论与体系的考察不难发现，单一制实际上将共同犯罪转化为了数个平行不法的评价与处罚问题，区分制则在维持犯意联络的基础上例外地承认了片面共同犯罪的可罚性。在我国，现行的刑法规范尚不足以为共同犯罪体系倒向任意一方提供完全依据，我国刑法更倾向于采取了“整体认定犯罪，个别分配责任”的独立模式。最后，犯意联络的中断应以共犯关系脱离为判断基准；共犯实行过限实际上属于犯罪故意的认定范围问题；认识性的联络内容无法说明共同过失犯罪的可罚性，犯意联络理论限制共犯成立范围的特性决定了片面共同犯罪只能援引例外性的规定实现处罚。

【关键词】犯意联络　共同犯罪　共犯关系　共犯认定模式　片面共同犯罪

一、问题的提出

在共同犯罪中，各个犯罪参与人的识别及其刑事责任的分配建立在对他们之间的意思联络进行准确认定的基础上。若不要求各共同犯罪的参与人之间存在一定主观层面的联系，就极有可能让数个在客观行为上偶然发生竞合的犯罪人为彼此的行为承担刑事责任，最终导致唯结果论的客观归罪。① 然而，在我国刑法中，犯意联络这一本应居于共同犯罪认定核心地位的概念并未引起足够程度的重视，针对犯意联络的论述仍停留在对共同犯罪认定中，犯意联络必要性的机械性强调，缺乏纵深的学理建构。至于为什么在共同犯罪中需要进行犯意联络的认定（“犯意联络的法理基础”问题），犯意联络具备的要件内容以及犯意联络在犯罪构成体系中处于何种定位等问题，我国刑法并未作出合理的解释与回应，犯意联络理论逐渐表露出“被边缘化”的迹象。这

---

* 汤磊，四川大学法学院2019级刑法学硕士研究生。

① 参见［苏］特拉伊宁：《犯罪构成的一般学说》，薛秉忠等译，中国人民大学出版社1958年版，第233页。

一点在针对共同犯罪的理论与案例模型的探讨中尤为显著。例如，在共犯领域中十分经典的“共同射击案”中，甲和乙共谋杀害丙并同时向丙开枪，甲的子弹击中丙致其当场死亡，乙的子弹则未击中丙。除了甲应当为丙的死亡结果负责外，丙死亡的结果同样要归属于乙承受，并最终成立故意杀人罪的既遂。① 在双方并不知晓彼此正在共同实施危害行为，即同时犯的情形中，未击中的一方只构成故意杀人未遂。值得注意的是，在上述案例模型的讨论中往往还要加入因果关系无法查明（无法查明丙的死亡是由甲还是乙的开枪行为所致）的条件。通说认为，在前一情形中由于共犯人之间存在犯意联络，因果关系不明并不影响结果归属的判断，因此甲、乙最终都要为丙的死亡承担责任。在同时犯的情形中，由于无法查明最终的死亡结果是由谁的射击行为造成，遵循“存疑时有利于被告人”原则，甲乙二人都无须对结果负责，仅成立故意杀人罪的未遂。易言之，刑法实际上作出了行为人各自实行的行为与结果之间不存在因果关系的评价。

上述处理结论之间的显著差异一方面说明刑法对共同犯罪与数个单独犯巧合重叠进行规范评价时采取了截然不同的认定准则，另一方面也揭示出犯意联络在共犯认定中不可或缺的作用。我国刑法通说在面对此种差异时解释称，让乙对甲造成的行为结果承担责任的依据在于，犯意联络使得甲和乙的行为联结成一个整体，由整体行为导致结果的发生，进而肯定共同行为中的组成部分，各参与行为与危害结果之间的因果关系，在因果关系（证明上）存疑时也不妨碍结果归属的认定。② 由此，行为人之间的意思沟通与联络使得行为人各自引起的实行行为联结成为一个行为整体并引起了危害结果的发生，再通过引入部分与整体关系实现各自行为与结果之间的归属判断，此种说理路径由于自身的简便性与高效性为我国传统刑法学界与实务界所沿用至今。然而，传统刑法理论是将犯意联络纳入共同故意的范畴中进行探讨的，这就导致主观层面的内容介入了客观因果乃至于不法的判断之中。传统刑法理论将犯意联络的内涵限定为“相互协同实施特定犯罪行为的意思沟通”，在认定共犯时往往只考虑意思沟通的存在与否，而忽略了沟通内容、沟通程度等层面的细节问题，更难以对犯意联络如何联结各参与人、整合各个单独行为的原理与机能作出说明。通说在把握整体行为以及各参与行为与危害结果之间的因果性的基础上，未能深入到共同犯罪中的客观归责视角之中，存在说理模糊的疑问。

此外，在犯意联络缺失的情形下共犯的认定与处罚问题也同样值得探讨，即各参与人都实施了行为导致危害结果发生，但部分参与人利用自己的认知优势“秘密”实施了部分行为或仅提供了教唆或帮助行为的情形，我国刑法理论通过引入“片面的共

① 参见陈洪兵：《共同正犯“部分实行全部责任”的法理及适用》，载《北方法学》2015 年第 3 期。

② 参见高铭暄、马克昌主编：《刑法学》，北京大学出版社、高等教育出版社 2019 年版，第 160 - 162 页。

同犯罪”这一舶来概念,围绕其处罚问题在共犯领域开启了旷日持久的论战。试看以下几例:

【案例1】“捆绑抢劫案”:甲知晓乙要前往丙的家中进行抢劫,率先前往丙家中将丙捆绑住,乙进入丙家中后得以顺利拿走了丙的财物。①

由于乙并不知晓甲提前实施了控制乙人身的行为,所以有学者指出,甲和乙并未就抢劫事实达成合意,缺少犯意联络,将上述一方秘密分担部分实行行为的场合谓之“片面的共同正犯”,围绕甲和乙的共犯成立与处罚问题形成了学理分歧。本案的争议集中在各参与人都未实施符合抢劫罪构成要件的全部行为,若难以肯定犯意联络的存在,则无法在成立共同犯罪的基础上将最终导致的被害人财物损失的结果分别归属于不同参与人实施的控制人身行为与取财行为。同时,此种分歧也逐渐扩大至片面帮助与片面教唆的场合。

【案例2】“设置障碍杀人案”:甲看见乙正在追杀丙,由于其与丙之间有仇,故暗中设置障碍物将丙绊倒,从而使乙顺利杀害丙。②

【案例3】“照片教唆案”:行为人将甲乱搞婚外情的现场照片和一把手枪放在其妻子的桌上,看到这些的甲的妻子乙产生了杀害丈夫的意思并将其杀害。③

值得注意的是,相较于前述“片面的共同正犯”,围绕上述案例的主要争议点发生了微妙的变化。这首先表现为,在片面的帮助与教唆的场合中进行构成要件符合性的判断时,必须回答我国刑法分则设立的类型化的构成要件规定是否同样包括了帮助行为和教唆行为。④ 具体而言,上述帮助或教唆他人杀人的行为是“如何该当于故意杀人罪的构成要件”成为优先于结果归属需要解决的问题。

由此,犯意联络与构成要件符合性、因果关系判断以及结果归属等问题相互杂糅,共同构筑起了共犯认定的第一道门槛。反观我国,无论是通说还是现今刑法学界所展开的讨论似乎都未全面厘清上述问题的学理脉络,使得我国刑法在共犯认定上存在方法不明、次序不清的缺陷,以至于出现理论与司法实践各说各话的局面。同时,这也导致我国刑法一方面普遍承认犯意联络,将“各参与人之间的意思联络”作为共同犯罪必要的成立条件,另一方面又缺少对犯意联络理论作出更为精细化的建构。此外,还尝试突破犯意联络理论的约束承认犯意联络缺失情形下片面共同犯罪的可罚性,致使本已十分混乱的共犯领域中频繁出现理论错位与解释漏洞,亟须进行适当的理论归正。

---

① 参见陈洪兵:《共同正犯“部分实行全部责任”的法理及适用》,载《北方法学》2015年第3期。

② 参见张明楷:《刑法学》,法律出版社2021年版,第597页。

③ 参见[日]山口厚:《刑法总论》,付立庆译,中国人民大学出版社2011年版,第349页。

④ 这也是共犯体系中区分制与单一制的主要分歧之一,本文将在之后详述。

二、犯意联络的基础性反思

(一)犯意联络的内涵诠释

1. 犯意联络的既有学说厘清

综观学说林立的共犯领域,在犯意联络理论中也存在诸如“犯意的相互沟通说”(沟通说)与“共同的犯罪意思说”(意思说)等不同见解。例如,诸多学者在成立共同犯罪成立的基础上,将犯意联络理解为数个参与人在犯罪意思上的相互沟通与交流,这便是“沟通说”的主要内容。具体而言,数个行为人通过主观上的彼此联络,共同拟定犯罪计划,并通过分工协作与相互支持以最终实现犯罪。但另有学者认为,对犯意联络的界定应当关注各行为人追求与共同实施犯罪的主观意愿,即通过明示或暗示的方法表现出自身追求与他人共同实施不法行为、实现危害结果的心理态度。[①] 具体来说,行为人在已经认识到他人正在实施行为并可能造成特定危害结果的前提下,仍意欲通过实施行为参与到对该危害结果的“加功”进程中。概言之,“沟通说”强调行为人之间通过主观上的互动与交流与他人相互知晓并共担行为,“意思说”则更注重行为人积极追求与他人共同实施行为以引起危害结果的心理意愿。

由此,“沟通说”与“意思说”的学理主张逐渐成为传统刑法理论认识与说明共同犯罪中犯意联络实质内容的主要素材。[②] 然而,上述学者通过分别主张“沟通说”与“意思说”进行学说分立的做法其实并不可取。因为两者之间并不是完全对立,而是并存的关系,并且可以在一个概念整体中实现统一。具体而言,正是由于各行为人存在主观上的联络与交流,使得彼此知晓了对方的犯罪意图,认识到正在与他人共同实施危害行为,才能产生意欲与他人共同实现危害事实的强烈意愿。也就是说,“沟通说”是“意思说”产生的逻辑前提,“意思说”则作为“沟通说”的实质内容存在。

此外,上述学理定义更多是基于理想化的共同犯罪模型框架下的探讨,在一定程度上忽略了犯意联络较为复杂的内在构成。在客观的案件事实中,数个参与人之间的意思联络往往存在程度上的差异,甚至可能存在联络不充分的情形。例如,在临时合谋犯罪、未形成周密的犯罪计划以及行为人中途加入或退出犯罪等场合中,对实现犯罪的行为分担、人员分工以及引起的危害结果范围等内容可能由于沟通与交流不充分而未能达成合意,而这恰好是“沟通说”所未能考虑到的部分。这也显示出成立共同犯罪存在作为最低限度的意思联络的内容要求,而并非在每个案件中都需要达到充分而紧密的联络水平,沟通的程度与作用由此将进一步缩小。然而,行为人之间虽然不必通过事前的通谋与计划达成完全充分的意思联络,但为了维持数个参与人之间的最

---

① 参见马克昌:《犯罪通论》,武汉大学出版社 1999 年版,第 518 - 519 页。

② 之后有学者提出的“共同的实行意思说”等主张均未能超出“沟通说”与“意思说”的实质内涵与外延,故无法视为一种新的学说主张。

低程度的主观联系,各个参与人在犯罪过程中至少要认识到彼此的存在,认识到自己正在与他人正在实施危害行为、制造相应的不法事实。只有在这一前提性认识的基础上,才能进一步考察"意思说"中行为人与他人共同实施犯罪的内心意愿。

2. 犯意联络与犯罪故意之界分

厘清犯意联络的学理分歧能够帮助我们搭建起有关犯意联络的概念框架,这也使得针对犯意联络的概念性反思成为可能。回顾我国传统刑法理论将犯意联络与犯罪故意共同置于主观层面进行讨论的做法,不难发现,成立我国刑法意义上的共同犯罪既要求各行为人之间达成意思联络,同时还要求行为人具备共同(或部分共同)的犯罪故意。实务中却往往将认定重心放在后者,犯意联络作为消极的主观要件要素仅仅在诸如片面共犯等不具备主观联络的情形中才会予以判别。甚至有学者指出,犯意联络实际上是作为共同犯罪故意的认定前提而存在的。[①] 正是犯罪人之间的主观联络,将其个人犯罪故意结合转换成共同的犯罪故意。[②] 犯意联络的机能逐渐被共同故意所遮蔽,变成了用于说明共同故意形成过程的前置性要素,丧失了其独立的认定价值。

本文认为,上述通说中将犯意联络与犯罪故意进行混同认定的做法未能就二者的实质内容进行仔细甄别。如前所述,犯意联络是指各共犯人对他人的存在以及自己正在与他人共同实施危害行为的认识和预知,而故意则指向行为人自身实施的行为与可能造成的危害结果。故意的认识内容以符合构成要件的不法事实为对象,行为人对客观行为与危害结果的认识必然都是具体的。在共同犯罪中,由于普遍存在各参与者对于他人的犯意认识不充分甚至相互隐瞒犯罪故意的情形,要求各共犯人之间的意思联络达到具体的一致是对行为人的苛求,因为无论如何各个共犯人也无法进入他人的主观世界,明确知晓他人意欲实现的故意的具体内容。因此,犯意联络中的认识内容只能指向一种概括性的认识,相较于犯罪故意中行为人通过自我决定以实现特定危害事实的精确认知,参与犯罪的各行为人之间只需彼此知晓自己正在与对方共同实施一般意义上的危害行为即可,至于他人意欲实现的危害结果为何以及具体指向何种法益,应当在各行为人的犯罪故意中予以个别考察,与犯意联络是否达成无关。[③] 当各共犯人认识到自己正在与他人共同实施危害行为时,其通过实行行为介入不法事实已经足以征表其内心与其他共犯人共同制造法益侵害结果的强烈意愿。在这个意义上,犯意联络与犯罪故意都最终表现为行为人内心追求危害结果发生的内心态度。各个共犯人便是在达成犯意联络的基础上,通过共同行为分别实现各自的犯罪故意内容,即"联络是共同的,而故意是个别的"。

---

① 参见陈兴良:《共同犯罪论》,中国人民大学出版社2006年版,第100页。

② 参见马克昌:《犯罪通论》,武汉大学出版社1999年版,第518-519页。

③ 刑法中探讨的"共犯的实行过限"便是适例,可以说,行为人之间具备意思联络但持不同故意的情形在共同犯罪中十分典型。

3. 小结

综上，我们可以基本总结出隐藏在学说争议以及概念混同背后的意思联络所蕴含的实质内容，即在我国刑法中广泛讨论的犯意联络应当指代的是，“行为人认识到自己正在与其他参与人共同实施危害行为，并追求与他人共同实现危害结果的心理态度”。所谓的达成犯意联络（或者说成立犯意联络）则是指参与犯罪的各个行为人都具备了此种认识与意愿。其与我国刑法中规定的故意在认识因素层面泾渭分明，在意志因素层面均体现为对危害结果发生所持的内心态度。在共同犯罪中，各行为人之间都是在犯意联络达成后共同实施危害行为以实现各自所追求的侵害结果，只是在部分案件中，数个行为人所意欲实现的危害结果可能存在完全或部分一致的情形（数个行为人持共同或部分共同故意的场合）。可以说，上述结论的得出能够在相当程度上破除围绕犯意联络产生的学理迷思，使得有关犯意联络的定义难题得以真正拨云见日。

（二）犯意联络的成立范围——以片面共犯的成立范围为参照

若严格遵循成立共同犯罪是以存在犯意联络为必要条件的原则，共犯的处罚范围实际上已经由犯意联络的成立范围所决定，二者如同一个硬币的两面，无法将彼此割裂开来讨论。因此，犯意联络的存在与否本应成为区分单独犯与共同犯罪最为重要的依据，然而，当下我国刑法学界普遍讨论的片面共犯问题中却存在过分挤占犯意联络成立空间，致使二者之间的界限越发模糊的状况。针对同一个共同不法事实，在只有部分行为人认识到他人正在实施侵害行为并秘密参与的情形中，诸多学者围绕如何妥当处理犯意联络理论与处罚必要性之间的冲突难题，引用了诸多案例进行说明，但其中不乏值得商榷之处。

例如，在前文提及的“捆绑抢劫案”中，行为人甲若在进入室内后发现房屋主人已经被事先捆绑住，则应当知晓他人已经提前于自己实施了控制被害人人身的行为，若明知这一基础事实仍实施取财行为的，完全可以认定行为人产生了意图与他人共同实现抢劫结果的内心态度。即便甲不知是谁在暗中实施了部分的实行行为（不知道乙的身份），也不影响最终双方相互利用对方行为共同造成危害结果的事实认定，这种相互利用的意思实质上属于犯意联络的达成，而不是如部分学者所主张的将乙认定为片面的共同正犯。同理，在“照片教唆案”中，我们姑且将行为人提供手枪此种物理性帮助的行为事实暂时搁置，在当时的情形下，妻子在看见丈夫与他人偷情的照片后必然会产生“有人故意将照片放在此处”的内心认识，妻子在意识到这一基础事实后选择实施杀害丈夫的行为，属于接受了他人的教唆。最终导致的死亡结果应当由两人共同承受。最后，在“设置障碍杀人案”中，若障碍物的出现明显不符合常理，使得行为人认识到有人故意在此处设置障碍物，行为人利用这种障碍实现杀人的危害事实的，属于对秘密帮助行为的客观回应，能够肯定双方都认识到了自己正在与他人共同实施危害行为，进而肯定数个行为人之间的犯意联络。

在此,本文通过梳理上述案例意在说明:在探讨犯意联络的成立范围前,必须合理划清片面共犯与犯意联络支持下的共同犯罪二者之间的成立界限,理论与实务界不能将本具备犯意联络的共同犯罪情形当作片面共犯予以讨论和处置。在已举例的情形中,行为人完全可以预知与察觉到他人正在通过行为介入自己的犯罪之中,从而与其并不了解的行为人达成联络,进而彼此支持,相互协同以实现犯罪。故在犯意联络的判断与认定环节必须坚持联络内部认识因素与意志因素的统一,以避免将联络与交流不充分的情形误判为不具备意思联络。只有在真正的片面共犯场合中,即行为人完全未认识到自己正在与他人共同实行犯罪时,才不具备犯意联络的容纳空间。据此而言,真正片面共犯的类型应当限定为:"具备认识优势的行为人利用知晓他人将要或正在实施危害行为的优势地位,秘密地加入他人的犯罪过程中并共同造成危害结果发生,而另一方未能认识到的情形。"同时,片面共犯与犯意联络在成立范围上的厘清本身也意味着犯意联络的有无将会显著地影响刑法对数人参与犯罪的规范评价。相较于片面共犯所面临的可罚性争议,具备犯意联络的共同犯罪情形基本上不存在处罚障碍。此种犯意联络从有到无的视角切换也在相当程度上说明了犯意联络在共犯认定中举足轻重的地位。

(三)不同共犯类型下犯意联络的判别

所有共犯类型中的犯意联络的必要性虽然是贯彻"将犯意联络作为共同犯罪成立要件"的应然结果,但具体犯意联络的达成根据共犯参与形态的不同仍然存在细微的差异。

首先,在共同正犯中,各个行为人都意图通过实施或部分符合构成要件的行为以实现自己所追求的犯罪结果,若部分正犯人未认识到自己"正在与他人共同实施犯罪"的现实处境,根据"个人责任"原则,无法将最终由数个行为共同造成的全部危害结果归属于其本人承受,各实行人之间的意思联络将直接关涉到共同犯罪的结果归属与责任承担。在教唆犯与帮助犯当中,教唆者与帮助者只需与自己所教唆或帮助的正犯人达成犯意联络即可,因为借助实行犯实施的不法行为而间接实现构成要件的行为人,必须使得最终实现构成要件的人意识到自己意图加入其主导的犯罪进程中。同时,由于帮助犯与教唆犯所实施的行为都直接指向实行犯本人,在实行犯之外的其他参与人之间并不存在客观的共同行为事实,犯意联络的认定将因为客观前提的缺失而丧失意义。故在共同犯罪中,若客观上存在多个教唆犯与帮助犯,甚至二者并存时(实行犯本人既受到教唆又接受他人帮助的),教唆人与帮助人之间也无须达成联络。此时,犯意联络实际呈"放射状",以实行犯为中心对其余参与人进行辐射。①

其次,并非所有的共犯类型都需要具体地判断犯意联络是否达成。最为典型的便

① 参见侯帅:《共同犯罪意思联络问题研究》,郑州大学2012年硕士学位论文,第14页。

是教唆犯以及提供心理性帮助的场合。教唆犯的实质在于唤起他人的犯罪决意,而提供心理性帮助则表现为强化他人的犯罪决意。在犯罪既遂时,二者都表现为对最终危害结果提供了心理上的因果力贡献,以及在未遂时通过对他人行为施加的心理性影响提高了法益侵害的可能性,其区别仅仅在于教唆行为使得他人从无到有地产生犯意,心理帮助行为则是促进与强化他人已经产生的犯意。但由于施加心理性帮助与引起他人犯意的行为只有经过他人的主观承认与内心同意才能够产生现实作用,具体而言,教唆行为的完成要以被教唆者内心认识到并接受他人对自己施加的心理性影响为前提,提供心理性帮助的场合也是同理。客观上引起(或强化)他人犯意而被教唆人(或被帮助人)内心却未认识到的情形是难以想象的,也就是说,在无形帮助犯与教唆犯当中,(在行为人接受帮助与教唆行为后)各个行为人之间必然会产生犯意联络。只有在共同正犯以及提供物质性帮助的场合,才需要具体判断犯意联络的成立问题。诚然,这一结论或许会面临这样的质疑:为什么在提供心理性帮助的情形中可以当然肯定犯意联络的成立而无须经过具体的认定环节,而法益侵害可能性更大、危险更为紧迫的有形帮助犯却在犯意联络的要求上更为严格,实现处罚的难度更高?本文认为,这主要是由二者在介入他人行为以及对危害结果产生作用力的方式不同所致,这也正说明了在帮助行为内部对物理性帮助与心理性帮助进行区分实有必要。

通过严格区分片面共犯与具备犯意联络的共同犯罪情形,我们得以在犯意联络的成立范围内细致地考察不同共犯类型下犯意联络的成立与认定难题。由于教唆犯与无形帮助犯介入实行犯的作用方式必然会导致犯意联络的产生,故通过心理性对他人行为产生影响的共犯参与类型无须再进行犯意联络的判断。这也导致在片面共犯的场合中只剩下片面共同正犯与片面的有形帮助犯的探讨余地。此外,在联络成立的主体范围上,共同正犯需要各共犯人之间均产生联络,帮助犯与教唆犯只需要与其教唆或帮助的实行犯产生犯意联络即可。

三、犯意联络的法理追问

应当承认的是,仅依照形式逻辑对犯意联络自身的内涵与外延进行推导并不意味着犯意联络理论就顺其自然地在共同犯罪体系中取得了一席之地。针对其所进行的理论建构并非规范术语堆砌下的一种“概念游戏”,而是基于共犯认定的司法需求而必须重视并厘清的核心问题,而现有的讨论似乎尚未触及这一问题的真正痛点。在大费周章地对共同犯罪所需的犯意联络进行基础性诠释之后,犯意联络的成立又将在共同犯罪中发挥何种实质作用?这种实质性作用又是如何在法理上体现其正当性的?因此,有必要深入到共犯本质、共犯之构成要件符合性以及共犯归责原则等具体的共犯认定难题予以检验。

(一)犯意联络对共犯本质理论的修正

犯意联络本无关于共犯本质的争论,因为无论在共犯本质这一问题上采取何种理论立场,都无法否认犯意联络在共同犯罪成立的必要性。将数个参与人之间的意思沟通置于共同故意考察的犯罪共同说(以及部分犯罪共同说)自不待言,而行为共同说的支持者一方面为了克服"自然意义上的行为共同"说理过于浅显的缺陷,另一方面为了将同时犯等数个符合构成要件行为偶然地共同导致不法事实的情形从行为共同说的分析框架中剔除出去,普遍认为共犯的成立必须以行为人之间的意思联络(或称共同的实行意思)为必要条件。[①] 由此,行为共同说实质上不是突破了不法层面的共同,而是将视角转向了行为人的主观领域。大部分学者所主张的行为共同说也实际上是指数个犯罪参与人在犯意联络支持下共同制造符合构成要件的违法事实,这显然超出了行为共同说的理论范畴。

然而,笔者认为这一解释思路为行为共同说中犯意联络的引入提供了契机。犯意联络理论与行为共同说所提倡的"数个行为人通过共同实施行为来实现各自的犯罪"本质上并不矛盾。在共同犯罪中,数个行为人完全能在达成犯意联络的基础上,通过共同的实行行为以实现各自的犯罪故意。因为犯意联络的成立只要求行为人在达成参与犯罪的合意中,认识到将与他人共同实施一般意义上的犯罪行为即可。在这个意义上,行为共同说支持者所主张的"要求共犯人之间具备共同的实行意思"的表述具有一定合理性。相反,不考虑主观联络的行为共同说则可能由于过度追求不法层面的共同,而走向承认全部的片面共犯类型可罚性的极端道路。[②] 由此,犯罪的"共同"内容既不要求(当然也不反对)各共犯人达到"犯罪故意内容相同"的完美程度,又不仅局限于不法层面的共同,而是在共同不法事实的基础上将行为人之间的犯意联络纳入考察范围,各犯罪人进入了一种"共同关系"中,实现了抽象意义上(或概括意义上)的主客观统一。具体而言,在犯罪进程中,当数个行为人意识到彼此正在通过共同实施的危害行为制造不法事实时,他们之间实际上进入了一种犯罪关系上的紧密联合。这种在犯意联络支持下形成的行为共同体本身就为刑法规范所禁止,已经具备了一种特别的行为无价值,独立地向法共同体做出了一种"不堪忍受的示范。"[③]因此,犯意联络理论实质上对当前主流的共犯本质理论进行了适当修正,实现了由单纯的"行为共同"向主客观统一的"关系共同"的内在转变,共同犯罪成为对各行为人基于犯意联络下共同实现不法这一形态的描述。同时,本文所提出的"关系共同说"也是对"(部分)

---

① 参见张明楷:《刑法学》,法律出版社2021年版,第540页;钱叶六:《共犯论的基础及其展开》,中国政法大学出版社2014年版,第46页。

② 当然,也不排除少数持行为共同说的学者否认片面共犯的存在。

③ Vgl. Schumann, Strafrechtliches Handlungsunrecht und das Prinzdp der Selbstverantwortung der Anderen, 1986, S. 48 ff. 转引自何庆仁:《共同犯罪归责基础的规范理解》,载《中外法学》2020年第2期。

犯罪共同说”的扬弃，显著地克服了其要求成立共同犯罪必须基于同种罪名的理论缺陷，概括性的犯意联络要件也使得在面临行为人之间存在故意内容不一致的个案情形中能够实现责任的个别分配。

(二)犯意联络与构成要件的整体性符合

关于共犯本质的学说假设必须置于犯罪构成要件理论中进行检验。在正面回应共同犯罪中“共同性”的实质内容之后，无论是传统刑法中秉持的四要件犯罪构成理论还是采取德日刑法中的阶层理论，都必须直面“共同犯罪是如何具备构成要件符合性”这一疑问。易言之，针对数个共犯人基于合意结成“共犯关系”的抽象性描述最终都会在个案中还原成具体的构成要件符合性的问题，还原成共犯人责任归属的问题。因此，有必要廓清共犯归责所依据的行为事实基础的刑法图像。

其一，犯意联络认识因素为共同犯罪设定的心理前提使得共犯中的数个行为不再被孤立地看待。正是由于行为人认识到了他人正在与自己一同实施犯罪，各共犯人才能与在行为上彼此支持、相互配合，从而合力实现危害结果，使单个人难以完成的犯罪变得可能。其在法益侵害的程度评价上才相较于同时犯中数个行为偶然地造成危害结果发生的情形具备更高的危险性。其二，根据“关系共同说”的理解，数个异心别体的行为人达成犯意联络后实质上形成了一个以实现各行为人犯罪意图(无论犯罪意图指向的结果是否一致)为目标的关系共同体，其中每个人的个别行为都被这一共同主体吸收并一体化为共同的实行行为，被视为由共犯关系主导并作出的一个独立的行为整体。[①] 故应当在构成要件中进行整体性的评价与认定。也就是说，在共同犯罪的场合，客观上只存在一个不法，只有一个构成要件且只被充足了一次。[②] 此种认定思路的优点在于，坚持由共犯关系主导的行为一体化判断能够越过参与形态上的区分以实现构成要件的整体性符合，从而回避诸如教唆犯、帮助犯等未直接实施正犯行为的共犯类型在构成要件层面的认定困扰。同时，各个单独的共犯行为与最终危害结果的因果性判断实际上变成了整体行为与危害结果的因果性考察，进而不存在认定障碍，而在同时犯中，只能根据结果对数个偶然的共同致害行为进行单独的因果性考察。此外，在犯罪形态的判断上，整体性的行为视角也使得无论是共同正犯还是狭义共犯的场合都只需进行一次判定，从而在实务中能够准确识别共同犯罪发展到了哪一阶段。

(三)犯意联络指导下的结果归属

在传统刑法理论的讨论视野中，进入追诉的案件事实一旦满足成立共同犯罪所需的各个要件后，针对各共犯人的处罚便成了理所应当的问题，其中得出处罚结论依据的逻辑推导与说理内容被极大地省略。这直接反映出针对不同的犯罪参与人为什么

---

① 参见[日]西田典之:《日本刑法总论》，王昭武、刘明祥译，法律出版社2013年版，第311－312页。

② 参见何庆仁:《归责视野下共同犯罪的区分制与单一制》，载《法学研究》2016年第3期。

应当为犯罪结果所负责这一首要问题(处罚不同参与人的实质根据问题)未能在我国刑法领域中引起足够的重视,在整体不法的判定中存在归责视角的缺失。值得庆幸的是,不断地有学者加入并试图对这一问题进行详细论证,已然形成了包括因果性理论与主观意图说等诸多关于共犯处罚根据的学说立场,其中又根据参与类型的不同而存在细微差异。

例如,在共同正犯中,我国刑法一向遵循"部分实行,全部责任"的归责原则,以说明为何能够将共同造成的危害结果归属于实施部分行为的正犯人。然而,"部分实行,全部责任"仅仅描述了一种归责现象或者归责实现后的处罚结果而缺少实质根据的说明。[①] 因此,共同正犯的处罚依据实际上还肩负着针对"部分实行"为何要求"全部负责"这一问题进行解答的责任。对此,有学者指出,共同正犯的处罚根据应当区分为正犯行为对法益结果的物理因果贡献以及强化其他共犯人犯罪决意的心理因果性影响两个层面,进而主张以因果性本身作为"部分实行,全部责任"的归责依据。[②] 还有学者认为,共同正犯遵从"部分实行、全部责任"的基础。一方面,在于行为人之间的相互利用与补充的特定关系,这直接导致在因果关系的判断上,各行为人之间相互借助彼此的行为补足了因果性,故应当对共同行为导致的结果负责;另一方面,行为人主观层面的意思联络使行为人之间能够在心理上相互鼓励、彼此支持。[③] 在狭义共犯中,更是基于共犯的独立性与从属性理论而延伸出处罚是否独立于正犯行为的争议。其中,主张共犯从属性的学者通常坚持帮助犯与教唆犯的处罚依据在于行为从物理上或者心理上引起、促进了正犯结果,[④]而共犯独立性理论往往以帮助、教唆行为独立的实行性与构成要件符合性为说明依据。以上纷繁复杂的理论立场不一而足,为我们理解犯罪参加者的处罚依据提供了诸多崭新视角。但综合来看,上述学说的讨论都意图在事实层面找到能够说明共犯处罚所依据的客观资料,并据此直接得出各参与人的可罚性,从而混淆了"事实"与"价值"两个维度,未能充分揭示刑法针对共犯进行规范评价的逻辑进路。无论是客观行为、客观因果抑或是行为人的内心意图,充其量只能为共同犯罪的归责提供判断依据与事实前提,而无法直接得出肯定归责的结论本身。[⑤] 换言之,上述观点犯了从"实然"直接推导出"应然"的错误,其中缺少了规范评价的关键环节。因此,共同犯罪必须由客观的事实性叙述走向规范化的客观归责道路。

---

① 参见罗世龙:《论"部分实行,全部责任"的实质根据》,载《中国刑事法杂志》2020年第1期。

② 参见陈洪兵:《共同正犯"部分实行全部责任"的法理及适用》,载《北方法学》2015年第3期。

③ 参见尹晓静:《论片面共同正犯的成立依据——基于"部分行为全部责任"原则的解读》,载《法学》2012第11期。

④ 参见张明楷:《共同犯罪的认定方法》,载《法学研究》2014年第3期。

⑤ 需要说明的是,将存在犯意联络(主观意图)直接作为肯定客观归责的理由也将面临同样的批判。但笔者认为,这是对犯意联络理论缺乏准确认识而草率地将其作为规范评价本身所导致的。

本文认为,犯意联络联接下的共犯关系恰好能够完成这一使命。承接上文所述,行为人通过与他人达成联络共同实施危害行为时,各方实际上形成了一个紧密的共犯关系,数个参与者发出的行为在共犯关系的主导下被视为一个有机整体,在构成要件符合性以及因果关系的判定中扮演核心角色。同时,这一整体性行为本身体现各参与人的行为意志,属于各共犯人共同作出的行为表达,而最终法益侵害结果的发生实质上能够被视作共同行为表达的实害化。在结果归属的视角上,各行为人一方面以一种与单独犯相区分的、显著背离刑法规范的方式结成犯罪共同体,另一方面通过这一犯罪共同体共同塑造了一个符合构成要件的行为表达,在因果流程的推进过程中实害化为具体的法益侵害结果,因此,客观归责的对象就应当是整体性的构成要件之实现。因此,共犯情形中实现客观归责的规范依据可表述为刑法禁止性规范对于共犯的整体行为表达实害化后的结果无价值评价,从而将最终的危害结果归属于整体的共同不法行为。同时,这也使得区分直接者和间接者、自己的犯罪和他人的犯罪将不具备归责意义,因为最终的行为及其结果属于全体共同犯罪人的“共同作品”,理所应当实现“共同归责”。[①] 需要说明的是,成立共犯关系所需的主观联络与客观行为事实只是在规范上共同塑造了一个整体性的可供归责的共犯形象,最终的责任承担仍需要追溯到隐藏在这一形象背后各个具体的犯罪参加者。同时,行为人明知自身在事实上与他人的行为形成了结合形成了事实上的共犯关系是其应当为共同危害结果承担责任的基础。由于各参与人在意思联络的调动下自愿与他人进入共犯关系上的结合,应当为由共犯关系主导而引起的不法事实承担责任。

针对犯意联络的概念搭建与法理诠释任务的完成,意味着客观归责视角得以正式引入共犯领域。由此,犯意联络理论为全面反思我国共同犯罪问题提供了一个窗口,至于其能否在我国共同犯罪中发挥其应有的机能与作用,还需要进入到我国共同犯罪制度与体系以及司法实务当中予以具体检验。

四、犯意联络理论的体系性考察

(一)域外刑法理论与体系中犯意联络的定位

域外具备前瞻性的刑事立法基本确立了各国共犯认定模式的司法框架,其共犯理论的也根植于本国明确的立法规定进行。例如,由《德意志帝国刑法典》维护的正犯与共犯区分的立法传统在德国刑法学界的探讨中得到了延续,其研究重心仍集中于“共犯从属性说”的不断完善,即便在李斯特基于从空理空论的概念构筑转向强调实质的正义(实现共犯的妥当处罚)的现实考虑,开创性地提出了单一性正犯体系后也

① 参见何庆仁:《共同犯罪归责基础的规范理解》,载《中外法学》2020 年第 2 期。

未曾动摇。[1] 而这一立场也基本为日本刑法所继受。值得注意的是,最初在德国诞生的单一正犯体系却在意大利率先结出了果实。根据现行《意大利刑法典》第110条的规定,“当数人共同实施同一犯罪时,除保留规定的外,对于他们当中的每一人,均处以法律为该犯罪规定的刑罚。”[2]此可谓对单一制正犯体系的明确宣示,意大利也成为最先采取单一性正犯立法体系的国家。在此之后,奥地利学者金阿普费尔(Kienapfel)在改良单一制的基础上进一步提出了机能的单一正犯体系,其将犯罪参与形式划区分为“自己实施应受刑罚处罚的行为”、“通过他人实施应受刑罚处罚的行为”以及“为应受刑罚出的行为的实施给予帮助”三者,[3]明确了所有正犯类型在法律上的等价值性。并最终体现为《奥地利刑法典》第12条至第15条之规定。同时,丹麦、巴西等国家的刑法典也明确采取单一制正犯体系。由此,各国针对共犯的法律规制形成了单一制和区分制两种截然不同的立法体例,立法对共犯体系的选取最终决定了单一制与区分制在犯意联络理论上存在完全不同的价值取向。

1.单一正犯体系对犯意联络理论的取舍

按照单一正犯论者的主张,犯罪永远是由一个人单独实行,共同犯罪只是描述了一种多个参与者互相利用和他人一起实施行为的机会,从而实现自己犯罪目的的行为类型。[4] “所谓多数人参与犯罪,其刑事责任的认定,还是应该回归到犯罪的基本定义,针对个人行为做个别的判断。在犯罪构成的认定上,没有所谓的共同,也没有所谓的从属。”故无论是在形式的单一正犯体系还是功能性的单一正犯体系中,所有的参与类型都在引起了符合构成要件的法益侵害或危害结果的原因上具有等价性,都是具备独立可罚性的正犯行为。[5] 在这个意义上,刑法规定的构成要件就必须对所有的参与类型开放,共犯无须依附于实行犯,也能通过自己的行为独立地实现构成要件。同时在归责层面,单一正犯原则上在放弃了从属性的基础上,明确了每个正犯仅对自己的不法和自己的罪责答责。[6] 具体而言,在单一正犯的共犯认定模式中,各正犯人都在其行为符合构成要件的基础上独立地进行因果判断与结果归属,分别根据其参与的事实考察其有无责任能力,主观上有无特定犯罪的故意或过失,并最终在量刑阶段中反映为依据参与者参与犯罪的性质和参与的程度给予轻重不同的处罚。[7] 即便在意思联络缺失的片面共犯场合,单一正犯论也能够在参与者之间不构成共同犯罪的情况

---

① 参见[日]高桥则夫:《共犯体系和共犯理论》,冯军等译,中国人民大学出版社2010年版,第7-9页。

② 黄风译注:《最新意大利刑法典》,法律出版社2007年版,第42页。

③ 参见江溯:《单一正犯体系研究》,载《刑事法评论》2009年第1期。

④ 参见黎宏:《刑法总论问题思考》,中国人民大学出版社2007年版,第465页。

⑤ 黄荣坚:《基础刑法学》,台北,元照出版有限公司2012年版,第785-786页。

⑥ 参见[奥]莉安妮·绍特纳、翟辉:《奥地利刑法中的单一正犯》,载《中国社会科学院研究生院学报》2020年第4期。

⑦ 参见刘明祥:《单一正犯视角下的片面共犯问题》,载《清华法学》2020年第5期。

下,无障碍地对片面共犯直接按照罪刑规定予以处罚。[①] 由此,在单一正犯体系中,犯意联络不再具备整合各共犯行为、实现构成要件整体性符合以及归责的机能,而是成了共同犯罪中无关紧要的描述性概念,不再具备规范上的评价意义。刑法所关注的共同犯罪现象经过单一正犯体系的筛查转化为对数个平行不法的评价与处罚问题,可以说,这种分而治之的做法最终消解了犯意联络理论的容纳空间。

2. 区分制体系对犯意联络理论的变通

区分制根据行为实现构成要件的方式将犯罪中的各行为区分为正犯和共犯。其中,正犯占据主导地位,共犯的可罚性须取决于存在直接实现犯罪构成的"主行为"(Haupttat),共犯在规范评价上只能因介入正犯行为从而起到参与作用。[②] 同时,这种对存在意义上的共犯现象进行充分类型化的思维进路延续到了对行为人主观层面的考察之中。例如,当存在数个主行为竞合时(共同正犯的场合),立足于区分制的学者一般主张,在正犯相互协作的场景中,"每个人必须对他人的犯行贡献有认识,并且在最低限度可推断地被把握的共同决意这个意义上,必须意欲通过对方的行为使自己的举动被补充完整"[③]。同时,日本的判例与学界通说也赞成,"共同正犯之成立,其主观之要件系以共犯者间有意思联络,亦即以共犯者间相互有共同犯罪之认识为必要"[④]。进而否定了片面共同正犯的成立空间。然而,在片面共犯中,这种对犯意联络理论的坚持却产生了一定程度的动摇。在片面帮助的场合,《德国刑法典》第 27 条第 1 款规定,"为他人故意实施的违法行为故意提供帮助的,作为帮助者处罚。"[⑤]由于其法条表述中并未对帮助行为与正犯行为间的"共同性"作出任何限定,这也成为德国学者肯定单方面帮助行为可罚性的重要规范指引。《日本刑法典》第 62 条第 1 款中"帮助正犯者,为从犯"也是基于同理。因此,帮助犯并不以主观上的共同为必要,"从犯者以帮助的意思实施了帮助正犯者的行为时,只要可以认为其行为使正犯的实行容易进行,就应当解释为成立从犯,不特别要以从犯者与被帮助的正犯者之间存在意思的联络为其要件"[⑥]。

然而,按照上述德日刑法中的解释思路,本应同时得出肯定片面教唆犯可罚性的结论,而事实却并非如此。由于《德国刑法典》第 26 条"故意教唆他人故意实施违法行为的,与正犯同等处罚"的描述并未解答是否需要在教唆行为中要求参加者之间形成意志影响或精神沟通,这便为不同学说的引入与发迹提供了土壤。在德国,现有的

① 参见李瑞杰:《犯罪参与的归责模式——个别归责说之提倡》,载《北大法律评论》2019 年第 2 期。

② 参见[德]李斯特:《德国刑法教科书》,徐久生译,法律出版社 2006 年版,第 352 页。

③ Krey/Esser, Deutsches Strafrecht Allgemeiner Teil, 6. Aufl. , 2016, S. 405Rn. 944. 转引自吕翰岳:《互联网共同犯罪中的意思联络》,载《法学评论》2017 年第 2 期。

④ 刘凌梅:《帮助犯研究》,武汉大学出版社 2003 年版,第 80 页。

⑤ 《德国刑法典》,冯军译,中国政法大学出版社 2000 年版,第 11 页。

⑥ [日]大冢仁:《犯罪论的基本问题》,冯军译,中国政法大学出版社 1993 年版,第 265 - 266 页。

观点可以基本上划分为“引起说”和“沟通说”二者,后者中又可再分化出比单纯的沟通要求更为严苛的“共谋理论”或“不法协议理论”。其中,“引起说”认为,德国刑法中规定的教唆行为的成立要件仅仅要求引起他人的犯罪决意,教唆人无须与正犯人之间建立沟通联系;“沟通说”则认为,教唆行为必须以对被教唆人产生“沟通性影响”为前提。为了与心理性的帮助行为相区分,德国的判例立场实际上与“沟通说”中要求参与人之间达成共谋与不法协议相谋合,从而否定了秘密教唆的可罚性。[①] 日本刑法也基于限制片面共犯处罚范围的出发点在这一问题上采取了与德国刑法趋同的立场。[②] 由此,在区分制体系中,片面共同犯罪实际上被视为犯罪参与之外的一种特殊的处罚类型,对其中处于认知优势地位的行为人秘密参与到他人犯罪中的情形,虽然难以通过犯意联络理论做到说理自洽,但在实定法开放性的语境下也无法得出其与现行的刑法条文相抵触的结论。由此,秘密参与到他人犯罪中的行为人为其与他人所“共同”制造的不法事实承担责任,成为犯罪参与体系中的一种例外性的处罚方式,并在接受共犯理论的教义学审查后,最终只能在片面帮助犯情形中予以适用。

3. 小结

区分制虽然最终没能平息犯意联络理论与片面共同犯罪的处罚问题之间的矛盾和对立,但其在缓和二者之间紧张关系层面所做的努力仍值得肯定。与此同时,区分制针对片面共同犯罪的处罚问题进行了立法与学理之间的反复衡量与审视,这一点明显在我国是缺乏的。在单一制体系内部,针对片面共同犯罪直接实现处罚的认定思路无疑具备充分的逻辑延展力与说服力,值得我国刑法予以借鉴。然而,其最终放弃意思联络的做法是否妥当,还需要置于我国共同犯罪体系中予以具体考察。

(二)我国共同犯罪体系对犯意联络的接纳

1. 基于刑法文本针对我国共同犯罪体系的反思

单一制体系无一例外地都基于法条明文的正犯规定,这一点可以从各个采取单一制国家的刑法典中得到文本确证,而在区分制体系中也存在相类似的问题。一方面,犯罪参与形态的类型化需要依靠立法完成。另一方面,片面共犯的处罚问题也需要求助于刑法规范本身,通过援引帮助犯与教唆犯的条款实现例外性的处罚。在我国刑法规定中,无论是共犯区分制还是单一制的正犯体系都无法找到直接的条文支撑,现行的刑法规范尚不足以为我国共犯体系倒向任意一方提供依据。换言之,与其争论我国究竟采取的是单一制或区分制,不如说单一制和区分制为未来我国刑法解决共同犯罪问题提供了可供借鉴的制度体系。因此,要实现我国共犯领域的发展不能仅依靠域外共犯理论与共犯体系的引进,更为适当的路径应当是立足于我国刑法文本分析我国司

---

① 参见吕翰岳:《互联网共同犯罪中的意思联络》,载《法学评论》2017 年第 2 期。

② 参见阎二鹏:《犯罪参与体系之比较研究与路径选择》,法律出版社 2014 年版,第 75 页。

法实践中采取的共犯认定模式与路径，在深入探究中发掘其内部缺陷，适当地借鉴德日共犯理论中有益的经验与观点进行修正。

综上所述，相较于域外的刑法体系，我国关于区分制与单一制的共犯体系分歧并未得到立法体例上的回应，即便学界始终坚称以我国刑法中关于共同犯罪的规定作为立论起点，也难以掩盖其囿于路径依赖，意欲从域外共犯理论与制度解答中国问题的“内心真意”。对现行的刑事立法进行细致考察后我们更应当认为，我国采取的共同犯罪体系并非直接源于区分制或单一制，域外刑法中所探讨的正犯与共犯，实质上是我国共同犯罪的下位概念。① 在对共同犯罪的识别与判断上，我国更像是延续了唐律疏议中“共同犯罪分首从”的传统认定模式。② 因此，直接转用、援引域外的共犯理论解决本国问题并非最佳方案，而是应当回到我国的刑法文本本身。我国《刑法》第25条规定，“共同犯罪是指二人以上共同故意犯罪”，并且根据对第2款之规定的反对解释可以推导出我国在共同犯罪中采取的处罚原则，即“二人以上共同故意犯罪的，应当按照他们共同所犯的罪予以处罚”。然而，以（部分）犯罪共同说为出发点的传统刑法理论向来将此处“罪”的指代内容固定为“罪名”，将我国共同犯罪的成立范围限定过窄。同时，所谓“共同所（触）犯的‘罪名’”之表述不仅有忽视共同犯罪事实的嫌疑，而且存在语焉不详的缺陷。按照上述理解，司法实务在根据数人共同所犯的罪名进行处罚后，对于超出共同所犯罪名的不法事实又必须按照单独犯另行评价（然后按照想象竞合处理），而这一做法完全忽略了超过的不法事实也是由二人共同实现的。同时，按照刑法分则中罪刑规范的适用逻辑，对该当于构成要件事实的刑法评价最终要落实到行为人刑罚的个别确定，即适用刑法条文的结果应当表述为“某人构成某罪，并配备以相适应的刑罚”，既然如此，判断共同所犯的罪名便没有实质意义。故将这里“共同所犯的罪”解释为“共同所犯的罪行”或许更为合理。这一结论也使得针对共犯本质的说明不必再困扰于在语义上将共同犯罪理解为“共同去故意犯罪”③的解释路径所面临的质疑，共同犯罪的表述自然根据处罚原则的变动而修正为二人以上共同的故意犯罪。④ 从而为本文一直提倡的关系共同说扫清了解释障碍。

2. 我国采取了共犯关系主导下的共同犯罪认定模式

首先本文认为，我国刑法采取了“预先构筑客观与主观统一的共犯关系”的共犯认定模式，始终围绕对共犯事实的规范评价这一中心，通过犯罪构成与共犯理论确定各共犯人罪责与刑罚。首先，在共犯的理论基准与司法认定模式的构建层面，应当先

---

① 参见陈兴良：《从对合共犯论到阶层共犯论》，载《比较法研究》2019年第5期。

② 参见魏东：《我国共犯论刑法知识的渊源考察与命题辨正——兼与陈兴良教授商榷》，载《现代法学》2013年第6期。

③ 参见张明楷：《共同犯罪是违法形态》，载《人民检察》2010年第13期。

④ 参见李强：《片面共犯肯定论的语义解释根据》，载《法律科学（西北政法大学学报）》2016年第2期。

根据各共犯人的参与行为与他们之间的意思联络,描述出"在客观案件事实中形成并且对犯罪施加影响的'共犯关系'",即在对存在论上的共犯现象进行观察时,先按照刑法总则关于共同犯罪的规定,判断来自数个参与者所发出的故意行为是否作用于同一个不法事实或危害结果,以及在这一基础上是否存在犯意联络甚至犯罪故意上重合(符合刑法中"二人以上共同故意地犯罪"之描述)。如果满足了前述的两个条件,能够认定行为人之间形成了以实现犯罪为目标的关系共同体,共同犯罪的构成要件判断以及归责等犯罪构成最终都在这一关系共同体的主导下实现,并通过共犯关系的规范性引入在共犯的构成要件与行为参与类型判断之间寻求适当的平衡,并基于这一前提考察具体的罪刑问题。因此,在共犯的认定路径上,我国既不是先认定该当于构成要件且具备违法性的主行为之后,再考虑其余教唆犯及帮助犯的成立问题,也不是完全不顾共犯事实进行对每个参与人的行为以及可罚性进行单独认定,而是属于"整体认定犯罪,个别分配责任"的独立模式。①

其次,共犯关系的形成将使得其主导下的共同犯罪事实进入到刑法规范的评价视野之中,其所面临的第一道门槛便是共同犯罪中构成要件理论的适用问题。具体而言,在共犯的构成要件符合性层面,刑法分则中的罪刑条款是否描述了所有值得处罚的共犯参与类型,还是仅局限于直接实施符合构成要件行为的正犯本身?对于上述问题,众多学者结合我国刑法的规定作出了解释论上的不同回答。其中,有学者认为,刑法分则规定的构成要件行为并不限于实行行为,而且还包含教唆行为、帮助行为,以及未达到既遂的行为形态。② 另有学者主张,刑法总则在对分则条款以单个人犯罪为范式的基本构成要件进行修正,使得教唆犯、帮助犯能够符合修正后的构成要件;③当分则条款适用于多人共同犯罪的场合时,必须结合刑法总则的一般规定与刑法分则的罪刑规定,使共同犯罪也能够符合分则规定的构成要件。④ 可以说,上述学者提出的不同见解,集中反映出共同犯罪的可罚性必须遵循构成要件理论为其划定的处罚界限。因此才会有学者敏锐地指出,"共犯理论(Teilnahmelehre)是构成要件理论的一部分"⑤。在此,笔者站在多数说立场上,认为我国刑法分则规定的构成要件行为只限于实行行为。然而,除直接符合构成要件的实行行为之外,刑法还需要处罚间接实现构成要件的行为,其中主要包括通过介入方式间接实现构成要件的教唆、帮助行为,以及

---

① 参见吕翰岳:《互联网共同犯罪中的意思联络》,载《法学评论》2017年第2期。

② 参见刘明祥:《论犯罪参与的共同性:以单一正犯体系为中心》,载《中国法学》2021年第6期。

③ 参见陈家林:《外国刑法理论的思潮与流变》,中国人民公安大学出版社2017年版,第494页。

④ 参见黄明儒:《二元的形式单一正犯体系之提倡——犯罪参与体系问题二元论研究的新思考》,载《法学》2019年第7期。

⑤ [德]汉斯·海因里希·耶赛克、[德]托马斯·魏根特:《德国刑法教科书》,徐久生译,中国法制出版社2017年版,第868页。

通过指挥、谋划对实行行为产生决定性作用的组织、领导行为①。在共同犯罪的认定框架下,上述行为通过协同实行行为从而对危害结果的发生发挥着重要作用,直接实施者不仅为自己,还为正犯之外的共同犯罪人实现了构成要件。同时,行为人之间意思联络的达成也征表出各行为人相互利用彼此的行为和他人共同引起法益侵害的强烈意愿,其中正犯以外的行为还必须依赖于正犯行为从而实现构成要件。刑法进行共犯关系的前置性判断的意义正在于,其使得分则中面向单独犯的构成要件评价能够向共同犯罪开放,从而使得共犯关系主导下的不法事实能够进入分则规定的构成要件评价视野之中,实现单独的构成要件评价转向共同犯罪构成要件评价的转换。根据共犯关系主导的"整体(共同)行为"在构成要件符合性以及因果归责等方面进行认定。同时,此种认定思路不会过度扩张共犯的成立范围,因为在协同实行行为的基础上,只处罚与实行行为关系最为密切的介入类型与决定类型。

再次,有必要对间接实现构成要件的行为人的故意内容如何判别进行说明。区别于实行犯的故意内容,组织故意、教唆故意与帮助故意无论是在理论还是司法实践中一直都存在争议,其中主要涉及是否只要求认识到自己的行为对他人产生的介入或决定作用,还是具体要求上述行为人认识到共同行为最终可能导致的危害结果。以帮助犯为例,帮助者在主观上是否只需要认识到他人正在犯罪并提供帮助,还是明知自己的行为可能介入他人的罪行导致危害结果的发生?不难发现,两种故意在认识程度上存在明显的高低之分。对此,纯粹基于犯罪故意理论的学理探讨的意义已然十分有限,应当将视角转向我国刑法分则规定中相应的正犯化条款。例如武装叛乱、暴乱罪中关于教唆行为的处罚条款、帮助恐怖活动罪以及组织、领导黑社会性质组织罪等。在上述条文中,由于对具体构成要件结果的发生未作要求,在故意认定上采取较低的认识程度即可。但需要注意的是,当行为人面临需要对超出了本罪范围之外的危害结果负责的情形时,认识程度应当相应地有所提升。例如,在集团性共同犯罪中,犯罪集团内部往往形成了较为固定,有其自身特点的犯意表达内容、方式以及程序等要素,使得犯罪意图能够在短时间内准确传达给犯罪集团中的成员,并能够根据犯意快速地实行犯罪行为。② 但这并不意味着犯罪集团的组织、领导者必然要为集团成员的全部行为承担责任。当其成员在集团性联络的成立范围外实施危害行为的,其领导、组织者不承担相应责任。因此,必须具体罪名具体分析,根据间接行为人的故意内容妥善地处理个人的罪责问题。

最后,在量刑阶段,由于在我国刑法所表述的共同犯罪形态中,并没有事先预判共

---

① 在未形成犯罪集团的共同犯罪中,未分担实行行为的共谋行为完全可以视为组织、领导行为的降格形式之一,进而实现处罚。参见邵维国:《论共同犯罪人的意思联络》,载《大连海事大学学报(社会科学版)》2003 年第 3 期。

② 参见杨诚诚:《论共同犯罪中意思联络的认定》,大连海事大学 2016 年硕士学位论文,第 15 页。

犯作用的大小,法官只有在对具体的案件事实进行整体把握后,才能在思维中形成"主犯""从犯"等适用不同罚则的行为人"图像"。[①] 因此,必须结合各行为人对构成要件的实现方式(依据参与类型的划分)、对结果的因果贡献、不法事实的危害程度等素材,判断行为人在共同犯罪中所发挥的作用大小,再根据个人的罪责内容,按照《刑法》第26、27条规定的处罚原则进行责任的个别分配,以实现处罚的个别化。在此,笔者将共同犯罪中的作用认定环节置于罪责确定之前,也是意图说明放弃主观层面(故意)的共同并不会影响共同犯罪的罪行认定。

3. 对可能面临的质疑之澄清

本文意图通过犯意联络理论对目前共同犯罪所采取的理论基准与认定模式进行改良。然而,笔者也深知,在学说林立的共犯领域中,一旦以一定的理论体系作为立论基础,就必须谨慎地回答该理论所面临的批判与质疑。故本文出于凝聚理论共识、减少非必要的学说争议的考虑,认为有必要提前作出一些澄清。

其一,可能会有人认为,文中所提倡的关系共同说实际上与行为共同说没有本质差异。诚然,大多数行为共同说都将数人之间"共同的实行意思"纳入了"共同"的考察范围,本文也已经承认这一点。然而,关系共同说与行为共同说的最大不同在于片面共同犯罪的处罚问题。后者时常在片面共同犯罪中,对具备认知优势、秘密加入他人犯罪的行为人一方要求其为不法事实承担责任,而对不知晓他人加入的行为人却只按照其本人实施的罪行进行处罚。例如,行为人乙明知甲要去丙家实施盗窃行为,提前将丙打晕并藏在衣柜里,甲进入丙家后以为没人在家,窃取财物后便离开。在本案中,多数行为共同说的支持者都认为乙构成抢劫罪既遂,而甲只构成盗窃罪的既遂。然而,认为乙构成抢劫罪既遂的结论实际上适用了共同犯罪的结果归属原则,从而将共同造成的危害结果归属于乙承受。然而,在不成立共犯关系的情形下却适用共同犯罪的原则,这在共犯关系说看来显然是难以接受的,在片面帮助犯的场合也是同理。故两种理论存在较为明显的差异。

其二,可能会有学者提出,笔者主张的"共犯关系主导下的整体性行为"模糊了不同共犯参与形态之间的类型化差异。本文完全没有放弃间接实现构成要件行为的所具有类型性,并且在论述中多次作出过说明(例如,共犯类型将影响犯意联络的判定、共犯类型实质上是我国刑法中的处罚类型等)。但是,参与类型的区分实际上对共同犯罪的认定意义十分有限。例如,在上文中提及的介入类型与决定类型,二者本就存在"以何种方式符合构成要件"以及归责方式的争议。由于其自身间接造成法益侵害事实的特性,若不借助共同行为以实现整体的构成要件符合,不同的行为类型(尤其是我国刑法中未规定的帮助犯行为类型)恐怕难以在刑法分则的罪刑规定中找到容

① 参见李瑞杰:《机能主义视野下共同犯罪的再解释》,载《法治社会》2019年第5期。

身之所，更不用妄图为其寻找实现结果归责的依据。因此，在充分理解各种参与形态在对共犯的认定与识别所具有的作用这一基础上，不能过分夸大其本身具有的规范意义。

其三，可能会有学者认为，整体归责结论的得出属于团体责任的观点，致使行为人为他人的不法事实而负责，这与“个人责任”原则相违背。但笔者认为这显然是一种误解。在共犯关系设定的行为框架下，最终的危害结果被视为整体性的共同行为表达的实害化，由于客观上并不存在可供归责的关系共同主体，将整体的危害结果归属于这一主体中的各参与者是没有争议的。即便是基于自我答责的视角，在刑法学上对结果进行归责时，必须考虑到行为人本身具备的自我决定实施合法行径的自由意志，但却滥用这种自由造成他人自由的贬损，故本应当对损害结果的不发生负责的行为人理应接受来自刑法的责任非难。[①] 这一原则并不因犯罪中人数的多寡而发生动摇。此外，所谓团体责任的含义实际上是指，只要行为人从属于某一团体内，其本人就应当对该团体中的其他成员实施的犯罪承担刑事责任。[②] 在共同犯罪中，行为人并非为他人的不法事实负责，而是对自己参与并与他人共同实现的不法事实负责。在最终危害结果能够归属于整体行为时，共犯关系中的行为人只对自己设定的行为引起的法益侵害事实或结果承担自己的那部分责任。这正是因为，意思联络的达成也同时意味着行为人在所持故意的范围内接受了与他人共同引起的危害结果，并愿意为此承担责任。这与“个人责任”原则中表述的“只能根据行为人自己制造的不法内容对行为人进行非难”并不矛盾。因此，来自团体责任的质疑也完全不能成立。

五、共同犯罪疑难情形对犯意联络的检验

（一）犯意联络的中断与共犯关系的脱离

犯意联络的中断主要涉及行为人从共犯关系之中脱离的问题。当犯罪行为开始后尚未结束前，处于共犯关系中的部分行为人为了从共犯关系中脱出而切断了与其他共犯人的主客观联系。[③] 值得注意的是，共犯脱离问题的探讨原本是为了克服日本刑法中犯罪中止的成立范围过于狭隘、认定条件过于严苛等缺陷的理论产物。[④] 在我国，由于共犯的脱离并不受制于刑法文本的规定，当行为人在尚未着手前放弃犯罪的，完全可以成立预备阶段的中止。因此，我国共犯关系脱离主要探讨的应当是行为人虽然主动切断了联络，同时也尽其所能截断其行为与其他共同犯罪人以及犯罪结果之间的因果性，然而其与余犯罪人仍然实现了危害结果，此时，切断犯意联络的行为人是否

---

① 参见冯军：《刑法中的自我答责》，载《中国法学》2006 年第 3 期。

② 参见冯军：《刑法中的责任原则——兼与张明楷教授商榷》，载《中外法学》2012 年第 1 期。

③ 参见［日］大谷实：《刑法讲义总论》，黎宏译，中国人民大学出版社 2008 年版，第 426 页。

④ 参见陈家林：《共同正犯研究》，武汉大学出版社 2004 年版，第 289 页。

应当承担既遂责任的问题。[①] 一方面,“共犯人想要成立中止犯享受减免处罚的恩典,除自动中止自己的犯罪行为外,还必须阻止其他共犯人继续实施犯罪或者有效防止犯罪结果的发生”[②]。据此,共犯脱离的问题似乎仅仅关注行为人的客观层面,而忽略了行为人切断主观联络而可能导致的中断情形。另一方面,共犯脱离又由于与共犯行为的具体类型与发展样态等问题存在交集而颇具认定难度,成为困扰司法实务处置共同犯罪案件的症结之一。

本文认为,上述问题的解决必须以共犯关系的正确厘定为首要前提。[③] 如前文所述,最终危害结果的实现在规范上被评价为共犯关系主导下的共同行为的实害化表达,一旦行为人将放弃共同实行犯罪的意愿传达给其他行为人(而无须其他共犯接受或同意),并且在客观上积极消除自己行为可能对结果产生的因果作用时,其在规范意义上便已然从共犯关系中脱离,此时,显然不能再将最终造成的危害结果的归属其本人承受。然而,行为人对结果发生作出的事实上的因果贡献只是实现结果归属的前提之一。在行为人切断犯意联络,为消除自己行为对结果的因果性影响作出了真挚努力,最终危害结果仍然发生的情形中,由于不存在规范意义上的“共犯关系”,仅凭借纯粹的因果判断无法经受起构成要件符合性以及结果归属的规范检验。例如,行为人甲为乙的杀人行为提供凶器(假设是枪支)后意图退出共同犯罪,于是决定向乙要回枪支。在协商未果后乙威胁甲:“想退出可以,但是想把枪要回去,我就先把你杀了。”最终乙独自实施了杀害丙的行为。在本案中,显然无法否认甲的帮助行为与丙的死亡结果之间具有因果关系。然而,要按照故意杀人罪既遂追究乙的责任就必须回答:乙的行为是如何符合了故意杀人罪的构成要件?仅肯定事实上的因果关系是否必然将丙的死亡结果归属于乙本人?在本文看来,共犯关系的消灭将直接导致乙无法借助甲的正犯行为实现构成要件,同时,最终的危害结果也无法视作整体行为表达的实害化,而是由甲独断支配(实行行为 + 胁迫他人帮助的行为)并实现。此外,在多数共同犯罪的参与类型中,应当考虑到行为一旦发出后对于结果的因果作用便不再以行为作出者本人的意志为转移。例如,按照共犯脱离的通说,教唆犯想要退出共同犯罪的,必须说服被教唆者放弃犯罪意图。[④] 但是,在教唆人实行劝说后,被教唆者是否放弃犯罪决意并不受教唆犯本人的控制与左右,甚至在某种程度上教唆人都无法确切知晓。因此才会有学者指出,“教唆犯即使没有消除正犯的犯意,但只要为消除正犯犯意或阻

① 参见马春平:《犯意联络问题研究》,郑州大学2011年硕士学位论文,第29页。

② 姚培培:《论共犯脱离基准:因果关系切断说的重构》,载《清华法学》2020年第2期。

③ 需要说明的是,大谷实教授提及的“共犯关系”更偏向于对数人共同犯罪这一现象的事实描述,与笔者在刑法规范视野下构筑的“共犯关系”并非同一语境下的概念。

④ 参见张明楷:《外国刑法纲要》,法律出版社2020年版,第485页。

止正犯行为实现作出了真挚努力的，也应构成教唆犯关系脱离”[①]。故要求行为人在切断犯意联络的基础上彻底消除行为可能产生的因果作用既不必要也不现实。因此，在共同犯罪的脱离中，意欲退出共同犯罪的行为人首先需要在主观上表达其放弃了与他人共同实施行为的意愿。同时，除了提供心理性帮助的场合外，单纯切断犯意联络一般不足以导致共犯关系的消灭，行为人还应在客观上尽可能地消除行为对最终危害结果可能产生的因果性影响。[②] 在未能消除致使最终危害结果发生的情形中，应当判断行为人是否为消除其自身行为的因果力作出了“真挚的努力”，实施了有利于“防止犯罪行为发生的措施”，以及其面临的来自其他共犯人的阻力大小，[③]而不是盲目地为已然发生的危害结果寻求归责对象。

(二)共犯实行过限中犯意联络的判别

在共同犯罪中，“行为人实施的行为超出共同谋议内容的范围，故意地实施了另一种犯罪或者故意地实施性质、手段、对象等与谋议内容不同的犯罪……此即所谓的‘实行过限’”[④]。在德日刑法中，也存在“犯罪中的部分参与人实施了超越共同决意或他人的故意认识内容之行为”等相似表述。[⑤] 因此，实行过限实际上探讨的是共同犯罪中对于过限行为是否处于他人的故意范围内从而实现归责的问题，与(本文所理解的)犯意联络在本质上并无关联。然而，一旦行为人在明知其余共犯人正在实施超出共同谋议的行为的基础上既不积极参与也不阻止的，将直接牵涉知情人对实行犯的过限行为和结果是否以及如何承担刑事责任的问题。[⑥] 例如，甲、乙二人共谋去丙女家抢劫，在抢劫得手后乙另起犯意强奸了丙，而甲对此毫无兴致，遂携带财物离开现场。此时，我国刑法理论一般认为，由于甲参与的先行抢劫行为实际上压制了丙女的反抗，并最终促使乙的强奸行为得以既遂，因此需要对强奸事实承担责任。在犯意联络的分析视角下，行为人在明知自己的先前行为可能使得法益处于危险状态的被害人遭受其他参与者的其他侵害，却放任这一结果发生，实际上与其他参与人形成了共同实现强奸不法事实的联络性意思，并最终能够将危害结果归属于甲(不作为)和乙二人整体实现的强奸行为。

然而，当实行过限进入帮助犯的讨论范畴时，[⑦]例如在上述情形中，如果乙单独实

---

① 赵慧:《论共犯关系的脱离》，载《法学评论》2003 年第 5 期。

② 如果行为人在客观上没有任何行为表示，则无法反映出其放弃了与他人共同实施行为的意愿，其他行为人也会在事实层面认识到其未真正退出“共犯关系”。

③ 参见刘艳红:《共犯脱离判断基准:规范的因果关系遮断说》，载《中外法学》2013 年第 4 期。

④ 叶良芳:《实行过限之构成及其判定标准》，载《法律科学(西北政法学院学报)》2008 年第 1 期。

⑤ 参见[德]汉斯·海因里希·耶赛克、[德]托马斯·魏根特:《德国刑法教科书》，徐久生译，中国法制出版社 2017 年版，第 820 页;参见[日]野村稔:《刑法总论》，全里其、何力译，法律出版社 2001 年版，第 441 页。

⑥ 参见姚诗:《先前行为与实行过限下知情共犯人的刑事责任》，载《法学研究》2013 年第 5 期。

⑦ 教唆犯对被教唆人的实行过限一般不承担责任，故本文不予以讨论。

行抢劫行为,甲在其中仅负责望风的帮助行为,甲在知晓行为人实施了过限的强奸行为却仍然望风的,又应当如何处理? 笔者认为,在此种情形下,乙明知甲正在为自己的强奸行为提供帮助,并意图利用乙实现自己的犯罪事实这一点毋庸置疑。另外,甲虽然没有实施新的帮助行为,但甲在明知乙正在实现过限事实仍继续帮助的,征表出其主观上对过限行为的放任与接受。因此,能够在案件事实中找到肯定双方达成犯意联络的事实基础,进而让二人为共同制造的强奸事实承担责任。在上述案例中,行为人要想对过限的不法事实不承担责任的唯一方法,便是选择消除自身行为可能产生的因果影响同时切断犯意联络。在这个意义上,实行过限与共犯关系的脱离二者实际上可以视为同一问题的两个不同侧面。

(三)共同过失犯罪中犯意联络的要素缺失

根据犯意联络理论,过失共同正犯本应被排除在共同犯罪的认定范围之外。其作为一种社会现实中可能发生的情形描述,本应当在刑法评价上被视为数个单独犯的竞合,而在司法中却存在这样的案例:雷某、孔某二人相约比赛枪法,两人在一阳台上选中远处的瓷瓶作为射击目标。两人共用一支步枪,轮流射击子弹各三发,均未击中瓷瓶。但其中一发流弹击中了途经此处的行人龙某并导致其死亡。事后无法查明被害人的死亡究竟是由谁的开枪行为所导致。重庆市九龙区人民法院认定两被告人构成过失致人死亡罪,各判处两人4年有期徒刑。重庆市中级人民法院维持了这一判决。[①] 众多学者往往基于这一司法判决,认为我国刑法承认了过失共同正犯的在整体结果上的归属认定。[②] 在本案中,由于因果关系无法查明,单独评价任何一人的行为无法实现结果归属,因此只能采用整体评价的路径。然而,很难说参与射击的两人就此成立了犯意联络,虽然双方可能都认识到正在与他人实施具有法益侵害的射击行为,但对危害结果的发生实际上持反对态度,并不具备与他人共同制造不法事实的心理意愿,而缺乏意志因素支撑的单纯联络认识无法充分说明行为共同的规范违反性,在规范评价层面,刑法也无法要求"共同反对结果发生"的两人为共同造成的危害结果所负责。在过失共同犯罪中,犯意联络意志因素的缺位实则导致共犯关系无法存续,而共犯关系本身便是对数人共同制造不法事实的规范表达,刑法在对法益侵害结果进行评价的同时,还需要评价以犯罪为目的结成的"犯罪共同体"本身。因此,不能为了实现惩治需要而无视因果关系的限制,仅凭"共同实行的意思"将两人视作"应当为彼此的犯罪行为负责"的犯罪共同体,这将无法避免地导致其中的一方成为刑罚权发动的牺牲品。更为重要的是,根据我国《刑法》第25条第2款中已然宣示的立法态

① 参见最高人民法院中国应用法学研究所编:《人民法院案例选·刑事卷》(1992—1996年合订本),人民法院出版社1997年版,第46-51页。

② 参见张明楷:《共同过失与共同犯罪》,载《吉林大学社会科学学报》2003年第2期;参见李洁、谭堃:《论我国过失共同正犯的规范前提——以〈刑法〉第25条第2款的规范构造为中心》,载《北方法学》2014年第4期。

度,应当对二者共同的过失射击行为进行分别评价。根据“存疑有利于被告人”原则,无法查明结果由哪一行为导致的,两人对此都不应负责。故在本文看来,上述判决的合理性实则有待商榷。

(四)片面共同犯罪的处罚与犯意联络的协调

承接前文所述,在我国刑法中,片面共同犯罪的探讨仅局限于片面共同正犯以及片面的有形帮助犯二者。与一般情形下共同谋划、商定以及对他人加入犯罪予以回应而形成犯意联络不同,在片面共同犯罪中,行为人往往利用知晓他人将要或正在实施危害行为的认识优势,秘密地加入他人的犯罪过程中并共同造成危害结果发生。由于行为人未能意识到他人加入了自己的犯罪行为,因此不成立犯意联络。考虑到此种类型的处罚必要性,部分学者主张应当承认单方的犯意联络,①通过共同犯罪处罚原则的适用,让分担部分行为的片面共犯人为共同实现的结果承担责任。诚然,在片面共同犯罪中,相较于行为人处于认知优势地位的片面犯罪人,本质上利用了自身对于他人危害行为的认识与预知,通过介入他人的犯罪最终实现了其意欲引起的不法事实,无论是基于对危害结果具有贡献的结果无价值审查,还是其自身行为无价值的考量,让其为全部的危害结果承担责任都具备相应的合理性。然而,当犯意联络成为一种对单方行为人主观上优越性认知的描述时,是否还能够将其称之为“联络”?也就是说,单向犯意联络的承认在一定程度上是以消解犯意联络这一概念的周延性为代价的。同时,由于犯意联络理论自身天然具有限制结果归属范围的特性,其理论设定的初衷便是为了限定共同犯罪的处罚界限。这也使得犯意联络理论与基于处罚必要性而探讨的片面共同犯罪之间难以并立。因此,坚持犯意联络理论则意味着在片面共同犯罪中不得适用专属于共同犯罪的处罚原则。我国司法机关也一贯秉持“当行为人之间不具备意思联络时,仅作为同时犯对自己实行的不法行为承担责任”的实务态度,②从而避免了在采取犯意联络理论的同时又承认片面共同犯罪的矛盾情形。可以说,在共同犯罪中坚持犯意联络的认定仍将作为我国共同犯罪司法认定的重心之一。

因此,片面共同犯罪的处罚问题不应从犯意联络理论中寻求解决之道。对此,德日刑法中的处罚方式具有可借鉴之处。例如,德日刑法在帮助行为的条款中并未对帮助犯与正犯之间的主观联络作出明确限定,进而在总则中找到了片面帮助行为的处罚

---

① 参见尹晓静:《论片面共同正犯的成立依据——基于“部分行为全部责任”原则的解读》,载《法学》2012年第11期。

② 参见刘静坤、陈建军:《同时犯罪与共同犯罪的辨析与认定》,载《人民法院报》2010年10月25日,第7版。

空间。[①] 反观我国,刑法分则中设立的诸多帮助类型的条款,例如协助组织卖淫罪、帮助信息网络犯罪活动罪等也为片面共同犯罪提供了处罚空间。当乙明知甲在实施组织卖淫行为仍暗中介绍妇女加入的,即便甲对此不知情,乙也应当构成协助组织卖淫罪。同理,行为人乙为甲在网络上开设的赌场秘密进行广告推广与营销的,应当按帮助信息网络犯罪活动罪论处。此时,对上述行为的处罚无须借助犯意联络理论而是直接援引分则的规定,属于刑法分则为总则设定的例外。[②] 然而,此种通过类型化规定实现处罚的情形难免存在挂一漏万的缺陷,在这个意义上,我国刑法应当适当参考域外共同犯罪的立法体例,探究在立法上设立帮助犯条款的可行性,为我国分歧最为密集、争议最为突出的共同犯罪领域提供更为确切的规范指引。

六、结语:回归我国共犯制度与共犯体系

综上所述,针对犯意联络理论的实质性检讨与理论建构最终都将回归到我国共犯制度与共犯体系的现有语境以及司法实践中的处置抉择之中。当下,我国刑法理论将犯意联络边缘化的做法显著阻碍了我国共同犯罪的认定路径走向精细化、规范化的进程。我国理论界依据自身立场对我国有关共同犯罪的条款进行任意解释的做法,充其量都只是解释者自身的价值判断,而不是逻辑结论,并不能真正地将我国的共同犯罪体系带入正犯与共犯的区分体系或单一正犯体系中去。在我国刑法采取了何种共同犯罪的理论基准以及司法认定模式这一问题上,学界应当最大限度地尊重刑法文本为我国共同犯罪体系所设定的制度框架,选择与我国刑法最为贴近的说理与司法阐述路径。在这个意义上,本文基于犯意联络的理论框架提出以"共犯关系"为主导的共同犯罪认定模式是一次值得肯定的尝试。

然而,囿于立法的粗糙,我国刑法在构筑共同犯罪的制度体系时未能全面处理好共同犯罪理论与构成要件理论、犯罪故意理论以及刑罚论之间的内在关系。共犯论的核心,不仅在于判断各共犯人在客观行为上造成法益侵害或引起法益侵害危险的因果性问题,抑或是针对共同犯罪符合构成要件的范围限定问题,[③]更牵涉到对不法事实进行规范评价方式的选取以及刑事责任的分配问题。显然,仅依靠学理解释是无法圆

① 实际上,我国也曾通过司法解释的方式对片面帮助犯的处罚问题进行过说明。例如,2005 年最高人民法院、最高人民检察院发布的《关于办理赌博刑事案件具体应用法律若干问题的解释》第 4 条规定:"明知是赌博犯罪活动而为其提供资金、计算机网络、通讯、费用结算等直接帮助的,以赌博罪的共犯论处。"又如,2011 年《关于办理诈骗刑事案件具体应用法律若干问题的解释》第 7 条规定:"明知他人实施诈骗犯罪,为其提供信用卡、手机卡、通讯工具、通讯传输通道、网络技术支持、费用结算等帮助的,以共同犯罪论处。"其中也未对共同犯罪中行为人之间是否需要形成犯意联络进行任何限定。然而,此种通过司法解释处理片面帮助犯的方式实则有代行立法之嫌。

② 参见张明楷:《刑法分则的解释原理》,中国人民大学出版社 2011 年版,第 150－152 页。

③ 佐伯仁志『刑法総論の考え方・楽しみ方』(有斐阁,2013 年)370 頁参照。转引自张伟:《过失共同正犯研究》,载《清华法学》2016 年第 4 期。

满解答上述疑难的。换言之,我国在共同犯罪的学理建构上实际上存在立法供给不足的显著缺陷,鉴于此,笔者多少能够理解学术界大肆借鉴域外刑法理论,对我国共同犯罪体系进行改造之用意。在日后刑法典修订的契机下,我国完全可以充分借鉴单一制或区分制体系中的有益经验,对我国现行的共同犯罪理论与体系予以完善(例如规定帮助犯的条款)抑或是重构。可以得知的是,无论采取哪一种路径,都将直接决定犯意联络未来的理论走向。

【比较刑法学】

论财物与财产性利益的区分对财产犯罪的影响

[韩]金泰明* 著　赵　跃 译

【内容摘要】立法者将财产罪的对象分为财物和财产性利益,根据犯罪的特质,存在将两者全部规定为对象(如抢劫罪、诈骗罪、恐吓罪),或者只规定两者中的一个为对象(如使用计算机等诈骗罪、贪污罪、渎职罪、赃物罪)的二元方式。立法者的这种意图看似很明显,但在司法实践中却引发了很多混乱。特别是在金钱方面,立法者把财产罪的对象分为财物和财产利益两部分的立法与现实存在很大的分歧。为此,本论文首先指出财物和财产利益的二分法造成的问题,并提出了解决该问题的方案。提出主张:一是不要将使用计算机等诈骗罪、贪污罪、赃物罪的取得对象限定在财产上的利益,而是将其扩大到财物;二是重新调整将各财物和财产上的利益规定为对象的贪污罪和渎职罪的关系;三是对渎职罪对象的现有见解也需要重新讨论。

【关键词】财物　财产性利益　财产罪　贪污罪　渎职罪

序　言

《刑法》第37章至第42章是对财产的犯罪,即财产罪,其对象是财物或财产性利益。①《刑法》规定:财产犯罪包括抢劫罪(第333条至第341条)、诈骗罪(第347条至第349条)和敲诈勒索罪(第350条至第352条)。在这些犯罪中取得的物②是财物还

---

* 金泰明,韩国全北(国立)大学法学院教授,首尔大学刑法学博士,主要研究:韩国刑法解释、刑法执行等。赵跃,韩国全北(国立)大学法学院在读法学博士研究生。

① 妨碍行使权利罪(第323条)和强取占有罪、强取准占有罪(第325条)代替"财物"一词,强制执行免责罪(第327条)是包括两者在内的上位概念,使用"财产"一词。

② 哲学中说:"人的感觉能感觉到的真实事物,即使不能感觉到,也能思维其存在"。意思是"所有的东西","用物"一词正在使用。与此相反,法学中主要用作增加"东西"或"物质"意思的后缀(朴俊锡:《法律和语言:对语素`-物的使用的若干思考》,载《弘益法学》2016年第17卷第4期)。在刑事法领域,"物"也用作后缀,如爆炸物、建造物、淫秽物、没收物、贿赂物、扣押物、证物等后缀。其中"物"必须是流体物或电力其他可管理的自然力量或动力(《民法》第98条、《刑法》第346条),即不限于财物,还包括财产性利益(没收物)、非财产利益(贿赂)或电子记录等特殊媒体记录(证物)。

是财产性利益，不仅在罪名上，而且在其非法或责任程度上也不会出现特别的差异。与此相反，妨碍行使权利罪(第323、325、326条)、盗窃罪(第329条至第332条)、赃物罪(第362条至第365条)、贪污罪(第355条第1款、第355条)以及损坏罪(第366条至第369条)等。在这些犯罪中，取得物是财物还是财产性利益决定着犯罪的成立，因此，如何看待取得物的法律性质，具有决定性的意义。以取得物是财物还是财产性利益为标准的财产罪的区分看似非常明确，但在司法实践中却引发了很多混乱。例如，判例将窃取的他人信用卡投入到自动取款机上，擅自输入事先知道的密码，接受现金服务的事件中，只要他人信用卡从自动取款机中提取的现金财物明确，上述行为就不能以使用计算机等诈骗罪进行处罚(大法院2003.5.13宣判2003.1178判决)。在接受向受害者提取2万韩元的委托后，用收到的现金卡提取5万韩元，只向受害者交付2万韩元，并侵吞3万韩元的案件中，以“可以看作是提取现金总额中超过委托提取金额的部分比率的财产上利益”为由，承认了使用计算机等诈骗罪的成立(大法院2006.3.24宣判2005.3516判决)。另外，在事后帮助人欺骗被害人，将钱转账到第三者(被告人)的账户上，第三者明知存入自己账户的钱是诈骗犯罪而提取存款的事件中，被害人受帮助人欺骗，将钱汇入被告人的存款账户，而这只是接收相当于财物的现金汇入存款账户的方法而已。(大法院2010.12.9宣判2010.6256判决)

综上来看，司法实践中对于现金的法律属性认定并不统一，这种混乱是因为使用计算机等诈骗罪或赃物罪分别以财产性利益和财物为对象。除此，规定区分财物和财产性利益的代表性是贪污罪和渎职罪。

现在盗窃罪、抢劫罪、诈骗罪和敲诈勒索罪都是根据条文的不同来规定的。但贪污罪与渎职罪则是根据条文当中的款项来规定的。也正因如此，判例(大法院1961.12.14宣判4294刑上诉371判决)和多数说表明：从贪污罪和渎职罪违反信赖关系这一点来看，其性质相同，但是对于贪污罪的对象是财物，而渎职罪的对象只是财产性利益，二者存在差异，财物可以看作财产上的利益的特殊形态，因此，贪污罪和渎职罪是特别法和普通法的关系。但是，与杀人罪和杀害尊属罪一样，同条(第250条)中规定了不同的款项，从一般法和特别法关系的犯罪中可以看出，[①]如果贪污罪与渎职罪存在特别法的关系的话，至少应该分法定刑等级来规定，如果法定刑相同，本质上没有差异，只是在其客体上有差异的话，就像强盗罪、诈骗罪、敲诈勒索罪中看到的那样，没有必要非要规定不同的项吧？

---

① 各种杀害尊属(第250条第2款)，伤害尊属(第257条第2款)，暴力尊属(第260条第2款)，遗存遗弃、重遗弃(第271条第2款)，虐待尊属(第273条第2款)，遗存逮捕、监禁(第276条第2款)，遗存中逮捕、监禁(第277条第2款)，遗弃尊属(第277条第2款)。由于规定其非法或责任比基本犯罪重，所以法定刑罚高。与此不同的是，杀害婴儿(第251条)和遗弃婴儿(第272条)与基本犯罪杀人罪(第250条第1项)和遗弃罪(第271条)相比，非法或责任较轻，因此法定刑期较低。

如果贪污罪和渎职罪真的根据对象进行区分,那么受他人委托,以自己的名义登记并保管他的房地产,任意设定该房地产抵押时,实行行为的对象是房地产,通过这种行为获得的是担保利益,该行为究竟是应构成贪污罪,还是渎职罪?受他人委托,以存款债券的形式保管金钱,擅自提取并消费时,应将存款债券形式的金钱视为财物,以贪污罪处罚,还是从财产上的利益来看,以渎职罪处罚?

最后,贪污罪是否与渎职罪有特别法关系还是个疑问。特别关系是指某构成要素除包含其他构成要件的所有要素外,还应备齐其他要素才能成立的情况(最高法院2006.5.26宣判2006.1713判决),为了说明贪污罪在渎职罪上属于特别关系,贪污罪中特有要素,即对象是财物,这一点除外之后,就要把渎职罪的成立要素全部备齐。但是,渎职罪明确规定了"财产上利益的取得"和"发生本人财产上损害"的另外的条件,那么,能否说贪污罪和渎职罪是特别法和普通法的关系呢?为此,贪污罪和渎职罪在其规定的方式和内容上与普通法和特别法关系中的犯罪不同,对于如何理解其关系有很多争议,[①]贪污罪和渎职罪的关系不明确性因财物和财产性利益概念本身的不明确性而进一步加剧。[②] 如果只规定财物和财产性利益之一为对象,那么行为人所取得的物是财物还是财产上的利益将直接关系到犯罪的成立,对被告人来说是非常重要的问题。另外,在各自以财物和财产利益为对象的贪污罪和渎职罪中,根据以何种罪被追诉,被告人在行使自己的防御权方面存在很大差异。例如,贪污罪只要非法处理他人的财物就足够了,而渎职罪则需要被告人或第三者获得财产上的利益,并对本人造成财产上的损失,因此,追诉方说贪污比较有利,但被追诉方说渎职比较有利。另外,如果第三者介绍通过贪污或渎职取得的物的取得、转让、运输、保管等行为,那么从第三者的立场来看,根据行为人是以财物为客体的贪污罪处罚还是以财产利益为对象的渎职罪处罚,将决定是否有罪的差异。

在刑事程序中,财物和财产性利益的区分对贪污罪和渎职罪的关系具有非常重要的意义,但财物和财产利益的概念和贪污罪和渎职罪的关系仍然处于一种边界不明晰的状态,像金钱一样呈财物形态,很快转变为财产利益形态的越来越多,其混乱也更加严重。为此,笔者先从梳理刑法条文和判例出发,分析财物和财产利益的概念,再讨论

---

① 参见文炯燮:《贪污罪和渎职罪》,法律560号(2003年5月5日),第5页以下;许一泰:《委托金钱和刑法上的所有权概念》,载《比较型司法研究》2003年第5卷1号,第265页以下;申东云:《贪污罪与渎职罪的关系》,韩国型法学的新地平(吴善珠教授退休纪念论文集),(2001),第315页以下;李锡培:《贪污罪与渎职罪的关系》,东亚法学46号(2010),第367页以下;金在允:《贪污罪与渎职罪的关系》,参见全南大学法学研究所、法学论总30卷1号(2010),第131页以下。

② 集中讨论财物和财产上利益概念的文章,参见林雄:《在财产犯罪方面,财产和财产上,对利益概念的批判性考察》,载《刑事法研究》2009年第21卷第4号;吴荣根:《对财物和财产上利益的合理解释论》,汉阳大学法学研究所,载《法学论丛》第31卷第4期(2014),第193页以下;参见金泰明:《财产和财产性利益概念与两者的僵局》,载《刑事法研究》第26卷第2期(2014),第65页以下。

如何理解以财物和财产利益为对象的贪污罪和渎职罪的关系。

一、关于财物和财产性利益概念的争议和两者的僵局

（一）对财物和财产性利益概念的争议

1. 根据刑法规定，财物包括有形物、电和管理的其他的能源，财产性利益是除财物外，具有财产价值的一切利益。关于财物的概念，在韩国仍存在“有体性说”和“可管理性说”的对立。但是，韩国1953年制定《刑法》时，关于盗窃罪和抢劫罪（第38章），规定“可以管理的能源被视为财富”（第346条），适用于诈骗罪和敲诈勒索罪（第354条）、贪污罪和渎职罪、损坏罪（第373条）。当时虽然没有对赃物罪另设准用规定，但对事后从犯都有准用规定，所以不必设准用规定。另外，1958年制定《民法》时引入了“所谓物，是指可以管理的有体物、电和其他自然能源”的规定（第98条），因此，这些犯罪争论的实际利益也消失了。

2. 以刑法制定当时为基准，除了有体物外，是否将电等可管理的能源纳入财物概念是一个非常重要的问题，韩国通过立法解决了这一问题。随着信息通信技术的发展，经济和社会中心从物质或能源转移到信息上，利用信息通信技术，将信息扩散到整个社会，信息比物质或能源具有更大的价值，这种社会变革给刑法提出了是否应该将“信息”视为财产的问题。

有人主张，在以信息化和产业化为特征的现代社会，应该将计算机用光盘以外的类似信息存储媒体的信息视为“数字化财产”，并作为刑法的规制对象。[①] 但是，判例在存储在受害者公司研发室计算机中的织物面料橡胶涂层系统的设计图和工艺偷偷输出的事件中，明确“存储在计算机中的‘信息’本身不能被认为是有形的物，也不是物质性的能源，所以不能认定为财物”（大法院2002.7.12宣判2002.7.45判决）。[②] 即使与其他带有“物”后缀的术语相比较，也很难解释财物中不仅包括有体物、电或其他可管理的动力，还包括电子信息，甚至财产上的利益。

首先，在带有“物”后缀的其他用语中也有包含电子信息的情况。在传统《刑事诉讼法》中作为扣押目的物证的物（第106条）是物品，但2011年《刑事诉讼法》修订后，计算机用光盘，此外，与此相似的信息储存媒体中储存的信息（第106条第3款）也包括在扣押对象中的录音、录像带、电脑用光盘，此外，与此相似的信息储存媒体中储存

---

① 参见金贤淑：《虚拟空间与刑法上财物概念的重构》，载《比较刑事法研究》2010年第12卷第1期；李元祥：《在无处不在的社会中的盗窃罪考察》，载《刑事政策研究》2009年第20卷第1期。

② 该判例提出法理称信息本身不属于财物或动力，从这一点来看，财物概念具有重大意义。但是，在度假村售票处任意操作升降机乘车券销售机，发放升降机乘车券的事件中，任意操作销售机并持有已发行的乘车券的行为如何认定。与上述认为属于窃取财物的情况相比（大法院1998.11.24宣判98.2967判决），在二判例中打印的设计图纸和工程本身也是以盗窃罪进行处罚的。

的文字、语音、影像信息的证据物相关规定(《刑事诉讼法》第134条之7、第134条第3项)。[①] 刑法与刑事诉讼法中的各种“物”不局限于财物,其外延扩展到财产性利益和电子信息的情况层出不穷。尽管如此,刑法上的财物脱离了有体物、其他可以管理的自然能源的范围,包含了财产性利益和电子信息等内容,这种解释似乎脱离了刑法体系和文言的可行范围。其理由如下:

1995年修改《刑法》时,公务机密标示无效罪(第140条第3款),公用文件等无效罪(第141条第1款)、伪造、变造电子记录罪(第227条之2、第232条之2)、不实记载公证证书原件(第228条第1款)、侵犯秘密罪(第316条第2款)以及妨碍财产犯罪行使权利罪(第323条)和损坏罪(第366条)中增加了电子记录等特殊媒体记录作为犯罪对象。一部分因为只在犯罪中增加了电子记录等特殊媒体记录,所以剩下的犯罪中电子只能解释为信息而不会成为客体。[②] 例如,《刑法》第243条将淫秽文件、图画、其他物品规定为淫秽物品,但计算机程序文件不属于上述规定范围(大法院1999.2.24宣判1998.3140判决)。“儿童—青少年”使用淫秽作品,可以明确识别为“儿童—青少年”的人或表现物。根据《儿童青少年性保护法》第2条第5号,“传播淫秽符号、文字、声音、视频或视频”,定义为通过电影、视频、游戏物、计算机或其他通信媒体进行的以视频等形式出现,表达购买儿童、青少年性行为或其他性行为的内容。此外,还有一个事例是,在带有“物”的后缀的其他用语中,还包括财产上的利益。《刑法》规定没收的对象是“物品”,但第48条第1款关于没收贿赂的判例是,公务员对其职务无限期、无利息借用金钱时,受贿者获得的实际利益相当于无限期、无利息借款的金融利益,因此,其金融利益是贿赂,应没收金融利益。而且,文件、图画、电子记录等特殊媒体记录或有价证券的一部分属于没收时,必须废弃部分,因此可以说第48条第3款、电子记录等特殊媒体记录也包括在没收物中。此外,《公务员犯罪没收特例法》《毒品类非法交易防止特例法》《犯罪收益隐匿的限制及处罚等相关法律》《特定经济犯罪加重处罚等相关法律》等规定没收包括财物和财产利益在内的全部财产。在加上“物”这一后缀的其他用语中,不仅包括财物和财产上的利益,还包括非财产上的利益。判例将贿赂定义为金钱、物品和其他财产利益,以及满足人的需求、欲望的一切类型、无形利益(大法院2014.1.29宣判2013.13937判决),根据这样的定义,非财产利益也包括在贿赂中。

---

① 《刑事诉讼法》第106条第3款规定的扣押对象是电子信息还是储存电子信息的媒体。在有争议的情况下,判例中写道:“执行对电子信息的扣押搜查令时,原则上是拘捕令。文件打印件或侦查机关携带的储存媒体,只收集与嫌疑事实有关的部分。只有通过复制相关文件的方式才能(进行)”,因此电子信息是扣押搜查的对象。(大法院2011.5.26,2009年1190决定)多数意见不是信息储存媒体,而是电子信息本身认为《刑事诉讼法》第106条的争论点和修正案是没收的对象。

② 介绍《刑法》等各种法律上财物的概念及相关判例后,参见《财物概念的争论史》,载《比较刑事法研究》2003年第5卷第2期特刊。

那么，是否可以解释财物罪的对象为：财物中包含了财产上的利益。刑法将财产罪的对象分为财物和财产性利益，在抢劫罪、诈骗罪、敲诈勒索罪中把两者都规定为对象，在盗窃罪、贪污罪、赃物罪中只规定了财物，在使用计算机等诈骗罪、渎职罪中只规定财产利益为对象。因此，笔者认为：在只把财物或财产性利益规定为对象的犯罪中，禁止某一个（财物）包含在另一个中（财产性利益），反之亦然。判例表明：根据刑法规定财产犯罪的对象是财物和财产性利益的，将其明确规定为财物罪和利益罪。与《刑法》第347条规定的一般诈骗罪属于财物罪兼利益罪不同，《刑法》第347条之2规定使用计算机等诈骗罪的对象只限于财产性利益，因此用窃取的他人信用卡提取现金的行为属于财物相关犯罪，不能将其作为使用计算机等诈骗罪予以处罚（大法院2003.5.13宣判2003.1178判决）。

但是，从下面可以看出，很多判例实际上将二者混合使用，界限并不清晰。多见于限制其对象为财物或财产利益的犯罪，如使用计算机诈骗罪（第347条之2）、赃物罪（第362条至第364条）、贪污罪（第355、356条）。以下是对这些犯罪中出现的财产和财产性利益的僵局进行更详细的探讨。

（二）财物和财产性利益争议的实践

1. 使用计算机等诈骗罪

此罪是1995年修改《刑法》时，为有效应对根据产业化、信息化趋势的利用计算机等信息处理装置的新型犯罪而新设的，并在2002年追加了无权限输入、变更信息处理的行为。该犯罪是所谓计算机犯罪的代表性事例，是为了处罚以不受他人控制或不欺骗他人为前提，而通过存款账户移动或代替汇款获取财产利益的行为而引进的。

与诈骗罪不同，使用计算等诈骗罪仅限于财产上的利益。因此，如在自动取款机上擅自从他人账户中提取现金的情况一样，利用电脑等信息处理装置获取财物的行为是否也能以使用计算机等诈骗罪进行依法处理引起了争议。判例采取"《刑法》第347条之2规定的使用计算机等诈骗罪的客体仅限于财产上的利益而不是财物，因此不能适用该法律条款对冒用他人名义从自动取款机中提取现金的行为进行处罚"（大法院2002.7.12宣判2002.2134判决）。用窃取的信用卡提取现金的行为不是使用计算机等诈骗罪，而是盗窃罪，这可能是因为考虑到取得的金钱可以当作赃物的情况。[①]

从储户现金卡持有人处接受提取一定金额现金的请求，同时以收取现金卡为由，超过其委托金额提取现金的案件中，被告人提取的现金中超过委托提取金额部分的比率，以此为由，认定计算机等使用诈骗罪成立（大法院2006.3.24宣判2005.3516判

① 林相奎：《对银行交易金钱的财物性和赃物的异议》，载《比较刑事法研究》2011年第13卷1号。

决)。受委托处理伴随金钱收取事务的人,根据其行为,为委托人从第三者处领取的金钱与限定目的或用途而委托的金钱相同,如无特殊情况,则与受委托人同时属于委托人所有,受委托人与其说是为委托人保管的关系,不如说是考虑到现有的判例(大法院2009.6.11宣判的2009.2461判决),本案具有盗窃罪或使用计算机等诈骗罪。[①]在本案的上诉审中,将客体限定在财产上的利益的使用计算机等诈骗罪成为争论焦点,为此,为了避免被告人无罪,使用了被告人提取的现金中超过委托提取金额的部分比率的窘迫逻辑。

2.赃物罪

赃物是属于财产罪的犯罪行为所获取的物品,且必须是通过盗窃、抢劫、诈骗、敲诈勒索、贪污等所得物(大法院2011.4.28宣判2010.15350判决)。因此,通过盗窃、抢劫、诈骗、敲诈勒索、贪污取得的物,如财产上的利益或使用计算机等诈骗罪或渎职罪等,仅以财产利益为对象的犯罪而获得的物不能成为赃物罪的对象。判例表明:根据使用计算机等诈骗罪取得的存款债券不是财物,而是财产上的利益。因此,输入受害者的账户密码,登录网上银行后,从受害者的存款账户转账一定金额,然后使用现金卡在自动取款机上提取现金,此情况下,事后帮助犯(使用计算机等诈骗罪)取得的不是财物,而是财产上的利益,不能以赃物取得罪进行处罚(大法院2004.4.16宣判2004.353判决)。

但是,如果事后帮助犯将财物规定为诈骗罪的对象,情况将有所不同。在事后帮助犯欺骗被害人,将钱转账到第三者(被告人)的账户,第三者明知存入自己账户的钱是诈骗犯罪而提取存款的案件中,判例认为"在这种情况下,被害人被事后从犯所欺骗,将钱汇入被告人的存款账户,这只是以将相当于财物的现金汇入存款账户的形式进行的行为。所以,通过转账的方法,承认从自己账户中提取的现金的赃物性(大法院2010.12.9宣判2010.6256判决)。

但是,即使事后从犯以诈骗的方式取得的金钱,如果是以汇款的方式取得的,那不该视为财物,而应该看作获得了财产性利益吗?

判例中通过计算机等信息处理装置进行的金融机构之间的电子式资金转账交易,是以金融机构之间的外汇交易关系为媒介,在金融机构之间或利用金融机构的顾客之间,不以收取现实资金,而实现支付、收取的交易方式,在利用电脑等信息处理装置,以他人名义的金融机构账户存款余额中的一部分转账到自己名义的金融机构账户时,将存入自己名义账户的存款余额视为财产上的利益(大法院2007.3.15宣判2006.2704

---

① 赵贤旭:《超过委托金额的现金提取和电脑等使用诈骗罪》,载《比较刑事法研究》2006年第8卷1号。对此,也有人主张,贪污罪是以财物为客体,只要超出受委托范围提取的现金视为财产上的利益,就可以构成渎职罪。[详见安圣朝、徐相文:《超过工资额的现金提取的刑事责任》,载《警方法研究》2009年第7卷1号。]

判决)。民事上的金钱作为有体物当然属于财物,但是存入银行账户的钱在存入的同时会丧失流体性和特定性,储户对存入自己账户的钱只拥有存款债券。正如判例中所说,“金钱具有高度的替代性,其金钱本身没有什么意义,根据金额显示的金钱价值在交易上具有意义”,那么最终金钱和封存的金钱一样,如果没有特定的有体物,对于被封闭的财产上的利益的金钱,应以财物为前提的赃物罪不能成立①。尽管如此,在受害人被事后帮助人的欺骗行为欺骗,将钱汇到被告人的存款账户的事件中,判例认为对交付相当于财物的现金的方法以存款账户的形式汇入存款账户的做法表示不妥(大法院 2010.12.9 宣判 2010.6256 判决),事实上不能不说财产上的利益是财物的限制。而且在赃物罪中,赃物是指因财产犯罪而取得的物品本身,其赃物的处理代价将丧失赃物性,问题在于,以汇款的方式取得的金钱和之后从自己的存款账户中提取的现金是否相同。关于这一点,判例中写道:金钱具有高度替代性,可以轻易与其他种类的货币交换,金钱本身没有什么意义,根据金额显示的金钱价值具有交易意义,从这一点来看,赃款现金以存款的形式保管在金融机构内,是为得到返还而统一的。提取数额现金时,由于存款合同的性质,提取的现金与当初的现金失去了物理上的同一性,但是根据数额显示的金钱价值没有任何变动,因此,作为赃物的性质将维持不变(大法院 2000.3.10 宣判 2579 判决)。

但是,与将有体物金钱兑换成其他种类的金钱不同,一旦存入银行后再次提取现金,能否认定汇款前的现金和提取的现金的同一性还是个疑问。大法院判例的原审(首尔高等法院 1998.7.9 宣判 88 判决)表示:“被告人以诈骗罪取得的本人支票及现金中的一部分消费在银行后重新提取而获得的现金,与将赃款换成其他种类的金钱或将赃款本人支票兑换成现金的情况不同,以处理赃物为代价获得的物品,已经丧失了赃物性。”

根据判例,赃物罪中的赃物应是事后帮助犯因财产犯罪而取得的财物,如前所述,帮助犯取得的物是存入该存款账户的金钱或用现金取得后存入存款账户时,能否将其视为赃物是个问题。判例规定,汇入被告人的存款账户的金钱,交付相当于财物的现金的方法只是以汇入存款账户的形式进行的,将赃物现金存入金融机构后提取现金时,其现金应视为与帮助犯取得的现金相同。但是存入银行存款账户的金钱不是财物,只是财产上的利益,提取到银行存款账户后重新提取的现金很难视为同一财物。像这样,金钱与财物和财产利益之所以发生错杂的情况,是因为赃物罪的对象赃物仅限定为财物。

3. 贪污罪

贪污罪是保管他人财物的人通过侵吞或拒绝返还其财物而成立的,因此贪污行为

---

① 金惠京:《计算机等使用诈骗罪和金钱赃物性》,载《延世大学法学研究院法学研究》2004 年 14 卷 3 号。

的对象是他人的财物。判例认为:“委托销售时,委托销售人买卖并领取的金钱属于委托人所有,委托销售人随意消费或拒绝交货时,构成贪污罪。”(大法院 1990. 3. 27 宣判 813 判决)委托买卖人从委托人处获得的物品或有价证券或委托买卖所取得的物品、有价证券或债券,在委托人与委托买卖人或委托买卖人的债权人之间的关系上,将其视为委托人的所有物或债权,因此,委托销售人买卖委托物并领取的金钱属于他人所有(《商法》第 103 条),这一点毋庸置疑。但是,如果买卖委托物并领取的金钱存入自己的账户,或者从买方处将委托物的交易款存入自己的账户,委托交易款将以存款账户的余额形式保管,任意使用这些钱的行为是否以贪污罪进行依法处理?

判例认为,任意消费他人金钱的行为均以贪污罪进行。例如,错误地汇入自己账户的金钱(大法院 2010. 12. 9 宣判 2010. 891 判决)、转让债券后不知事实的债务人处以债务偿还方式收受的金钱(大法院 1999. 4. 15 宣判 1997. 666 判决)、确定用途或目的受委托的金钱(大法院 2012. 5. 24 宣判 2011. 11450 判决)、任意消费受他人委托存入金融机构的金钱(大法院 1983. 9. 13 宣判 8275 判决)等行为均以贪污罪处罚。

毋庸置疑《刑法》中作为有体物的金钱(货币、纸币或银行券)成为伪造、变造的对象(从第 207 条到第 213 条),相当于盗窃罪、抢劫罪、诈骗罪、敲诈勒索罪、赃物罪、损坏罪等各种获取罪的对象财物。而且,作为价值的金钱是财产上的利益,因此,以财产性利益为对象抢劫罪、诈骗罪、敲诈勒索罪、使用计算机等诈骗罪、渎职罪的对象。但是,委托给自己的金钱真的可以算作贪污罪的对象财物吗?

贪污罪中财物保管意味着对财物具有事实或法律支配力的状态(大法院 2015. 6. 25 宣判 2015. 1944 判决),因此,以自己名义存入银行账户的金钱是自己“保管”的物。但是贪污罪的对象是自己保管的“他人的财物”,属于财产上的利益,因此不能成为贪污罪的对象。贪污罪的对象财物不限于动产或房地产等有体物,可以管理的能源也被视为财物,但是根据区分财物和财产利益、将贪污和渎职规定为两项罪名的现行刑法规定,不能解释债权或其他权利等包含在财物中(大法院 2014. 2. 27 宣判 2011. 832 判决)。

金钱作为他人的财物,为了得到物权保护,必须具备对金钱的排他支配可能性、特定性及独立性,除非以高度交换性和不特定性为特征的金钱被封存等方法特定的,否则无法确保排他支配可能性和独立性,因此不被认定为物权保护的对象①。因为不特定的金钱具有高度的替代性,所以其金钱本身没有什么意义,通常在占有它的同时,还拥有它所表彰的一定价值。例如,如果甲方将自己的金钱交给乙方,那么乙方只要不以金钱封存等方法与其他金钱区别开来,乙方不仅是单纯取得对其金钱的占有,还取

① 崔敬律:《民法上关于金钱法理的考察》,载《成均馆法学》2003 年第 16 卷第 1 期。

得所有权。因此,乙方受甲方委托保管的金钱原则上成为自己所有的物品,甲方对乙方不是所有权返还请求权,而是只拥有物权价值返还请求权,所以,以委托人保留对金钱的所有权为前提的贪污罪不能成立。①

部分见解与一般的有体物不同,主张对以高度交换性和不特定性为特征的金钱,应承认刑法固有的所有权概念,并承认对委托金钱的贪污罪的成立。大法院 1999.4.15 宣判的 97.666 判决的补充意见是:“可以看作是被占有人禁止自由处分的情况……其占有者为了对方的利益,必须从现实角度确保相应的金钱或与其可以替代的相同价值的金钱,从刑法上保护这种状态的意义上来说,有必要承认与民法上的所有权不同的刑法上的所有权概念。”学术界也表示:“刑法与重视外部动态稳定性的民法不同,在金钱的委托人与受托人之间,以保护财物所有者,即静态安全为目的,因此,对于金钱所有权的归属问题,《民法》的法理不能完全按照刑法规定妥当。”或“委托金钱的所有权问题,包括委托的具体宗旨和目的等,必须从《刑法》角度进行考察……如果保管公款的受托人不当消费一部分公款,我们将其称为侵吞公款,这意味着即使委托的金钱物品本身归受托人所有,但金钱所涉及的金额所有权仍属于委托人”。因此,支持判例的立场。

但这种解释论是存款作为以银行等法律规定的金融机构为受置人的金钱消费委托合同,受置人可以保管委托金钱等,并在这段时间内可以消费。根据委托人的请求约定返还同种同额金钱而成立的合同(大法院 1985.12.24 宣判 85.880 判决),与存入该存款账户的金钱的所有权转移给金融机构,储户通过该存款账户取得存款返还债券的现有判例(大高法院 2008.4.24 不仅与判决 2008.1408 判决)的法理背道而驰,而且违反《民法》第 185 条,即“物权除根据法律或习惯法外不得任意创设”的规定。之所以如此无理地以贪污罪来依法对委托金钱的无端消费进行处理,也是出于对过去作为有体货币金钱认定“赢利罪”的传统态度,对银行存款等价值的金钱也适用的惯性做法。然而,在必须采取这种无理手段的背景下,其对象仅限于财物的贪污罪规定占据了一席之地。像这样,财产罪只以财物或财产上的利益之一为对象时,判例具有难以与法文言相用的扩大适用范围的倾向,这种倾向也体现在以财产上的利益为对象的渎职罪上。

4. 渎职罪

渎职罪是以财产性利益为对象,可以解释为纯利益罪。但是,利益罪的纯粹性是否得到了真的遵守? 在渎职罪中,不难发现司法实践中渎职行为对象不仅包括财产性利益,还包括财物。债务人向债权人提供动产作为转让担保,并以变更占有方式占有时,该动产的所有权仍保留给债务人,债务人相当于保管自己的物品,因此,即使债务人将转让担保的目的物处理给第三者或提供担保,也不构成贪污罪(大法院 2009.2.

① 崔秀晶:《民法上金钱的概念和金钱债券的特质》,载《比较司法》2003 年第 10 卷第 1 期。

12 宣判 2008.10971 判决)。在对内关系中,债务人有义务保管转让担保的目的物达到担保目的,并根据债权担保约定处理担保人事务,因此债务人处理转让担保的动产等不当减少担保价值的行为,将以渎职罪处罚(大法院 1989.7.25 宣判 89 度 350 判决)。以担保债券为目的,接受房地产所有权转移登记的债权人,如果债务人到还债日期为止,偿还其债务,则有义务履行所有权转移登记,因此,如果在还债日期之前违反其任务,将其处理给第三方,则构成渎职罪(大法院 1992.7.14 宣判 92.753 判决)。

除此之外,虽然渎职行为的对象是财物,但不是贪污罪,而是以渎职罪处罚的判例也不少,其代表性案例是房地产一房二卖。房地产卖方与买方签订买卖合同,从买方处得到定金和中间金后,将买卖目的物房地产双重卖给第三者,完成所有权转移登记的行为,即房地产的双重买卖行为也是违背与买方信任关系的任务违反行为,以渎职罪处罚(大法院 2018.5.17 宣判 2017.4027 判决)。在房地产双重交易的事例中,渎职行为者或第三者取得的是房地产双重交易货款(渎职行为者)或房地产本身(第三者)。第三者取得的物是房地产财物,渎职行为者取得的物是买卖款,因此无论以哪种标准,都很难说取得了财产上的利益。也有可能没有用现金支付交易款,而是以转账的方式支付,但并不是只有不以现金支付,而是以转账的方式支付时才构成渎职罪。

前面的判例是委托关系,自己保管的他人金钱从财物来看是财物。对其任意消费的行为以贪污罪依法进行。但是判例是金融机构的职员非法向金融机关贷款的行为以渎职罪进行,即金融机构职员在贷款时,为了切实收回贷款债券,在没有采取充分担保等相当合理的措施的情况下,肆无忌惮地发放贷款。如此,作为违反任务的行为,让第三者获得财产上的利益是以损害金融机构的行为为前提的,以业务渎职罪处罚(大法院 2003.2.11 宣判 2002.5679 判决)。

如上所述,在只规定财物或财产利益之一的代表性财产犯罪,如使用计算机等诈骗罪、赃物罪、贪污罪、渎职罪中财物或财产利益的概念界限不明确,财物被当作财产利益或财产利益被当作财物的情况很多,其中,贪污罪和渎职罪虽然严格规定了对象,但有关两者关系的争议仍然不断,财物和财产利益的错综交杂是最严重的犯罪类型。以下将具体讨论贪污罪和渎职罪的关系以及这些犯罪中财物和财产利益的意义。

二、贪污罪与渎职罪的关系

(一)贪污罪和渎职罪规定探析

1. 贪污罪与渎职罪成立要素的比较

刑法上对他人财物的罪分为领得罪[①]和损坏罪,领得罪分为多次抢夺罪、骗取罪和背信罪。《刑法》第三十八章盗窃罪和抢劫罪属于夺取罪,第三十九章诈骗罪和恐

① 领得罪:作为犯罪得主观因素,需要非法领得意愿得罪。盗窃罪、诈骗罪、恐吓罪、贪污罪等属于此。

吓罪属于骗取罪,第四十章的贪污罪和渎职罪属于背信罪。抢夺罪和骗取罪是通过抢夺或骗取他人手中的他人财产而成立的犯罪,而贪污罪和渎职罪是通过处理行为人支配、管理下的他人财物或财产上的利益而成立的犯罪。① 在贪污罪和渎职罪中保管他人财物或处理他人事务应以信赖关系为基础。贪污罪和渎职罪被称为背叛罪也是因为这个原因。判例和多数说与贪污罪和渎职罪的关系有关,两罪在违反信赖关系这一点上性质相同,但是对于贪污罪的对象是财物,渎职罪的对象是财产利益这一点上存在差异,财物只是财产利益的特殊形态,因此,贪污罪和渎职罪是特别法和普通法的关系(以下称为特别关系说)。因此,判例中写道:"渎职罪和贪污罪都是以信任关系为基础的财产犯罪,在刑罚上也是同一条文规定的,没有轻重差异,属于渎职罪,即使将其作为贪污罪进行处罚,这种适用法令的错误也会对判决结果产生影响。"(大法院 2006.5.26 宣判 2003.8095 判决)"法院在没有变更公诉状的情况下,不能认为利用职权不以渎职罪处罚被告人是违法的。"(大法院 2000.9.8 宣判判决)

但是两罪罪名明显不同,适用法条不同,而且法律上的成立要素也不同,因此与侦查机关以何种犯罪立案调查、公诉机关以何种犯罪起诉、法院应以何种犯罪判决等问题息息相关。不仅如此,贪污罪和渎职罪的对象分别被分为财物和财产上的利益,对以财物为对象的赃物罪的成立也会产生影响。随着贪污罪和渎职罪的差异日益凸显,最近批判了判例和多数论立场的特别关系论,主张贪污罪和渎职罪分别是以财物和财产利益为对象的相互独立犯罪,但是渎职罪与贪污罪有补充适用关系的主张(以下称为补充关系说)和贪污罪、渎职罪有既相互独立又部分重叠的关系(以下称为重叠关系说)。在正式说明贪污罪和渎职罪之间的关系之前,让我们先比较一下关于贪污罪和渎职罪规定的法律条文(见表1)。

表1　贪污罪和渎职罪规定的法律文本比较

罪名	主体	执行行为和对象	结果
贪污罪	保管他人财物的人	侵吞或拒绝归还财物(实施行为的对象—财物)	
渎职罪	处理他人事务的人	违背任务的行为(执行行为的对象—无限制)	财产上利益的取得和对本人的损害

首先,从犯罪的主体来看,贪污罪和渎职罪分别规定为"保管他人财物的人"和"处理他人事务的人"认为贪污罪对渎职罪有特别关系的见解(特别关系说)是"保管他人财物的人"是"处理他人事务的人"的一种类型。对此,主张贪污罪和渎职罪相互

① 但是,贪污罪与处理自己保管的他人财物本身成立的犯罪相反,渎职罪的条件是通过渎职行为使自己或第三者获得财产上的利益,进而对本人造成损害。从这一点来看,贪污罪是行动犯(危险犯),渎职罪是结果犯(侵害犯)。

独立的见解(补充关系说和重叠关系说)虽然可以成为贪污罪的主体,但也不能成为渎职罪的主体。例如,某公司的社长暂时把装有金钱的包交给保姆保管的情况;或承租人搬家时,因出租人的妨碍未能将其所有或占有的物品转移到承租工厂内的情况。保管他人财物时,法定代理人对未成年人的财产的管理义务(《民法》第916条)、监护人对被监护人财产的管理义务(《民法》第949条)、对留置物的留置权人的管理义务(《民法》第320条)、对质物的动产质权人的管理义务(《民法》第329条)、委托交易人从委托人处获得的物品或委托交易人的管理义务(《民法》第949条)等。根据合同保管他人财物的代表性事例委托和根据合同保管他人财物的代表性事例委托分别如下:

《民法》第680条(委托的意义)委托是当事人一方对另一方委托处理事务,对方同意,从而产生其效力。第693条(委托的意义)委托当事人一方保管对方的金钱或有价证券和其他物品,对方答应后生效。

从上述规定中可以看出,接受委托保管物品的情况不包括接受委托处理他人事务的主张。再加上判例表明,接受他人委托处理他人的事务是以信任关系为基础的他人的财产保护及管理义务为本质内容的,代理他人财产管理相关事务的情况,例如在委托、雇佣等合同上为本人承担他人财产管理保全任务时,为本人行使一定权限的情况,如登记合作义务等,为完成买卖、担保权设定等自身交易,同时有义务协助对方财产保全等。包括负责该案的人在内,“其范围之广”(大法院1982.7.27宣判81.203判决)很难找到不属于渎职罪主体的案例。暂且不论这种判例立场的嘱托,虽然属于“保管他人财物的人”,但不包括“处理他人事务的人”的主张,令人难以接受。“保管他人财物的人”是“处理他人事务的人”的特殊情况之一。

其次,贪污罪和渎职罪的实行行为分别为“拒绝他人财物贪污或返还”和“渎职行为”,贪污行为是指外部表达自己保管的他人财物非法获取意向的行为,不仅包括消费、侵吞、使用等事实行为,还包括出售、租赁、赠与、抵押权等担保设定、临时登记设定等法律行为(大法院2004.12.9宣判的2004.5904判决),而且渎职行为从业务内容、性质等来看,当然是法令的规定、合同内容或合同内容(大法院2003.1.10宣判2002.758判决)。因此,渎职罪的实行行为可以说是包括贪污罪的实行行为的更广的概念。

最后,再比较贪污行为及渎职行为的对象,可以看出贪污行为的对象仅限于“自己保管的他人财物”,但对渎职行为的对象却没有限制。虽然承认贪污罪和渎职罪相互独立的见解(补充关系说和重叠关系说),主张贪污罪只针对财物,但从渎职罪规定的文言上看,不仅不能说渎职行为的对象仅限于财产上的利益,而且从名义信托房地产的任意处分等可以看出,对于动产或房地产等财物,也可以找到渎职罪成立的事例。

至今为止观察的贪污罪和渎职罪的主体、贪污罪和渎职罪的实行行为、贪污行为及渎职行为的对象三个方面来看,贪污罪和渎职罪可以看作特别法和普通法的关系。

但是渎职罪要求财产利益的取得和对本人的财产发生损失的要素,因此不能说相当于贪污罪的所有行为都属于渎职罪①。

2. 实行行为对象与取得对象的界定

贪污罪是保管他人财物的人通过贪污其财物而成立的犯罪,贪污行为的对象是“自己保管的他人财物”,因贪污行为而取得的物也不一定是财物。例如,受委托保管他人房地产后,任意处理该房地产或对该房地产设定抵押权的情况,均以贪污罪处罚,如果两个情况的贪污行为的对象都是“他人的房地产”,那么因财物或贪污行为,行为人或第三者取得的都是房地产本身或抵押权设定的财产利益。如此,因贪污行为而获得的物既有成为财物,也有财产上的利益,但这并不违背贪污罪的本质。②

出于同样的原因,渎职罪是在“处理他人事务的人”(主体)作为“违反其任务的行为”(渎职行为),在“取得财产利益”时成立的,因此渎职行为取得的财产利益,但渎职行为的对象不一定局限于财产性利益③。如前所述,擅自将作为转让担保的债权人的动产或房地产处理给第三者时,将以渎职罪处罚,将自己所有的房地产二次出售的行为也将以渎职罪处罚。动产或房地产等财物也可以构成渎职罪的犯罪对象,这是因为渎职行为的对象不一定局限于财产上的利益。如此,实行行为的对象和取得的对象应该相互区别,其事例在抢劫罪、诈骗罪、敲诈勒索罪等其他财产犯罪中也能找到。这些犯罪的实行行为分别是暴行、威胁、欺瞒、敲诈勒索,其对象是人,通过这种实行行为取得的是财物或财产性利益。例如,诈骗罪(第 347 条)是欺瞒人接受财物交付或取得财产利益而成立的犯罪,其实施行为的欺瞒对象是人,其结果是取得财物或财产利益。在判例的保险诈骗事件中说明:“作为诈骗罪规定的财产利益,通过取得保险合同人或被保险人的权利,发生诈骗犯罪的结果,达到了基数。”(大法院 2019. 4. 3 宣判 2014. 2754 判决)当然,为了获得财物或财产上的利益,需要另外的行为,但是从欺骗金融机关职员,让金融机关职员操作银行终端机,将钱存入自己的账户的情况(大法院 2006. 9. 14 宣判 2006. 4127 判决)中可以看出,财物或财产上的利益自动获得,不要求行为人具有另外的行为的情况也不少。因此,财物或财产上的利益不是实行行为的对象,而是作为实行行为的结果取得的对象。

在《特定经济犯罪加重处罚等相关法律》(以下简称《特警法》)中也可以发现,实行行为的对象和因实行行为取得的对象必须区分的理由。《特警法》第 3 条规定:对因诈骗、敲诈勒索、贪污、渎职等特定经济犯罪取得或让第三者取得的财物或财产利益

---

① “财产损失发生”不仅在韩国刑法上,在德国和理论刑法上也共同规定了渎职罪的成立要素,但“取得财产利益”只在韩国刑法上规定的固有要素。在我国刑法上的渎职罪规定中,除“财产损失发生”的条件外,还包括“取得财产利益”的条件。

② 金大雄:《对贪污的房地产是否成立贪污罪》,载《刑事判例研究》2010 年第 18 号。

③ 尹东昊:《计算机等使用诈骗罪的取得对象和保护法律利益》,载《比较刑事法研究》(第 9 卷 2 号)。

价值(利益额)超过5亿韩元时加重处罚,但成为贪污罪或渎职罪利益额的计算标准不是贪污行为或渎职行为的对象,而是因这种行为获得的财产利益。例如,保管市价超过5亿韩元的他人的房地产,并在该房地产上设定以3亿韩元为债券最高额的抵押权时,利润额不到5亿韩元,因此不适用《特警法》。出于同样的理由,将市价超过5亿韩元的房地产作为转让担保提供给债权人后,违反其任务,向第三方设定以3亿韩元为债权最高额的抵押权时,因渎职行为产生的利润额不足3亿韩元,因此不会受到特警法的加重处罚。

(二)贪污罪与渎职罪的补充关系

区分实行行为的对象和取得的对象,在贪污罪中,实行行为的对象仅限于财物,而渎职罪中渎职行为的对象不仅包括财产上的利益,还包括财物。那么贪污罪和渎职罪到底有什么关系,如何区分呢?

一些学者解释说,贪污罪和渎职罪是相互区分的,但一部分是重叠的关系。但不能说这两个犯罪的成立要素是共同的贪污罪和渎职罪存在重叠关系。因为盗窃罪和抢劫罪、诈骗罪和恐吓罪虽然各有共同的成立要素,但不会说这些罪有重叠关系。重叠的意思是一种行为既可以属于贪污罪,也可以属于渎职罪,如果将重叠关系作为这种意义使用,则很难同意重叠关系说。判例就诈骗罪和渎职罪的关系表示:诈骗罪是构成条件的另外一种犯罪,刑法上也分别规定在不同的章节,关于一个行为,如果诈骗罪和渎职罪的各个构成要件都具备,则不应将两罪视为法律竞争关系,而应视为想象中的竞争关系。因此,处理他人事务的人欺骗本人获取财产利益时,诈骗罪和渎职罪均成立(大法院2002.7.18宣判2002.669判决)。

虽然对于诈骗罪和渎职罪都可以成立的判例态度存在争议,但从承认[①]一种行为都符合诈骗罪和渎职罪的构成条件这一点来看,可以说诈骗罪和渎职罪存在重叠关系。与此不同的是,判例认为贪污罪和渎职罪的关系"在违反信赖关系这一点上具有同样的性质,但是贪污罪的对象与财物相反,渎职罪的客体只是财产上的利益这一点上存在差异",因此没有认为贪污罪和渎职罪全部成立的案例。实际上,主张"重叠关系论"的学者只从理论上说明重叠关系,却没有提出有说服力的事例。那么,贪污罪和渎职罪的关系究竟如何认定呢?

贪污罪是以"自己保管的他人财物"为对象的犯罪,而渎职罪是以"自己的财物"(从转让担保提供的自己的动产或房地产的处分或房地产双重交易事例中可以看出)或"他人财产上的利益"(从银行职员的不当贷款行为中可以看出)为对象的犯罪。那么,与其说贪污罪和渎职罪的关系是重叠关系,不如说是补充关系。如果认为渎职罪对贪污罪有补充关系,那么,研究违反信赖关系侵害他人财产的行为,是否属于自己保

---

① 参见柳传哲:《渎职罪与诈骗罪的关系》,载《刑事判例研究》2001年第19号。

管的他人财物的贪污罪;如果不属于贪污罪,则可以研究是否属于渎职罪。但是,在审查是否属于渎职罪时,应进一步审查是否使自己或第三者获得财产利益,并对本人造成损害。①

结 语

以上探讨了刑法上财物和财产上利益的概念,以及两个最具有争议性的贪污罪和渎职罪之间的关系。立法者将财产罪的对象分为财物和财产利益,根据犯罪的特征,设立了将两者全部规定为对象(抢劫罪、诈骗罪、敲诈勒索罪)和两者中只规定一个为对象(使用计算机等诈骗罪、贪污罪、渎职罪、赃物罪)的二元立法方式。立法者的这种意图看似很明显,但在适用于实际事例的过程中却引发了很多混乱。这种混乱不是因为司法机关错误理解和适用法律,而是因为立法者的意图不适合规范实际事例。立法者的立法和司法实践不协调的原因不在于财物和财产性利益概念本身的不明确性,而是因为社会发生了巨变,仅靠刑法法规已难以应对。

立法者将财产罪的对象分为财物和财产利益的意图与现实最大的不一致的案例就是金钱。在金钱发生阶段,初期形态的物品货币虽然其所在具有一定的价值,但随着纸币或货币的普及,货币与其本身的价值无关,表现了一定的财产价值,以单纯存在于账簿上的请求权形态抽象化。随着银行的电子化乃至自动化,如今比起作为有体物的金钱,请求权形态的金钱在实际交易中起着重要作用②。与作为现有货币的金钱(Sachgeld)相比,被称为记账金(Buchgeld)的金融机构请求权形态的金钱在民法上不是所有权,而是债券的客体。在刑法中,将记账金作为财产上的利益而非财物处理,不仅不符合到目前为止,都把金钱视为财物的一般法律鉴定,而且有可能导致司法人员对占赃款大部分的金钱的刑法规范疏忽。③ 而且从现金交易比率的缩小、电子金融交易的扩大、电子证券制度的引进等,考虑到财物和财产利益交叉或转换的现实,坚持财物和财产利益的区分是绝对不可取的。为此,笔者建议:

首先,使用计算机等诈骗罪的对象不应限定在财产上的利益,而应将其扩大为财物。在现实中,不局限于以使用计算机等诈骗罪取得的物是财产上的利益,很难认为

---

① 从优先适用的现住建筑物纵火罪(第164条)或公用建筑物纵火罪(第165条)与不作为发生公共危险的条件相反,补充适用的一般建筑物纵火罪(第166条)或一般物品纵火罪(第167条)要求发生公共危险的情况中可以看出,在补充关系的犯罪中增加了孤立因素。

② 据韩国银行2019年调查发表《2018年各经济主体现金使用形态调查结果》显示,现金在家庭总支出额中所占的比重仅为32.1%,而信用、借记卡所占的比重为52.2%,其比重持续增加,现金在家庭收入中所占的比率仅为14.5%。(《韩国经济新闻》2019.4.16字能否实现无现金社会"家庭支出信用卡结算比重超过现金。")

③ 林相奎教授认为可以用毁灭证据罪代替以赃物罪进行纪律[林相奎:《对银行金钱交易的财物性和赃物的异议》,载《比较刑事法研究》2011年第13卷1号]、赃物罪的行为太阳(取得、转让、运输、保管或介绍)并不全都被收买为毁灭证据,而且对赃物有认识。

取得财物和取得财产上的利益是分开对待的。另外,如果使用计算机等诈骗罪的对象包括财物,那么,通过使用计算机等诈骗行为取得的物,特别是金钱,也可以认定赃物罪的成立。

其次,有必要重新将财物和财产上的利益的规定为贪污罪和渎职罪的犯罪对象,应该承认对委托金钱的贪污罪的成立。一些学者主张,有必要承认《刑法》中固有的所有权概念,但民法上保管在银行账户中的金钱不是所有权的对象,这违背了"物权除依照法律或习惯法不得任意创建"的民法规定,最终导致违反罪刑法定主义的结果,解释论的应对必然存在局限性。为了将任意消费委托金钱的行为依法定为贪污罪,应该修改《刑法》,在贪污罪的对象中添加"金钱"的方法。当然,"金钱"一词本身并不明确,但金钱不仅在民法上,在商法、民事执行法、国税征收法等多数法令中也普遍使用,而且金钱不仅是货币,还广泛被用作具有价值尺度、价值转移、价值储藏手段的一系列物。为了不违反罪刑法定主义的方法,将任意消费委托金钱的行为以贪污罪进行依法处理,将金钱包括在贪污罪的对象内的法律修改是最有效的。

最后,有必要对渎职罪的对象的现有见解进行重新讨论。现有的见解(特别关系说)是贪污罪和渎职罪分别以财物和财产上的利益为对象,因此,渎职罪被认为是只以财产上的利益为对象,但从很多个事例中可以看出,对财物也可以构成渎职罪。为此,如果渎职罪不仅有利于财产利益,而且将财物作为对象,那么,贪污罪和渎职罪的关系就会成为问题,这可以通过将两者之间的补充关系来消除,即贪污罪以自己保管的他人财物为对象,而渎职罪(从转让担保或房地产双重交易中可以看出)以自己的财物或他人财产上的利益为对象。但是,为了成立渎职罪,需要追加获得财产利益和对本人的财产损失。

稿　约

《刑法解释》是由四川大学法学院和刑事政策研究中心主办、法律出版社出版发行，专题研究刑法解释学、刑法教义学和刑法方法论的连续出版物，由法学界学术泰斗和知名学者、司法实务界专家共同组成编辑委员会，由赵秉志教授和李少平大法官担任编委主任，魏东教授担任主编，暂定每年出版2卷。《刑法解释》以登载学术底蕴深厚、理论创新性突出或者实践指导性强、字数在2万字以上的原创性长篇大作为主，设置的主要专栏有“特稿”“刑法解释学”“判例刑法学”“刑法教义学”“比较刑法学”“书评”等。

《刑法解释》作为严肃的学术性连续出版物，主张严守学术规范，择善而从，择优而用。来稿请以Word文档附件形式，发送邮件到以下邮箱地址：xingfajieshi@163.com；纸质文稿可寄送以下通讯地址：四川省成都市双流区川大路四川大学法学院3007室，魏东（收），邮编：610207。

《刑法解释》热切期待刑法学同人不吝赐稿，并请遵从下列写作技术规范：

一、论文的体例和标题的用法

（一）原则上不使用“章”、“节”等细目。

（二）一级标题编序原则上使用汉字表达，如：一，二。另行，前空两字。

（三）二级标题编序原则上使用汉字表达，如：（一），（二）。另行，前空两字，行末不带标点。

（四）其他层次，用阿拉伯数字表达，如：1.，2.；(1)(2)。另行，前空两字。

正文标题排序中原则上不使用①、②等，如出现需以①、②等为标题层次时，即需对正文结构进行调整，避免层级过多。

（五）在自然段内出现要点列举时，可为：(1)，(2)；第一；其一；一般情况下接排。

二、注释的用法

（一）注释采用当页脚下注，注释号每页重新起算排序，用圆圈加阿拉伯数字表示，如：①、②等。

（二）除特殊情况外，文中注号置于注处标点外右上角。

（三）引用资料非来自原始出处者，注明“转引自”。

（四）引文出自同一资料相邻数页者，采用注释例，如：第28页以下、第28－31页。

(五)引注作品重复出现时,需注释完整,不采用"同上注""同前注"等形式。

(六)作者为三人或三人以上的作品,首次引用时应显示全部作者,重复出现时可在第一作者之后加"等"字样。

(七)书名、论文题目、期刊名、报纸名等,均采用书名号表示。

注释例一(著作类):

《马克思恩格斯选集》(第2卷,上册),人民出版社1972年版,第35页。

柴成文等:《板门店谈判》,解放军出版社1989年版,第45-48页。

中华人民共和国农业部编:《中国农业发展报告》,中国农业出版社2001年版,第35页。

注释例二(期刊类):

赵白辰:《建构新经济制度》,载《中国社会科学研究》1993年第2期。

注释例三(文集类):

王民:《价格理论》,载张可主编:《经济学论集》,经济出版社1992年版,第33-39页。

注释例四(报纸类):

王启东:《法制与法治》,载《法制日报》1989年3月2日,第2版。

注释例五(网站类):

吴汉东:《论范式民法典中的知识产权制度》,载 http://www. privatelaw. com. cn/cgi-bin/ztyj/view. asp? id=38,2015年1月1日访问。

注释例六(译作类):

[德]卡尔·拉伦茨:《德国民法通论》,王晓晔译,法律出版社2003年版,第1页。

[澳]依凡·谢瑞尔:《国内法院对国际法的查明和适用》,尤明青译,载《法商研究》1997年第5期。

注释例七(外文类):

从该语种的通常注释习惯。

三、法律法规等的用法

(一)法律名称前不需要加"中华人民共和国"字样,如不用《中华人民共和国刑法》,只需为《刑法》即可;但外国刑法名称除外。

(二)在专指某法典时,加书名号,其他叙述时不加书名号,如:《刑法》第5条规定……我国刑法所规定的故意杀人罪……

(三)涉及条款时,表述(示例)为《刑法》第292条第1款第3项。

(四)如文中多处出现名称较长的法律法规、规章、司法解释等,可于文前附缩略语表,文内统一使用简称。

(五)引用法条原文时,如和原文毫无差别,加引号;如有差别,不加引号。